Fashion Stylist

패션
스타일리스트
따라잡기

패션
스타일리스트
따라잡기

인쇄일 2017년 5월 20일 3판 1쇄 인쇄
발행일 2017년 5월 25일 3판 1쇄 발행
등 록 제17-269호
판 권 시스컴 2017

발행처 시스컴 출판사
발행인 송인식
편저자 한영진, 윤은진, 김민희

ISBN 979-11-87639-60-2 13630
정 가 30,000원

주소 서울시 양천구 목동동로 233-1, 1007호(목동, 드림타워) | **홈페이지** www.siscom.co.kr
E-mail master@siscom.co.kr | **전화** 02)866-9311 | Fax 02)866-9312

Preface

현대 사회에서 대중문화가 일반화되면서 스타일이라는 말은 어느덧 의상 분야에서 익숙한 단어로 떠오르고 있다. 복식용어로서의 스타일은 의상 양식이나 형태, 유행 등의 뜻이 있으며 특정한 시기에 만들어진 모드가 특정한 장소 문화들을 통해서 대중에게 전파되어 일반화되는 것을 바로 '스타일' 이라 한다. 이러한 스타일을 창조하는 사람들을 '스타일리스트' 라고 하며, 감각적인 스타일을 살리고 싶은 사람들이 많아지면서 최근 각광받는 직군 중 하나가 되었다. 또한 새롭게 부상한 연예산업분야에서 영화를 비롯한 영상산업이 '황금알을 낳는 거위' 로 부각됨에 따라 이미지나 패션을 담당하는 스타일리스트에 대한 수요도 날로 증가하는 추세다.

스타일리스트는 디자인 또는 브랜드 회사에 소비자의 욕구나 새로운 라이프스타일을 전달하고, 유행시키며, 소비자들에게 풍부한 상품정보를 전달하고 제공한다. 특히 스타일리스트는 그 시대의 사회적, 문화적 배경을 미의식의 수준으로 파악하는 수신자이자 발신자이어야 한다. 따라서 정보를 어떻게 다룰 것인지에 대한 정보분석 능력은 곧 최고의 파워가 될 것이다. 때문에 스타일리스트에게는 행동력(Speedy), 감각적인 능력(Sensibility), 분석력(Segmentation), 조직력(Systematic) 등이 필요하며 트렌드를 빨리 읽는 것과 더불어 트렌드를 제시하는 것도 중요하다.

결국 스타일리스트는 패션 피플과 패션브랜드의 중간자 혹은 매개자 역할을 하므로 예민한 패션 센스를 가지고, 시대감각을 파악하는 힘과 시장을 꿰뚫어 보는 눈을 갖추어야 한다.

최근 패션, 뷰티, 헤어, 액세서리, 컬러, 라이프스타일, 심지어 요리에까지 다양한 분야에서 스타일링을 담당하는 전문적인 사람들이 등장하였지만, 항상 전문가의 손길을 받을 수는 없다. 또한 많은 사람들은 스타일리스트가 되기까지 스타일리스트로서 하게 되는 일, 스타들과의 만남, 프로 스타일리스트가 되기 위한 지침들 등 스타일리스트는 어떤 것인가에 대해 보다 확실한 정보를 알고 싶어 한다.

이러한 관점에서 본서는 학계 전문가들과 풍부한 현장경험을 갖춘 실무진이 의기투합하여 스타일리스트에 대한 소개와 그 과정, 스타일리스트의 마인드와 자질 및 다양한 역할 등 세밀한 내용을 담아내고자 하였다.

본서가 스타일리스트를 희망하는 젊은 세대와 자신에게 어울리는 스타일을 찾길 원하는 많은 사람들을 위해 효과적으로 활용될 수 있길 바라며 마지막으로 본서의 발간에 함께 힘써주신 시스컴 출판사와 많은 격려와 도움을 주신 분들께 감사드린다.

Contents

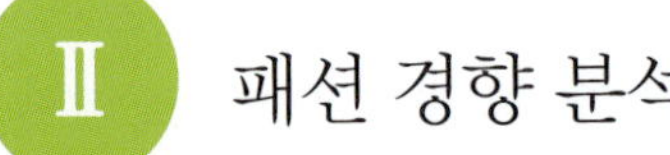

Fashion Stylist
패션스타일리스트 따라잡기

I

패션디자인 활용

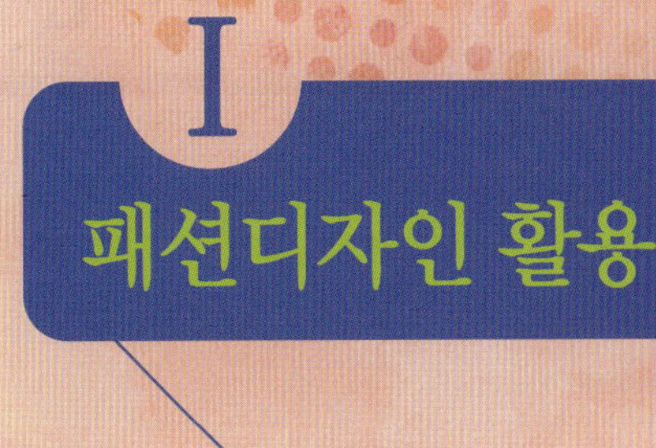

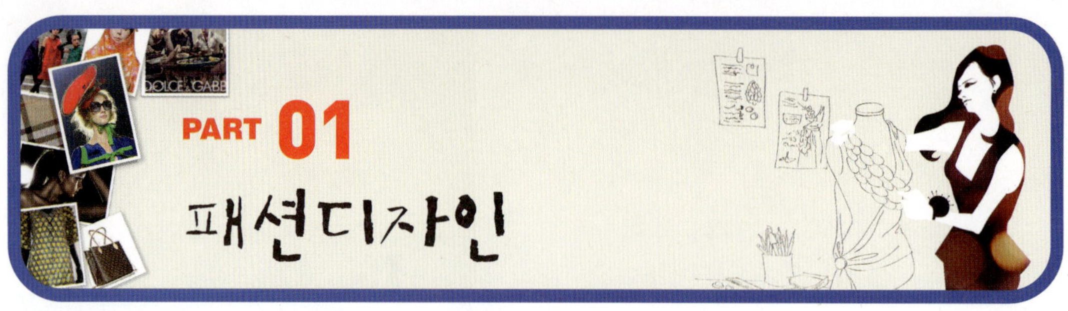

Chapter 01　패션디자인 이해

⚙ 패션디자인의 개념

1. 패션과 디자인

(1) 패션

우리의 일상생활과 밀접한 관련이 있는 패션은 단지 창조적인 일만은 아니다. 생활에 꼭 필요한 의·식·주 중에 하나로서 우리 몸을 보호하는 것이 첫 번째 기능이기 때문이다. 하지만 단지 옷이라는 생필품의 일환으로는 패션의 모든 것을 말할 수 없다. 지금의 패션은 나를 표현하는 수단이며 시대를 아우르는 문화의 일부로 발전했기 때문이다.

패션(Fashion)의 어의는 팍티오(Factio)에서 유래한 것으로 '널리 퍼져있는 형' 혹은 '형태를 만든다, 맞춘다' 등의 의미를 가지고 있다. 이는 스타일의 변화과정에 초점을 두고 제품의 관점에서 보는가, 혹은 상품이 새로움을 추구하며 사회에 소개되고 채택되기까지의 과정의 관점에서 보는가에 따라 그 의미가 다르며, 보그(Vogue : 광범위한 유행), 모드(Mode : 스타일) 등의 용어로 불리기도 한다. 다른 분야와는 달리 패션은 트렌드라는 이름하에 시시각각으로 변해 전파된다. 작가의 창조적인 결과물로 작품성을 평가받는 디자인과는 달리 얼마나 트렌드를 잘 흡수하고 재창조해 사람들에게 판매되는지로 평가받는 것이다. 따라서 패션이란 특정 기간 내, 특정 공간에서 다수의 사람들에 의해 선택되고 따르게 되는 행동양식 혹은 사회 현상이라고 정의할 수 있다. 이는 복식 분야에서만 사용하는 용어는 아니지만, 패션화 현상이 가장 많이 나타나는 분야가 바로 복식이기 때문에 '패션'이라는 말은 공공연하게 '복식'이라는 말과 동의어로 쓰이기도 한다.

패션과 유사하게 쓰이는 단어들은 다음과 같다.

어패럴(Apparel)[1]	• 남성복, 여성복, 아동복의 총칭을 말한다. • 미국업계에서 말하는 모든 종류의 의복(Clothing)을 뜻한다. 특히 어패럴 인더스트리(Apparel Industry : 의복 산업)에서 의미하듯 제품(Product), 상품(Merchandise)과 연관되는 의복을 의미하며 우리나라에서는 1980년대부터 사용했다. • 어패럴 디자인, 어패럴 디자이너라는 말을 쓰기도 한다.

---

1) 페어차일드 패션 대사전, Charlotte Mankey Calasibetta, 박기완 역, 노라노(2006), 14p.
　패션미학, 조규화·이희승, 수학사(2004), 15p.

로브(Robe)[2]	• 헐렁한 코트와 같은 스타일의 캐주얼 의상을 말한다. • 띠로 묶거나 단추 또는 지퍼를 달거나 그냥 헐렁하게 나뉘기도 한다. 잠옷이나 나이트 가운 위에 입거나, 바닷가에서 또는 집에서 격식을 차리지 않고 손님을 맞을 때 입는다. • 현재는 배스 로브(Bath Robe)나 드레싱 로브(Dressing Robe)의 줄임말을 의미한다.
클로즈(Clothes)	• 남성, 여성 및 어린이의 몸에 착용하는 모든 의장품을 총체적으로 이르는 말이다. • 의류(Cloth)를 의미하는 앵글로 색슨어 'Clathas'에서 유래하였다. 동 의류(Apparel), 어타이어(Attire), 클로딩(Clothing), 커스텀(Costume), 드레스(Dress), 가브(Garb), 가먼트(Garment), 레이먼트(Raiment), 베스트먼트(Vestments)
커스텀(Costume)	• 액세서리로 조화를 꾀한 드레스, 코트 혹은 수트, 앙상블을 뜻한다. • 가면무도회, 할로윈 축제 등을 위한 가장복을 말한다. • 역사상 특정한 시대를 반영하여 만든 의상, 보통 역사적 의상을 가리킨다. • 무대에서 입는 연극용 의상을 의미하기도 한다.
드레스(Dress)[3]	• 예를 들어 '스페인 의상, 에스키모 의상' 등의 표현에서처럼, 모든 의상을 뜻하는 총체적인 단어로 쓰인다. 동 어패럴(Apparel), 클로즈(Clothes), 커스텀(Costume) • 다양한 길이의 원피스 외투를 총칭하는 용어로 길이는 적어도 허리 아래까지 오며 밑자락은 스커트이다. 통상적으로 서양세계에서는 여성들이 착용하였으며 18세기 말 이후에야 지금과 같은 형태의 옷을 의미하는 뜻으로 널리 받아들여졌다. 그 이전에는 '로브(Robe), 가운'이라 불렀으며 이후 다양한 드레스 스타일을 가리키는 패션 용어들이 생겨났는데, '드레스' 단어 앞에 옷을 설명해주는 형용사를 붙이는 형태가 대부분이다. 예 Coat Dress, Drop Waist Dress, Shirt Dress, Swing Dress, Sweater Dress
복식(服飾)[4]	• 복식은 인체 위에 표현되는 모든 것을 총괄하여 일컫는 말이다. 복(服)은 몸통과 팔·다리를 감싸는 의복을 말하며, 식(飾)은 머리에 쓰는 모자나 관, 발에 신는 신, 허리에 두르는 띠 등 여러 가지 장식을 의미한다. • 이러한 복식은 보건 위생적 기능, 사회적 기능을 가진다. 또한 복식의 발달과 변천은 그 시대의 생활양식의 자연적 조건과 사회적 조건에 영향을 받는다.
복장(服裝)[5]	• '의복과 장식' 혹은 '치장한다(Dress Up)'는 의미가 같이 포함되어 있어 복식의 의미와 유사하다. • 이러한 의미에서 치장이나 옷차림은 복장과 가장 밀접한 관계를 갖는다.
의류(衣類)[6]	• 영어의 'Clothing & Textiles'로서 피복과 유사한 의미로 사용되고 있다. • 단지 피복보다 좁은 의미로 사용되어 침장류, 모자, 신발 등을 제외한 의복을 뜻할 때도 있다. → 어패럴

2) 페어차일드 패션 대사전, Charlotte Mankey Calasibetta, 박기완 역, 노라노(2006), 411p.
3) 패션큰사전, 패션큰사전 편찬위원회, 교문사(1999), 139p.
4) 패션큰사전, 패션큰사전 편찬위원회, 교문사(1999), 245p.
5), 6) 패션미학 조규화·이희승, 수학사(2004), 15p.

피복(被服)[7]	• 의복, 침장류, 모자, 신발 등 신체를 덮는 모든 것이 포함된다. • '피복비, 피복재료학, 피복위생학' 등 문헌명에는 쓰이나 일상용어에서는 자주 사용하지 않는다. 그러나 일본에서는 피복학과라 하여 학과명에 사용되고 있다.
의상(衣裳)[8]	• 한문 그대로 말하면 의(衣)와 상(裳)이며, 직역하면 저고리, 치마이지만 옷을 의미한다. 예 무대의상, 민족의상 등 • 우리말에서 학과명칭으로 사용할 때, 자연과학적 측면보다 인문사회적, 예술적 측면이 강할 때 의류가 아닌 의상을 주로 사용한다.
패션(Fashion)② [9]	• 일정한 기간 내에 사회의 상당수의 사람이 그들의 취미, 기호, 사고방식과 행동 양식 등에 의식적 혹은 무의식적으로 많이 수용하게 되고 전염되는 사회적 동조현상을 말한다. • 패션은 하나의 회오리바람처럼 과거의 스타일에서 서서히 변화의 붐을 일켜서 절정을 이루었다가 서서히 사라지면서 또 다른 새로운 패션을 부각시키고 되풀이 되는 현상이다. 대개 미디와 같이 인기가 없는 패션은 1년 정도에서 쉽게 사라질 수도 있지만, 활동적이고 발랄하며 사회의 호응도가 높은 미니 패션은 몇 번씩이나 반복되어 재현되기도 한다. • 시대에 따라 말의 뜻도 변하듯 현대에는 패션이 의상에만 국한되는 것이 아니라 전체 생활필수품에 부가되는 정보이며, 그 정보가 많은 사람들에게 공유됨으로써 가치가 창조되고, 그 가치가 시간과 공간을 유동하면서 문화를 이룩하는 과정 그 자체라고 말할 수 있다.

(2) 디자인

디자인(Design)의 어원은 라틴어의 '표시하다, 기호로 나타내다' 라는 뜻을 갖는 '데지나르(Designare)'에서 나왔다. 이는 어떤 조형물을 만들어내는 과정을 설계하고 계획하는 과정이라는 현재의 뜻과 일맥상통하는 것으로 단지 추상화되어있는 것이 아닌 체계적이고 구체적인 과정임을 알 수 있다. 일반적으로 디자인은 단순한 사물로서 겉모습을 포장하는 외적인 측면보다 다양한 가치와 효율성, 창의성 등을 표현하는 내적인 가치로서 더욱 인정받아야 한다. 비슷한 용도의 사물도 디자인이라는 과정을 거쳐 새로운, 독특한, 획기적인 요소로 사용하는 이로 하여금 더욱 의미 있게 사용된다. 가구를 배치하거나, 멋을 부리고, 편하게 느껴지는 옷을 고르거나, 그로인해 만족감을 느끼게 해주는 등 다양한 면에서 정서적 안정감을 부여하기도 한다. 디자인의 가치는 인간 생활의 관심을 토대로 형성되며, 형성된 가치는 생활을 위한 수단으로써 도구와 관련되어 있다.

즉, 생활은 디자인의 모체가 되며 그 가치는 인간 생활의 질적 가치에 얼마나 기여했느냐의 여부에 근거를 두게 된다. 디자인은 순수한 아름다움만을 추구할 수 없고, 디자인 자체가 바로 예술이 될 수는 없는 것이다. 따라서 디자인의 구체적인 구비 조건으로 합리성, 경제성, 심미성, 독창성 등 네 가

---

7), 8) 패션미학, 조규화 · 이희승, 수학사(2004), 15p.
9) 현대패션 용어사전, 신혜순, 교문사(2003), 213p.

지를 생각할 수 있고, 그 영역은 크게 산업디자인, 패션디자인 등의 생산 디자인(Product Design), 건축디자인, 도시환경디자인 등의 공간 환경 디자인(Space Environment Design), 시각디자인, 미디어 혹은 무대 예술 디자인 등의 커뮤니케이션 디자인(Communication Design)이 있으며 점차 범위가 확대되고 있다.

2. 패션디자인의 의의

패션디자인은 인체와 의복이라는 상호 간의 관계를 생각해야 한다. 이는 다른 분야의 디자인과는 방법적으로도 다른 사고를 필요로 하는 가장 큰 이유이다. 상황에 따른 의복은 다르게 디자인되어야 하지만 의복이라는 연결고리를 통해 착용자로 하여금 다음과 같은 심리적 안정감을 느낄 수 있게 해야 한다.

- 착용감의 만족으로 인한 활동성 보장
- 미적인 아름다움으로 인해 사회 심리적인 만족감
- T.P.O와 사회 규범, 시대적 가치관과의 조화

이 같은 조건을 만족시키기 위해서는 인간생활에 관한 관심과 문화적 흐름을 파악하는 능력, 인체의 특징, 소재, 색채 등 많은 전문적이고 포괄적인 지식들이 필요하다. 이와 같이 패션디자인은 매우 종합적이며 복식의 도구적, 표현적 기능을 결정하는 많은 요인이 복합적으로 고려되어야 하는 분야이다.

3. 패션디자인의 목표

패션디자인은 다른 조형디자인과 비교하여 볼 때 다음의 두 가지 특징을 갖는다.

첫째, 패션디자인의 최종목표는 패션이 아니라 착용자이다. 따라서 패션디자인의 질은 착용자와 패션의 상호작용에 따라 평가되어야 한다.

둘째, 패션의 미의 기준은 시간이 지남에 따라 변화하므로 패션디자인은 시간개념을 포함하는 4차원적 예술로 접근되어야 한다.

이러한 패션디자인은 계획에 의해서만 훌륭한 디자인이 제작될 수 있는데 여기서 계획이란 디자인에서 추구하는 목표에 대한 이해를 전제로 이 목표에 이르기 위한 원리의 작용을 말한다. 따라서 패션디자이너가 디자인 요소를 디자인 원리에 맞추어 사용할 때 디자인 요소의 조화, 적합성의 증대, 미의 추구가 되는 디자인 목표에 이를 수 있게 되는 것이다. 패션디자인은 본질적으로 실용적, 합리적, 기능적 요인과 사회인지 요인, 미적 요인, 심리적 요인을 충족시켜야 하며, 새로운 것에 대한 관심과 시대적 미적 관점에 의해 계속 변화하고 진보되어야 할 것이다.

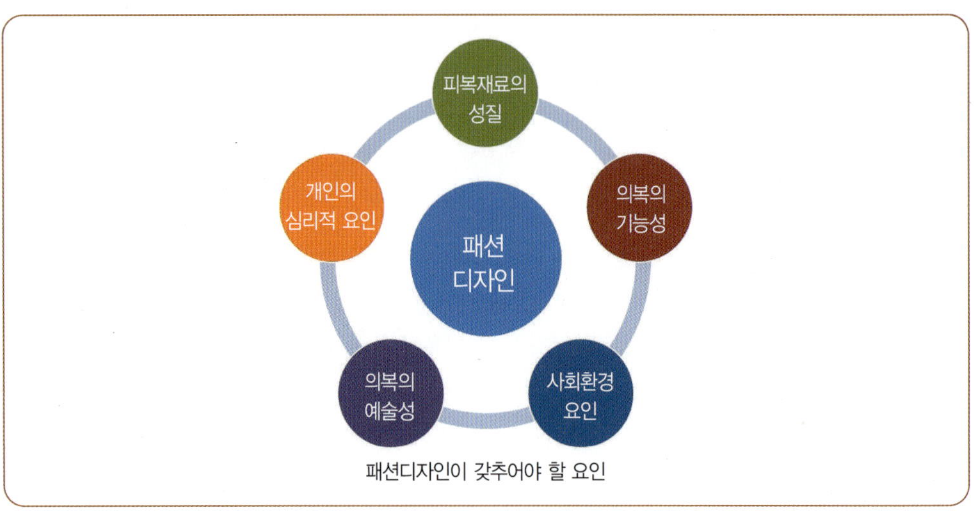

패션디자인이 갖추어야 할 요인

패션디자인의 과정

패션디자인은 절대적인 창조력에 의해 출발한다. 그러나 인체라는 기본 틀이 있기 때문에 이 틀 안에서 독창적이고 조화로운 선택과 변형이 창조적인 패션디자인에 이르게 한다. 디자인이란 한 순간에 스치는 아이디어로 완성될 수도 있지만 체계적이고 구체적인 단계를 거쳐야 더욱 합리적인 디자인으로 완성될 수 있기 때문이다. 어느 디자이너도 이를 무시하면서 성장할 수는 없을 것이다. 자신만의 브랜드 아이덴티티를 정립하기 위해서도 디자인의 과정을 통해 자신만의 새로운 아이디어로 거듭나는 것이 필요하다.

1. 목표설정

디자인은 우연에 의해서 이루어지지 않는다. 확실한 목표에 따라 충분히 생각하고 계획하여 만들어진다. 패션디자인이 추구하는 최종적인 목표는 인간의 아름다움이다. 이것은 누구나가 느끼는 보편적인 아름다움을 뜻하며, 디자인의 요소를 디자인의 원리에 맞추어 조화롭게 사용함으로써 얻을 수 있다. 그 다음으로는 누가(Who), 언제(When), 어디서(Where), 왜(Why) 입을 옷인가를 생각해야 한다. 그리고 무엇을(What) 디자인할 것이며, 어떤(How) 효과와 혜택을 줄 것인가를 토대로 소비자의 삶의 질을 한층 업그레이드 시킬 수 있어야 한다. 패션디자인이 추구하는 목표는 보편적인 미가 가장 우선적인 조건이 되지만 그 외에도 착용자의 사회적, 개인적 특성에 맞아야 하고, 시대적 특성과 감성에도 맞아야 한다. 즉, 패션디자인은 미적 특성과 적합성, 착용자의 개성, 유행 감각에도 맞아야 함을 뜻한다.

2. 디자인 컨셉 결정

전달하고자 하는 이미지가 반영된 디자인 컨셉을 결정하는 단계이다. 정확한 컨셉이야 말로 좋은 디자인의 필수조건이다. 목표를 명확히 정하고 설정된 타깃을 위한 디자인 목적에 기반을 두어야 한다. 이론적인 면으로 접근할 수도 있지만 다방면의 경험과 풍부한 자료수집이 좋은 컨셉으로 탄생된다. 결정된 컨셉에 따라 세부적인 테마 및 각 테마에 맞는 이미지와 컬러, 소재 등이 결정되어 전체적인 이미지가 결정된다.

3. 디자인 구상

결정된 각 테마 및 이미지와 디자인 요소에 따라 디자인 구상이 이루어지는 단계이다. 구체적인 실루엣을 결정하고 장식적 요소인 디테일과 트리밍을 결정한다. 러프한 스케치에서 디테일한 일러스트로 표현을 한다. 구상된 디자인 요소들은 디자인 테마와 전체적인 이미지의 조화 및 통일 속에서 디자인 원리에 의하여 참신하고 변화 있는 디자인으로 구상된다.

4. 디자인 전개

구상된 디자인을 발전시켜 다양하게 전개하는 것을 말한다. 컨셉에 맞게 진행되는 것이 중요하며 이에 따라 스타일링이 되고 테마, 컨셉, 이미지를 함축하여 패션 일러스트, 도식화 등으로 표현한다. 컨셉을 잘 나타내는 이미지와 컬러칩, 소재 스와치 등의 재료를 사용하여 디자인맵을 제작한다. 이렇게 전개된 디자인 중 상품화될 모델을 선정하고 선정된 모델에 맞는 샘플 제작 의뢰서를 작성한다.

5. 제작

본제품이 만들어지기 전에 샘플을 제작하는데 최대한 원하는 컨셉의 디자인으로 제작하기 위해서 필수적으로 거쳐야 하는 단계이다. 가봉 및 봉제 단계를 거쳐 완성된 샘플에 대한 품평회가 이루어진다. 선별되어 제작된 샘플에 대한 품평회는 착용감, 컨셉, 목적, 효과, 기능성, 미적 측면의 조화를 고려하여 평가하며 개선점이 발견되면 이를 반영하여 수정한다. 품평회를 통하여 선정된 디자인은 최종 디자인으로써 제품화되어 대량생산된다.

6. 완성

최종 결정된 샘플 디자인이 대량 생산을 거쳐 제품으로 상품화되는 단계로 상품화된 의복은 소비자에게 판매된다. 완성품에 대한 구매활동을 촉진하기 위해 차별화된 마케팅 전략을 세워 컨셉에 맞는 다양한 방법의 판매 전략을 세워 반영한다.

7. 착용 및 평가

구매된 의복이 소비자들에게 착용되고 착용자와 관찰자 사이에서 상호 관계가 형성되며 평가가 이루어지는 단계이다. 의복은 바람직한 의생활 속에서 소비자의 라이프스타일과 체형을 고려하여 착용된다. 각 브랜드는 판매된 의류 제품에 대한 소비자들의 반응을 모니터링하고 이를 디자인 개발에 반영하여 지속적으로 소비자의 요구를 만족시킬 수 있도록 활용한다.

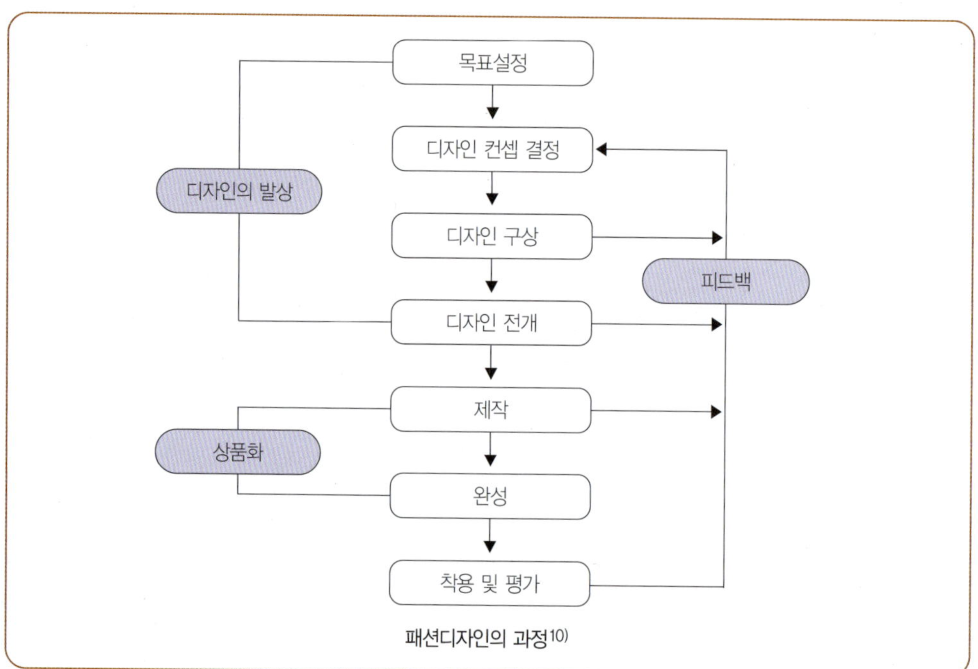

패션디자인의 과정10)

10) 패션디자인 플러스 발상, 이경희 · 이은령, 교문사(2011)

Chapter 02 패션디자인 이론

☷ 패션디자인의 요소

여러 가지 요소가 모여 물질을 이루듯이 패션디자인도 각각의 특징을 지닌 여러 가지 요소가 모여 이루어진다. 이는 디자인을 표현하기 위한 재료로 점과 선, 형태를 이루는 실루엣, 디테일, 트리밍과 색채와 배색, 재질과 무늬가 포함되는 소재가 있으며, 디테일과 트리밍을 구분하지 않고 디테일에 두 가지 의미를 함축시켜 사용하는 경우도 있지만 일반적으로는 패션디자인의 요소를 실루엣, 디테일, 색채, 소재 등으로 구분한다. 패션디자인을 이루는 요소에 대한 이해는 독창적인 디자인을 위한 영감의 출처로서 패션이미지를 창출시키며, 복식조형의 시각적 효과의 기대와 시대적 패션 트렌드 분석에 지침이 되기도 한다. 색채와 소재는 다른 파트에서 자세히 다루고 있으므로 여기서는 선과 형태에 대해서만 알아보기로 한다.

1. 선(Line)

선은 디자인 요소 중에서 가장 자유롭고 다양하게 변화시켜 사용할 수 있으며 의복의 시각적인 이미지를 결정하는 중요한 요소이다. 의복의 형태를 표현하는 윤곽선, 의복 안에 나타나는 디테일, 트리밍선과 이들의 배열에 의해 생기는 선들이 디자인의 변화로 표현된다. 패션디자인에 있어서 선은 입체적인 인체의 구조 및 움직임에 따라 다른 형태로 인지되기도 하므로 그 효과를 고려하여 사용하여야 한다.

(1) 직선

인체는 전체적으로 봤을 때 직선의 형태를 갖고 있으며 길이와 두께에 따른 차이가 있을 뿐 이를 구분 짓는 형태도 대부분 직선이다. 의상에서의 직선은 뚜렷하게 드러나기 때문에 딱딱하고 강한 느낌을 주며 단순, 명확하고 남성적인 느낌을 준다.

① **수직선** : 의상에서 수직선은 소매 끝단 솔기, 앞여밈 등 트리밍이나 절개에 의해서 많이 표현된다. 이것뿐만 아니라 주름, 다트 등의 디테일로도 표현된다. 의상에 사용했을 때 길고 슬림해 보이는 효과를 줄 수 있으며 정직하고 지적인 느낌을 준다.

② **수평선** : 수평선은 어깨의 요크선, 스퀘어 네크라인, 햄라인, 포켓, 벨트 등으로 표현할 수 있으며 안정감 있게 느껴지는 특징이 있다. 사람의 눈은 수직선보다 수평선을 보는 것이 더욱 편안하게 느껴지기 때문에 우리에게 친근감을 주는 스포츠 웨어와 일상복 등에 많이 사용된다. 하지만 허리보다 아래에 있으면 다리가 짧아 보이고 어깨부근에서 위치를 잘못 잡으면 체격이 커 보인다. 이렇게 수평선은 위치에 따라 체형이 많이 다르게 보이기 때문에 적절한 위치에 사용하는 것이 좋다.

③ **사선** : 착시효과를 연출하는데 가장 좋은 것이 바로 사선이다. V네크라인, 언밸런스한 컷팅 등에서 많이 볼 수 있으며 길고 슬림해 보이는 특징이 있다. 사선에는 V모양과 ∧모양의 두 가지 종류가 있는데 아래로 갈수록 좁아지는 V모양은 불안정한 느낌과 역동성을 주는 반면 아래로 갈수록 넓어지는 ∧모양은 오히려 안정감 있는 느낌을 준다.

④ **지그재그선** : 지그재그선은 사용되는 용도에 따라 다른 느낌으로 전달된다. 셔츠나 재킷의 칼라에 사용될 때는 예민하고 날카로운 느낌을 주며 깨끗하게 재단된 햄라인에서는 경쾌한 느낌을 준다. 또한 기하학적인 절개에서는 이지적인 느낌을 준다.

직선의 종류와 이미지[11]

구분	수직선	수평선	사선	지그재그선
모양	│	─	＼	Ｍ
예시				
느낌	힘, 엄격, 균형	평온, 휴식, 안정	불안정, 활동성, 속도감	날카로움, 긴장감, 변덕스런, 분주함

(2) 곡선

인체의 큰 틀이 직선이었다면 인체의 세부적인 요소는 곡선으로 이루어져 있다. 곡선은 우리 몸의 요소들을 더욱 돋보이게 해주는 기능을 하며 부드럽고 우아하며 여성스러운 느낌을 준다. 이러한 곡선이 의상에 사용될 때는 인체의 움직임에 따라 형태가 유연하게 변해 더욱 자유로운 곡선으로 표현된다.

① **원** : 라운드 네크라인, 단추의 아웃라인, 홀 디테일 등에서 나타나며 밝고 명랑한 느낌이나 여성스러운 이미지로 연출된다. 원은 소재에 따라 다르게 표현이 되는데 딱딱한 소재의 경우 정갈한 이미지로 표현되는 반면, 부드러운 소재의 경우 불규칙적으로도 표현되어 좀 더 캐주얼한 느낌으로 연출된다.

---

11) www.jedroot.com

② **타원** : 보트넥, 부드러운 요크 등에서 나타나는 타원은 원보다는 좀 더 날렵해 보이면서 세련된 이미지로 다가간다. 원과 마찬가지로 여성적이면서 부드러운 느낌을 준다.

③ **파상선** : 프릴, 플라운스, 러플 등에 많이 나타나는 파상선은 부드럽고 율동적이며 유연한 느낌을 준다. 가장 여성스러운 아름다움을 느낄 수 있으며 움직임에 따라 생동감 있는 이미지로 연출된다.

④ **스캘럽** : 스캘럽은 옛날부터 많이 사용되어오던 디테일로 몇 년 전부터 다시 각광받기 시작했다. 햄라인이나 칼라 등에 많이 사용되어 명랑하고 귀여운 느낌을 준다.

⑤ **나선** : 나선은 원이나 타원이 연속으로 레이어드 되었을 때 보이는 곡선으로 입체적인 느낌이 강조된다. 신체를 전체적으로 장식하는데 또는 네크라인 등에 많이 사용되며 우아함과 여성미를 극대화 시킬 수 있다.

곡선의 종류와 이미지[12]

구분	원	타원	스캘럽	와선
모양	○	◯	⌒⌒	∿
예시				
느낌	원만함, 풍성함, 명랑함	따뜻함, 조용함, 여성스러움	젊음, 깜찍함, 귀여움	부드러움, 관대함, 자유로움, 유연함

12) www.jedroot.com

2. 형태[13]

(1) 칼라(Collar)

칼라는 얼굴과 가까운 위치에 있어 그 모양에 따라 얼굴에 미치는 영향이 크다. 따라서 칼라는 의상 디자인의 중요한 부분을 차지하고 있으며 착용자의 체형, 취향과 용도를 고려하여 디자인을 선택하여야 한다.

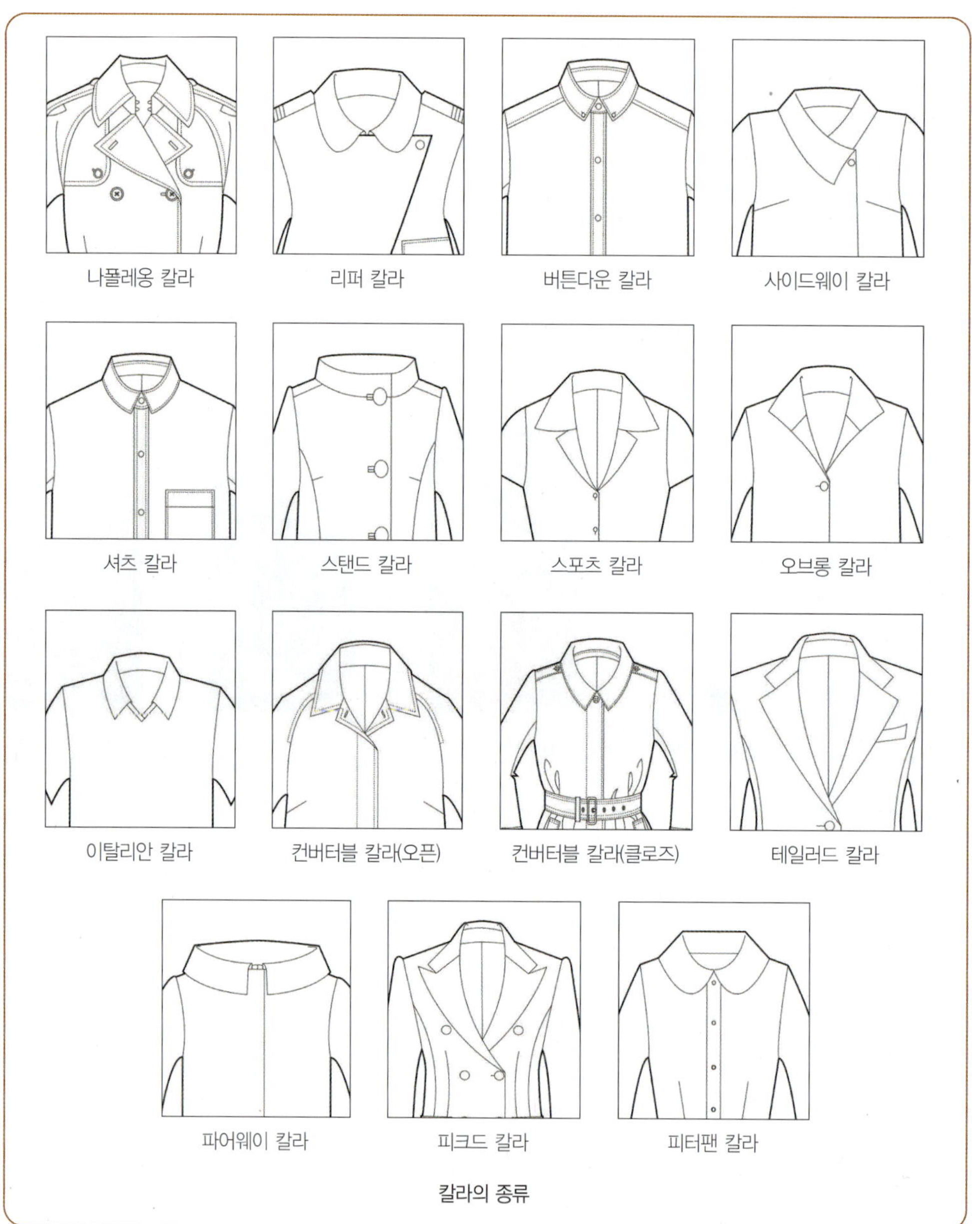

칼라의 종류

---

13) 패션/유통 비즈니스 & 패션센스, 강수경 · 사공수연, 시스컴(2012)

(2) 네크라인(Neckline)

칼라와 마찬가지로 얼굴의 가장 가까운 부분으로 몸과 얼굴의 중계 역할을 하는 곳이므로 얼굴 모양에 유의한 디자인을 선택하여야 한다.

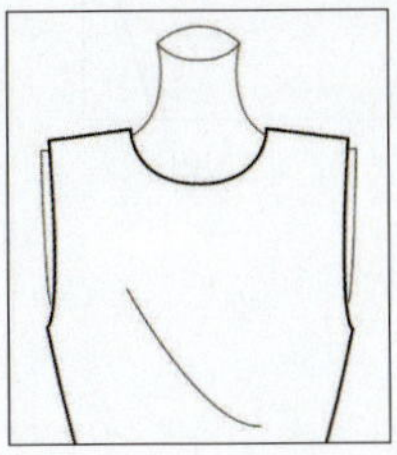

라운드 네크라인	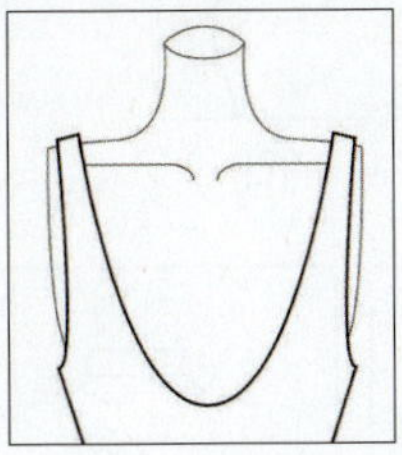 로우 네크라인	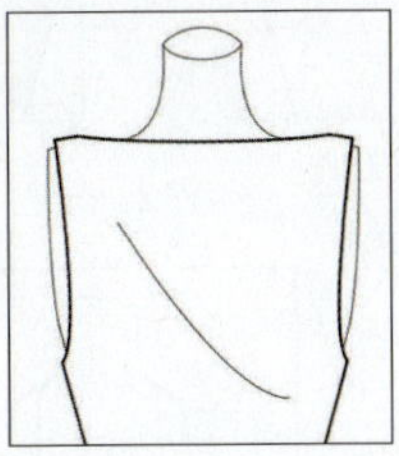 바토 네크라인	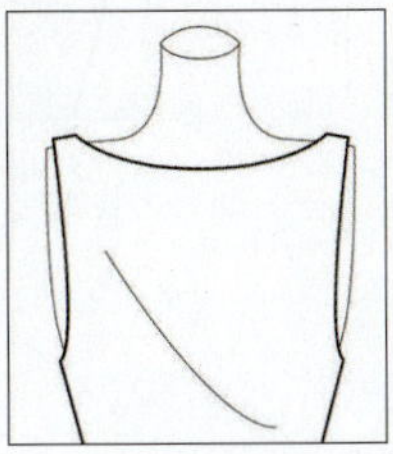 보트 네크라인
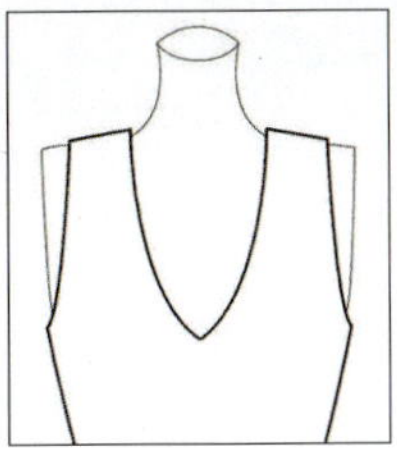 브이 네크라인	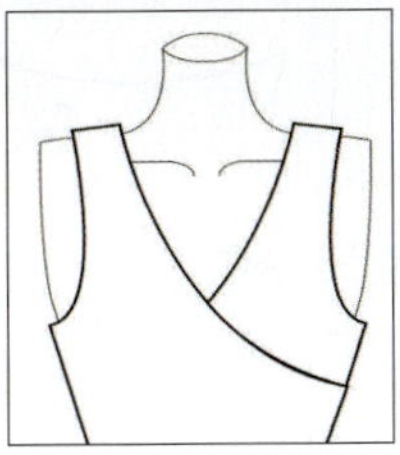 서플러스 네크라인	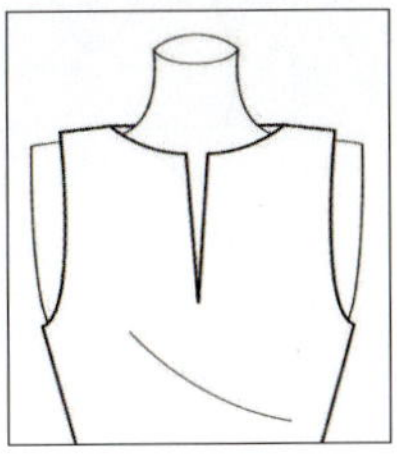 슬릿 네크라인	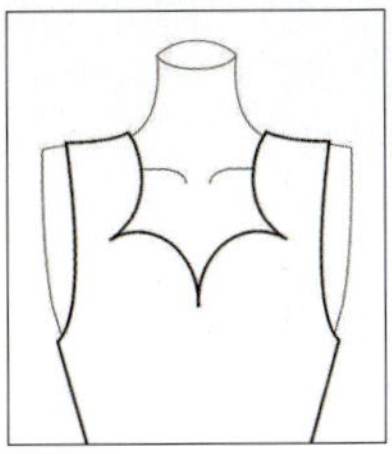 스윗 하트 네크라인
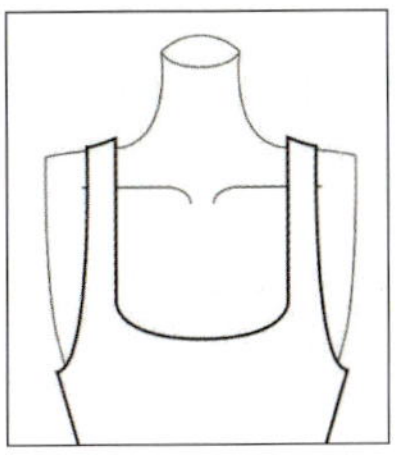 스쿠프 네크라인	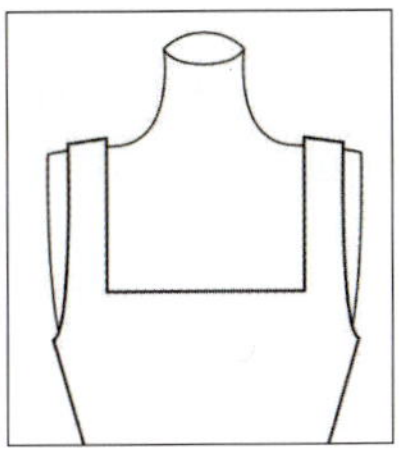 스퀘어 네크라인	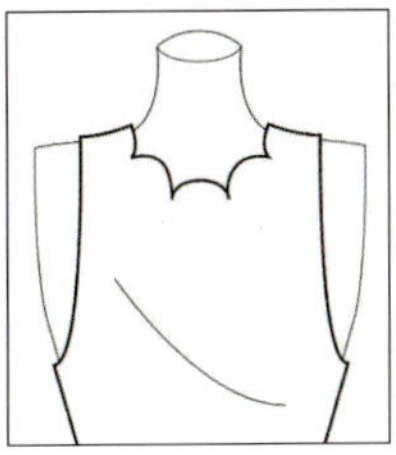 스캘럽 네크라인	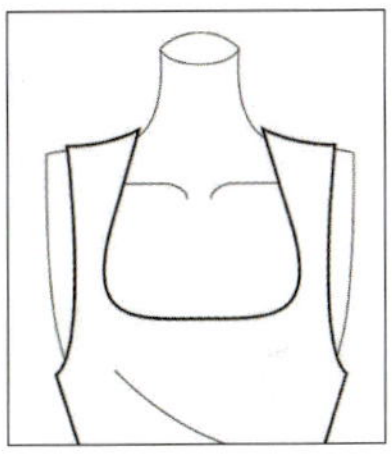 오벌 네크라인
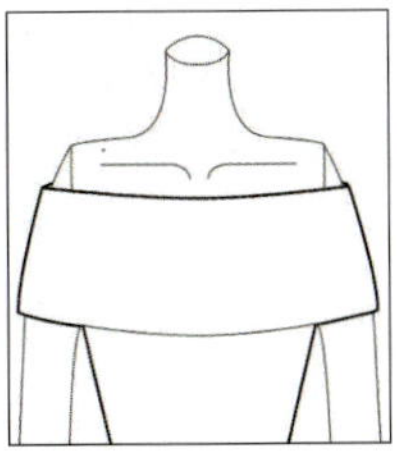 오프숄더 네크라인	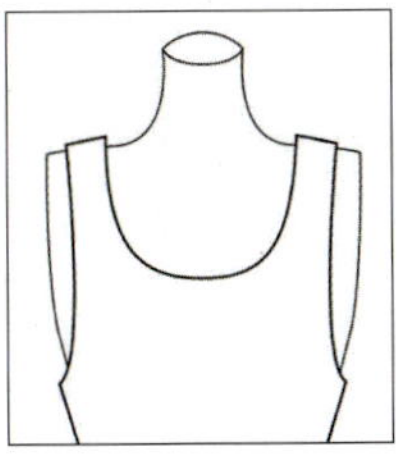 유 네크라인	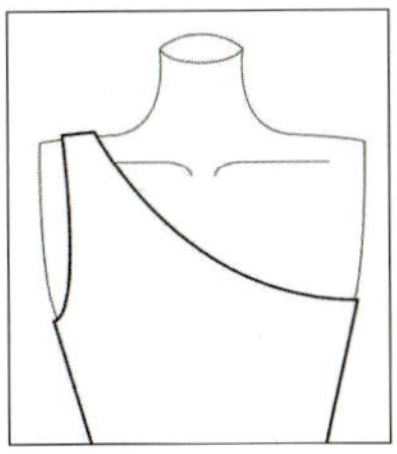 원숄더 네크라인	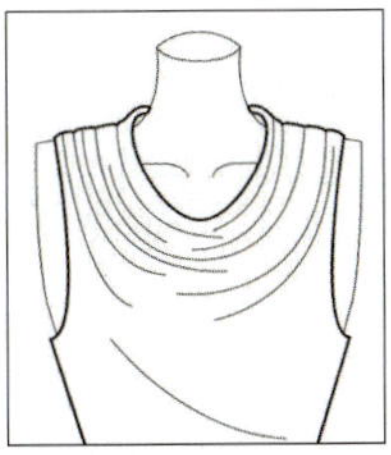 카울 네크라인

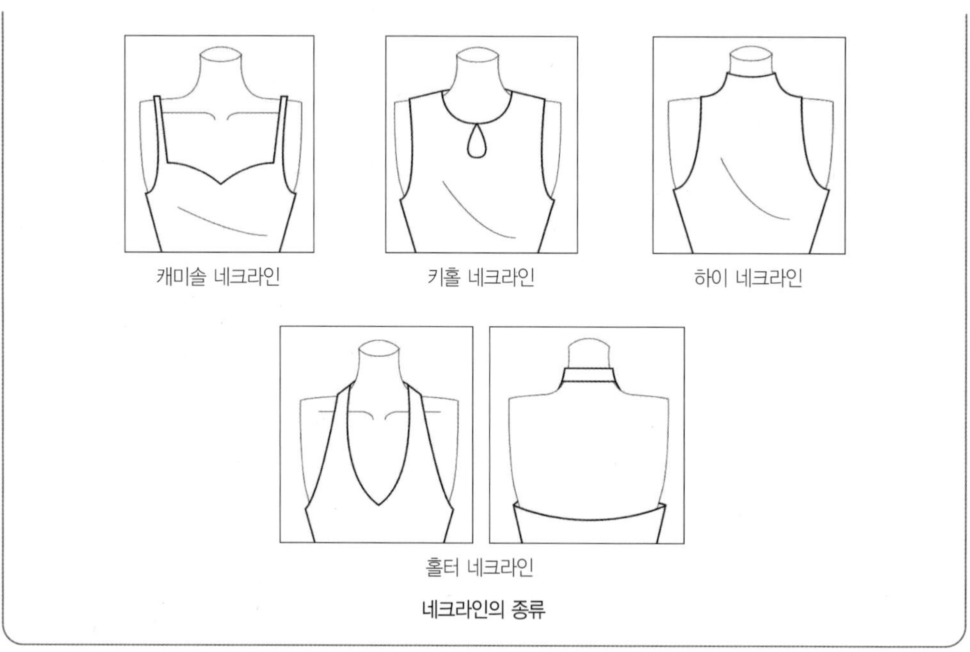

캐미솔 네크라인　　　키홀 네크라인　　　하이 네크라인

홀터 네크라인

네크라인의 종류

(3) 슬리브(Sleeve)

소매는 의상 전체에 주조적 혹은 보조적 역할을 하며 디자인 전반의 통일에 중요한 관계를 갖게 한다. 소매의 모양이 길(Bodice)의 주조적 느낌에 잘 조화되거나, 다른 부분과 대립 또는 소매만이 독립적인 포인트를 갖기도 한다. 소매의 특징은 상의의 디자인에도 영향을 미친다.

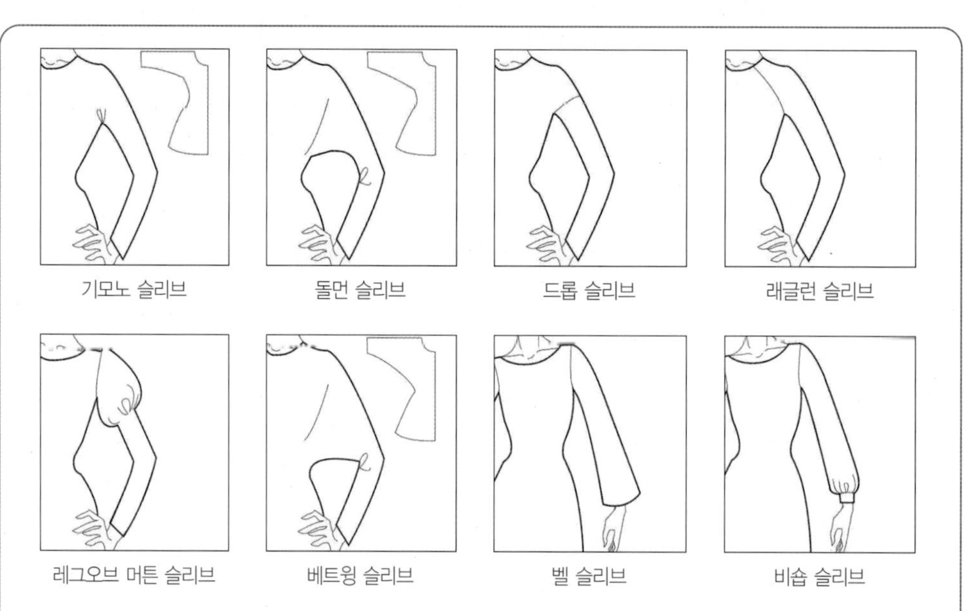

기모노 슬리브　　　돌먼 슬리브　　　드롭 슬리브　　　래글런 슬리브

레그오브 머튼 슬리브　　　베트윙 슬리브　　　벨 슬리브　　　비숍 슬리브

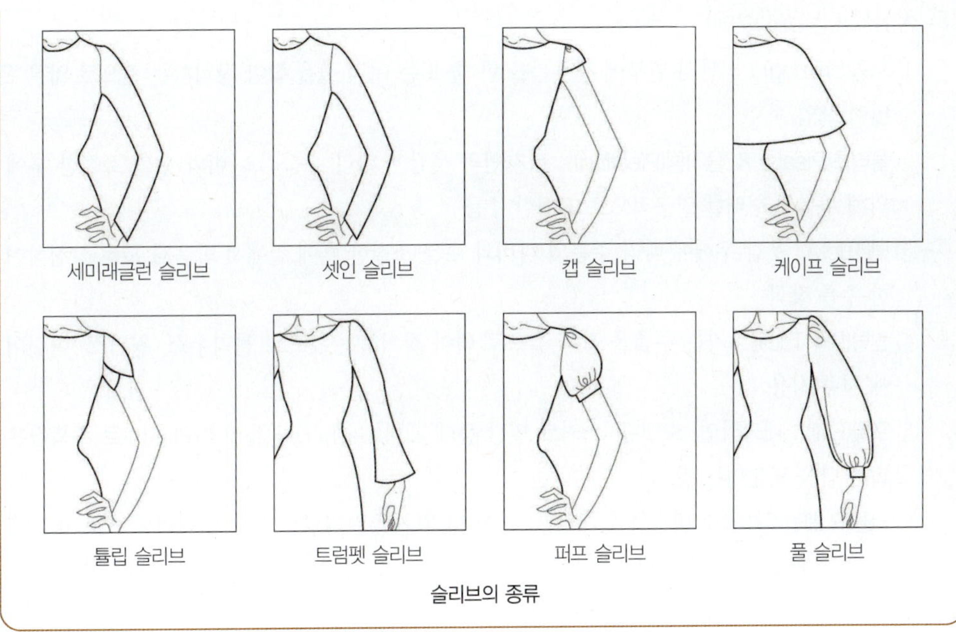

세미래글런 슬리브 셋인 슬리브 캡 슬리브 케이프 슬리브

튤립 슬리브 트럼펫 슬리브 퍼프 슬리브 풀 슬리브

슬리브의 종류

(4) 포켓(Pocket)

포켓은 기능적인 역할과 장식적인 목적을 동시에 충족하도록 디자인 하여야 하며 특히, 의복에 사용된 절개선과의 관계를 고려하여 구성되어야 한다.

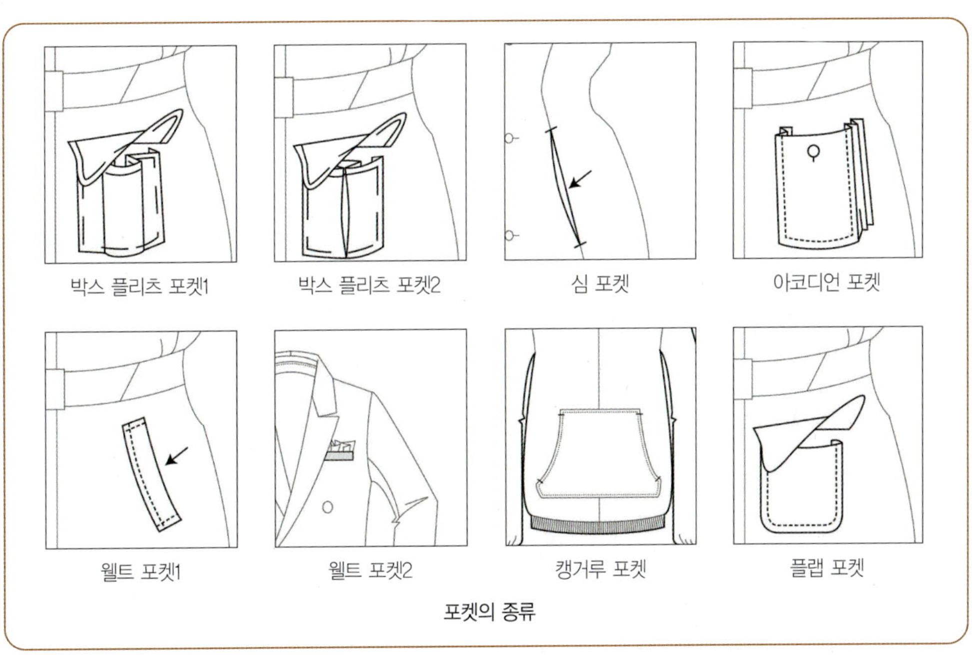

박스 플리츠 포켓1 박스 플리츠 포켓2 심 포켓 아코디언 포켓

웰트 포켓1 웰트 포켓2 캥거루 포켓 플랩 포켓

포켓의 종류

(5) 장식적 디테일(Detail)

① 셔링(Shirring) : 의복의 일부에 잔주름을 한 줄 또는 여러 줄을 잡아 장식하는 것으로 얇은 옷감에 많이 쓰임

② 플리츠(Pleats) & 플리팅(Pleating) : 디자인과 옷감에 따라 주름의 나비와 수를 조절한 후에 열에 의해 주름의 형태를 영구적으로 고정한 주름

③ 턱(Tuck) : 옷감 두께에 따라 주름의 나비와 수를 조절한 후에 겉에서 박음질 혹은 상침하여 고정한 주름 장식

④ 핀턱(Pin Tuck) : 가는 주름을 잡아 겉으로 박아 장식하는 것으로 블라우스, 원피스, 어린이 의복에 자주 사용

⑤ 프릴(Frill) : 네크라인, 소맷단, 스커트 밑단 등에 개더(Gather)나 플리츠(Pleats)로 주름잡은 폭이 좁은 단을 덧붙이는 것

⑥ 러플(Ruffle) : 프릴과 비슷한 형태로 그 폭이 넓거나 혹은 다양한 폭으로 여러 층으로 표현되는 것

⑦ 플라운스(Flounce) : 블라우스의 앞단, 커프스, 칼라 등에 주로 쓰이는 장식으로 바이어스로 재단하여 덧붙여 물결과 같은 러플이 생기는 것

⑧ 드레이프(Drape) : 부드럽고 자연스러우며 일정한 형식을 취하지 않는 부정형의 주름

⑨ 스모킹(Smocking) : 옷감에 규칙적인 주름을 잡은 다음 스티치로 이를 고정시켜 주름으로 여러 가지 무늬를 만들어 장식하는 것

⑩ 루프(Loop) : 실 고리, 원단 고리

⑪ 프린징(Fringing) : 상의 밑단, 소매 솔기, 요크선, 바짓단 등에 옷감의 올을 풀고 매듭을 지어 장식하는 것으로 미리 만들어진 술을 붙여 장식하기도 함

⑫ 파이핑(Piping) : 칼라, 포켓, 소매의 가장자리, 요크선 등의 솔기에 색채나 재질이 다른 옷감으로 바이어스 테이프를 잘라 끼워 박는 것

⑬ 슬릿(Slit) : 좁고 긴 트임을 말하며 소맷부리, 재킷이나 스커트의 도련 트임을 말함

⑭ 드로우 스트링(Draw-string) : 바지 허리, 점퍼의 허리 등에 끈을 달아 묶을 수 있도록 된 타입의 총칭

⑮ 기타 : 이외에도 퀼팅(Quilting), 패딩(Padding), 패치 워크(Patch Work), 컷 아웃(Cut-out), 컷 오프(Cut-off), 아플리케(Applique), 터킹(Tucking), 리쉬(Ruche) 등이 있으며, 다양한 디자인 이미지를 부각시키는 장식으로 사용

(6) 트리밍(Trimming)

트리밍은 의복의 미적 목적을 위하여 완성되어 있는 장식을 달거나 별도의 재료로 만들어 부착하는 것이다. 트리밍은 장식의 목적에 따라 사용하기 때문에 시대 감각에 맞도록 선택하며, 의복의 재료나 디자인이 단순한 경우 포인트 효과를 얻을 수 있다.

① 브레이드(Braid) : 여러 가지 색채와 재질의 실이나 옷감으로 짜인 밴드의 형태로 네크라인, 앞단, 소맷단, 포켓 둘레 등에 장식

② 스팽글(Spangle), 시퀸(Sequin), 비즈(Beads) : 반짝이는 금속 조각이나 작은 구슬을 도안에 따라 옷에 꿰매어 붙인 장식

③ 단추(Button) : 기능적인 목적을 넘어서 옷감의 종류와 전체적인 디자인에 조화되도록 다양한 재질, 형태, 크기, 색채의 단추를 이용하여 장식

④ 털 장식(Fur Trimming) : 천연 또는 인조 모피를 네크라인, 커프스 등에 장식

⑤ 벨트(Belt), 버클(Buckle) : 가죽, 에나멜 가죽, 금속 체인 등 다양한 소재와 색채를 이용한 크고 작은 벨트도 중요한 장식으로 많이 사용

⑥ 엠블럼(Emblem) : 전통과 집단을 나타내는 심벌 마크를 자수로 만든 것으로 주로 블레이저 재킷, 유니폼의 가슴 등에 장식

⑦ 기타 : 이외에도 벨크로(Velcro), 지퍼(Zipper), 레이스 업(Lace-up) 등 다양한 형태의 트리밍 장식을 유행에 맞게 활용

(7) 실루엣(Silhouette)

형, 모양, 의상의 아웃라인(Outline)의 뜻으로 복장의 외형선, 즉 복장의 전체적인 윤곽선을 의미한다. 유행의 역사는 실루엣의 역사라고 할 수 있는 만큼 패션 경향을 결정하는 중요한 요소이며 길(Bodice), 소매, 스커트 또는 슬랙스의 형태에 의하여 형성된다.

실제로 실루엣은 인체를 토대로 상하, 좌우, 전후의 균형 관계에 의해 다양하게 변화되어 왔다. 이러한 3차원의 균형의 변화에 기인하여 실루엣은 크게 스트레이트 실루엣, 아우어글래스 실루엣, 벌크 실루엣으로 나눌 수 있다.

① 스트레이트 실루엣(Straight Silhouette) : 몸의 어느 부분을 특별히 강조하지 않고 상하가 거의 비슷한 폭을 유지하는 직선적인 실루엣

- 시스 실루엣(Sheath Silhouette) : 칼집과 같이 몸에 적당히 밀착되어 날씬하고 길게 보이도록 의도된 실루엣

- 튜블러 실루엣(Tubular Silhouette) : 튜브의 형태처럼 어깨에서 밑단까지 같은 폭의 직선적인 실루엣

- H라인 실루엣(H-Line Silhouette) : 어깨 폭이 좁고 가슴이 밋밋하며 허리와 힙도 강조되지 않은 홀쭉하고 긴 실루엣, 허리 부분에 가로의 절개선 혹은 벨트의 장식이 있어 H의 가로선을 상징

- 트라페즈 실루엣(Trapeze Silhouette) : 사다리꼴 형태로 어깨 폭이 좁고 밑단이 넓게 퍼지는 실루엣

- 엠파이어 실루엣(Empire Silhouette) : 짧은 퍼프 슬리브와 하이 웨이스트가 특징인 가늘고 날씬한 실루엣

- 시프트 실루엣(Shift Silhouette) : 시프트는 마직의 속옷인 슈미즈의 명칭으로 속옷처럼 편안하고 부드럽게 흘러내리는 직선형의 실루엣

② 아우어글래스 실루엣(Hourglass Silhouette) : 모래시계의 윤곽선을 본뜬 실루엣으로, 어깨를 넓게 과장하고 힙을 풍성하게 부풀려 상하를 넓게 하는 반면 허리는 가늘게 조여 허리선을 강조한 실루엣

- 피티드 실루엣(Fitted Silhouette) : 인체의 윤곽선이 그대로 드러나도록 몸에 꼭 맞아 가슴, 허리, 힙의 부드러운 곡선을 표현한 실루엣
- 프린세스 실루엣(Princess Silhouette) : 상반신은 허리까지 몸에 맞게 피트시키고 스커트 밑자락은 넓게 퍼지는 실루엣, 어깨나 진동부터 밑단까지 수직의 절개선인 프린세스 라인이 들어가 있어 프린세스 실루엣이라 불림
- 돔 실루엣(Dome Silhouette) : 돔과 같이 반구형으로 부풀려진 스커트 실루엣
- 머메이드 실루엣(Mermaid Silhouette) : 허리에서 무릎까지 몸에 꼭 맞고 무릎 밑자락은 인어 꼬리처럼 넓게 퍼지는 형태
- 버슬 실루엣(Bustle Silhouette) : 상체는 몸에 꼭 맞도록 허리를 가늘게 조이며, 힙 부분을 허리받이인 버슬로 둥글게 과장시켜 스커트의 밑자락까지 곡선미를 강조한 실루엣
- 미나렛 실루엣(Minaret Silhouette) : 몸체와 스커트 부분은 타이트하게 하고, 허리 밑자락은 전등갓처럼 둥글게 부풀려 과장되게 얹어낸 실루엣

③ 벌크 실루엣(Bulk Silhouette) : 몸의 중심 부분을 넓게 부풀린 실루엣으로 부피감과 함께 몸을 여유 있게 감싸주는 넉넉한 실루엣

- 코쿤 실루엣(Cocoon Silhouette) : 누에고치의 모양과 같이 어깨와 밑단은 좁고, 허리 부분이 부풀려진 긴 타원형의 실루엣
- O라인 실루엣(O-Line Silhouette) : 알파벳 O의 형태를 나타낸 실루엣으로 어깨, 가슴, 허리, 소매 등에 둥근 곡선을 만들어 부풀린 형태
- 배럴 실루엣(Barrel Silhouette) : 몸통 부분이 불룩한 통모양으로 풍성한 코트 등에서 볼 수 있는 부피감 있는 실루엣
- Y라인 실루엣(Y-Line Silhouette) : 어깨에서 가슴에 이르는 부분은 풍성하게 부피감을 살리고, 허리에서 하반신은 가늘고 좁은 실루엣
- T라인 실루엣(T-Line Silhouette) : 어깨 부분이 수평으로 퍼진 형태를 이루고, 몸통은 가늘고 날씬하게 표현된 실루엣으로 알파벳 T의 모양과 같음
- 박시 실루엣(Boxy Silhouette) : 상자와 같은 사각의 실루엣으로 주로 부피감 있는 코트나 헐렁한 재킷에서 볼 수 있음

Sheath sil.　Tubular sil.　H-line sil.　Trapeze sil.　Empire sil.　Shift sil.

스트레이트 실루엣

Fitted sil.　Princess sil.　Dome sil.　Mermaid sil.　Bustle sil.　Minaret sil.

아우어글래스 실루엣

Cocoon sil.　O-line sil.　Barrel sil.　Y-line sil.　T-line sil.　Boxy sil.

벌크 실루엣

⚙ 패션디자인의 원리

매년 급변하는 패션이지만 그 속에서도 기본적인 원리는 갖고 움직이게 된다. 패션도 조형의 일부이기 때문에 이런 기본적인 원리만 잘 파악한다면 무질서해 보이는 패션 안에서 질서를 찾을 수 있을 것이다. 디자인은 누구나 공통적으로 아름다움을 느끼게끔 시각적인 자극을 주는 것이다. 이것을 '보편적인 아름다움' 이라고 한다. 하지만 보편적인 아름다움보다는 점점 차별화된 아름다움, 의외성의 아름다움이 주목받고 있으며 이렇게 보편적이지 않은 아름다움을 추구하기 위해서는 여러 가지 디자인의 요소를 알맞게 적용하여 체계적으로 사용하는 방법이 이용되는데, 이러한 방법을 디자인의 원리(Principle)라고 한다.

1. 비율(Proportion)

모든 조형예술에서 좋은 구성을 이룰 수 있는 것은 비율의 원리 때문이다. 비례는 상대적인 크기를 말하는 것이며 대상의 크기나 길이에 대한 관계의 표현을 수치화 할 수 있는 유일한 디자인 원리이기도 하다. 고대의 건축가들은 수학적인 비례를 신비한 상징으로 귀하게 생각하고 특히 건물의 시각적인 비례를 중요시하였다. 이상적인 비례는 그때부터 공식화 되었고 지금까지 전해지고 있는 것이다. 비례의 원리를 이용하여 디자인을 표현하는 방법은 실루엣에 따른 디테일의 비율, 디테일이나 트리밍, 그 밖의 액세서리 등 모든 요소들의 비율, 가로 세로의 관계, 또한 크기 자체를 일컫는 규모도 해당된다. 이상적인 비례는 '변화 있는 통일' 에 의해 이루어지는 조화의 상태에서 얻을 수 있으며, 면이나 길이를 조화롭게 분할하는 기준으로 3 : 5, 5 : 8, 8 : 13 등의 황금분할 기준이 유용하게 사용된다.

비율의 예시[14]

---

14) www.jedroot.com

> **실무TIP**
>
> 비율은 정확하게 황금비율로 나타낼 수 있지만 감각을 키우다보면 가장 이상적인 비율을 눈대중만으로도 잡아낼 수 있다. 가장 많이 사용되는 컬러군의 비율에서는 포인트 컬러를 정해놓은 다음 이의 비율을 어느 정도로 연출하느냐에 따라 각기 다른 이미지로 연출이 된다.

2. 균형(Balance)

균형이란 동등한 평형감각을 유지시켜 보는 이로 하여금 안정적인 느낌을 주기 위한 것이다. 디자인의 요소 중 가장 기본적인 원리로 '시각적 힘'에 의해 좌우되는데 축의 양쪽에 무게, 크기, 밀도, 위치와 관련하여 같은 양의 '눈을 끄는 힘'이 존재한다. 반면 균형이 깨져서 불균형 상태가 되면 안정감을 느낄 수 없게 되지만 시각적 자극은 심해져서 강조의 효과를 얻기도 한다.

의상에서의 균형은 이렇게 단순히 무게에 의해서 결정되지는 않는다. 소재, 패턴, 컬러, 장식 등 눈에 띄는 모든 것에 의해 좌우되기 때문에 각 요인들이 얼마나 큰 영향력을 갖고 있는지 분석할 수 있는 능력이 있어야 한다.

(1) 대칭 균형(Symmetrical Balance)

사람, 동물, 곤충 등에서도 가장 흔하게, 많이 볼 수 있는 형태로 좌우에 같은 양의 요소가 배치되어 균형을 이루고 있다. 인체나 동물 등을 봤을 때 반만 보여도 나머지 반이 상상되는 것처럼 패션에서도 동일한 효과를 주며, 이런 효과는 평범하고 안정되며 의례적이고 단정한 느낌을 준다. 하지만 똑같은 스타일에 변화가 없고 흥미를 주지 못하므로 미적 가치나 예술성이 낮게 평가되기도 한다. 클래식한 수트, 유니폼, 제복 등에 많이 사용되어 단정한 느낌을 주는 경우가 많다. 스타일링에서는 액세서리를 적절히 매치하여 새로운 포인트를 찾아내기도 한다.

(2) 비대칭 균형(Asymmetrical Balance)

수치상으로 명확하게 정의할 수는 없지만 좌우에 배치된 요소들 간의 시각적인 힘을 균등하게 하여 조화를 이루는 방법이다. 비대칭 균형은 다른 크기나 다른 영향력을 가진 요소들이 중심축에서 좌우로 다르게 놓여 있지만 균형이 잡혀있는 데에 특징이 있다. 인체가 대칭 균형을 이루고 있으므로 의복이 대칭 균형을 이루고 있을 때는 별 문제 없으나, 비대칭 균형을 이루기 위해서는 신중을 기해야 한다. 비대칭 균형은 시각 예술 중 가장 고도의 위치에 있는데 이는 단순히 수량적인 비례의 계산으로부터 이루어지는 것이 아니라 어디까지나 개인의 감각에 의해 좌우되는 것이기 때문이다.[15]

---

15) 패션디자인, 유송옥 · 김경실 · 간호섭, 수학사(2006)

균형의 예시[16]

균형과 비율은 떼려야 뗄 수 없는 관계이다. 좌우가 대칭인 균형은 동일한 비율로 이루어지지만 비대칭 균형은 적절한 비율로 이루어져야 하기 때문이다. 스타일링을 할 때는 적절히 비대칭 균형을 이루어야 더욱 세련된 룩으로 연출된다.

3. 리듬(Rhythm)

리듬은 디자인의 요소들이 다양한 방법과 규칙으로 반복되어, 보는 이의 시선이 따라 움직이면서 형성되는 것을 말한다. 이는 조직화된 운동감을 느끼게 하는 원리로 디자인 요소를 의복 전체에 골고루 조화롭게 배열한 것이다. 반복되는 요소들이 아름답고 자연스런 움직임을 보여주는 것이 최적의 조화이며 디자인의 변화와 시각적 연계성을 부여한다. 선이 대상의 특성을 가장 단순하게 나타내며 경제적인 조형요소로서 적절한 조화를 이룰 때 리듬이 생기며 선적인 조형에 있어서 리듬이 무시되면 운동감을 느낄 수 없다.

리듬의 효과는 반복의 규칙과 간격, 패턴의 복잡성에 따라 다양하게 표현된다. 반복의 규칙은 리듬의 강도나 속도감, 동적 이미지를 만들어 낸다. 반복은 일정한 패턴에 의해 반복되는데 이에 따라 다음의 리듬 방법을 구분한다.

(1) 반복(Repetition)

동일한 아이템을 한 번 이상 사용하고 이 동일한 아이템을 서로 다른 위치에 배열하는 것이다. 규칙적으로 사용한 방향으로 움직이며 인체 위에서 방향을 강조하는 원리로 작용한다. 한 가지가 반복될 수도 있고 여러 가지가 반복될 수도 있는데, 이에 따라 다른 분위기를 낼 수 있다.

---

16) www.jedroot.com

(2) 연속(Sequence)

특정한 순서와 일정한 규칙을 갖고 같은 디테일이 끊이지 않고 한 방향으로 이어지는 것을 말한다. 즉, 형태나 선의 순서와 의미가 계속되어지는 것이다. 트리밍, 모티브 등이 소맷단, 여밈선, 솔기 등을 따라서 일정하게 계속 장식되는 경우가 연속 리듬을 이용한 것이라 할 수 있다.

(3) 교차(Alternation)

두 가지 서로 다른 특성의 요소가 동일한 순서를 지니면서 앞, 뒤 교대로 반복되는 것으로 연속과 반복의 결합으로 이루어진다. 교차되는 두 가지 성격의 요소가 서로 대비되어 나타나므로 교차된 두 단위가 비슷한 분위기일 경우 효과는 더욱 강화되며 서로 반대되는 경우 효과가 감소되고 흐려진다.

(4) 점진(Gradation)

디자인 요소의 양, 크기, 밀도, 강도들이 단계적으로 강화되거나 약화되는 변화 단계로 운동감을 주어 시선을 유도하는 방법이다. 점진은 방향성을 가지게 되며, 단계적인 변화의 방향은 시선을 어떤 정점이나 중심점에 이르도록 유도하므로 강한 강조의 효과를 주기도 하며 보는 이로 하여금 흥미를 유발시키는 힘이 더욱 크고 극적으로 표현된다.

(5) 변이(Transition)

다른 말로 '전환' 이라고도 하며, 하나의 단위가 비슷한 다른 것으로 매끄럽게 연결되는 원리이다. 연속과 점진이 융합된 상태로 파도의 물결이나 메아리처럼 부드럽고 유연한 리듬을 만들어 낸다. 매우 유연하므로 강력하게 보이지는 않으나 시선을 유도하는 역할을 하며 의복에서의 유연한 느낌을 창출한다.

(6) 방사(Radiation)

중심을 이루는 부분에서 점점 밖으로 번져 나가거나 안으로 스며드는 효과를 말한다. 심플한 패턴이나 선, 색상 등에 의해서 형성될 수 있으며 다트, 절개, 색상의 그라데이션, 플레어 스커트의 퍼져나가는 정도 등이 방사 리듬의 한 종류라고 볼 수 있다.

> **실무TIP**
>
> 리듬은 패턴에서 가장 많이 나타나며 패턴의 응용은 많은 훈련이 있어야 세련된 연출이 가능하다. 예를 들어, 패턴이 강한 아이템은 솔리드 컬러의 아이템과 매치하는 것이 가장 쉬운 방법이다.

리듬의 예시[17]

4. 강조(Emphasis)

전체적인 디자인의 중심이며 가장 시선을 끌 수 있는 것을 말한다. 강조된 부분만으로도 디자인의 컨셉을 말할 수 있으며 가장 처음 시선이 머무는 곳이기 때문에 강조점을 잘 잡아야 한다. 강조는 일상적인 것에 독특하나 무엇인가를 더할 수 있어 지루하지 않은 디자인을 가능하게 해준다. 효과적인 강조의 방법에는 다음의 두 가지 기법이 있다.

(1) 대조(Contrast)

서로 반대되는 스타일의 아이템끼리 비교하는 것으로 이 중 어느 한 가지의 특징을 더욱 부각시키기 위해 사용하는 방법이다. 가장 강력하고 자극적으로 집중을 일으킬 수 있는 기법이며 직선과 곡선의 대비, 명도의 대비, 디테일이 차지하는 면적의 대비 등에 의해 대조의 효과를 얻을 수 있다.

(2) 집중(Concentration)

가장 두드러지는 부분으로 시선을 모으는 것이다. 자연스럽게 강한 시선을 집중시키는 방사나 점진의 원리를 이용하면 효과적으로 활용할 수 있다. 가장 많이 사용하는 방법은 액세서리를 이용하는 것인데, 빅사이즈의 주얼리나 컬러풀한 가방, 신발, 화려한 장식의 벨트 등은 시선을 모으기에 좋은 아이템이다.

 실무TIP

강조는 의상 자체적으로 포인트가 있어 저절로 강조가 되는 경우와 액세서리를 사용해 인위적으로 강조하는 방법이 있다. 후자의 경우 액세서리를 남용하면 다소 산만해 보일 수 있으니 주의해야 한다.

17) www.jedroot.com

강조의 예시[18]

5. 통일(Unity)

통일은 질서 속에서 이루어지며 어떤 유기적 관계를 갖고 질서를 세우거나, 어떤 변화 속에서 이루어진다. 이것은 일관된 그리고 완전한 효과를 위하여 모든 부분들이 서로에게 소속되고 함께 나타나는 하나의 관계이다. 통일은 단순성을 추구하고, 따로 전체를 부분들의 집합으로 보는 상향적 지각에서 기인하며 보다 복잡한 면적을 간단한 단위로 분할하는 하향적 분할에서 완성된다. 그러나 어느 한쪽으로 지나치게 편향되어 추구하다 보면 안정된 나머지 단조로울 수가 있고 너무 변화가 급격하면 산만할 수 있다. 따라서 두 가지를 적절히 조화시켜 디자인하는 것이 중요하다. 통일은 다음과 같이 두 가지로 나뉜다.

(1) 유기적 통일(Organic Unity)

유사한 구조를 통해서 조합하는 것으로 가장 대표적인 방법으로는 조화법이 있다. 스타일에 맞는 액세서리와 헤어스타일, 메이크업까지 전체적인 스타일이 한가지의 컨셉으로 이루어지는 것을 말하며 이의 기본 바탕은 관련성에 둔다. 관련성이 많아지면 동질화가 강해지고 극단에 이르면 단조롭게 연속 형식으로 된다. 이는 디자인 요소의 어떤 공통적 성격을 질서 있게 조절하였을 때 나타나는 것으로 의복의 각 부분 사이에 연관성이 있는 요소들이 질서 있게 배치되었을 때 느낌이 비슷한 소재, 실루엣, 디테일 등을 사용해 통일시켜야 한다.

(2) 변화적 통일(Unity in Variety)

이질적인 요소를 대립시킴으로써 시선을 이끌어 주종 관계에 의해서 통일하는 방법을 말한다. 한 요소를 집중시킴으로써 강조의 포인트를 부각시키고 이것을 중심으로 종속하는 다른 요소를 연관시켜서 통일성을 이루어 내는 것을 말한다. 포인트를 향한 통일성은 있을 수 있으나 만약 종속적인 요소들이 균형을 이루지 못하는 경우 자칫 산만하고 분산되어 보인다.

18) www.jedroot.com

통일의 예시[19]

🖋️ **실무TIP**

통일의 방법은 자칫 잘못하면 촌스러워 보일 위험이 있다. 이너와 아우터, 상의와 하의를 같은 패턴의 의상으로 연출하는 경우 보이는 면적이 너무 많지 않도록 하는 것이 좋다.

19) www.jedroot.com

PART 02
발상의 이해

Chapter 01 발상의 이론

발상의 개념

디자인은 발상에서부터 이루어진다고 해도 과언이 아니다. 가장 기본적인 발상에서부터 디자인의 기초가 다져지며 독창적인 디자인은 창의적인 아이디어에서 비롯된다. 발상은 순간적인 생각 즉 '인스피레이션(Inspiration)'을 뜻하며, 이 생각을 구체화하여 소재나 형태를 구성하고 제작하여 대상을 고안해내는 과정이다. 현대 사회에서는 점점 다양해지는 문화와 글로벌한 환경으로 더욱 새로운 것을 요구하는 인간의 욕구에 따라 보다 다양하고 풍부한 아이디어가 절실히 요구된다. 특히 새로운 유행을 만들어야 하는 패션 디자이너에게는 패션에 대한 전문 지식과 다양해진 소비자의 욕구를 잘 반영할 수 있는 능력은 물론 독창성을 생명으로 한 아이디어 발상을 통해 새로운 패션 가치를 추구할 수 있는 통합적인 능력이 요구된다. 더해서 기존의 현상, 혹은 감성이나 기술을 재해석하고 재구성(Reconstruction)하는 능력도 중요해지고 있다. 또한 서로 다른 분야와의 협업(Collaboration)이 더욱 다양해지면서 패션과 상관없던 분야도 생활 속으로 자연스럽게 스며들게 되고 이에 모든 분야가 서로 창조의 근원이 되며 발상의 계기를 제공하고 있다.

발상의 조건

발상의 조건에서 가장 중요한 것은 창의성이다. 창의성이란 사물과 사물 간의 새로운 연결을 생각하거나 아무도 생각하지 못한 아이디어를 떠올리거나 또는 고정관념에서 벗어나 새로운 방식으로 사고하는 능력을 말한다. 대부분 창의성이라고 하면 무(無)에서 유(有)를 창출해내는 것으로 생각하지만 어느 분야에서도 디자이너들이 생각해낸 놀라운 아이디어가 모두 무(無)의 상태에서 창출된 것은 아니다. 주변에서 늘 사용하던 것을 변형하거나 재구성하여 새롭게 만들어지는 것이 대부분이다. 창의성을 토대로 새로운 발상은 축적된 지식과 정보를 토대로 새로운 외부 정보를 결합하여 새로운 가치가 있는 것으로 만드는 작업이다. 이것이 활용가치가 있는 좋은 아이디어가 되기 위해서는 다음의 다섯 가지 조건이 필요하다.

1. 합목적성

어떤 것에 불편을 느껴 이를 해결해야할 문제로 생각한다면 이는 발상의 기본 조건이 된다. 어디에서 찾을 것인가 하는 의문점은 찾고 있는 것의 목적으로 찾을 수 있다. 구체화된 목적과 의도가 없는 발상은 발전시킨다 해도 소비자에게 소용없는 것으로 버려질 수 있다. 필요성에 의한 아이디어를 어떻게 활용하여 무엇을 만들 것인가에 대한 정확한 목적과 의도는 결과에 큰 영향을 미치게 된다.

2. 독창성

발상은 독창성으로 이루어진다고 해도 과언이 아니다. 아무도 생각해내지 못했던 독창적인 아이디어로 발전시키기 위해서는 기존에 갖고 있던 전문적인 지식은 물론 새로운 상황에서 오는 정보를 결합하거나 재구성하고 이를 바탕으로 변형시킬 수 있는 능력이 필요하다. 즉, 독특한 사고와 독자적인 아이디어의 창출은 새로운 아이디어의 발상과 디자인의 전개과정에 반드시 필요하며 발상의 중요한 조건이 된다.

3. 정보력

갑자기 생각나는 발상도 있겠지만 발상은 머릿속에 있는 정보에 의해 떠오르고 또 정보 간의 상호작용에 의해 새롭게 융화되는 것이다. 창의적 발견은 유사하지 않은 사물들을 연결하는 과정에서 비롯되므로 문제 해결과 직접적인 관련이 없더라도 가능한 한 많은 정보를 수집해야 한다. 꼭 시각적인 그림이나 사진, 동영상이 아니더라도 청각, 후각, 촉각, 미각 등 오감을 자극할 수 있는 다양한 자료들이 모여야 더욱 기발한 발상으로 이어지는 것이다. 하지만 이 정보를 상식적인 선에서 그대로 받아들인다면 편협적인 사고로 이어질 수밖에 없다. 기존의 틀을 깰 수 있는 자유롭고 독창적인 접근으로 유용한 정보들을 종합하고 발상에 적용시켜 나가는 것이 중요하다.

4. 전문지식의 활용

우리는 너무나 많은 정보의 바다 속에서 살고 있다. 이 많은 정보 속에서 상품 개발이 이루어지고 있으며 정보들의 조합으로 또 새로운 정보가 탄생하고 있다. 전문적인 지식은 해결해야할 문제에 대한 기술적이고 객관적인 부분이므로 개개인의 감성과 주관, 공상에 치우치기 쉬운 부분들을 제어함으로써 좀 더 현실에 적합하고 실용적인 아이디어를 이끌어 내는 역할을 한다.

5. 적극성

문제의 해결은 단시간에 이루어지지 않는다. 여러 번의 실패를 경험하게 될 수도 있다. 아이디어의 발상이 아무리 훌륭하더라도 반드시 좋은 결과를 얻을 수 있는 것은 아니다. 실제로 경험하고 무엇이든 직접 체험해 보려는 의욕이 필요하며, 그 과정이 이루어질 때 더욱 새로운 것을 발견할 수 있

다. 실패를 두려워하지 않는 정신, 문제를 해결하려는 적극적인 자세와 끊임없는 노력이 있을 때만
이 더욱 창의적인 발상으로 전환될 수 있다.

발상의 과정[1]

창조적인 발상은 순간 떠오르는 생각을 이미지와 형태로 구체화시키는 것이다. 예를 들면, 주변의
환경, 새로운 장소, 문화적인 현상 등 우연과 필연의 순간에 영감이 떠오르면 새로운 발상을 하게 되
고, 아이디어를 구상하여 구체화시키는 것이다. 발상은 현재 트렌드와 사회, 문화적인 현상 등을 인
식하고 어떤 것을 새롭게 선보여야 하는지, 주변 환경에 대한 지속적인 관심에서 비롯된다. 이후 이
미 축적된 정보와 지식을 바탕으로 필요에 따라 유용한 자료를 더 수집하고, 자극이 될만한 자료들
을 분석하고 실험하여 새로운 아이디어를 찾을 준비를 한다. 이 자료들의 조합은 문서, 이미지맵, 드
로잉 등으로 집중적으로 표현되어 아이디어를 발견하고 선택하는데 도움을 준다. 이를 바탕으로 고
안해낸 독창적인 아이디어는 디자이너의 경험과 개성, 전문적 지식 등을 바탕으로 구상된다. 단편적
이고 추상적인 구상단계의 아이디어는 다른 아이디어와 구분되고 정리되어 구체적인 형태로 전개
되고, 점차 좀 더 나은 형태로 발전시켜 나간다. 결국 아이디어가 타당했었는지의 여부와 목적에 적
합한지 확인하는 과정을 거쳐 구체적인 대상으로 표현된다.

1. 대상의 선정

가장 먼저 구체적인 대상을 선정하는 목표설정 단계가 이루어진다. 대상의 범주가 지나치게 광범위
하거나 막연하지 않도록 제일 큰 범위에서부터 작은 범위까지 속해있는 카테고리를 점점 좁혀가며
차근차근 선택해야 한다.

2. 자료 수집과 분석

머릿속에 정립된 이론뿐만 아니라 선정된 대상에 관한 정보를 수집하고 분석하는 과정이다. 아이디
어는 무에서 유를 창조하는 것이 아니다. 즉, 아무런 자료 없이 이루어지는 것이 아니기 때문에 기초
가 되는 정보를 수집하고 이를 뒷받침해줄 수 있는 다양한 부분의 자료가 필요한 것이다.

3. 아이디어의 구상

용(J.W. Yong)은 "아이디어는 낡은 요소의 배합이며 낡은 요소를 배합하는 능력은 사물의 관련성
을 볼 줄 아는 능력에 달려있다."고 하였다. 아이디어의 구상은 자료 수집과 분석을 통해 새로운 아
이디어로 창출하는 단계이며 이것은 개인적인 경험, 환경, 전문성, 가치관에 얽매일 수 있으므로 이
와 다르게 사고하는 습관을 기를수록 보다 새로운 아이디어가 나올 수 있다.

---

1) 패션디자인 플러스 발상, 이경희 · 이은령, 교문사(2011)

4. 아이디어의 전개와 선택

구상단계에서의 아이디어는 경계선이 넓고 한 가지로 함축될 수 없는 것이 많다. 기존에 실용화 되어 있을 수도 있고 다른 분야와 협업해야 좋은 결과로 나올 수 있는 것들도 많기 때문에 이를 제대로 인식해야 한다. 따라서 자신이 생각한 아이디어를 다른 사람에게 전달하기 위해서는 아이디어를 생각한 이유, 관련되어있는 다양한 아이디어로 전개, 이에 따른 분석과 선택의 과정을 거쳐 핵심 아이디어로 발전시켜야 한다.

5. 아이디어의 검증

선택된 아이디어의 실효성을 검증하는 단계로 아이디어의 장단점을 꼼꼼히 분석하고 아이디어의 조합이 문제해결에 적합한 것인지를 검토해야 한다. 결과물로 나온 아이디어는 새롭고 기존의 틀을 깨는 것이어야 하지만 실행했을 때 문제가 없어야 한다.

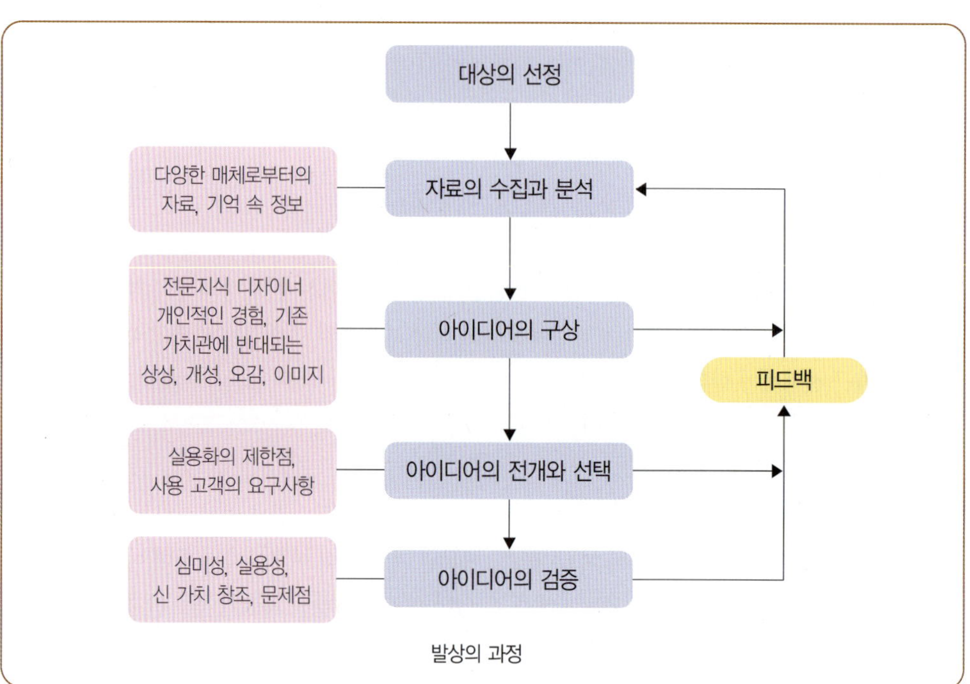

발상의 과정

Chapter 02　패션디자인 발상법

⚙ 발상법의 종류

발상은 막연한 생각을 체계적이고 구체화하는 것이기 때문에 몇 가지 기본 원칙과 과정을 따른다면 더욱 참신한 아이디어로 발전될 수 있다. 디자인에 자주 사용되는 발상법에는 체크리스트법과 형태 분석법이 있고, 주제 발상을 위한 브레인 스토밍법, 고든법, 창조적 문제해법, KJ법, 시네틱스법, 특성 열거법 등이 있다.

1. 체크리스트법(Checklist Method)

오스본(Osborn)이 개발한 방법으로 떠오른 발상에 대해 질문과 수정 사항들을 차례로 적어가면서 하나하나 체크하는 방법이다. 이는 발상에서 나온 아이디어의 특징을 정확하게 정리할 수 있고 리스트화를 통해 개선하면서 발전시킬 수 있어 많이 활용하는 방법이다.

2. 형태분석법(Morphological Method)

사물의 형태를 기존의 스타일과 다르게 변형함으로서 새로운 형태로 바꾸는 방법을 말한다. 변화의 가능성을 다각도로 분석하여 새로운 조합, 혹은 변형을 유도할 수 있다. 비교적 짧은 시간에 많은 아이디어로 전개할 수 있다는 장점이 있으며 의상에서는 실루엣과 디테일, 트리밍 등에 대한 분석에 의해 조합과 해체를 통한 새로운 디자인에 접근할 수 있다. 프릴, 자수, 보우 등 몇 가지 같은 기법을 여러 아이템에 적용시켜보는 방법과 한 가지 아이템에 부분적인 기법을 다각도로 적용시켜 보는 방법이 있다.

3. 브레인 스토밍법(Brain Storming Method)

발상법의 종류 중 가장 널리 쓰이는 방법으로 집단의 아이디어를 집약하여 시너지(Synergy)효과를 기대할 수 있는 방법이다. 주로 창의적인 태도나 능력을 증진시키기 위해 사용되며, 일상적인 사고 방식에서 벗어나 좀 더 다양하고 폭넓은 사고를 하게 함으로써 새로운 아이디어를 얻을 수 있다. 브레인 스토밍법은 양적으로는 많이 전개될 수 있으니 발상의 주제에 관련된 핵심적인 부분을 추려내야 더욱 발전적으로 수용이 가능하다.

4. 고든법(Gordon Method)

역시 집단적으로 발상을 전개하는 방법으로, 문제를 구상화 시켜서 무엇이 진정한 문제인가를 모른다는 상태에서 출발하여 의견을 내는 사람들에게 문제에 관련된 정보를 탐색하게 하는 것이다. 고든법을 사용하는 이유는 문제가 지나치게 구체적이 되면 참가자가 자칫 현실적인 문제에만 국한시켜 기본적으로 아이디어를 발상하기 어렵기 때문이다. 여러 사람들에 의해 다양한 아이디어들이 제시되면서 뜻밖의 기발한 발상들이 나올 수 있다는 데서 해결의 실마리를 찾는 방법이다.

5. 시넥틱스법(Synectics Method)

시넥틱스란 관계가 없는 것을 결부시킨다는 의미의 그리스어에서 유래된 것으로 서로 아무 관련이 없는 여러 가지 유추로부터 아이디어나 힌트를 얻는 방법이다. 즉 구체적인 테마를 대상으로 은유와 유추에 기초를 두고 창조적 발상을 해나가며 판에 박힌 사고방식에서 벗어나 아이디어를 자유롭게 펼치는 것이다. 일상적인 사물을 보는 선입견을 의도적으로 왜곡하고 바꾸어 새롭게 조명하려는 의식적인 노력이 필요하다.

6. KJ법(KJ Method)

일본의 인류학자 가와키타 지로(Kawakita Jiro)에 의해 개발된 방법으로 문제와 관련된 자료를 대량으로 수집하여 분류, 정리하는 방법이다. 짧은 시간에 복잡한 정보를 구조화할 수 있다는 장점이 있으며 키워드를 통해 여러 군집의 가능성을 검토하는 것이 가능하고 이미지맵을 통한 시각적 요소들의 구조화에 유용하다. 또한 틀의 정립으로 그룹 내 다양한 의견을 수용할 수도 있다.

7. 특성열거법(Attributive Listing Technique)

기술적 문제 해결 시 정리할 수 있는 방법으로 개선이 필요한 경우 문제를 구성하고 있는 요소, 성질과 기능 등의 특성을 계속 열거해 나가면서 더 나은 방법을 강구하는 것이다. 결점, 장점, 희망점 등 문제의 특징을 나열하고 이에 따른 문제점을 개선할 수 있는 방법을 찾아 더욱 완전한 것으로 근접하려는 아이디어를 찾는 방법이다.

패션디자인 발상의 근원

패션디자인에 이용되는 주제나 발상의 근원은 시간이 지나면서 점점 다양해지고 계속 변하고 있다. 창의적인 패션디자인은 디자이너의 독창적인 아이디어 표현에서 비롯되며 디자이너의 풍부하고 다양한 아이디어의 표현은 디자인의 요소에 의해 이루어진다. 여기에 독창적인 아이디어로 이어질 수 있는 것은 바로 이미지이다. 과거에서부터 이어오는 역사적인 복식, 각 민족들의 전통복식, 예술과 시대의 사조, 자연에서 오는 모티브, 인공적인 건축 등에서 오는 모티브 등 다양한 소재들이 더해져 탄생할 수 있는 것이다. 단순히 몸을 보호하는 기능성을 목적으로 옷을 입던 때와는 달리 복합적인 인간의 욕구를 충족시키기 위해 디자인은 심미적 기능이 더욱 강화되었고, 패션디자인에 영감을 주는 아이디어의 근원도 더욱 다양해지고 있다.

패션디자인 활용

1. 역사 및 시대복식

원시시대부터 고대, 중세, 근세, 근대에 이르기까지 복식사에 나타난 다양한 양식의 이미지는 현대 패션에 미치는 영향력이 크다. 같은 시대를 표현했다고 해도 트렌드와 디자이너의 성향에 따라 차용하는 디테일이 달라질 수 있어 색다른 감각으로 표현된다. 특히 미래에 대한 관심이 고조되는 세기말에는 주기적으로 과거에 대한 향수를 불러일으키고 어김없이 역사복식 혹은 시대복식이 패션의 테마로 다루어지고 있다.

특별한 재단이나 재봉 기술이 없던 원시시대에는 의복의 형태적 특성보다 장식적인 도구를 통해 그들만의 아름다움을 표현하였다. 이집트의 화려한 금장식과 칼라시리스, 그리스 풍의 고전적 드레스와 중세의 장엄하고 종교적 색채가 강한 신비로운 의복은 현재 드레이프와 언밸런스한 디자인 등으로 우아하게 표현된다. 과장되고 볼륨감 넘치는 실루엣을 표현하는 르네상스 복식과 여성의 곡선을 극대화 한 바로크, 로코코 복식은 장식적인 요소가 가장 많이 나온 시대로 화려한 디자인 발상에 효과적으로 활용된다. 근대 이후 복식은 섬유 산업과 봉재 산업이 발달하면서 현대화로 들어선 시대로 엠파이어 스타일, 크리놀린 스타일, 버슬 스타일 등 시대별로 확연히 드러나는 실루엣의 변화는 현대 패션디자인에서도 자주 등장하는 디자인 테마이다. 20세기에 들면서 급변하고 있는 패션의 역사도 매년 중요하게 다루어지는 패션디자인 발상의 근원이며 이 시대복식들은 유행의 테마로 선정되고 당 시대상에 맞게 재해석되어 새로운 디자인으로 보여진다.

역사 및 시대복식 응용[2]

실무TIP

역사적인 복식을 응용할 때는 그 시대에 주로 사용했던 액세서리부터 먼저 익히는 것이 좋다. 특징적인 액세서리 하나만으로도 시대적인 이미지를 충분히 연출할 수 있기 때문이다.

---

2) www.jedroot.com

2. 민속복식

의복은 위치와 환경에 따라 서로 다른 기능으로 사용되어 왔으며 특정 집단이나 사회 구성원의 생활상을 직접 반영하여 그 사회 문화를 이해하고 서로 다른 문화권과 구별할 수 있게 해주는 문화적 통합체로서의 기능을 가진다. 특히 20세기 후반 패션에서 민속풍의 디자인이 많이 발표되었는데 이 민속풍의 의복은 서구권에서 바라본 다른 민족의 민속성에서 비롯된다. 아프리카, 중동아시아, 인디언 등 서구사회에서는 접하지 못한 다른 이미지에 호기심을 갖게 되어 각 민족의 민속복식과 고유의 장신구들이 민족 고유의 정서와 독특한 미적 요소들로 패션의 소재로 등장하고 있다. 현재 에스닉, 오리엔탈, 포클로어, 트로피컬 등 이렇게 네 가지 이미지로 크게 나눌 수 있지만 앞으로 지구상에 있는 여러 인류 사회, 문화적 요소들이 패션의 테마로 접목된다면 더욱 다양한 민속적 패션 아이디어들을 제공하게 될 것이다.

⑴ 에스닉(Ethnic) 이미지

토속적인 느낌이 강하며 유럽을 제외한 비기독교 문화권의 민속의상이나 종교, 염색 직물, 자수 등에서 얻은 이미지이다. 주로 토속적이거나 원시적인 이미지가 전개된다.

⑵ 포클로어(Folklore) 이미지

유럽지역을 대표하는 기독교 문화권의 민속의상으로 주로 지역적 요소가 강하며 소박하며 전원적인 이미지로 표현된다.

⑶ 오리엔탈(Oriental) 이미지

지중해 동쪽의 나라를 의미하는 동양적 요소를 말한다. 일찍부터 동방문화에 대한 호기심이 패션으로 표현되어 왔는데 한국, 중국, 일본 등 극동풍의 문양이나 화려한 직물, 동방의 예술적 정서와 기술이 서구적 복식에서 표현되어 신비로움을 자아내고 있다. 일찍부터 유럽에 진출한 일본의 디자이너들이 동양의 전통적 이미지를 소개한 바 있고, 현재 한국의 디자이너들도 한국의 전통을 주제로 세계무대에서 지속적으로 활동 중이다.

⑷ 트로피컬(Tropical) 이미지

열대지방의 민속의상에서 힌트를 얻은 디자인을 말한다. 하와이, 타히티 등의 남태평양과 카리브해 제도, 인도네시아, 아프리카 등 열대지역의 강렬한 색채와 식물, 꽃 모티브의 대담한 패턴이 이용되어 화려하고 열정적 이미지로 표현되며 주로 리조트 룩, 비치룩 등에 많이 이용된다.

민속복식 응용 3)

3. 예술양식

미술, 조각, 설치 미술 등을 아우르는 예술양식은 한 시대를 풍미하는 것은 물론 패션에도 큰 영향을 미친다. 그 시대에 유행하는 미술에 따라 건축, 패션 등에 영향을 미쳐 끊임없이 창조되고 변화하는 예술의 경지는 평면적, 조형적, 장식적 요소로서 패션디자인의 주제로 활용되며, 특히 현대 복식의 중요한 테마로서 전개되고 있다. 모더니즘의 대표적인 작가였던 몬드리안의 그림은 현재까지도 영향을 받은 작품이 나오고 있으며, 이국적 취향의 시적 표현이 특징적인 19세기 말 상징주의의 대가였던 구스타프 클림트(Gustav Klimt)의 밝은 컬러와 기하학적 문양은 텍스타일 디자인의 모티브로 활용되었다. 또한 비오네(Vionnet)의 입체 디자인에 영향을 준 20세기 큐비즘, 오브제의 도입으로 초현실주의의 꼴라쥬 기법을 이용한 스키아빠렐리(Schiaparelli)의 디자인은 착시와 위치이동, 용도변환 등 신비로운 이미지의 의상을 디자인 하였다. 이외에도 1960년대 대중문화적 예술사조인 팝아트와 기하학적 패턴구성으로 환각과 착시효과를 디자인의 모티브로 재창조한 옵아트 등의 시대적 예술양식은 현재에도 끊임없이 패션의 영역에서 이미지의 모티브를 제공하는 것은 물론 여러 방식으로 콜라보레이션 되며 발전하고 있다.

3) www.jedroot.com

예술양식 응용 4)

실무TIP

예술양식도 시대별로 중심을 이루는 특징이 있다. 이를 패션에 응용하기 위해서는 컬러와 패턴을 적절히 조화시켜야 한다. 화보를 준비할 때는 주변의 배경까지 그 시대의 특징을 살리는 것도 좋다.

4. 자연물

가장 처음 조형적인 디자인으로 활용된 아이템이 바로 자연물이다. 원시시대에서부터 현재에 이르기까지 자연물과 디자인의 조화는 떼려야 뗄 수 없는 관계로 자리매김하고 있으며 자연은 디자인 발상의 풍부한 이미지 근원이 된다. 크게 식물과 동물, 자연환경으로 나눌 수 있으며 식물은 자연친화적인 느낌과 친숙한 느낌으로 다가갈 수 있다. 동물은 주로 모피와 패턴 등으로 많이 활용되며 역동적이고 섹시한 이미지로 표현된다. 이들의 배경이 되는 자연환경 즉, 하늘과 대지, 바다, 산 등은 차분하고 장엄한 느낌으로 표현되며 이것을 대표하는 컬러의 사용만으로도 자연물의 이미지를 표현할 수 있다. 로맨틱(Romantic), 아르누보(Art Nouveau), 애니멀리즘(Animalism), 에콜로지(Ecology) 테마는 자연물을 중심으로 이미지를 전개하는 패션 트렌드의 예이다.

---

4) www.jedroot.com
www.artandcommerce.com

자연물 응용 5)

자연물을 응용한 패턴은 밝고 화사한 컬러가 대부분이지만 그렇지 않다고 해도 패턴 자체가 화려하기 때문에 이를 더욱 돋보이게 하기 위해서는 액세서리를 최대한 배제하고 심플하게 스타일링 하는 것이 좋다.

5. 인공조형물

현대에 들어서면서 급속한 산업 발달과 함께 각 분야에서 앞 시대와는 다른 흐름이 형성되었다. 인간의 상상력에 의해 자연을 단순하거나 간결하게 재해석하거나 변형시키고, 생활 속에서 필요에 의해 발명하고 창조한 인공적인 것들이 많이 생겨나면서 이제는 자연물보다 더욱 패션의 모티브로 다양하게 활용되고 있는 것이다. 가장 많이 접할 수 있는 인공조형물은 건축, 산업기계 혹은 생활도구 등이 있으며 미래지향적인 아이템으로 많이 차용되고 있다.

과거부터 인간이 만들어낸 조형물은 건축물이 대표적이었다. 건축물은 예술적 가치를 지니고 각 시대마다 다른 형태로 변화하였으며, 항상 의복과 밀접한 관계를 가지고 패션의 실루엣이나 장식방법에 영향을 주었다. 피라미드의 영향을 받은 이집트시대의 로인클로스(Loincloth)부터 그리스시대의 건축양식과 비슷한 도릭 · 이오닉 키톤(Chiton), 고딕건축양식을 재현한 에냉(Hennin)에서 근대복식에 재료, 실루엣, 장식법 등에 영향을 준 아르누보(Art Nouveau), 아르데코(Art Deco), 데 스틸(De Still), 구성주의에 이르기까지 시대별 건축양식은 패션디자인이 많은 아이디어를 얻는 원천이 되어온 것을 알 수 있다.

산업 발달로 생활주변의 조형물들이 증가하면서 현대화의 특징인 기계문명이나 각종 생활용품을 중심으로 디자인에 영감을 주고 있다. 컴퓨터, 자동차, 책, 부채 등 광범위한 생활용품들이 패션의

---

5) www.jedroot.com

모티브로 이용되어 재미와 유머스러움을 느끼게 해주기도 하고 기능적 요소를 부여하기도 한다. 최근 들어 환경오염, 건강 등에 대한 관심이 지속적으로 커지면서 여유롭고 풍요로운 생활을 추구하는 로하스 철학을 중심으로 재활용을 컨셉으로 하는 패션이 늘어나면서 새로운 가치를 창출하고 있다. 인공물에서 얻게 되는 새로운 재료의 발견과 다양한 기법의 개발은 패션에 꼴라쥬나 그래피티 같은 표현방법을 도입하여 새로운 이미지를 창출하고, 기계의 폐품이나 잡동사니 등을 이용하여 예술적인 양식으로 승화시킨 정크 아트(Junk Art), 전위적이고 실험적 아이디어를 패션에 적용시킨 아방가르드(Avantgarde) 등 패션에 다양하게 연출되고 있다.

조형물 응용[6]

실무TIP

조형물을 응용한 디자인은 기하하적인 절개와 다소 딱딱해 보이는 라인이 특징이다. 모던하고 시크한 스타일에 많이 활용되며 의상 자체로도 디테일이 있기 때문에 액세서리는 심플하게 연출하는 것이 좋다.

---

6) www.jedroot.com

PART 03
패션아이템과 액세서리

Chapter 01　패션아이템과 스타일

⚙ 여성복 스타일링

1. 셔츠(Shirt)

셔츠는 캐주얼하고 스포티한 감각을 즐기고 싶을 때 자주 이용되는 것으로 재킷이나 베스트와 함께
입어도 좋지만 컬러와 디자인이 다양해짐에 따라 티셔츠 하나만으로도 멋을 내기에 충분하다.

화이트 셔츠

데님 셔츠

원피스형 셔츠

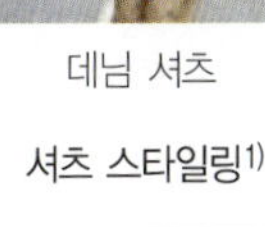

셔츠 스타일링[1]

---

1) http://cafe.naver.com/pualifestyle
　http://blog.naver.com/vpazle?Redirect

2. 블라우스(Blouse)

블라우스는 티셔츠보다는 드레스업하고 셔츠보다 로맨틱한 스타일로 연출이 가능하며 가볍게 스타일링할 수 있는 여성복 아이템이다.

소재가 다양하게 개발되면서 라이크라(Lycra)를 이용한 신체가 피트되는 블라우스와 시스루(See - Through) 소재를 이용한 섹시한 블라우스 등이 등장하였으며 패턴을 이용한 블라우스 등은 세미정장으로 활용이 가능하다.

디자인도 소매의 모양, 길이, 칼라의 모양, 요크선이나 주름장식을 이용한 변형 스타일과 레이스 혹은 비즈로 장식성을 더한 스타일 등 다양한 이미지로 연출이 가능하다.

다양한 스타일 중에 긴 소매 블라우스는 트렌디하고 개성을 살릴 수 있는 아이템으로 그 중 화이트 블라우스는 활용도가 가장 높은 아이템으로 다양하게 연출할 수 있다.

로맨틱한 블라우스

시크한 블라우스

페미닌 리본 블라우스

블라우스 스타일링[2]

2) http://blog.naver.com/qogkdnjs?Redirect

3. 스커트(Skirt)

여성들만의 특권인 여성미를 잘 표현할 수 있는 것이 스커트이다. 스커트는 재킷과 매치하는 가장 기본적인 스타일링부터 블라우스나 혹은 셔츠 등과 같이 캐주얼하고 소프트한 매치까지 다양한 스타일링이 가능하다. 특히 스커트는 길이별 연출법이 중요하며 역사가 오래된 만큼 그 종류도 다양하다. 펜슬 스커트는 도회적인 시크한 이미지를 주고 개더 스커트와 플레어 스커트는 귀엽고 큐트한 이미지, 미니 스커트는 캐주얼한 이미지, 미디 또는 맥시 스커트는 엘레강스한 이미지를 표현할 수 있다. 또한 다양한 디테일을 이용하여 스타일 연출에 변화를 줄 수도 있다.

개더 스커트

미니 스커트

롱 스커트

스커트 스타일링[3]

---

3) http://blog.naver.com/yvanlee

4. 재킷(Jacket)

여성의 재킷은 지적이며 활동적인 이미지를 대표한다. 스커트나 바지를 세트로 하는 정장은 커리어 우먼의 전형적인 모습으로 연출할 수 있다. 테일러드 칼라의 재킷은 유행을 타지 않는 대표적인 클래식 아이템으로 디자인과 소재에 따라 다양한 스타일을 보여준다. 단색은 차갑고 도회적인 이미지로, 헤링본 소재는 따뜻하고 트래디셔널한 이미지로, 하운드투스 등의 체크패턴은 편안하고 실용적인 아이템으로 표현 가능하다.

어깨 넓이와 소매, 피트되는 실루엣 등을 변화시켜 재킷의 디자인을 다양하게 연출할 수 있다.

테일러드 재킷

트위드 재킷

라이더 재킷

재킷 스타일링[4]

4) www.newsen.com
http://blog.naver.com/msmkks

5. 팬츠(Pants)

19세기 초 여성들은 스포츠웨어나 기능적인 목적으로 팬츠를 착용하였으나, 점차 여성의 사회진출이 많아지면서 남성의 전유물인 팬츠를 일상복으로도 착용하기 시작하였다. 바지는 스커트와 마찬가지로 길이와 폭에 따라서 구분된다.

길이가 짧은 팬츠는 발랄한 이미지로 다리를 강조할 때 사용되고 일자형 팬츠는 기본적인 스타일, 벨보텀 팬츠는 유행에 민감하며 날씬하고 귀여운 이미지에 효과적이다. 조드퍼즈, 카고 팬츠는 캐주얼하고 스포티한 이미지에 사용된다. 한편 신축성이 좋은 소재와 진(Jean) 등이 등장하면서 팬츠는 대중에게 폭발적인 인기를 끌게 되었다.

팬츠는 활동적인 현대 여성들에게 있어 사용빈도가 점차 증가하고 있을 뿐만 아니라, 최근에는 밑위 길이와 허리선의 변형으로 많은 유행 요소를 만들어 내고 있다.

와이드 팬츠

테이퍼드 팬츠

버뮤다 팬츠

팬츠 스타일링[5]

5) http://blog.naver.com/slic
www.newsen.com

6. 원피스(One – piece)

원피스는 단 한 가지 아이템으로 완벽한 착장을 완성시킬 수 있는 대표 아이템이다. 우아한 파티 드
레스에서 캐주얼한 셔츠 드레스, 심플한 슬리브리스 드레스, 섹시한 슈미즈 드레스 등 다양한 용도
와 스타일링에 활용된다. 길이가 긴 드레스는 엘레강스하거나 섹시하게 연출하여 이브닝 드레스 또
는 파티 드레스로, 짧은 드레스는 활동적이고 캐주얼하며 실용적인 목적으로 활용된다. 현재에는 한
가지 아이템을 입는 방법과 다른 아이템과 믹스해서 입는 레이어드 스타일도 자주 활용되고 있다.

| 셔츠웨이스트 원피스 | 여성스러운 원피스 | 레이어드 원피스 |

원피스 스타일링

🔾🔾 남성복 스타일링

1. 수트(Suit)

수트는 재킷이나 코트, 베스트, 팬츠의 세 가지 아이템이 동일 소재로 구성된 한 벌의 신사복을 말하
며 현대 남성복의 상징이자 비즈니스웨어의 대표적인 아이템으로 사용된다.

수트는 빅토리아 시대에 상류 계급이 입던 의복에서 유래되었으며 일명 라운지 수트, 색 수트 등으로
불리었다. 19세기 중반에 나온 재킷, 질레, 판타롱 등이 오늘날 남성복의 기본 형태로 발전되었다.

기본 형태란 재킷과 베스트, 팬츠의 세 가지 아이템이 함께 세트화된 것을 말하며, 외형의 실루엣,
프로모션, 디자인에 맞는 패턴 및 소재에 따라서 스타일이 구분되고 셔츠와 넥타이의 변화로 다양한
이미지 연출이 가능하다. 그러나 색상이나 디자인 스타일을 이야기하기 전에 본인의 몸에 잘 맞는,
적당하게 피트되는 세련된 착장법이 수트의 첫걸음이다.

비즈니스 수트 [6]

2. 캐주얼 재킷(Casual Jacket)

캐주얼 재킷은 상·하의 세트가 아닌 단품 아이템으로 세미 정장, 혹은 캐주얼웨어로 많이 사용된다. 소재와 디테일에 따라 다양하게 활용되며, 수트에 비해 대담한 컬러와 패턴 등의 사용으로 스타일링의 포인트를 강조한다.

세퍼레이트 수트라고 명칭되는 재킷으로 일명 콤비라고 불리기도 하나 이는 잘못된 일본식 표기법이다. 상하가 따로 조화를 맞춤으로 조화를 모색하는 의복이며 원래에는 스포츠웨어나 타운웨어용이었으나 개성이 요구되는 근래에는 자유업, 주말복으로 환영받고 있다.

캐주얼 재킷 [7]

6) http://blog.naver.com/rndrmagofl
7) LG패션 타운젠트

3. 팬츠(Pants)

21세기 들어서 남성복식의 격식이 완화되고 착장 방법도 다양해졌다. 일반적인 길이의 팬츠 외에도 짧은 길이의 반바지 세트가 등장하였으며 면바지와 함께 세련된 캐주얼웨어로도 많이 사용한다. 팬츠는 길이에 따라 반바지, 7부 바지, 긴 바지가 있고 바지통에 따라 일자형과 아래로 내려갈수록 폭이 좁아지는 테이퍼트(Tapered)형이 있다. 또한 소재에 따라 진 바지와 면 바지, 울 바지 등이 있다. 소재에 따른 바른 연출법이 필요하므로 주의해서 활용하며 착용 시 올바른 속옷을 선택하여 팬츠 허리 위로 언더웨어가 보이지 않도록 주의한다.

4. 셔츠(Shirt)

남성 수트의 V존을 구성하는 중요 아이템으로 칼라의 컬러와 소재, 모양에 따라 디자인이 구분된다. 셔츠의 기본은 드레스 셔츠이며 보통 '와이셔츠' 라는 용어로 많이 사용한다. 이것은 '화이트셔츠' 의 약칭으로 일본에서 잘못 전해져 온 명칭이다. 드레스 셔츠는 정장이나 예복에 착용하는 아이템이고 캐주얼 셔츠는 변형된 스타일이다.

셔츠는 타이의 컬러와 매듭 모양에 따라서 다른 이미지를 주며 특히 단조로운 남성복에서 변화를 줄 수 있는 부분이므로 효과적으로 사용하도록 한다. 셔츠는 칼라의 모양에 따른 체형별 착장법에 주의하여 착용하며 특히 셔츠의 컬러를 선택할 때에는 재킷의 컬러보다 우선 얼굴색을 고려하여 선택하는 것이 좋다.

셔츠 스타일링[8]

---

8) http://www.countessmara.com

5. 예복(Dress)

예복은 디자인에 따라 모닝 코트, 연미복으로 대표되는 정예장이다. 디렉터스 수트와 턱시도의 준예장, 블랙수트의 약예장으로 나뉜다. 중요한 행사 및 예식에서는 낮 시간에는 모닝 코트를 착용하고 밤에는 연미복이라 하여 테일 코트를 입는다. 테일 코트는 재킷의 앞뒤 길이가 틀려 뒷부분이 길게 늘어지는 것이 특징인데 액세서리로는 베스트와 보우타이를 한다.

모닝 코트[9]

테일 코트

9) http://cafe.naver.com/wangja

Chapter 02　액세서리와 스타일

액세서리란 '부속물, 보조물' 이라는 뜻으로 넓게는 가방, 구두, 모자, 벨트, 장갑, 선글라스, 귀걸이, 목걸이, 반지, 팔찌, 시계, 스카프 등 장식을 목적으로 하는 장식품을 뜻하고 좁게는 보석으로된 장신구를 말한다.[10]

액세서리의 기원은 장식성(Decoration), 정숙성(Modesty), 보호성(Protection), 상징적 구분(Symbolic differentiation), 심리적 자기향상(Psychological Self-Enhancement) 등으로 나타내기도 한다.[11]

액세서리는 스타일을 완성하는 마지막 2%를 확인할 수 있는 역할을 한다. 패션소품이나 액세서리로 그 사람이 갖고 있는 스타일의 이해 정도와 패션 감각을 가늠할 수 있기 때문이다. 특히 단순한 아이템의 코디에서 액세서리는 큰 힘을 발휘한다. 자칫 밋밋해질 수 있는 캐주얼룩도 세련된 디자인의 목걸이나 팔찌 하나로 완전히 다른 분위기를 연출할 수 있다. 지금부터 코디법에 따라 달라지는 다양한 액세서리 스타일링을 알아보자.

다양한 액세서리 스타일

10) 주얼리 시장의 마케팅 전략에 관한 연구, 홍익대 석사학위 논문(1995) 4p.
11) The Function of Dress, L.M. Gurel, 1977, 5p.

∞ 여성 플러스 스타일

1. 기본 액세서리

(1) 모자(Hat)

최근 서양복식에 대한 감각이 향상되면서 멋스럽게 연출한 모자들이 많이 보인다. 모자는 반드시 의상과 이미지와 연결되도록 해야 한다. 현대적이고 세련된 이미지에는 토그(Toque)와 베레(Beret), 엘레강스한 이미지는 띠, 코사지 장식된 카플린(Capeline)형이나 종모양의 클로쉐(Cloche), 캐주얼한 이미지는 카우보이 햇(Cowboy Hat)이나 챙이 평평한 카노체(Canotche)가 잘 어울린다. 하지만 무엇보다 체형과 헤어스타일에 맞는 모자를 선택하는 것이 중요하다.

모자의 종류[12]

모자명	형태	특징
베레모(Beret)		• 동그랗고 납작한 챙이 없는 형태의 모자 • 스페인과 프랑스의 바스크 지방에서 유래
카플린(Capeline)		• 매우 여성스런 디자인의 모자 • 반구형의 꼭 맞는 크라운과 부드럽게 퍼지는 형태의 브림을 가진 모자
클로쉐(Cloche)		• 크라운이 깊고 브림이 처진 형태의 모자로써 앞뒤보다 양옆의 브림이 더욱 처진 형태 • 복고풍 의상과 잘 어울리며 매우 여성스런 형태의 모자
뉴스보이캡 (News boy cap)		• 헌팅캡과 비슷한 디자인이나 앞부분에 작고 짧은 챙이 있음 • 헤링본이나 트위드 소재로 많이 만들어지며 뉴스를 파는 소년들이 썼던 모자모양에서 유래된 이름
필박스(Pillbox)		• 둥근 약 상자 같다 하여 붙여진 이름 • 브림이 없는 고전적 둥근 여성용 모자로써 아무런 장식도 달지 않음
트래퍼(Trapper)		• 겨울에 주로 사용되는 모자로 모피 등의 퍼(Fur) 소재가 주로 사용됨 • 귀를 가릴 수 있는 것이 특징
보울러(Bowler)		• 둥근 크라운과 양 옆이 약간 올라간 좁은 브림이 달린 형태로 주로 빳빳한 펠트로 많이 만들어짐 • 원래는 영국의 비지니스맨이 정장차림을 할 때 쓴 것으로 1980년경 W. 블러에 의해 디자인 되어 유래됨

12) http://blog.naver.com/oe1219

페도라(Fedora)		• 1920년대 처음 나온 부드러운 펠트천으로 만든 남자 모자를 칭함 • 크라운 가운데 부분에 주름이 있으며, 브림이 좁으며 약간 휘감겨 올라간 스타일도 있음
보터(Boater)		• 평평하고 둥근 크라운과 브림이 있으며, 리본으로 장식하는 밀짚모자 • 19세기말~20세기초 주로 남성들이 보트를 탈 때 애용하던 모자에서 이름이 유래됨
티롤(Tyrolean)		• 부드러운 펠트 천으로 만듦 • 뒤의 브림은 약간 휘어 올라가고 앞은 약간 내려진 크라운에는 리본을 두르고 옆에 깃털을 꽂아 장식
파나마(Panama)		• 곱고 옅은 빛깔의 파나마풀로 만든 모자가 본래의 형태 • 오늘날은 파나마풀과 비슷한 섬유로 만든 것은 모두 파나마 모자라고 총칭하며 주로 여름에 쓰는 남성 모자임
홈버그(Homburg)		부드러운 펠트 천으로 크라운의 가운데가 움푹 들어가고 좁은 브림이 휘어 올라가게 만든 스타일의 모자

모자 스타일링 예시[13]

 실무TIP

룩에 어울리는 모자가 정해져 있기도 하지만 최근에는 다양하게 믹스매치하는 것이 트렌드로 자리 잡고 있다. 티셔츠차림에 페도라를 쓰고, 밀리터리 스타일에 여성스러운 베레모를 연출하거나 가방에 장식처럼 다는 등 반드시 머리에 쓰지 않아도 된다.

13) www.jedroot.com
　　http://cafe.naver.com/ownstyle2

(2) 가방(Bag)

가방은 여러 가지 소지품을 넣어 다니는 아이템으로, 전쟁 중에 물 등 필수품을 넣어가지고 다니기 위해 고안되었는데 현재는 남자보다 여자들의 액세서리용으로 기능이 변화되었다. 산업 혁명 이후 레저와 여행이 본격화되면서 장식성보다 실용적인 기능으로 사용이 증가되었다. [14]

다양한 가방[15]

가방 스타일링 예시

실무TIP

어떤 가방을 선택하느냐도 중요하지만 어떻게 맬 것인지도 중요하다. 같은 클러치백이라고 해도 끝부분을 잡아서 드는 경우와 허리춤에 팔로 고정하는 경우의 스타일이 다르기 때문이다. 숄더백, 토트백 같이 끈의 길이 역시 룩을 결정하는 중요한 요인이 된다. [16]

14) 패션코디, 신효정, 시공사(2003), 177p.
15) http://blog.naver.com/dkxhvhtm
16) www.jedroot.com

(3) 신발(Shoes)

발을 보호하는 아이템으로 더운 지방에서는 맨발로 다니거나 샌들을 신고 추운 지방에서는 발등까지 덮는 펌프스와 부츠를 신었다. 의복의 이미지에 따라 구두를 선택한다.

다양한 구두17)

17) http://cafe.naver.com/famsale

신발 스타일링의 예

키를 커보이게 하기 위해서 무조건 킬힐만 고집할 필요는 없다. 최근 런닝화와 플랫슈즈가 인기를 끌며 이들을 활용한 다양한 믹스매치 연출로 작은키를 커버하는 스타일링이 늘고 있기 때문이다. 좀 더 다양한 스타일링을 하기 위해서는 패션의 마지막 완성인 슈즈의 선택을 다양하게 해볼 필요가 있다. [18]

(4) 벨트(Belt)[19]

벨트는 끈이나 대 모양을 허리를 매어 의복의 형태를 정리하는 아이템으로 패션의 흐름에 따라 디자인과 소재가 달라진다. 봄, 여름에는 주로 시원한 메쉬 소재 또는 흰색 계통 에나멜이나 플라스틱을 많이 사용하고 가을, 겨울에는 따뜻한 이미지의 가죽벨트를 사용한다.

① 내로우(Narrow) : 폭이 좁은 스타일로 특히 1~2cm 정도의 매우 가느다란 폭으로 만든 벨트를 말하며 주로 배기 팬츠의 액세서리로 이용한다.

② 로우슬렁(Lowslung) : 허리의 낮은 위치에 걸쳐 사용하는 벨트이다.

③ 힙본(Hipbone) : 미니 스커트에 매거나 힙본 팬츠에 걸쳐 매는 스타일로 흔히 커다란 쇠붙이의 버클을 단 두툼한 벨트를 말하며 미니 스커트 룩에 없어서는 안 될 액세서리로서 사용된다.

④ 새시(Sash) : 타이 벨트의 하나로 좁게는 기모노에서 응용한 디자인으로, 돌려 묶어주는 폭이 넓은 스타일, 크게는 묶는 스타일을 지칭하며 부드러운 천을 주름 잡아 버클로 단단히 고정 시키기도 하고 여러 겹 두르기도 하여 개성에 맞는 다양한 분위기를 연출할 수 있다.

18) www.jedroot.com
19) 패션과 액세사리, 이현숙, 신정(2002)
　　패션코디, 신효정, 시공사(2003)
　　http://www.fashionstudy.co.kr/김혜진reports

내로우　　　　　　　　로우슬렁

힙본　　　　　　　　새시

다양한 벨트

벨트 스타일링의 예

실무TIP

벨트는 여성의 곡선을 더욱 부각시켜줄 수 있는 아이템이다. 다양한 소재와 컬러로 포인트 액세서리로 많이 활용되고 있으며 버클장식에 따라 다양한 분위기가 나기 때문에 룩에 맞는 벨트의 선택이 중요하다. 20)

20) www.jedroot.com

(5) 귀걸이(Earring)

귀걸이는 얼굴 형태의 단점을 보완할 수 있는 아이템이다 목걸이와 한 세트로 장식하기도 하고 의복과 헤어스타일에 따라 선택하기도 한다. 초기에는 귓볼에 구명을 내어 끼우는 피어스드(Pierced)식이었는데 17세기에 클립과 나사로 고정시키는 버튼식이 등장하였다.[21]

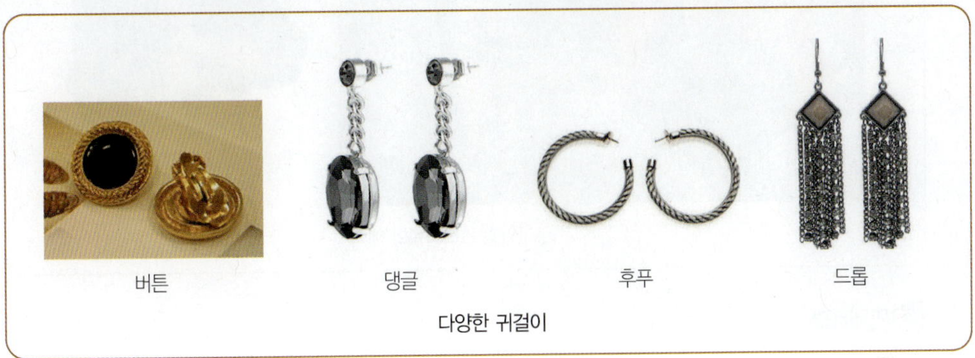

| 버튼 | 댕글 | 후푸 | 드롭 |

다양한 귀걸이

(6) 안경(Eyeglasses)

안경은 시력장애 및 햇빛으로부터 눈을 보호하기 위한 아이템이었으나 최근 장식성이 강조되며 액세서리로 활용되고 있다. 얼굴형에 맞는 안경테의 디자인을 선택하고 더불어 의상과 컬러를 조화시켜 세련되고 개성적인 이미지와 느낌을 연출해 주는데 더불어 렌즈의 컬러 역시 기능적인 역할과 함께 이미지 변화에도 탁월하게 활용된다.

다양한 모양의 안경테[22]

21) 패션코디, 신효정, 시공사(2003), 172p.
22) http://blog.naver.com/bequem10

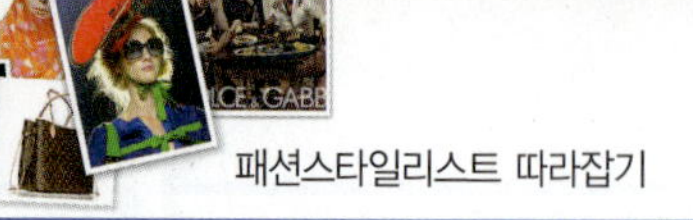

안경 스타일링의 예

알 없이 테만 있는 스타일링만을 위한 안경이 많아지면서 이제는 안경도 하나의 액세서리로 자리 잡고 있다. 안경은 얼굴형에 따라 많이 달라지기 때문에 자신의 얼굴형에 어울리는 안경을 선택하는 것이 중요하다.[23]

(7) 스카프(Scarf)

스카프는 그 하나만으로도 분위기가 확 달라지기 때문에 스타일링의 활용도가 가장 높은 아이템이라 할 수 있다. 화려한 프린트 스카프를 이용하여 멋진 탑으로 연출하는 방법 또는 목에 두르거나 걸쳐서 늘어뜨리는 방법, 머리에 감싸고 허리에 두르는 등 연출법도 다양하다.

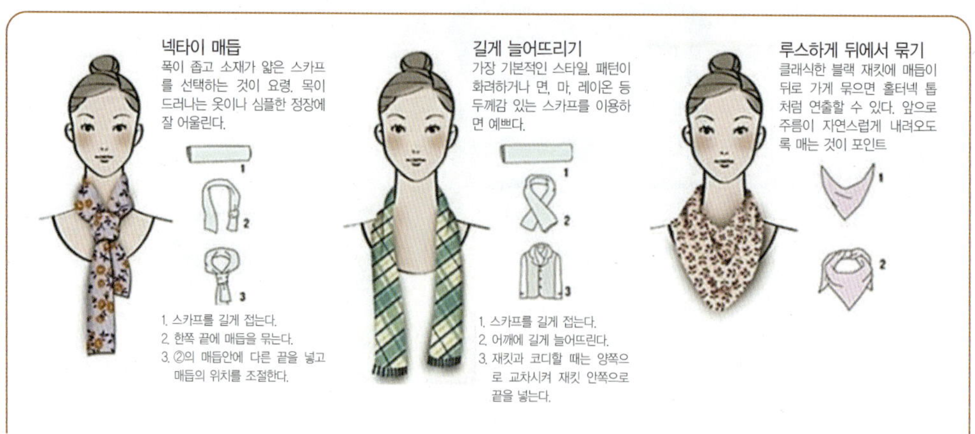

23) www.jedroot.com

어깨 매듭

스카프의 볼륨감을 살리면서 발랄하게 연출할 수 있다. 데님 팬츠와 셔츠, 심플한 셔츠와 재킷 위에 코디하면 멋스럽다.

리본 묶기

투피스나 원피스에 어울리는 리본 묶기는 여성스러움을 한껏 살린다. 리본을 너무 크게 묶으면 부담스러워 보이므로 크기를 잘 조절하는 것이 노하우.

꼬아서 묶이

캐주얼한 스타일에 잘 어울린다. 면이나 주름이 없는 소재를 사용할 것. 주름이 있는 다른 두개의 머플러를 섞어도 예쁘다.

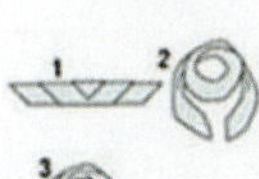

1. 스카프를 양쪽으로 길게 접는다.
2. 목에 두른 다음 두 바퀴를 돌린다.
3. 재매듭의 끝을 사이에 넣고 꼬아준다.

꽃 모양 매듭

가슴이 깊게 파인 니트나 여성스러운 블라우스에 잘 어울린다. 실크나 새틴 소재의 정사각 스카프를 활용할 것.

삼각형 매듭

어깨에 살짝 늘어뜨려 삼각형으로 매는 스타일. 프린트가 화려한 스카프를 이용하면 우아해 보인다.

어깨에 사선으로 묶기

큰 것보다는 작은 사이즈의 스카프를 이용할 것. 옆쪽으로 비스듬히 매치하면 발랄해 보인다.

스카프 매는 방법[24]

스카프 스타일링의 예

> **실무TIP**
>
> 스카프는 시즌성이 돋보이는 아이템으로 봄, 가을에는 스카프로 겨울에는 머플러로 활용이 되고 있다. 최근 스카프의 활용이 조금 저조한 가운데 목부분에 기본 형태로 묶이는 쁘띠 스카프가 인기를 끌고 있다. 아무 장식 없는 기본 티셔츠에 화려한 프린트의 스카프 하나로도 충분한 포인트가 될 수 있다. [25]

2. 기타 액세서리

(1) 스타킹(Stocking)

스타킹은 다리와 발을 따뜻하게 보호하는 기능을 지닌다. 20세기 소재의 혁명에 의해 신축성이 좋고 장식성도 우수한 스타킹들이 등장하기 시작하면서, 스타킹은 아름다운 각선미와 섹스어필한 신체의 아름다움을 표현할 수 있는 패션성을 동시에 갖게 되었다.

스타킹은 무늬와 봉제 상태에 따라 네트 스타킹(Net Stocking), 레이스 스타킹(Lace Stocking), 심 스타킹(Seam Stocking), 아트 스타킹(Art Stocking), 원 포인트 스타킹(One-Point Stocking) 등 다양하게 구분할 수 있으며 길이에 따라 삭스(Socks), 앵클릿(Anklet), 크루 삭스(Crew Socks), 니 삭스(Knee Socks) 등으로 구분한다.

스타킹 스타일링의 예

> **실무TIP**
>
> 다양한 컬러와 패턴이 응용된 스타킹은 심플한 의상에 포인트를 줄 수 있는 좋은 아이템이다. 다리 전체를 감싸는 스타킹뿐만 아니라 니 삭스와 니 하이 삭스까지 다양한 길이의 아이템으로 때로는 섹시하게, 때로는 빈티지하게 다양한 느낌으로 두루두루 연출이 가능하다. [26]

---

25), 26) www.jedroot.com

(2) 장갑(Gloves)

장갑 스타일링의 예

실무TIP

몇 년 사이 팔꿈치나 그 이상으로 길어진 장갑을 많이 활용하는 것을 볼 수 있다. 더욱 다양한 스타일링이 수용되고 있다는 증거이기도 하다. 장갑만으로도 스타일링이 가능하지만 장갑 위에 팔찌나 반지같은 액세서리를 매치해 보는것도 색다른 방법이다. 27)

(3) 팔찌(Bracelet)

브레이슬릿 스타일링의 예

실무TIP

너무 다양한 액세서리들로 어떻게 매치해야할지 모르겠다면 작은 아이템부터 시작하는 것이 중요하다. 스타일링을 마친 옷을 계속 연상하며 머릿속으로 그려보는 것도 좋은 방법이다. 더 나아가서는 스타일에 따라 믹스매치해보는 연습이 필요하다. 28)

27), 28) www.jedroot.com

❂❂ 남성 플러스 스타일링

1. 수트(Suit)

(1) 수트 스타일

① 유러피안 스타일 : 재단의 선이 엄격하고 각진 어깨와 좁은 소매, 가슴에서 힙까지 피트(Fit)한 모양으로 다소 경직된 느낌을 준다. 마른 체형의 사람에게 적합하다.

② 아메리칸 스타일 : 미국의 대표적 스타일인 '브룩스 브라더스'의 내추럴 숄더의 특징을 보여준다. 기능적이며 실용적인 스타일로 실루엣은 일직선의 형태이며 스타일과 체형커버를 동시에 할 수 있는 장점이 있다.

③ 이탈리안 스타일 : 남성적인 매력이 잘 표현된 스타일로 넓은 어깨를 강조하고 아랫단을 곡선으로 처리하여 세련된 느낌을 준다. 가장 많이 선호하는 실루엣으로 캐주얼라인까지 확장 응용된다.

④ 브리티시 스타일 : 영국의 유명한 맞춤복 '쉐빌로우 실루엣'으로 아메리칸과 유러피안의 중간형이다. 기본형인 싱글 브레스티드 수트는 자연스런 어깨, 투버튼, 뒤트임이 하나 있는 형태이다.

유러피안 스타일　　　아메리칸 스타일　　　이탈리안 스타일　　　브리티시 스타일

수트의 스타일[29]

29) http://blog.naver.com/serph666
　　http://blog.naver.com/yrttl
　　http://blog.naver.com/fire1988

(2) 수트의 올바른 착용

어깨와 소매까지 연장선을 수직으로 하고 V존과 맞닿은 라펠 모양이 부드럽게 보이게 한다.
셔츠의 소매는 수트 소매보다 아래로 1~1.5cm 정도로 손목뼈를 조금 가리는 것이 좋으며 셔츠의 칼라 역시 수트의 칼라보다 1~1.5cm 정도 나오게 한다. 베스트 밑으로 셔츠나 벨트 등이 보이지 않게 하고 팬츠의 통은 구두를 살짝 가릴 정도, 바지 길이는 양말이 보이지 않게 하는 것이 좋다. 이때 양말의 컬러는 수트와 동색 계열로 선택한다.

(3) 수트의 기본 컬러

① 네이비 : 비즈니스웨어의 대표적 색상으로 청결, 생동감, 차분함이 특징

② 그레이 : 지성적 분위기, V존을 레드 등으로 포인트를 주면 좋음

③ 브라운 : 부드럽고 온화한 이미지로, 브라운 계열 셔츠에 타이는 레드, 브라운 계열이 좋음

네이비 수트　　　　그레이 수트　　　　브라운 수트

컬러별 수트[30]

2. 셔츠(Shirt)

셔츠의 개념은 시대에 따라 변화되어 왔는데 과거에는 단순한 속옷의 개념이었다면 최근에는 점차 외관으로 보이는 남성 패션의 중요 아이템으로 자리 잡고 있다.

(1) 셔츠의 종류

① 레귤러 칼라 : 셔츠 칼라의 기본 형태

② 와이드 스프레드 칼라 : 깃의 벌어짐이 넓은 형태

---

30) http://blog.naver.com/hunminchoi
http://www.patternpeople.com/trend-aw10-art-deco-redux/
http://trendlan?d.net/holly-fulton-collection/#

③ 핀홀 칼라 : 깃의 끝에 핀을 끼우는 구멍이 있어 안전핀 액세서리로 고정하는 형태

④ 버튼다운 칼라 : 셔츠 칼라의 끝을 단추로 고정하는 형태

⑤ 탭 칼라 : 원저 칼라라고 명칭

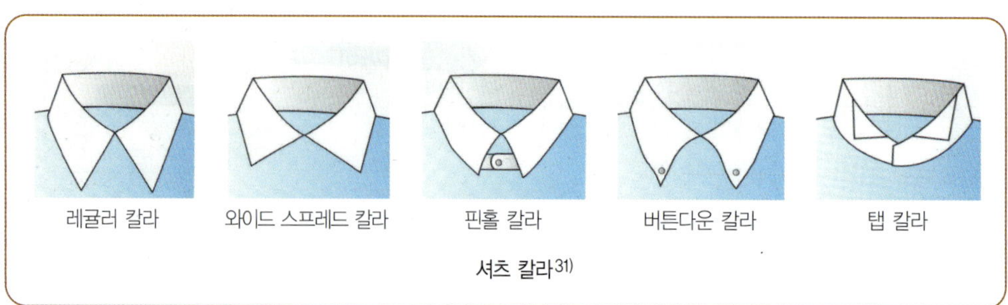

셔츠 칼라[31]

(2) 셔츠의 선택 방법[32]

① 둥근 얼굴 : 라운드 셔츠 → 둥근 얼굴이 강조되므로 피하는 것이 좋음

② 긴 형 : 롱 칼라 셔츠 → 얼굴이 더 길어 보임

31) 스타일리스트를 위한 이미지 메이킹, 김유순, 예림(2004), 54p.
32) 스타일리스트를 위한 이미지 메이킹, 김유순, 예림(2004), 55p.

③ 목이 긴 형 : 로우 칼라 셔츠 → 목을 커버하기 위해 하이 칼라의 셔츠를 선택

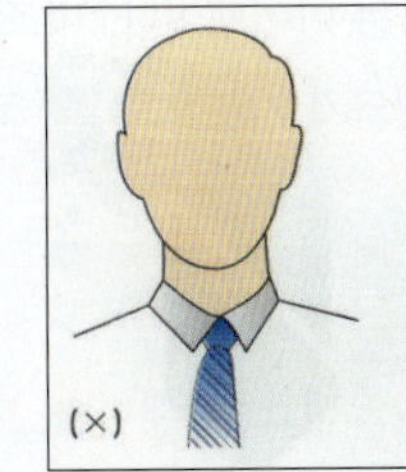

④ 목이 짧은 형 : 하이 칼라의 셔츠 → 답답해 보이므로 피하는 것이 좋음

3. 헹거치프(Handkerchief)

수트의 스타일에서 빼놓을 수 없는 부분이 헹거치프로 포켓치프라고 부르기도 한다. 포멀수트에는 TV폴드, 트라이앵글, 쓰리 피크 형태가 적합하며, 캐주얼 재킷에는 퍼프, 크래쉬 형태의 연출이 좋다. 색의 조화는 넥타이와 동색 계열의 선택이 기본이며 소재도 동일한 것을 고른다.[33]

헹거치프 폴딩 방법[34]

퍼프(Puff)	
쓰리 피크(Three Pick)	
트라이앵글(Triangle)	
TV폴드(TV Fold)	

33) 스타일리스트를 위한 이미지 메이킹, 김유순, 예림(2004), 53p.
34) http://blog.naver.com/louice

4. 넥타이(Necktie)

타이는 수트의 제일 중요한 V존의 분위기를 연출하는 아이템이다. 비즈니스웨어 중 유일하게 다양한 컬러와 디자인으로 변화를 줄 수 있다. 소재는 실크가 기본으로 울, 코튼, 린넨 등도 캐주얼한 스타일에 활용된다.

(1) 넥타이 문양[35]

플로랄 모티브, 블록, 스트라이프, 글렌 체크, 로얄 크레스트, 대더숄, 더블 스트라이프, 레지멘탈, 스트라이프, 솔리드, 페이즐리, 올오버, 도트 등의 다양한 문양이 있다.

① One Point(원 포인트)

② Allover(올오버)

③ Paisley(페이즐리)

④ Check(체크)

⑤ Dot(도트)

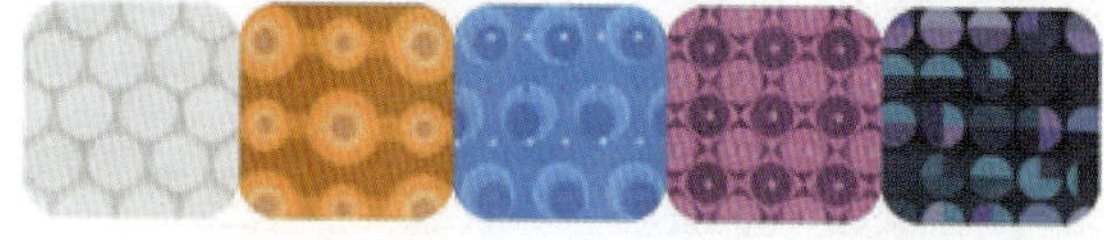

⑥ Stripe(스트라이프)

35) http://blog.naver.com/tieland

⑦ Solid(솔리드)

(2) 넥타이 매는법

① 포 인 핸드 노트(Four in Hand Knot) : 가장 기본적인 넥타이 매듭 방법으로 플레인 노트(Plain Knot)라고도 한다. 일명 '한 겹 매기' 방식으로 큰 날을 좌우 어느 쪽에도 걸지 않고 한 바퀴 반을 감아 내려 매는데 매듭부에서 짧게 감기므로 넥타이를 간단히 매거나 길게 맬 때 적합하며 얼굴이 마르고 삼각형에 가까운 사람, 키가 큰 사람에게 어울린다. 역삼각형 매듭 아래로 내려오는 큰 날의 시작 부분을 자연스럽게 처리하는 것이 포인트이다.

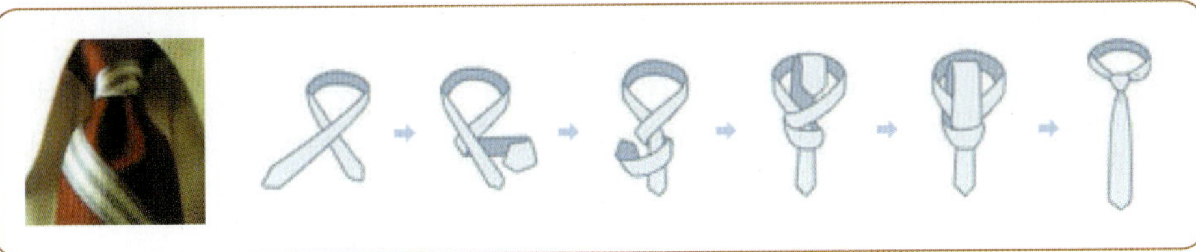

② 윈저 노트(Windsot Knot) : 영국의 윈저공이 창안한 넥타이 연출법으로 큰 날을 한 바퀴 감아 내리는 방법이다. 넥타이를 단단하고 안정되게 매거나, 중후한 멋을 낼 때 사용한다. 단, 매듭이 너무 크면 품위가 떨어지므로 두꺼운 원단의 넥타이는 피하도록 한다. 양쪽 걸린 부위의 조임이 균등한 상태를 유지하는 것이 포인트이다.

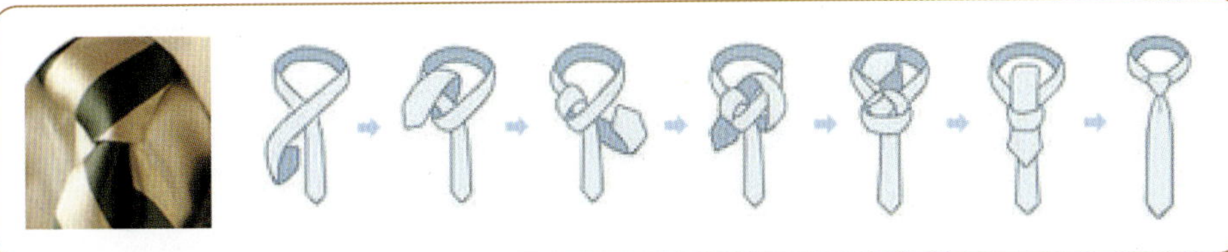

③ 하프 윈저 노트(Half Windsor Knot) : 세미 윈저 노트 또는 에스콰이어 노트라고도 부르는 이 방법은 윈저 노트와 비슷하지만 큰 날을 좌우 어느 한편만 걸어서 매듭을 진다. 윈저 노트의 정갈함이 좋지만 매듭이 지나치게 크다고 생각될 경우에 적합한 방법으로 큰 날을 좌우 한편에만 걸기 때문에 좌우를 균등하게 만들기 위해서 각 과정마다 단단하게 꽉 조여야 한다.

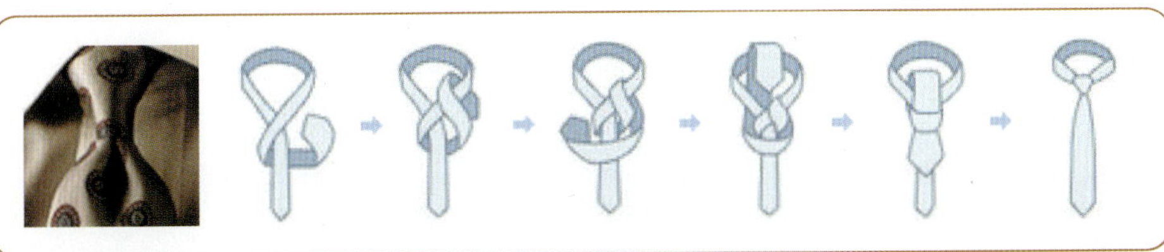

71

④ 더블 크로스 노트(Double Cross Knot) : 격조 높고 중후한 분위기를 선호하는 유럽 신사들이 애용하는 방법이다. 큰 날을 좌우 한편에 걸어 두 바퀴 감은 후 앞으로 내리는 방법이며 교차되어 균형을 이루는 제트형 매듭으로 넥타이의 풍요로움이 살아나 와이드 칼라 셔츠나 깃이 높은 드레스 셔츠에 연출하면 그 중후함이 강조된다. 자칫 너무 두꺼워질 수 있으므로 두꺼운 감의 넥타이는 피하며 무늬가 없는 실크 타이가 가장 좋다.

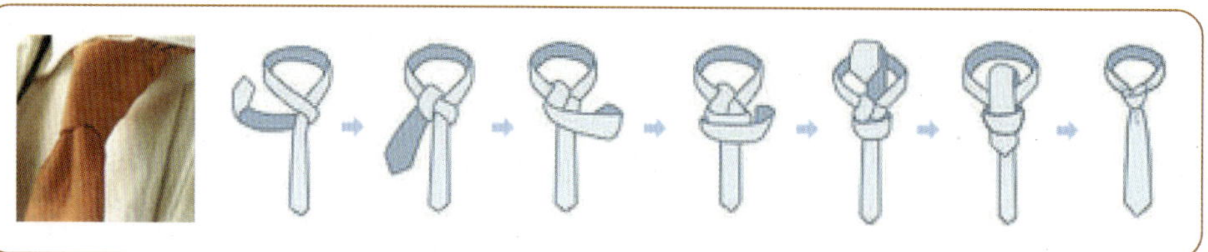

⑤ 블라인드 폴드 노트(Blind Fold Knot) : 플레인 노트 상태에서 큰 날을 매듭의 뒤쪽으로 돌려 앞으로 빼내는 방법으로 다른 넥타이와 다른 V존을 형성하여 강렬한 이미지를 준다. 따라서 스포티 스타일에는 어울리지 않고 파티 등의 공식석상에서 다소 대담하게 활용하거나 특히 비즈니스 수트와 잘 조화되어 수트를 돋보이게 하므로 중후한 분위기로 연출할 때 활용한다. 폭이 너무 넓지 않은 타이로 연출한다.

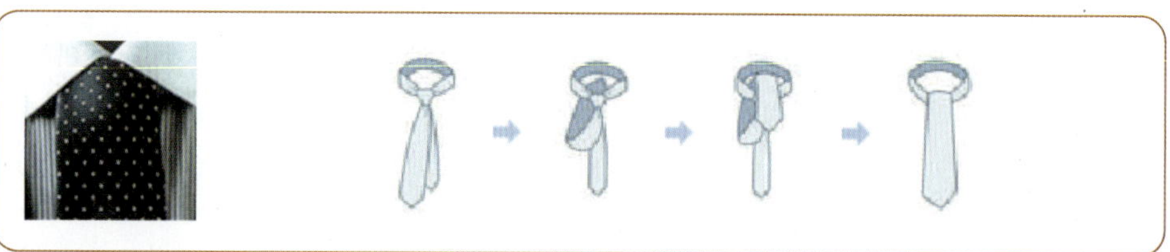

⑥ 베이직 노트(Basic Knot) : 보우타이를 매는 가장 기본적인 방법으로 밝은 색조의 무지, 극히 작은 무늬의 타이로 재치 있고 장난기 섞인 연출을 원할 때 적당하다. 울 타이로 하면 실크 타이보다 음영효과가 탁월하여 보다 우아하게 연출할 수 있다.

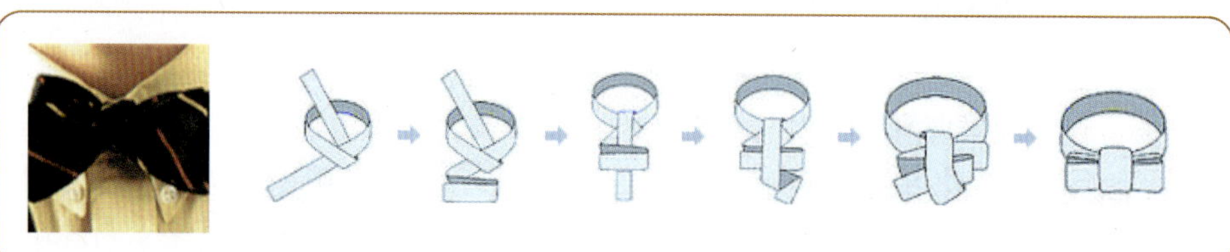

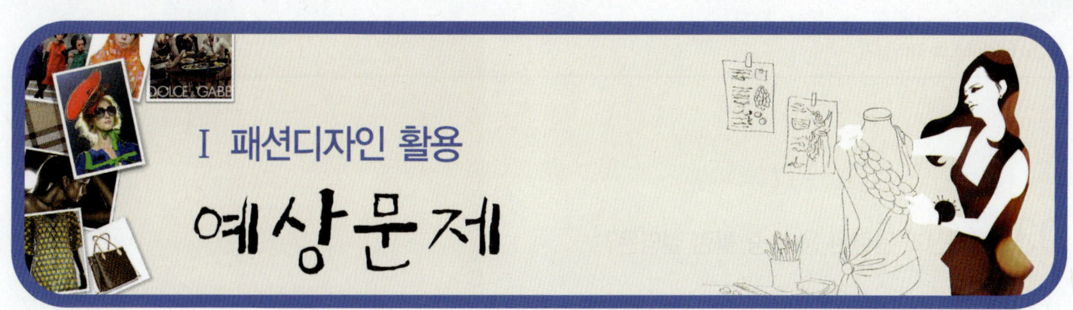

01 다음은 패션디자인의 과정 중 어떤 것을 설명한 것인가?

> 결정된 각 테마 및 이미지와 디자인 요소에 따라 디자인 구상이 이루어지는 단계이다. 구체적인 실루엣을 결정하고 장식적인 요소인 디테일과 트리밍을 결정한다. 러프한 스케치에서 디테일한 일러스트로 표현을 한다. 구상된 디자인 요소들은 디자인 테마와 전체적인 이미지의 조화 및 통일 속에서 디자인 원리에 의하여 참신하고 변화 있는 디자인으로 구상된다.

① 디자인의 전개 ② 디자인의 구상
③ 착용 및 평가 ④ 디자인 컨셉 결정

해설 좀 더 구체적인 요소를 결정하는 단계로 의상의 이미지를 결정하는 중요한 과정이다.

02 패션디자인의 개념에 대한 설명 중 틀린 것은?

① 디자인이라는 용어는 라틴어 'Designare'에서 유래했다.
② 디자인은 계획을 기호(Sign)로 표시한다는 의미를 가진다.
③ '패션'이라는 말은 '복식'이라는 말과 다른 용도로 사용된다.
④ 디자인의 출발은 삶을 위한 도구의 사용으로부터 시작되었다.

해설 '패션'이라는 말은 공공연하게 '복식'이라는 말과 동의어로 쓰이기도 한다.

정답 01 ② | 02 ③

03 패션과 관련된 용어 중 틀린 설명은?

① Apparel – 남성복, 여성복, 아동복의 총칭
② Robe – 헐렁한 코트와 같은 스타일의 캐주얼의상
③ Clothes – 가면 무도회, 할로윈 축제 등을 위한 가정복
④ Dress – 모든 의상을 뜻하는 총체적인 단어

해설 Clothes는 남성, 여성 및 어린이의 몸에 착용하는 모든 의장품을 총체적으로 이르는 말이다.

04 착용자가 의복을 통해 느낄 수 있는 심리적 안정감이 아닌 것은?

① 착용감의 만족으로 인한 활동성과 보장
② 미적인 아름다움으로 인해 사회 심리적인 만족감
③ T.P.O와 사회 규범, 시대적 가치관과의 조화
④ 민족간 남들과는 다르다는 우월의식

해설 패션디자인은 인체와 의복이라는 상호 간의 관계를 생각해야 하며 인간생활에 관한 관심과 문화적 흐름을 파악하는 능력, 인체의 특징, 소재, 색채 등 많은 전문적이고 포괄적인 지식을 갖추었을 때 심리적 안정감을 느낄 수 있다.

05 패션디자인이 갖추어야할 요인이 아닌 것은?

① 개인의 심리적 요인
② 피복재료의 성질
③ 브랜드의 명성
④ 사회 환경 요인

해설 패션디자인이 갖추어야할 요인

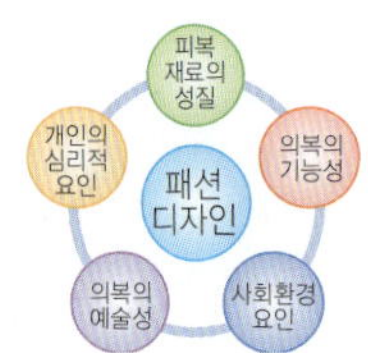

06 패션디자인의 개념에 대한 설명으로 옳지 않은 것은?

① 패션디자인에 있어 시대별 미의 기준은 변화하지 않는다.
② 인체를 아름답게 보이기 위한 목적을 지닌다.
③ 미적인 측면과 기능적인 측면을 동시에 만족시켜야 한다.
④ 인간과 물체와의 관계를 중심으로 한 제품 디자인 계열에 속한다.

해설 패션디자인은 사회, 문화적인 환경이 반영되어 트렌드로 자리 잡고, 이에 따른 시대별 미의 기준이 반영된다.

07 발상은 일련의 연속적인 사고과정이다. 다음 중 그 과정으로 옳은 것은?

① 구상 – 전개 – 자료수집 – 검증
② 구상 – 자료수집 – 전개 – 검증
③ 전개 – 자료수집 – 구상 – 검증
④ 자료수집 – 구상 – 전개 – 검증

해설 발상의 과정
자료수집 – 아이디어 구상 – 아이디어 전개 – 아이디어 검증

08 패션디자인은 구체적인 단계를 거쳐야 더욱 합리적인 디자인으로 완성된다. 다음 중 그 과정으로 옳은 것은?

① 디자인 컨셉 결정 – 목표설정 – 디자인 구상 – 디자인 전개 – 제작 – 착용 및 평가
② 디자인 컨셉 결정 – 목표설정 – 디자인 전개 – 디자인 구상 – 제작 – 착용 및 평가
③ 목표설정 – 디자인 컨셉 결정 – 디자인 구상 – 디자인 전개 – 제작 – 착용 및 평가
④ 목표설정 – 디자인 컨셉 결정 – 디자인 전개 – 디자인 구상 – 제작 – 착용 및 평가

해설 패션디자인의 단계

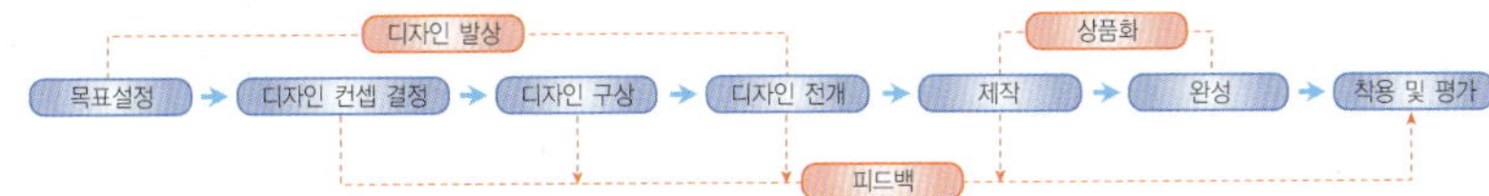

정답 03 ③ ㅣ 04 ④ ㅣ 05 ③ ㅣ 06 ① ㅣ 07 ④ ㅣ 08 ③

09　패션디자인의 요소에 대한 설명으로 옳지 않은 것은?

① 패션디자인에 있어서 선은 입체적인 인체의 구조 및 움직임에 따라 다른 형태로 인지된다.
② 직선 중 착시효과가 가장 좋은 것이 바로 사선이다.
③ 프릴, 플라운스, 러플 등에 많이 나타나는 파상선은 둔한 느낌을 준다.
④ 나선은 원이나 타원이 연속으로 레이어드 되었을 때 보이는 곡선으로 입체적인 느낌이 강조된다.

　해설　파상선은 부드럽고 율동적이며 유연한 느낌을 준다.

10　주름, 다트 등의 디테일로도 표현되며 정직하고 지적인 느낌을 주는 선은 무엇인가?

① 지그재그선　　　　　　　　　② 사선
③ 수평선　　　　　　　　　　　④ 수직선

　해설　의상에서 수직선은 소매끝단 솔기, 앞여밈 등 트리밍이나 절개에 의해서 많이 표현되며 의상에 사용했을 때 길고 슬림해 보이는 효과를 준다.

11　넥타이에 대한 설명으로 틀린 것은?

① 타이는 수트의 제일 중요한 V존의 분위기를 연출하는 아이템이다.
② 비즈니스웨어에서 유일하게 다양한 컬러와 디자인으로 변화를 줄 수 있다.
③ 착용할 때는 셔츠와 얼굴의 색상 등과 상관없이 사용할 수 있다.
④ 소재는 실크가 기본으로 울, 코튼, 린넨 등도 캐주얼 스타일에 활용된다.

　해설　착용할 때는 셔츠와 얼굴의 색상 등의 조화가 중요하다.

12 다음에서 나타나는 선의 형태는?

① 원 　　　　② 스캘럽선
③ 타원 　　　④ 와선

해설 스캘럽은 조개 껍데기 모양의 곡선을 이어 놓은 물결 모양의 장식으로 햄 라인, 칼라 등에 사용되어 명랑하고 귀여운 느낌을 준다.

13 다음에 해당되지 않는 패션디자인의 원리는?

① 비대칭 균형 　　② 연속
③ 점진 　　　　　④ 집중

해설 점진은 디자인 요소의 양, 크기, 밀도, 강도들이 단계적으로 강화되거나 약화되는 변화단계로 운동감을 주어 시선을 유도하는 방법이다.

14 다음에 해당되는 패션디자인의 원리는?

① 통일 　　　　② 방사
③ 리듬 　　　　④ 비대칭 균형

해설 같은 크기와 색상의 패턴이 반복되어 유기적 통일을 보여준다.

15 패션디자인의 원리 중 비율에 해당하는 것은 어느 것인가?

① 동등한 평형감각을 유지시켜 보는 이로 하여금 안정적인 느낌을 주기 위한 것이다.
② 요소들 간의 시각적인 힘을 균등하게 하여 조화를 이루는 방법이다.
③ 시각적 율동감을 느끼게 하며, 반복되는 요소들이 아름답고 자연스런 움직임을 보여준다.
④ 대상의 크기나 길이에 대한 관계의 표현을 수치화할 수 있는 유일한 디자인 원리이다.

해설 비율은 가장 대표적인 황금비율로 나타낼 수 있으며 3:5, 5:8, 8:13 등의 비율이 가장 보편적이다.

16 리듬에 해당하지 않는 것은?

① 대조   ② 연속
③ 교차   ④ 점진

해설 대조는 강조의 기법에 해당한다.
▶ 리듬(Rhythm)
 • 반복(Repetition)
 • 연속(Sequence)
 • 교차(Alternation)
 • 점진(Gradation)
 • 변이(Transition)
 • 방사(Radiation)

17 강조에 대한 설명으로 틀린 것은?

① 점점 밖으로 번져나가거나 안으로 스며드는 효과를 말한다.
② 가장 강력하고 자극적으로 집중을 일으킬 수 있는 기법이다.
③ 자연스럽게 강한 시선을 집중시키는 방사나 점진의 원리이다.
④ 전체적인 디자인의 중심이며 가장 시선을 끌 수 있는 것을 말한다.

해설 방사(Radiation)에 대한 설명으로 방사는 리듬의 한 방법이다.

18 다음은 발상의 조건 중 어떤 것을 설명한 것인가?

> 실제로 경험하고 무엇이든 직접 체험해 보려는 의욕이 필요하며, 그 과정이 이루어질 때 더욱 새로운 것을 발견할 수 있다. 실패를 두려워하지 않는 정신, 문제를 해결하려는 적극적인 자세와 끊임없는 노력이 있을 때만이 더욱 창의적인 발상으로 전환될 수 있다.

① 정보력 ② 전문지식의 활용
③ 적극성 ④ 합목적성

해설 적극적인 자세야말로 창의적인 발상을 하기 위한 충족조건이다.

19 다음은 발상법의 종류 중 어떤 것을 설명한 것인가?

> 사물의 구조를 부분적으로 변화시켜봄으로써 새로운 특성을 가진 디자인을 발상해 내는 방법이다. 변화의 가능성을 다각도로 분석하여 새로운 조합, 혹은 변형을 유도할 수 있다. 비교적 짧은 시간에 많은 아이디어를 발상할 수 있는 장점이 있다. 의상에 있어서는 주요 요소인 실루엣과 디테일, 트리밍 등에 대한 분석에 의해 새로운 디자인에 접근할 수 있다.

① 체크리스트법 ② 형태분석법
③ 브레인 스토밍법 ④ 고든법

해설 형태분석법은 사물의 형태를 기존의 스타일과 다르게 변형함으로써 새로운 형태로 바꾸는 방법을 말한다.

20 패션디자인의 근원에 속하지 않는 것은?

① 역사 및 시대복식 ② 민속복식
③ 예술 양식 ④ 현대복식

해설 현대복식은 패션디자인의 근원을 토대로 형성되는 것이다.

정답 15 ④ ｜ 16 ① ｜ 17 ① ｜ 18 ③ ｜ 19 ② ｜ 20 ④

21 디테일과 그에 적합한 의상으로 알맞지 않은 것은?

① 카울 네크라인– 우아한 블라우스
② 오프숄더 네크라인 – 비치 웨어
③ 네루 칼라 – 유니폼 재킷
④ 캐미솔 네크라인 – 면접복

해설 캐미솔은 짧은 슬립의 일종으로, 버스트 라인(Bust–line)이 약간 깊게 커트된 네크라인이다. 가슴선이 수평으로 재단되고 소매가 없으며, 슬립과 같이 가느다란 끈으로 되어 있다. 다양한 변화를 준 라인이 활용되며, 주로 이브닝 드레스, 여름철 드레스, 리조트웨어 등에 많이 쓰인다.

22 몸판에서 바로 연결되어 암홀선이 없는 소매는?

① 타이트 슬리브
② 기모노 슬리브
③ 만다린 슬리브
④ 래글런 슬리브

해설 어깨에서 절개선 없이 몸판에서 바로 연결되는 소매는 기모노(Kimono) 슬리브이다.
① 폭이 좁고 팔에 꼭 맞는 슬리브이다.
③ 기모노 슬리브와 유사하지만 팔꿈치에서 소맷부리로 갈수록 여유가 있고, 소맷부리 바깥쪽으로 트임이 있다.
④ 목둘레에서 겨드랑이 쪽으로 이음선이 있는 슬리브이다.

23 장식적인 디테일에 속하지 않는 것은

① 플리츠
② 프릴
③ 드레이프
④ 네크라인

해설 네크라인은 구조적 디테일에 속한다.

24 여러 종류의 소재와 색상을 활용하여 바탕천 위에 덧붙이는 방법으로 입체감을 줄 수 있는 디테일은 무엇인가?

① 스모킹 ② 드레이프
③ 패치워크 ④ 러플

해설 ① 스모킹(Smoking) : 천에 잔주름을 잡고 장식 스티치를 하여 무늬를 나타내는 기법의 유럽풍 자수나, 자수천을 봉축(縫縮)하여 올 사이사이로 자수실을 넣어가며 여러 가지 무늬로 여미거나 꿰맨 장식적인 주름을 말한다. 블라우스나 에이프런, 유아복 등에 흔히 사용한다.
② 드레이프(Drape) : 부드럽고 자연스러우며 일정한 형식을 취하지 않은 주름을 말한다.
④ 러플(Ruffle) : 옷 가장자리나 솔기 부분에 레이스나 천을 개더하거나 플리츠하여 넣거나 박는 것을 말한다. 또 이렇게 해서 가장자리를 장식한 것을 러플이라고도 한다.

25 설명하는 내용이 다른 하나는?

① 의복의 미적 목적을 위하여 완성되어 있는 장식을 달거나 별도의 재료로 만들어 부착하는 것이다.
② 기능적인 목적을 넘어서 옷감의 종류와 전체적인 디자인에 조화되도록 다양한 재질, 형태, 크기, 색채의 단추를 이용하여 장식할 수 있다.
③ 벨크로, 지퍼, 레이스 업 등이 유행에 맞게 활용된다.
④ 퀼팅, 패딩, 패치워크, 컷 아웃, 컷 오프, 아플리케, 터킹, 러쉬 등이 있다.

해설 ①, ②, ③ 트리밍에 관한 내용
④ 장식적 디테일에 관한 내용

26 여성스러운 느낌의 디테일 장식이 아닌 것은?

① 프릴 ② 보우
③ 러플 ④ 네루 칼라

해설 네루 칼라 : 스탠드 칼라의 일종으로, 인도의 옛 수상 네루가 애용한 칼라를 모방한 것에서 붙여진 명칭이다.

정답 21 ④ | 22 ② | 23 ④ | 24 ③ | 25 ④ | 26 ④

27 패션디자인의 요소 중 나머지 셋과 다른 하나는?

① 단추, 지퍼 　　　　　　　② 드레이프
③ 스팽글, 비즈 　　　　　　④ 스티치

해설 ①, ③, ④ 트리밍
　　 ② 디테일
▶ 디테일과 트리밍
• 디테일 : 옷을 만드는 봉제과정에서 장식을 목적으로 이용된 세부장식의 총칭을 말한다. 의복을 만드는 과정에서 발생하는 장식이므로 디테일이 없어지면 불완전한 옷이 된다.
• 트리밍 : 'Trim'은 '장식하다, 다듬다'의 뜻으로 이미 만들어진 의복 위에 덧붙여진 장식을 말한다. 따라서 트리밍이 없다하여 불완전한 옷은 아니다.

28 디테일에 의한 미적 효과를 표현할 때 효과적인 옷감은?

① 부드러운 옷감 　　　　　　② 두꺼운 옷감
③ 표면이 단순한 옷감 　　　　④ 표면이 복잡한 옷감

해설 디테일은 의상의 세부선을 나타내며, 각각의 부분을 일컫는 용어이다. 즉, 네크라인, 카라, 소매, 주머니 등 봉제 과정에서 제작되는 구조적 디테일과 프릴, 러플 등의 장식적 디테일이 있다.

29 실루엣에 대한 설명으로 옳지 않은 것은?

① 의복을 착용했을 때 나타나는 전체적인 윤곽선을 의미한다.
② 실루엣은 유행과는 상관없이 의복 구성에서 중요하다.
③ 길, 소매, 스커트, 바지 등의 길이나 형태 등에 의해 결정된다.
④ 패션디자인의 근간을 이루기 때문에 패션 경향을 결정한다.

해설 유행의 역사는 실루엣의 역사라고 할 수 있는 만큼 실루엣은 패션 경향을 결정하는 중요한 요소로서 의복 구성에서 중요한 부분이다.

30 아우어글래스 실루엣에 속하는 것끼리 묶인 것은?

① 돔 실루엣, 버슬 실루엣

② 시프트 실루엣, 프린세스 실루엣

③ 트라페즈 실루엣, 박시 실루엣

④ 시프트 실루엣, 미나렛 실루엣

해설 ② 시프트 실루엣은 스트레이트 실루엣이다.
　　③ 트라페즈 실루엣은 스트레이트 실루엣, 박시 실루엣은 벌크 실루엣이다.
　　④ 시프트 실루엣은 스트레이트 실루엣이다.
　▶ 아우어글래스 실루엣(Hourglass Silhouette) : 모래시계의 윤곽선을 본뜬 실루엣으로, 어깨를 넓게 과장하고 힙을 풍성하게 부풀려 상하를 넓게 하며, 반면 허리를 가늘게 조여 허리선을 강조한 실루엣
　　• 피티드 실루엣(Fitted Silhouette) : 인체의 윤곽선이 그대로 드러나도록 몸에 꼭 맞아 가슴, 허리, 힙의 부드러운 곡선을 표현한 실루엣
　　• 프린세스 실루엣(Princess Silhouette) : 상반신은 허리까지 몸에 맞게 피트 시키고 스커트 밑자락은 넓게 퍼지는 실루엣, 어깨나 진동부터 밑단까지 수직의 절개선인 프린세스 라인이 들어가 있어 프린세스 실루엣이라 불림
　　• 돔 실루엣(Dome Silhouette) : 돔과 같이 반구형으로 부풀려진 스커트 실루엣
　　• 머메이드 실루엣(Mermaid Silhouette) : 허리에서 무릎까지 몸에 꼭 맞고 무릎 밑자락은 인어 꼬리처럼 넓게 퍼지는 형태
　　• 버슬 실루엣(Bustle Silhouette) : 상체는 몸에 꼭 맞도록 허리를 가늘게 조이며, 힙 부분을 허리받이인 버슬로 둥글게 과장시켜 스커트의 밑자락까지 곡선미를 강조한 실루엣
　　• 미나렛 실루엣(Minaret Silhouette) : 몸체와 스커트 부분은 타이트하게 하고, 허리 밑자락을 전등갓처럼 둥글게 부풀려 과장되게 얻어낸 실루엣

31 실루엣이 나머지 셋과 다른 하나는?

① 시스 실루엣　　　　　　　　　② 엠파이어 실루엣

③ 돔 실루엣　　　　　　　　　　④ 튜블러 실루엣

해설 ①, ②, ④ 스트레이트 실루엣
　　③ 아우어글래스 실루엣

32 스트레이트 실루엣에 속하지 않는 것은?

① 엠파이어 실루엣 ② 미나렛 실루엣

③ 박시 실루엣 ④ 시프트 실루엣

해설 미나렛 실루엣은 몸체와 스커트 부분은 타이트하게 하고 허리 밑자락은 전등갓처럼 둥글게 부풀려 과장되게 얻어낸 실루엣으로 아우어글래스 실루엣에 속한다.

33 설명이 뜻하는 것은 무엇인가?

> 옷감에 규칙적인 주름을 잡은 다음 스티치로 고정시켜 주름으로 여러 가지 무늬를 만들어 장식하는 것

① 스모킹 ② 파이핑

③ 드레이프 ④ 핀턱

해설 스모킹은 다양한 방법으로 의상에 사용된다. 신축성이 있는 실로 주름을 잡으면 바디라인을 살릴 수 있으며 편안한 스타일로 디자인된다.

34 두꺼운 소재의 의상에 적합하지 않은 트리밍은?

① 리본 ② 브레이드

③ 모피 ④ 셔링

해설 셔링(Shirring) : 천에 적당한 간격을 두고 재봉틀로 여러 단을 박아 밑실을 당겨 줄이는 방법으로서, 개더가 조밀하게 모여진 상태를 말한다. 개더가 아름답게 잡히기 위해서는 얇은 천이 효과적이다.

35 다음의 의상은 어떤 네크라인으로 이루어져 있나?

① 보트 네크라인
② 서플러스 네크라인
③ 오프숄더 네크라인
④ 원숄더 네크라인

해설 한쪽 어깨가 노출되어 사선 모양을 이루는 네크라인이다.

36 매니시(Mannish)한 의상에 적합하지 않은 칼라 형태는?

① 세일러 칼라
② 폴로 칼라
③ 테일러드 칼라
④ 컨버터블 칼라

해설 세일러 칼라 : 어린이의 단체복이나 여학생의 세일러복에 쓰이고 있는 칼라로 앞이 V자형으로 트여있다. 앞에서 이어져 어깨에서 등으로 넘어가면 뒤쪽이 네모진 패널형으로 된 칼라를 말한다. 바다의 해군이나 해병의 유니폼 칼라에서 유래된 것으로 미디 칼라(Middy Collar)라고도 한다.

37 스커트의 종류와 설명이 옳지 않은 것은?

① 펜슬 스커트 – 도회적이고 시크한 이미지를 준다.
② 플레어 스커트 – 귀엽고 큐트한 이미지를 연출한다.
③ 미니 스커트 – 여성스러운 이미지를 준다.
④ 미디, 맥시 스커트 – 엘레강스한 이미지를 표현할 수 있다.

해설 미니 스커트는 캐주얼한 이미지를 준다.

38 재킷에 대한 설명으로 옳은 것은?

① 스커트나 바지를 세트로 하는 정장은 커리어 우먼의 전형적인 모습으로 연출할 수 있다.

② 헤링본 소재는 따뜻하고 트래디셔널한 이미지로 연출할 수 있다.

③ 단색은 차갑고 도회적인 이미지를 보여준다.

④ 플랫 칼라의 재킷은 유행을 타지 않는 대표적인 클래식 아이템이다.

해설 유행을 타지 않는 대표적인 클래식 아이템은 테일러드 칼라의 재킷이다.

39 다음은 무엇에 대한 설명인가?

> 19세기 초 여성들은 스포츠웨어나 기능적인 목적으로 착용하였고, 점차 여성의 사회진출이 많아지면서 남성의 전유물인 이것을 일상복으로도 착용하기 시작하였다. 스커트와 마찬가지로 길이와 폭에 따라서 구분된다.

① 셔츠   ② 레이어드 원피스

③ 블루종   ④ 팬츠

해설 제시문은 팬츠에 대한 설명으로 팬츠는 스커트와 마찬가지로 길이와 폭에 따라서 구분된다.

40 여성복 아이템 중 블라우스에 대한 설명으로 옳지 않은 것은?

① 캐주얼한 이미지가 강해 스포티한 의복으로 스타일링할 수 있다.

② 시스루 소재 블라우스, 패턴을 이용한 블라우스 등은 세미 정장으로 활용 가능하다.

③ 화이트 블라우스는 활용도가 높다.

④ 디자인의 디테일 변형, 장식성을 더한 스타일 등 다양한 이미지로 연출이 가능하다.

해설 블라우스는 로맨틱한 스타일 연출이 가능한 여성스러운 아이템이다.

41 남성 수트에 대한 설명으로 옳은 것은?

① 유러피안 스타일은 격식을 중요시 하며 각진 어깨, 좁은 소매, 허리선의 윤곽이 드러난다.

② 수트는 재킷, 셔츠, 바지의 세 가지 아이템이 동일소재로 구성된 신사복을 말한다.

③ 19세기 중반에 나온 재킷, 질레, 팬츠 등이 오늘날 남성복의 기본 형태로 발전되었다.

④ 과거에는 단순한 속옷의 개념이었다.

해설 ② 수트는 재킷이나 코트, 베스트, 바지의 세 가지 아이템이 동일 소재로 구성된 한 벌의 신사복을 말한다.
③ 19세기 중반에 나온 재킷, 질레, 판타롱 등이 오늘날 남성복의 기본 형태로 발전되었다.
④ 셔츠에 대한 설명이다.

42 남성 수트의 올바른 착용법은?

① 수트 차림에는 반팔 셔츠를 착용한다.

② 벨트 고리가 있는 바지에 서스펜더를 할 때는 벨트를 함께 착용한다.

③ 네이비, 회색, 검정 계열의 수트에는 검정 구두를 신고 바지 컬러에 맞춰 양말을 신는다.

④ 프레젠테이션 등 중요한 미팅에 참석할 때는 화려한 색상의 셔츠와 넥타이로 연출한다.

해설 수트와 팬츠에 맞는 슈즈와 이너웨어 선택이 중요하다.

43 액세서리의 정의로 옳은 것은?

① 액세서리의 기원은 장식성, 정보성, 보호성, 상징적 구분 등으로 나타내기도 한다.

② 액세서리란 '부속물, 보조물' 이라는 뜻으로 장식을 목적으로 한 장식품을 뜻한다.

③ 액세서리는 스타일링을 처음 기획하는 역할을 한다.

④ 액세서리는 비싼 명품일수록 그 가치가 높다.

해설 ① 액세서리의 기원은 장식성, 정숙성, 보호성, 상징적 구분 등에 있다.
③ 액세서리는 스타일링의 마지막 단계에서 기획한다.

44 모자의 종류와 설명이 바르게 짝지어진 것은?

① 현대적이고 세련된 이미지 – 카노체
② 엘레강스한 이미지 – 클로쉐
③ 캐주얼한 이미지 – 토그
④ 매니시 스타일 – 필박스

해설 ① 현대적이고 세련된 이미지 – 토그
③ 캐주얼한 이미지 – 카노체
④ 매니시 스타일 – 페도라

45 벨트 종류의 설명으로 옳지 않은 것은?

① 로우슬렁 – 허리의 낮은 위치에 걸쳐 사용하는 벨트
② 새시 – 타이 벨트, 크게는 묶는 스타일을 지칭
③ 내로우– 미니 스커트에 매거나 힙본 팬츠에 걸쳐 매는 스타일
④ 힙본 – 커다란 쇠붙이의 버클을 단 두툼한 벨트

해설 내로우 벨트는 폭이 좁고 가는 벨트를 말한다.

46 얼굴형과 셔츠의 형태에 대한 설명 중 옳은 것은?

① 얼굴이 긴 형 + 롱 칼라의 셔츠 : 얼굴이 더 길어 보인다.
② 목이 긴 형 : 목을 커버하기 위해 레귤러 칼라의 셔츠를 선택한다.
③ 둥근 얼굴 + 라운드 셔츠 : 둥근 얼굴이 강조되므로 잘 어울린다.
④ 목이 짧은 형 : 하이 칼라의 셔츠로 길어 보이는 효과를 내어서 좋다.

해설 얼굴이 긴 형은 와이드 칼라의 셔츠를 선택하는 것이 좋다.
② 목이 긴 형은 하이 칼라의 셔츠를 선택하는 것이 좋다.
③ 둥근 얼굴은 라운드 셔츠는 피하는 것이 좋다.
④ 목이 짧은 형이 하이 칼라 셔츠를 입으면 답답해 보인다.

47 세퍼레이트 수트에 설명으로 옳은 것은?

① 빅토리아 시대에 상류 계급이 입던 의복에서 유래됐다.

② 라운지 수트, 색 수트 등으로 불리었다.

③ 상하가 따로 조화를 이루기 때문에, 세미 정장, 혹은 캐주얼웨어로 많이 사용된다.

④ 기본 형태란 재킷과 베스트, 팬츠의 세 가지 아이템이 함께 세트화된 것을 말한다.

해설 세퍼레이트 수트(캐주얼 재킷)는 세미 정장, 혹은 캐주얼웨어로 많이 사용된다.

48 다음에 대한 설명으로 옳지 않은 것은?

① 수트의 V존을 구성하는 중요 아이템으로 칼라의 컬러와 소재, 모양에 따라 디자인이 구분된다.

② 드레스 셔츠는 정장이나 예복용에 착용하는 아이템이다.

③ 셔츠는 칼라의 모양에 따른 체형별 착장법 등이 중요하지 않다.

④ 셔츠의 칼라는 재킷의 컬러도 중요하지만 우선 얼굴색에 따라서 선택하는 것이 좋다.

해설 셔츠는 칼라의 모양에 따른 체형별 착장법 등이 중요하다.

49 손잡이가 없이 손에 들고 다니는 가방은?

① 메시 백 ② 캐리 백

③ 클러치 백 ④ 토트 백

해설 클러치 백 : 손잡이나 끈 없이 지갑처럼 들고 다니는 스타일로 가볍게 사용하는 트렌드 아이템이다.

정답 44 ② | 45 ③ | 46 ① | 47 ③ | 48 ③ | 49 ③

50 예복에 대한 설명으로 옳은 것은?

① 중요한 행사 및 예식에서는 낮 시간에는 테일 코트를 착용한다.

② 예복은 디자인에 따라 모닝 코트, 수트로 대표되는 정예장이다.

③ 테일 코트는 재킷의 앞뒤 길이가 틀려 뒷부분이 길게 늘어지는 것이 특징이다.

④ 예복에만 사용되는 액세서리로는 구두와 벨트가 있다.

> **해설** ① 모닝 코트를 착용한다.
> ② 모닝 코트와 연미복으로 대표된다.
> ③ 구두와 벨트는 예복뿐만 아니라 의목에 사용된다.

51 머리에 꼭 맞게 착용하는 모자를 가리키는 것은?

① 해트 ② 후드
③ 캡 ④ 보닛

> **해설** ①, ②, ④ 머리보다 크게 착용한다.

52 1920년에 유행한 종처럼 생긴 모자로 눈썹까지 내려오게 깊게 쓰는 모자는 무엇인가?

① 토피 ② 클로쉐
③ 보닛 ④ 브르통

> **해설** 클로쉐(Cloche)
> • 크라운이 깊고 브림이 처진 형태의 모자로써 앞뒤보다 양옆의 브림이 더욱 처진 형태
> • 복고풍 의상과 잘 어울리는 매우 여성스러운 형태의 모자

53 핸드백 스타일링으로 옳지 않은 것은?

① 예복용 가방은 중간 크기로 준비하는 것이 좋다.

② 파티용으로 숄더 백 형태는 적당하지 않다.

③ 트래블 백은 드레시 스타일보다는 캐주얼 스타일에 어울린다.

④ 핸드백은 T.P.O에 맞게 드는 것이 좋다.

해설 예복용 가방은 너무 크지 않은 작은 사이즈가 좋다.

54 슈즈 중 '뮬'에 대한 설명으로 옳은 것은?

① 발뒤꿈치 부분이 없고 발가락에서 발등까지 덮는 신발

② 다리에 여유 있게 헐렁한 주름이 잡혀 내려오는 스타일

③ 굽과 밑창 전체가 높은 신발

④ 굽이 매우 낮은 구두를 가리킴

해설 뮬(Mule)
- 본래는 실내용이었으나 오늘날은 외출용으로 사용
- 발가락에서 발등까지는 덮이고 뒤꿈치 부분이 개방된, 즉 뒷부분이 없는 신고 벗기 편한 신발
- 여름에 많이 신는 샌들의 형태로 슬라이드(Slides)라고도 함

55 남성 드레스 셔츠 착용에 대한 설명으로 옳지 않은 것은?

① 몸과 셔츠 사이에 손목이 들어갈 정도의 여유가 있는 것이 좋다.

② 셔츠 커프스 끝이 양복 바깥으로 4m 정도 보이는 것이 좋다.

③ 셔츠 칼라를 채웠을 때 1cm 여유가 있는 것이 좋다.

④ 자신의 체형에 맞는 디자인과 색상을 선택한다.

해설 셔츠 커프스 끝이 양복 바깥으로 1~1.5cm정도 보이는 것이 좋다.

정답 50 ③ ㅣ 51 ③ ㅣ 52 ② ㅣ 53 ① ㅣ 54 ① ㅣ 55 ②

56 슈즈의 밑창 전체가 굽과 더불어 높은 신발은 무엇인가?

① 웨지 슈즈

② 플랫폼 슈즈

③ 토슈즈

④ 슬립 온 슈즈

해설 플랫폼 슈즈는 통굽 슈즈라 불리기도 한다.

57 귀걸이는 얼굴 형태의 단점을 보완할 수 있는 아이템이다. 다음 중 얼굴이 둥근 사람에게 어울리는 귀걸이의 형태는?

① 버튼

② 댕글

③ 후프

④ 드롭

해설 얼굴형에 따른 귀걸이 디자인 선택
- 각진형 : 넓지 않고 대담하게 늘어지는 디자인
- 둥근형 : 링 귀걸이는 피하고 넓은 모양보다 가늘고 긴 디자인
- 긴 얼굴형 : 귀에 달라붙고 큰 디자인
- 삼각형 : 위쪽이 넓고 아래쪽은 좁은 디자인
- 역삼각형 : 위쪽이 좁고 아래쪽은 넓은 디자인

58 스카프 매듭법 중 다음 그림이 가리키는 것은?

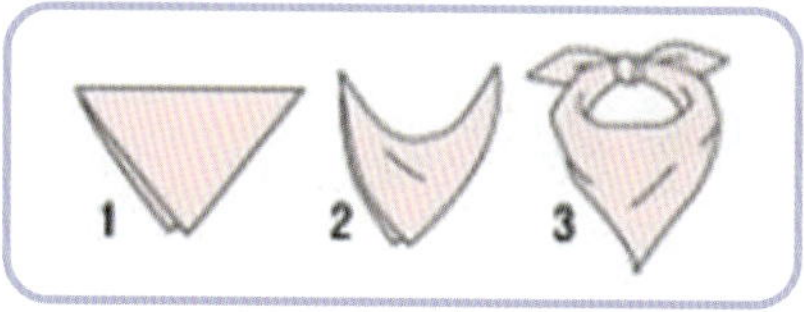

① 넥타이 매듭

② 어깨 묶기

③ 삼각매듭

④ 리본매듭

해설 삼각형 매듭법

- 어깨에 살짝 늘어뜨려 삼각형으로 매는 스타일
- 프린트가 화려한 스카프를 이용하면 우아함을 연출 가능
- 방법
  ① 스카프를 접어 직사각형 모양으로 반 접는다.
  ② 사선으로 접는다.
  ③ 어깨에 걸친 다음 양 끝부분을 교차해 묶는다.

59 헹거치프의 폴딩법은 다양하다. 다음 중 쓰리피크 법으로 옳은 것은?

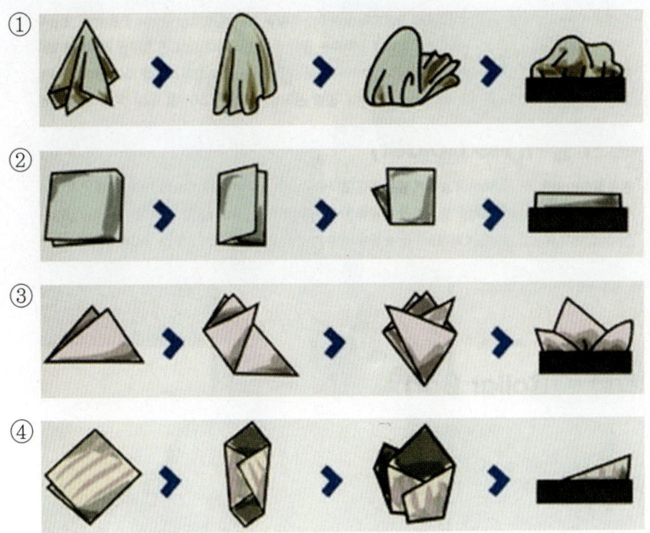

해설 쓰리 피크(Three Pick)법은 손수건의 모양이 3개의 봉우리 모양이 된다.
① 퍼프(Puff)
② TV폴드(TV Fold)
④ 트라이 앵글(Triangle)

60 셔츠는 칼라의 형태에 따라 종류가 다양하다. 다음 중 명칭이 바른 것은?

① 와이드 스프레드 칼라

② 버튼다운 칼라

③ 핀홀 칼라

④ 플랫 칼라

해설 ① 레귤러 칼라
③ 탭 칼라
④ 와이드 스프레드 칼라

정답 56 ② | 57 ④ | 58 ③ | 59 ③ | 60 ②

Fashion Stylist
패션스타일리스트 따라잡기

II
패션 경향 분석

Chapter 01 패션과 예술 양식

✿ 현대 패션 양식

1. 아르누보(Art Nouveau)

① '신 예술'을 의미

② 19세기 말에서 20세기 초에 서유럽에서 널리 퍼졌던 장식적 양식

③ 풍요로운 시대와 퇴폐주의의 지배에 대한 반발로 등장하여 기계문명의 물질주의를 배격, 사실주의를 극복하고자 하는 예술 양식

④ 역사주의의 반복이나 모방을 거부, 자연 생명체의 근원으로 돌아가려는 경향

⑤ 모래시계형, S자형 스타일, 환하고 부드러운 파스텔 색조, 얇고 부드러운 재질, 유연한 식물 문양

⑥ **모래시계** : 소매는 부풀리고 허리는 잘록, 치마는 넓게 표현

⑦ **S자형** : 허리를 조이고 가슴과 엉덩이를 강조하는 형식

⑧ 얇고 부드러운 소재와 식물이나 자연 넝쿨을 연상하게 하는 모티브 사용

아르누보 양식[1]

1) http://www.thebudgetbabe.com/archives/503-Spring-Fashion-as-Art-Nouveau.html

아르누보 스타일 패션[2]

2. 아르데코(Art Deco)

① 1925년 파리 장식 미술(Art Decoratiuf)에서 유래

② 후기 아르누보와 바우하우스 디자인의 중간적 양식

③ 입체주의(Cubism), 미래주의(Futurism) 등의 토대

④ 아르누보 예술 양식의 과한 장식에 반대

⑤ 합리적이고 기능성이 있으며 입체주의 원리로 대상물을 분해하고 본질적인 요소로 표현

⑥ 기계주의 운동에 따라 예술과 기계의 결합 시도, 심플함과 기능성 추구

⑦ 단정하고 매끈한 직선의 전체적인 실루엣, 엠파이어 튜닉 스타일 등

⑧ 여성을 코르셋에서 해방

⑨ 야수적이며 강력하고 화려한 원색 색조, 뚜렷하고 화려한 색상 대비

⑩ 꽃을 모티브로 기하학적으로 표현, 유선형 모티브, 양식화된 꽃, 식물 및 동물의 문양 등을 사용

⑪ 터키, 페르시아, 중국 등의 이국적인 모티브를 기하학적으로 표현

⑫ 직선을 사용하여 기능적이고 단순한 효과를 표현

⑬ 가르손느 스타일 : 보이시한 스타일

---

2) http://www.fashionindustrynetwork.com/profiles/blogs/art-nouveau-inspired-fashion

가르손느 스타일[3]

아르데코 스타일 패션[4]

3. 입체주의(Cubism)

① 제1차 세계대전 시 파리에서 발생한 미술혁신 운동

② 미술, 디자인, 건축 등에 많은 영향을 미침

③ 물체를 입체적으로 분석하여 다른 형태의 새로운 작품으로 재구성

④ 원근법을 무시하고 외형보다는 주관이나 사상, 감정을 표현

⑤ 가르손느 스타일(Garsonne Style), 튜브 스타일 등 입체주의에 영향을 받음

⑥ 비오네(Vionnet)의 바이어스 커팅 기법으로 입체감을 가진 조형적 구성 착시

비오네 패션[5]

입체주의 스타일 패션[6]

3) http://blog.naver.com/PostView.nhn?blogId=hanlim2009&logNo=108332692

4) http://www.patternpeople.com/trend-aw10-art-deco-redux/
   http://trendland.net/holly-fulton-collection/#

5) http://www.dianagoh.com/2008/11/my-fashion-design-portfolio-drape-part.html

6) http://prettydivine.blogspot.com/2010/06/c-u-b-r-t-by-lako-bukia.html

4. 초현실주의(Surrealism)

① 제1차 세계대전 종전 후 제2차 세계대전 발발 직후까지 발생한 전위적인 문화 예술 운동

② 사회적 인습과 사고방식에 의해 무시되었던 무의식 세계와 상상력을 표현

③ 꿈과 환상을 이성이나 의식보다 더 가치 있게 여김

④ 현실의 근심에서 해방, 환상적이며 초현실적인 자극적 디자인의 수용

⑤ 현대인의 다양화와 개성화에 대한 욕구 충족

⑥ 오늘날 젊은 신세대 디자이너들에게 영향을 줌

⑦ 어깨 패드, 허리와 엉덩이 선을 강조, 강한 색상과 여러 가지 장식 등으로 1930년대 세계 공황에 활기 부여

⑧ 포켓 수트, 생물을 모티브로 한 이브닝 드레스, 입술 포켓, 꼴라주 기법 등

⑨ 해골 블라우스, 별·달 모양의 단추, 자물쇠 모양의 포켓 등 다양한 형태의 블라우스, 스카프 등

⑩ 여성의 환상을 충족, 새롭고 기발한 아이디어 발생, 창작 영역 확대

⑪ 입생 로랑, 라거펠트, 몬타나 등 초현실적 작업에 참여

초현실주의 스타일 패션[7]

5. 야수파(Fauvism)

① 회화의 순수성 확립, 개성적인 표현과 자율성 추구

② 원근법, 빛과 그림자의 기법을 무시, 물체를 윤곽선으로만 표현

③ 원색을 사용하여 강한 색상 대비 효과 적용

④ 자유로운 감성과 단순한 모티브, 굵은 윤곽선 등으로 표현

⑤ 평면적이고, 고전적인 요소를 제거, 직선을 사용한 호블 스커트, 하렘, 판타롱 팬츠 등이 발전

⑥ 대담한 형태를 단순화한 미니 스커트 발생

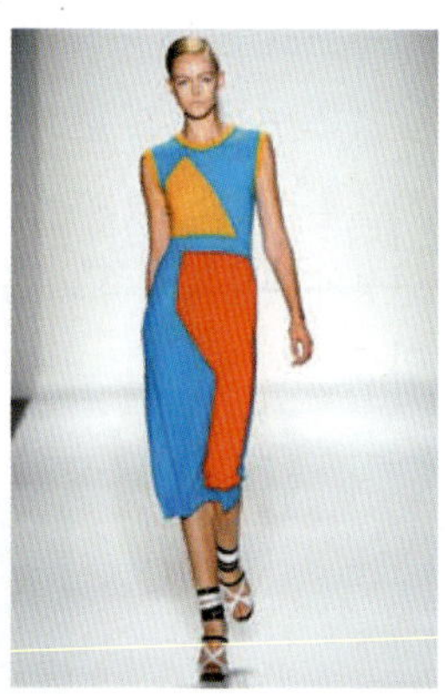

야수파 스타일 패션[8]

6. 팝아트(Pop Art)

① 포퓰러 아트(Popular Art)의 약자, '대중 예술' 을 의미

② 예술의 사회적 표현

③ 일상적이고 통속적인 주제, 평범하며 쉽고 간편한 느낌 표현

④ 마릴린 먼로나 미키마우스 등을 모티브로 작품에 도입

⑤ 대중적이고 평범하도록 표현하며 단순한 반복으로 기법 강조

⑥ 값싼 오브제를 사용하거나 인기 만화, 그림, 문자 등을 패션에 사용

⑦ 입생 로랑은 초생달, 누드, 태양 등을 기하학적으로 도안화한 무늬 사용

⑧ 실용성이 기본이 되어 남녀 구분 없이 셔츠, 진 등의 캐주얼한 스타일

⑨ 영룩(Young Look)을 주도

⑩ 비닐, 플라스틱, 셀로판 등을 주로 꼴라주 소재로 사용

---

8) http://readmyspine.blogspot.com/2009/10/go-fauve.html

http://pebblesbaby.com/2011/03/summer-fashion-2011-the-new-fauvism/

팝아트 스타일 패션[9]

7. 옵아트(Op Art)

① 시각적 또는 광학적 예술(Optical)의 약자로 움직임의 시각적 원리 이용

② 추상적이고 기하학적이며 기계적인 형태를 일정한 단계를 가지고 표현

③ 상징성보다 순수한 시각적인 측면 강조

④ 패션에 옵아트 그래픽 디자인 표현

⑤ 인체에 새로운 입체감과 율동적인 분위기 연출

⑥ 미래 지향적인 사이버 이미지와 테크노 이미지 결합

⑦ 단순한 실루엣으로 직물 디자인에서 착시 효과 이용

⑧ 새롭고 신선한 디자인으로 현대의 기계적인 분위기와 개성적인 패션을 동시에 표현

⑨ 다양화, 개성화 추구로 옵아트 양식이 널리 적용

옵아트 스타일 패션[10]

9) http://braxtonandyancey.blogspot.com/2011/11/pop-art-in-fashion.html
10) http://girldir.com/fashion-trends/new-york-fashion-week-spring-2009-trends

8. 추상미술(Abstract Art)

① 물적이거나 객관적인 대상을 벗어나 주관적인 해석으로 순수 구성을 표현

② 네덜란드 추상화가 몬드리안(Mondrian)의 색채와 선을 이용한 수평과 수직 구조의 균형

③ 몬드리안룩 : 선과 형태, 색채로 구성한 모던한 그림 스타일

④ 그래픽룩 : 추상적인 그래픽 디자인 또는 그래픽 아트를 표현한 스타일

⑤ 실루엣을 중심으로 기하학적인 모티브로 표현, 선과 배색에 중점 등 다양한 표현 방법 이용

추상주의 스타일 패션[11]　　　입생 로랑의 몬드리안룩[12]

9. 포스트모던(Post Modern)

① 인간의 이성과 과학의 힘을 신뢰하며, 역사적 발전에 대한 낙관적인 반동

② 반이성과 무정부주의를 표방하던 1980년대 시대에 다양한 전위적 운동의 전개

③ 실험적 시도 추구, 전통을 거부하거나 혼합

④ 다원주의, 복합주의, 절충주의를 표방하는 특징

⑤ 기능성을 넘어서 과거 패션을 현대에 도입시킨 새로운 패션 스타일 창출

⑥ 기존 질서를 무시하고 반패션이나 전위적 패션으로 펑크룩이나 앤드로지너스룩으로 표현

⑦ 여러 가지 과거의 스타일을 혼합한 패션

11) http://earlyfashiontrends.blogspot.com/2010/08/abstract-art-prints.html
12) http://reginaldchan.blogspot.com/

포스트모던룩[13]

10. 미니멀리즘(Minimalism)

① 1960년대 미국 신세대 작가들의 회화와 조각에 나타난 경향

② 본질적인 요소만 압축된 미술

③ 순수하고 객관적이며 단순한 기하학적 형태를 사용

④ 부분보다는 전체를 강조

⑤ 패션에서는 장식성을 배제하고 의복과 인체의 순수성과 단순성을 추구

⑥ 절제되고 단순한 실루엣, 평평한 질감 소재

⑦ 신축성이 좋은 직물로 인체를 그대로 드러내거나, 순수한 원색, 무채색 등을 사용

⑧ 단순하고 간결한 선이 살아나는 실루엣, 성숙하면서도 자유로운 이미지, 노출 조절로 에로티시즘
표현

미니멀리즘 스타일 패션[14]

13) http://marziomartel.blogspot.com/2011/01/snatch.html
   http://www.treehugger.com/style/springsummer-fashion-2009-popomomo.html
14) http://www.monoxious.com/runway-review-alexander-wang-pre-fall-2011/

Chapter 02 패션과 하위 문화

- 인종이나 민족, 소수 집단 특성을 넘어 하위 집단들의 독특한 정체성을 표현
- 주류 사회집단에서 자신들을 구별하려는 반동에서 발생

1940~1950년대

1. 쥬티(Zooties)

① 1940년대 사회적 · 경제적으로 소외되었던 흑인과 멕시코계 젊은 미국인들이 입던 스타일

② 상향 지향적인 패션 스타일

③ 자신을 성공한 사람으로 표현하려는 과시욕

④ 쥬티 수트(Zooty Suit) : 어깨가 넓고 허리가 꼭 끼는 무릎길이의 재킷, 통이 넓고 발목은 좁은 바지, 넓은 테의 모자

쥬티룩[15]

2. 테디보이즈(Teddy Boys)

① 1950년대 초반 영국 런던의 빈민가 젊은이들의 화려한 스타일

② 에드워드 7세 때 상류층이 입었던 스타일 모방

③ 미국과 영국의 젊은 청년층을 중심으로 유행

④ 노동자 계층의 청소년이 상류층 복식의 우아함과 품격을 추구

---

15) http://www.jornalabcreporter.com.br/noticia_completa.asp?destaque=4485
http://pymca.com/index.php?20520998025936726680,000012350178761253227200050220121114842

테디보이즈룩[16]

☺☺ 1960년대

1. 로커즈(Rockers)

① 1960년대 런던의 커피 바에 모여들었던 10대 오토바이족들이 로커즈의 효시

② 로큰롤(Rock'n Roll) 음악에 관련된 생활양식과 함께 확장

③ 집단적 정체성을 강조

④ 그림이나 금속 징으로 장식한 가죽 재킷, 면도날처럼 뾰족한 구두 및 부츠, 과장된 머리 등 튀는 스타일 유지

로커즈룩[17]

---

16) http://www.partypants.fsnet.co.uk/male/fd-teddy-boy.htm
http://viliflik.wordpress.com/2011/09/28/teddy-boy/
17) http://jewelrystyle8.blogspot.com/2009/05/american-idol-jewelry-style.html
http://www.stthomasu.ca/~pmccorm/modsandrockers3.html

2. 모즈룩(Mods Look)

① 런던에서 나타난 비트족에 속하는 젊은 세대를 지칭

② 현대의 새로운 사상이나 취미를 갖고 있는 사람을 의미

③ 기성세대의 가치관과 사회적 관습에 대한 반항심을 의복으로 표현

④ 꽃무늬와 물방울무늬의 현란한 셔츠와 넥타이, 폭이 넓어지는 바지, 장발 등 유행

⑤ 록 그룹 비틀즈(Beatles)에 의해 전 세계로 전파

모즈룩[18]

3. 스킨헤드(Skin Head)

① 1960년대 중반부터 영국에서 나타난 모즈의 변형 스타일

② 사회 밑바닥 패자를 상징

③ 짧은 머리와 접어올린 청바지, 끈을 맨 부츠와 체크무늬 셔츠

스킨헤드룩[19]

18) http://blog.daum.net/_blog/BlogTypeView.do?blogid=00a6L&articleno=3&_bloghome_menu=recenttext#ajax_history_home
http://anorakthing.blogspot.com/2010/07/move-part-two.html
http://www.debutanteclothing.com/1960s_swinging_london/
19) http://blog.naver.com/PostView.nhn?blogId=jadolang&logNo=10082803315
http://blog.narcsville.co.uk/?p=443

4. 히피(Hippies)

① 1966년 미국 서부 청년층을 주체로 하여 시작된 탈사회적 활동

② 베트남 전쟁에 대한 반발과 어두운 사회 분위기에서 반항

③ 자연 상태로의 회귀를 희망

④ 곱슬거리게 풀은 머리, 인디언풍의 헤어밴드, 나팔형의 플레어 팬츠, 프릴 장식된 블라우스, 술
   달린 베스트, 체인 벨트, 굽이 높은 부츠 등

히피룩[20]

5. 사이키델릭(Psychedelic)

① 사이코(Psycho)와 딜리셔스(Delicious)를 합성한 일종의 심적 황홀상태를 가리키는 용어

② 사이키델릭 아트(Psychedelic Art) 발생

③ 1960년대 후반 히피문화의 여파로 생긴 기법

④ 현란한 원색과 형광 염료가 섞인 자극적인 배색이 주로 사용됨

⑤ 형광 염료로 염색한 프린트, 광택이 나는 비닐 소재를 사용

⑥ 바디 페인팅 출현

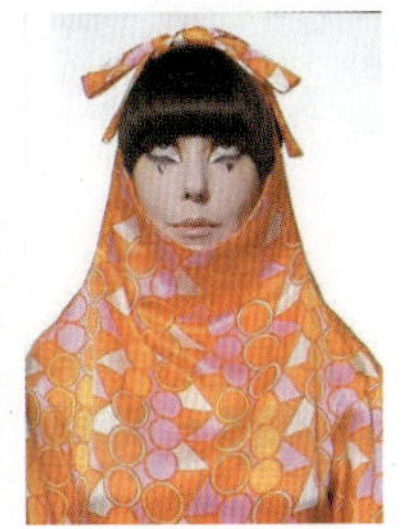

사이키델릭룩[21]

20) http://www.centrefashion.com/how-to-dress-like-hippies-1960s.html/how-to-dress-like-hippies-1960s-4
    http://blog.denimtherapy.com/2009/08/remembering-woodstock-hippie-denim-inspirations/
21) http://blog.hippiecouture.com/2009/10/psychedelic-hippie-fashion.html

1970년대

1. 글램룩(Glam Look)

① 영국에서 시도되었던 실험적 장르의 음악인 글램록(Glam Rock)에서 유래

② 양성적인 옷차림과 현란한 화장

③ 글래머러스(Glamourous) 스타일로 표현

④ 양성애에 대한 공개적인 지지, 요란한 화장, 여성용 블라우스, 높은 굽 부츠 등

글램룩 패션[22]

2. 펑크(Punk)

① 풋내기, 젊은 악당, 방랑자, 순진한 사람을 칭함

② 1976년 런던의 록 밴드에서 시작한 스타일

③ 올린 머리, 부분 염색 등 특이한 헤어스타일과 찢어진 티셔츠, 타이트한 청바지

④ 자극적인 옷차림으로 스트리트 패션의 하이 패션 도입화

⑤ 1990년대 검은색의 가죽 혹은 비닐 바지나 점퍼, 미니 스커트나 스타킹으로 변화

⑥ 뾰족하고 괴이한 액세서리를 사용

⑦ 삭발이나 기이한 화장을 함으로써 상대방으로 하여금 혐오감 유발

22) http://www.nolifetilmetal.com/nitro.htm

http://thefashionatetraveller.com/bebe-outfit-post-bebe-addiction

펑크룩[23]

1980년대

1. 레이버즈(Ravers)

① 1985년 해안지방의 클럽을 중심으로 발생한 히피적 취향의 쾌락주의

② 이 집단의 떠들썩한 파티를 레이버즈(Ravers)라 칭함

③ 춤추기 편하도록 크고 헐렁한 의복을 즐겨 입음

④ 스마일리 마크나 사이키델릭 문양을 이용

⑤ 통이 넓은 청바지와 모자가 달린 셔츠를 입은 방랑자 풍(런던의 중산층을 지향하는 이미지 표출)

레이버즈룩[24]

23) http://diyfashion.about.com/od/diyfashion101/tp/Fashion_Design.htm
　　 http://www.fark.com/comments/4293344
24) http://glitterandglowsticks.webs.com/

2. 그런지룩(Grunge Look)

① 1980년대 정통 하이 패션과 엘리트주의에 대한 반발로 발생

② 더럽고 지저분한 도시적인 보헤미안의 스타일

③ 히피룩의 남루한 분위기와 하류층 복식에 영향을 받음

④ 구속받지 않는 편한 젊은 현대인의 욕구를 반영

⑤ 실용적이고 감각 있는 젊은이들의 패션

⑥ 무형식의 여러 스타일을 혼합, 반대되는 색상을 통해 세련된 스타일 연출

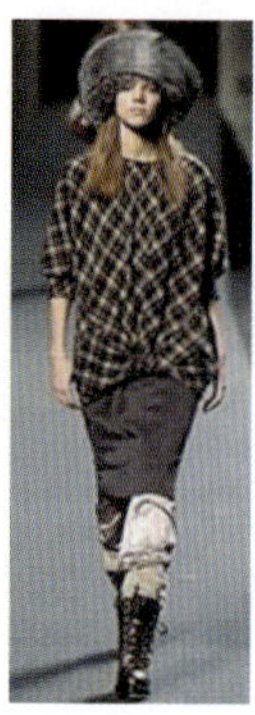

그런지룩[25]

3. 힙합(Hip Hop)

① 1980년대 뉴욕 지역에서 발생한 문화

② 랩(Rap) 음악을 중심으로 한 문화

③ 전체적으로 통이 넓고 긴 바지나 허리부분은 넓고 발목으로 갈수록 좁아지는 배기 스타일(Baggy Style) 유행

힙합룩[26]

25) http://blog.daum.net/~iamsaram~/218403

26) http://loivuitton.blogspot.com/2011/12/hip-hop-fashion-and-style.html

⚙ 1990년대

1. 빈티지룩(Vintage Look)

① 바랜 색상과 구겨진 중고 의상으로 이루어진 스타일

② 숙성된 포도주(Vintage)처럼 편안한 느낌을 주는 옷이라는 뜻

③ 1990년대 미국에서 유행하여 청소년들 사이에서 유행

빈티지룩[27]

2. 테크노와 사이버룩(Techno & Cyber Look)

① 전자기술의 발전으로 독자적인 스타일을 추구하는 현상

② 방오 수트와 방독면 등 도시적이고 미래지향적 스타일

③ 공상과학 영화에서 사용되는 듯한 스타일

④ 첨단 기술과 홀로그래픽 소재, 고무 튜브와 같은 산업 폐기물을 조합한 패션

테크노룩[28]　　　　　　　　사이버룩[29]

27) http://nicefashion.info/vintage-outfits-is-always-in-style/

28) http://www.richardnevillefuturist.com/Future.html

29) http://fashionmoment.blogspot.com/2009/02/powerful-shoulders-wide-sleeves.html

⑧⑧ 2000년대

1. 키덜트룩(Kidult Look)

① 키드(Kid)와 어덜트(Adult)의 합성어

② 신체는 어른이나 심리적으로 여전히 어렸을 때의 분위기를 표현

③ 과거에 대한 향수를 패션으로 표현

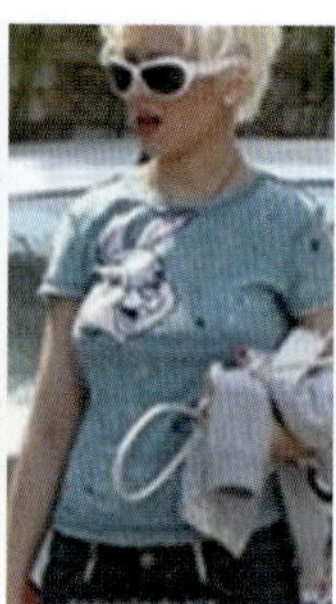

키덜트룩[30]

2. 걸리시룩(Girlish Look)

① 10대의 소녀적인 이미지를 표현

② 상큼하고 발랄하며, 스포티하고 개성적인 스타일을 추구

③ 젊은 사람들의 자기만의 개성 표현 수단

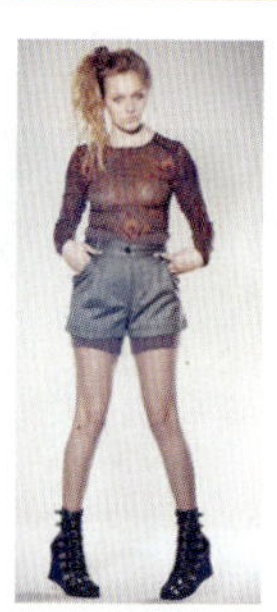

걸리시룩[31]

---

30) http://blog.naver.com/PostView.nhn?blogId=youngclaire&logNo=140098866528&redirect=Dlog&widgetTypeCall=true
31) http://www.refinery29.com/get-lost-in-layers-for-an-autu

PART **02**
현대 패션 경향

Chapter **01** 현대복식 흐름

❀ 20세기 패션

18세기 산업혁명으로 인하여 패션의 대중화와 발전이 이루어졌다.

1. 1910년대 : 아르데코

① 1900년대 초기의 아르누보의 여성적인 실루엣이 사라지고 아르데코의 직선형 실루엣이 유행

② 단순하고 기하학적인 면을 강조한 디자인

③ 기성복이 등장하고 세계대전의 발발로 여성이 일을 하면서 테일러드 수트 증가

④ 실용적인 짧은 스커트와 기능적인 패션 경향

⑤ 남성의 격식은 약화되어 자연스러운 어깨와 허리선으로 변함

⑥ 커프스가 있는 발목까지 오는 짧은 바지에 양말과 구두

⑦ 폴 푸아레(Paul Poiret)의 호블 스커트, 샤넬(Chanel)의 저지 수트

1910년대 패션1)

---

1) http://sensibility.com/vintageimages/1900s/pagetwo.htm

2. 1920년대 : 보이시 스타일

① 물질적으로 풍족해지면서 소비와 쾌락추구적인 사회 현상

② 재즈의 발전과 영화의 발달, 자동차나 비행기 등의 운송수단 발달

③ 개방적이고 효율적인 모던한 짧은 헤어스타일 유행

④ 플래퍼(Flapper)룩 또는 보이시(Boyish) 스타일 유행

⑤ 여성의 짧고 슬림한 의상으로 중성적인 느낌을 표현

⑥ 남성은 보브 헤어스타일에 스포티한 캐주얼이 유행

⑦ 샤넬의 No.5 향수 제조, 비오네(Vionnet)의 바이어스 재단법 발표

1920년대 스타일[2]

3. 1930년대 : 롱 앤 슬림 스타일

① 대공황과 제2차 세계대전으로 전 세계적으로 암울한 시대

② 헬리콥터 등장, 엠파이어 스테이트 빌딩과 금문교 건설

③ 텔레비전 출현, 나일론 발명

④ 영화의 급속도 발달로 할리우드 스타의 의상이 패션에 커다란 영향을 미침

⑤ 대공황으로 인한 여성의 가정으로 회귀

⑥ 보이시 스타일이 사라지고, 허리선이 들어간 길이가 긴 몸에 꼭 맞는 스커트와 어깨가 각진 롱 앤 슬림 실루엣 등장

⑦ 남성복은 더욱 캐주얼해져 더블여밈의 폴로 코트가 유행

---

2) http://www.victoriana.com/1920s/1920sdress.htm

http://fashionableshenanigans.blogspot.com/2011/04/1920s-fashion.html

1930년대 스타일[3]

4. 1940년대 : 밀리터리룩과 뉴룩

① 제2차 세계대전의 영향으로 군인의 제복과 같은 밀리터리룩이 등장

② 작은 모자, 굽이 있는 구두, 각진 어깨, 무릎길이의 스커트 등의 스타일로 실용적인 기능복 형태

③ 1947년 디올(Dior)이 여성스러운 실루엣 뉴룩(New Look)을 발표

④ **뉴룩** : 여성의 우아함과 아름다움을 표현, 둥근 어깨와 힙, 가는 허리, 길고 풍성하게 퍼지는 플레어 스커트 스타일

1940년대 스타일[4]

3) http://www.operagloves.com/Fashion/20s30s40sFashion/20s30s40sfashion2.html

4) http://www.operagloves.com/Fashion/20s30s40sFashion/20s30s40sfashion2.html

5. 1950년대 : 라인

① 제2차 세계대전 후 미국의 민주주의와 소련의 공산주의 양대 진영

② 점차적인 경제 회복으로 다시 사회 분위기 활성

③ 오드리 헵번(Audrey Hepburn)과 마릴린 먼로(Marilyn Monroe)의 영화 속 패션 유행

④ 디올에서 1957년까지 H, A, Y, F라인과 마그넷(Magnet) 라인 등 새로운 라인을 발표

⑤ 1954년 샤넬에서 가디건 형식의 수트를 발표

⑥ 종전 후 여성들이 바지를 착용하기 시작

⑦ 향상된 여성의 권리로 평등해지려는 사상 표출

⑧ 아이비리그에서 흰색 셔츠에 회색 플란넬 수트가 가장 많이 애용

⑨ 젊은 세대의 패션에 대한 관심 증가로 부모 세대와 다른 형태의 패션을 선택

1950년대 스타일[5]

6. 1960년대 : 영 패션

① 경제가 활발히 발달하기 시작

② 옵아트, 팝아트, 미니멀리즘과 같은 현대적 예술기법이 성행하며 복식에 영향

③ 베이비 붐 세대가 청소년층으로 유입되며 특유의 하위 문화 경향 등장

④ 월남전에 대한 젊은층의 반전운동으로 인하여 평화를 바라는 자연주의, 히피 스타일이 탄생

⑤ 기성복의 발달과 대량생산으로 무릎길이의 샤넬 수트 인기

⑥ 민주주의적 사고는 판탈롱 수트와 유니섹스 스타일에 영향을 미쳐 남녀평등 표현

⑦ 1960년대 남성복은 비틀즈에 의해 모즈룩이 크게 유행

---

5) http://fashion.lilithezine.com/1950s-Fashion.html

1960년대 스타일[6]

7. 1970년대 : 패션의 다양화

① 중동전쟁으로 인한 유가의 상승으로 세계적 불황기

② 합리적이고 실리적인 생활 유지

③ 유니섹스룩, 미디 스타일, 맥시 스타일, 레이어드룩, 펑크룩 등 다양한 룩이 등장

④ 팬츠가 대표적인 아이템

⑤ 여성의 사회진출로 어깨가 넓은 역삼각형 실루엣 정장이 유행

⑥ 저렴한 옷을 여러 겹 겹쳐 입는 레이어룩이 유행

⑦ 청소년 하위 문화로 펑크 스타일 유행

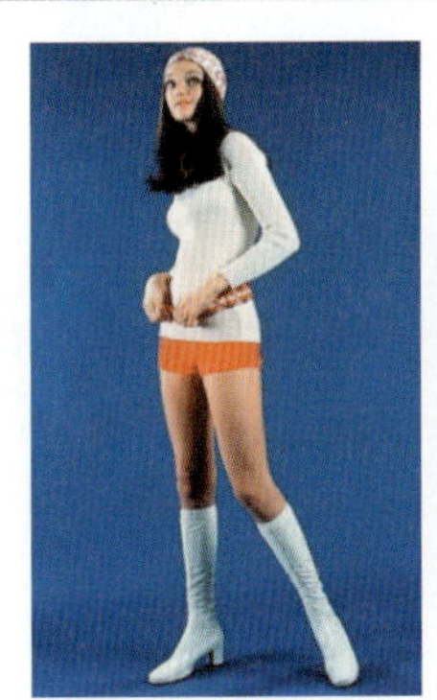

1970년대 스타일

---

6) http://www.fanpop.com/spots/retro-fashion/images/26540261/title/1960s-fashion-photo

8. 1980년대 : 포스트모더니즘

① 냉전의 종식과 포스트모더니즘으로 패션이 다양해지고 개성화 됨

② 세계 각국에서 새로운 디자이너들이 등장

③ 다원적, 절충적인 디자인 도입

④ 민속복 요소 사용

⑤ 현대적 액세서리의 착장과 1970년대의 펑크룩이 계속 유행

⑥ 1984년 말부터 여성의 매니시 현상, 짧은 커트 헤어스타일, 록커 복장과 앤드로지너스룩 등장

⑦ 건강에 대한 관심 증가와 레저 증가로 스포츠웨어 발달

⑧ 환경보호로 인해 에콜로지 경향 증가로 자연을 주제로 한 디자인과 색상 유행, 자연 소재 사용

⑨ 자동차, 주거, 의복 등 생활환경으로 남성들의 성공여부가 결정

⑩ 어깨가 넓은 재킷과 디테일이 작아진 수트의 남성복

1980년대 스타일[7]

7) http://shareyourlovelifestoryatthisblog.wordpress.com/2011/02/25/1980%E2%80%99s-fashion-era/

9. 1990년대 : 세계화

① 인터넷의 급속한 확산으로 글로벌화

② 환경의 중요성 대두

③ 경기침체와 걸프전의 영향, 절제와 과거에 대한 향수로 복고적 경향이 나타남

④ 동시에 세기말적 경향과 미래적 영향도 공존

⑤ 1990년대 초반 에콜로지룩 등장으로 자연스럽고 편안한 루스(Loose)룩, 리사이클 패션이 등장

⑥ 속옷을 겉옷으로 디자인한 란제리룩, 그런지룩, 신소재를 사용한 포스트모던 스타일 등 다양한 스타일이 혼합

⑦ 하이테크 소재를 사용하여 기능성과 아방가르드한 미니멀리즘부터 초현실주의까지 다양한 이미지로 창출

1990년대 스타일[8]

---

8) http://man-over-board.com/2010/05/06/three-decades-of-unforgettable-fashion-in-pictures/

Chapter 02   21세기 컬렉션 분석

🎛 2001~2005년

1. 2001년

(1) S/S

① 1980년대에 대한 향수로 1980년대 스타일인 펑크 스타일 나타남
② 블랙과 화이트의 강세, 가죽 소재를 사용한 글래머룩 유행

2001년 S/S Fashion[9]

(2) F/W

① 1950년대의 성숙하고 엘레강스한 스타일, 클래식 스타일
② 직선적인 어깨 패드가 들어간 수트와 테일러드 코트, 무릎길이의 플레어 스커트
③ 벨벳이나 새틴, 레이스, 벨로어 등 화려한 소재 사용

---

9) http://blog.naver.com/reddot13?Redirect=Log&logNo=80009665674

2001년 F/W Fashion[10]

2. 2002년

(1) S/S

① 로맨티시즘의 부활

② 1970년대의 집시, 히피 등 민속적인 이미지가 정교한 자수, 프릴 등의 디테일로 사용

③ 다양한 레이어드 스타일

2002년 S/S Fashion[11]

10) http://cafe.naver.com/loveop.cafe?iframe_url=/ArticleRead.nhn%3Farticleid=180788&

11) http://blog.naver.com/saggang?Redirect=Log&logNo=50000346417

(2) F/W

① 글램룩과 히피룩 유행

② 다크 컬러의 타이트한 의상이 전개, 고급스러운 히피룩으로 발전

③ 블랙이 주류, 브라운, 그레이, 골드와 와인 색상 사용

2002년 F/W Fashion[12]

3. 2003년

(1) S/S

① 글램룩으로 초미니 스커트 유행

② 이너웨어로 핫팬츠가 사용, 가슴을 부각하는 깊은 네크라인

③ 새틴과 같은 빛나는 소재, 자수, 아플리케와 같은 호화로운 디테일 표현

2003년 S/S Fashion[13]

---

12) http://cafe.naver.com/levisfox.cafe?iframe_url=/ArticleRead.nhn%3Farticleid=1236&

13) http://blog.naver.com/saggang?Redirect=Log&logNo=50000346863

⑵ F/W

① 레트로와 블랙의 강세

② 모든 컬렉션에서 가죽과 부츠가 선보임

③ 다양한 컬러의 모피, 액세서리, 디테일의 다양한 사용

④ 미니 스커트와 스키니 팬츠 유행

2003년 F/W Fashion[14]

4. 2004년

⑴ S/S

① 내추럴리즘과 페미니즘의 표현

② 면, 실크, 린넨의 천연 소재 사용

③ 여성스러운 시폰과 레이스의 유행

④ 프릴과 러플로 자연스럽고 풍성한 연출, 플로랄 패턴 사용

2004년 S/S Fashion[15]

14) http://cafe.naver.com/levisfox.cafe?iframe_url=/ArticleRead.nhn%3Farticleid=1233&

15) http://blog.naver.com/josh_lavant?Redirect=Log&logNo=90017839870

123

(2) F/W

① 경기 침체와 매출의 급감으로 어두운 트렌드 반영

② 1930년대의 귀족적인 클래식 스타일, 1950년대의 여성스러운 스타일

③ 퍼플, 레드, 고급스러운 광택 컬러 표현

④ 자카드, 벨벳, 트위드, 새틴 등을 주로 사용

2004년 F/W Fashion[16]

5. 2005년

(1) S/S

① 아프리카에서 영감을 받은 사파리룩으로 심플하고 모던한 스타일

② 인도, 동유럽 지역의 문화에서 영감을 받은 에스닉 무드는 클래식하고 여성적인 면을 강조한 스타일로 전개됨

③ 좀 더 장식적인 요소가 가미된 히피, 보헤미안룩

④ 전원생활에 대한 욕구와 평화로운 삶을 갈망하는 페미닌하고 인형과 같은 걸리시룩

2005년 S/S Fashion[17]

16) http://blog.naver.com/oosoooo?Redirect=Log&logNo=10664202

17) http://cafe.naver.com/wishst.cafe?iframe_url=/ArticleRead.nhn%3Farticleid=69&

(2) F/W

① 동유럽권 문화에 대한 관심으로 러시아와 헝가리 분위기의 피전트(Peasant) 스타일 등장

② 동양풍의 패턴과 액세서리를 적극적으로 활용하여 오리엔트풍이 믹스된 스타일

③ 스커트와 슬리브, 코트의 실루엣 등 볼륨감을 살린 아이템들이 대거 사용

2005년 F/W Fashion[18]

2006~2009년

1. 2006년

(1) S/S

① 디자인 실루엣은 미니멀리즘의 클린하고 절제된 디테일

② 아일렛이나 코튼 레이스 등으로 페미니티와 걸리시의 로맨틱함이 믹스된 스타일 표현

③ 심플한 원피스나 셔츠 같은 프레티컬한 아이템에 단추, 포켓 등으로 디테일을 장식하여 실용적이고 모던한 스타일

④ 넉넉한 재킷과, 스트레이트 팬츠, 각진 어깨와 강조된 허리 등으로 여성스러우며 강한 수트 표현

---

18) http://blog.naver.com/josh_lavant?Redirect=Log&logNo=90012531951

2006년 S/S Fashion[19]

(2) F/W

① 최대한 절제된 페미니즘의 스타일

② 1970년대 스타일의 테일러드 팬츠 수트 등장으로 고전적이고 귀족적인 클래식 분위기의 매스큘린 스타일

③ 바닥을 휩쓸고 다닐 정도의 아주 긴 실루엣으로 와이드하고 실로치한 팬츠와 롱 스커트, 코트 아이템을 중심으로 맥시미즘(Maximizm) 스타일 대거 등장

2006년 F/W Fashion[20]

19) http://blog.naver.com/takeca13?Redirect=Log&logNo=50133347614
20) http://blog.naver.com/noon_1205?Redirect=Log&logNo=70128528824

2. 2007년

(1) S/S

① 단정한 라인의 원피스와 코트를 중심으로 미니멀한 스타일 표현

② 쇼트 셔츠와 미니 스커트로 굉장히 짧고 경쾌한 모즈룩과 글램룩 스타일

③ 오리지널 스포츠웨어보다 캐주얼하고 패셔너블한 활동적인 편안함을 강조한 스포티 캐주얼 유행

2007년 S/S Fashion[21]

(2) F/W

① 지성적인 여성을 표현하는 럭셔리하고 부르주아적인 스타일

② 클래식한 남성 수트를 변형하여 재킷 또는 코트 드레스로 선보임

③ 전체적으로 과장된 어깨에 박시한 실루엣에 허리 벨트로 포인트를 줌

④ 한층 포멀해진 여성의 팬츠 매치와 함께 관능적 여성미를 강조한 성숙한 스타일 재등장

2007년 F/W Fashion[22]

21) http://blog.naver.com/fisii?Redirect=Log&logNo=110009613668

22) http://blog.naver.com/nesto?Redirect=Log&logNo=130015370192

3. 2008년

(1) S/S

① 아프리카에서 아메리칸 원주민까지 글로벌한 에스닉 문화에서 영감을 받은 트라이벌리즘
(Tribalism)이 모던하게 표현

② 가벼운 소재, 창백한 컬러와 플로랄 프린트를 사용하여 러플과 프릴 장식이 더해진 로맨틱 페미
닌 스타일 등장

③ 로맨틱 무드가 더해진 이지한 실루엣으로 고급스러운 스포티 캐주얼 스타일

2008년 S/S Fashion[23]

(2) F/W

① 강한 컷팅 테크닉으로 구조적인 형태의 스타일이 대거 등장

② 블랙, 그레이, 블루 등 다크한 컬러를 사용하여 페미닌한 감성을 전달

③ 소프트한 소재와 디테일을 활용

④ 시골의 전원적인 무드가 느껴지는 내추럴한 실루엣의 아이템을 사용한 아웃도어룩이 각광을 받음

2008년 F/W Fashion[24]

23) http://blog.naver.com/songjababo?Redirect=Log&logNo=130027566292
24) http://blog.naver.com/taiji5844?Redirect=Log&logNo=30027913261

4. 2009년

(1) S/S

① 미래지향적인 감성과 미니멀한 디자인, 건축적이며 조형적인 디자인이 공존

② 우주에 대한 공상적인 이미지가 강조

③ 정교한 테일러링의 쿠튀르한 입체적 형태 사용

④ 세계 경제의 불황을 반영한 화려한 컬러로 젊은 스트리트적인 감성을 반영한 1980년대 캐주얼룩

2009년 S/S Fashion[25]

(2) F/W

① 허리와 힙을 강조한 바로크풍의 미니 드레스와 피트 앤 플레어 드레스, 슬림라인의 드레이퍼리 드레스 등 다양한 스타일의 드레스 등장

② 재킷이나 코트 등 아우터를 위한 코쿤 라인

2009년 F/W Fashion[26]

25) http://blog.naver.com/jtlshk?Redirect=Log&logNo=120056438407

26) http://blog.naver.com/jboy23?Redirect=Log&logNo=150115438899

Chapter 03 **현대 패션과 디자이너**

⚙ 해외 디자이너

1. 찰스 프레드릭 워즈(Charles Frederick Worth, 1826~1895, 영국)

① 왕족 전속 디자이너였다가 자신의 부티크를 열어 새로운 유행을 창조
② 최초 오트쿠튀르의 창시자

찰스 프레드릭 워즈 드레스[27]

2. 폴 푸아레(Paul Poiret, 1976~1944, 프랑스)

① 코르셋을 배제한 스타일
② 동양풍의 하렘(Harem) 팬츠, 기모노 소매 등 사용
③ 발목으로 갈수록 좁아지는 호블(Hobble) 스커트 디자인

폴 푸아레 드레스[28]

27) http://www.metmuseum.org/toah/hd/wrth/hd_wrth.htm
28) http://www.timelessfashionandart.com/paulpoiret.html

3. 가브리엘 샤넬(Gabrielle Chanel, 1883~1971, 프랑스)

① 1920년 여성복 디자인 시작

② 여성을 코르셋에서 완전히 해방하는 드레스 창안

③ 신축성 저지 소재로 드레스 제작

④ 풀오버(Pullover), 주름 치마, 샤넬 수트 등 기능성이 부여된 여성복 제안

⑤ 1954년에 가디건 수트와 퀼팅 핸드백으로 샤넬룩을 대 유행시킴

⑥ 코코샤넬의 이니셜을 딴 더블 'C로고' 를 사용

가브리엘 샤넬[29]

4. 마들렌느 비오네(Madeleine Vionnet, 1876~1975, 프랑스)

① 입체 재단과 바이어스 재단을 처음으로 시도

② 우아하고 드레이프진 드레스 제작

마들렌느 비오네 드레스[30]

29) http://cocoat5.blogspot.com/
30) http://rachelelise.wordpress.com/2008/11/18/madeleine-vionnet/

5. 크리스토발 발렌시아가(Balenciaga, 1895~1972, 스웨덴)

① 자루 형태의 색(Sack) 드레스, 엉덩이 부위가 넓은 벌룬(Ballon) 드레스 등 다양한 드레스를 선보임

② 스페인 특유의 적갈색과 투우장을 암시하는 붉은 색을 주로 사용

③ 최근에는 정글을 모티브로 한 섹시한 아이템을 시도

발렌시아가 패션[31]

6. 크리스찬 디올(Christian Dior, 1905~1957, 프랑스)

① 1940년대 뉴룩(New Look)의 대유행으로 훈장 수여

② 매 시즌마다 새로운 실루엣을 선보임

③ 디올이 사망한 후 후임 디자이너 존 갈리아노에 의해 점차적 발전

④ 미니 스커트와 미니 드레스가 주요 아이템

⑤ 다양한 소재 사용

디올과 디올 패션[32]

31) http://www.miami.com/balenciaga-article
32) http://lindasstuff.blog.com/2011/05/03/designer-dictionary-christian-dior/

7. 피에르 가르뎅(Piere Cardin, 1922~, 프랑스)

① 재단방법의 조각화로 고급스러운 기성복 발전

② 남성복의 기성복화 중심

③ 라이센스화를 시작하여 세계 패션시장 장악

피에르 가르뎅 패션[33]

8. 입생 로랑(Yves Saint Laurent, 1936~, 알제리)

① 디올 사망 후 수석 디자이너로 활동

② 시스루, 드레스, 몬드리안룩 등의 순수 예술적 디자인 창조

③ 2003 S/S 컬렉션에서 섹슈얼한 모티브로 가슴을 강조한 드레스를 선보여 주목을 받음

입생 로랑과 입생 로랑 패션[34]

33) http://mirelle-stylefinder.blogspot.com/2011/03/pierre-cardin-do-you-still-remember-his.html

34) http://www.peoplestylewatch.com/people/stylewatch/gallery/0,,20203741_20464191,00.html

http://blog.naver.com/joohyeon94?Redirect=Log&logNo=104870747

9. 파코라반(Paco Rabanne, 1934~, 스페인)

① 우주지향적인 감성, 미래 지향적 디자인

② 알루미늄, 플라스틱, 인조 모피 등을 소재로 사용

파코라반 패션[35]

10. 도나 카란(Donna Karen, 1948~, 미국)

① 자신의 이름을 딴 도나 카란 뉴욕(DKNY)을 설립

② 강하고 고급스러운 여성 스타일

③ 가장 미국적인 디자이너

④ 페미닌한 스타일로 인기를 얻음

⑤ 모피를 즐겨 사용하여 동물 단체의 항의를 받기도 함

도나 카란 패션[36]

35) http://matterofstyle.blogspot.com/2010/10/paco-rabanne-metalwork.html
36) http://desmitten.wordpress.com/tag/31-philip-lim/

11. 조르지오 아르마니(Giorgio Armai, 1936~, 이탈리아)

① 남성복 디자인을 주요 아이템으로 사용

② 젊은층을 타깃으로 하는 '엠포리오 아르마니'를 런칭

③ 간결하고 단순한 모던적 디자인

아르마니와 아르마니 패션[37]

12. 캘빈 클라인(Calvin Klein, 1942~, 미국)

① 스포츠웨어, 진, 캐주얼웨어의 가장 미국적인 스타일

② 남성, 여성 속옷 라인 전개

캘빈 클라인 패션[38]

---

37) http://dejacfashions.com/collections/giorgio-armani/
38) http://frillr.com/?q=taxonomy/term/784/all

13. 랄프 로렌(Ralph Lauren, 1939~, 미국)

① 편안하고 고급스러운 이지 스타일의 남성복 폴로(Polo) 운영

② 1980년대 여성복, 스포츠웨어까지 영역 증가

③ 서구적이며 엘레강스한 스타일의 조화

랄프 로렌 패션[39]

14. 미우치아 프라다(Miuccia Prada, 1913~, 이탈리아)

① 나일론 핸드백으로 새로운 패션 트렌드를 형성

② 여성복과 남성복을 잇달아 선보인 후 브릿지 명품 미우미우(Miumiu)를 런칭하여 성공

③ 지적이며 순수하고 단순함을 독특하게 표현

④ 민속풍의 소품과 심플한 의상을 조화

프라다 패션[40]

39), 40) http://thegloss.com/fashion/rugby-ralph-lauren-spring-collection-preview/

15. 이세이 미야케(Issey Miyake, 1938~, 일본)

① 일본의 전통문화와 현대 예술을 조합한 시도

② 정교하고 섬세하며 대담한 디자인 제안

③ 플리츠 플리즈(Pleats Please) 라인을 발표하여 직선적이고 활발한 느낌을 주는 드레스 표현

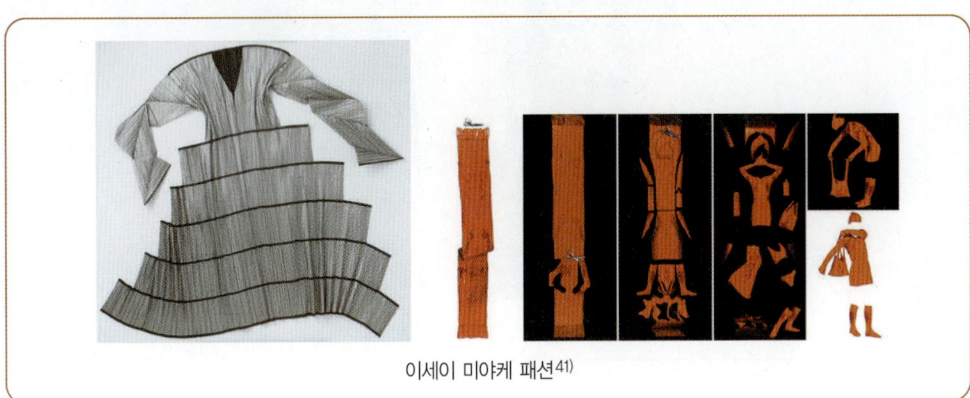

이세이 미야케 패션[41]

16. 요지 야마모토(Yohji Yamamoto, 1943~, 일본)

① 남성적이고 대담한 디자인을 선보임

② 예술과 문화를 지키는 디자이너라는 찬사를 받음

요지 야마모토 패션[42]

41) http://blog.naver.com/Pilgrimkorea?Redirect=Log&logNo=130073858213
42) http://flyprints.co.uk/blog/yohji-making-waves-at-the-wapping-project/yohji-yamamoto-paris-fashion-week-fw09-2-3/

17. 지아니 베르사체(Gianni Versace, 1948~1997, 이탈리아)

① 1989년 '메르수스' 런칭

② 도발적인 목선, 미니 스커트, 피트되는 드레스 등 기발한 디자인 창조

베르사체와 베르사체 패션[43]

18. 비비안 웨스트우드(Vivienne Westwood, 1941~, 영국)

① 젊은이의 사고와 자유로운 히피 문화를 지지하는 디자인

② 자유로움, 창조성, 우아함, 명랑함이 돋보임

비비안 웨스트우드 패션

---

43) http://www.fashionencyclopedia.com/To-Vi/Versace-Gianni.html

19. 지방시(Givenchy, 1927~, 프랑스)

① 시크하고 절제된 우아함을 지향

② 현재 디자이너가 글래머러스한 이미지로 전환하며, 노출이 있는 파격적인 디자인을 선보임

지방시 패션[44]

20. 존 갈리아노(John Galliano, 1950~, 영국)

① 비오네의 바이어스 재단법을 사용

② 영국의 분위기, 펑크 음악 등을 오트쿠튀르에 접목

③ 화려하고 환상적이며, 크고 형식에서 탈피한 디자인을 주로 함

존 갈리아노와 패션[45]

44) http://www.beautystylenews.com/givenchy-to-grace-worldwide-stages/40/
45) http://fashioninbritain.blogspot.com/2010/05/john-galliano.html

21. 랑방(Lanvin, 1867~1946, 프랑스)

① 여성의 우아함을 가장 잘 소화한 디자이너

② 세련되고 유연한 라인과 플리츠와 개더를 함께 사용하여 엘레강스한 느낌 부각

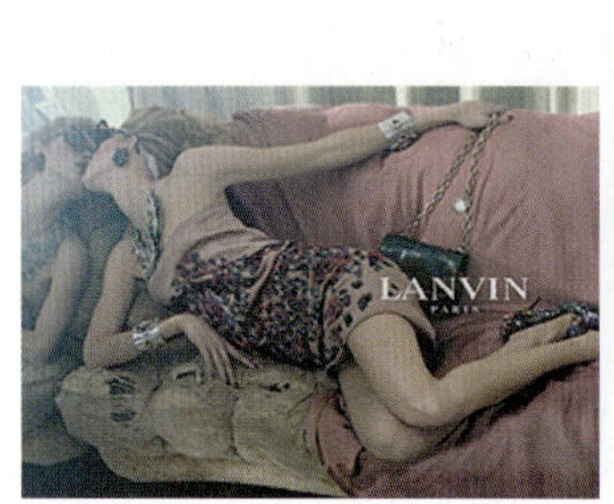

랑방 패션[46]

22. 장 폴 고티에(Jean Paul Gaultier, 1952~, 프랑스)

① 남녀 혼성의 아방가르드한 패션 추구

② 펑크적인 요소를 아름다움으로 승화시킴

③ 축제 분위기와 다양한 감성을 혼합

장 폴 고티에 패션[47]

46) http://styleregistry.livejournal.com/174585.html

47) http://nickverrreos.blogspot.com/2011/01/paris-haute-couture-springsummer-2011_4950.html

23. 돌체 & 가바나(Dolce & Gabbana)

① 1980년대 섹시한 느낌을 선보임

② 여러 겹의 벨트로 묶은 팬츠와 미니 스커트 등의 아이템

돌체 & 가바나 패션[48]

24. 펜디(Fendi)

① 섹시하고 모던한 드레스를 선보임

② 블랙과 바이올렛 계열을 주로 사용

③ 아라베스크 팔찌, 수공예 액세서리에 주력

펜디 패션[49]

48) http://blog.naver.com/PostView.nhn?blogId=shawnart&logNo=110088765001&parentCategoryNo=10&viewDate=¤tPage=1&listtype=0

49) http://www.prlog.org/10926595-fendi-italian-fashion-house-stylertcom.html

25. 마크 제이콥스(Marc Jacobs, 1963~, 미국)

① 시크하고 새로운 느낌의 아이템

② 머메이드 라인, 리본 벨트로 포인트한 새틴 드레스 등

③ 마크 제이콥스 특유의 트렌치코트

마크 제이콥스 패션[50]

26. 안나수이(Anna Sui, 1955~, 미국)

① 다양한 색을 사용한 스포츠룩으로 자신만의 개성 부각

② 화려한 빈티지 스타일에서 벗어나 스쿨룩, 티셔츠, 모자, 꽃무늬 드레스를 사용해 귀여움과 섹시한 느낌 표현

③ 안나수이만의 독특한 화장품과 액세서리 디자인으로 유명

안나수이 패션[51]

---

50) http://www.gq.com/fashion-shows/complete/slideshow/S2008MEN-MARCMEN/#slide=0
　　http://www.fluxuryb.com/2009/02/marc-by-marc-jacobs-2009-fall-collection/
51) http://www.catwalkqueen.tv/2008/02/new_york_fashio_72.html

27. 미구엘 애드로버(Miguel Adrover, 1965~, 스페인)

① 캐주얼에서 드레스까지 완벽히 소화

② 뉴욕의 활기찬 이미지와 상류 사회 마담을 모티브로 하여 표현

미구엘 애드로버 패션[52]

28. 루이비통(Louis Vuitton, 1821~1897, 프랑스)

① 1854년에 파리에 장을 열어 직접 제조한 여행용 가방을 판매

② 1892년에 처음으로 핸드백을 제조하여 판매

③ 모조 방지를 위해 모노그램 캔버스(Monogram Canvas)를 디자인

④ 크리스찬 디올, 지방시, 겐조, 겔랑 등의 명품을 소유한 기업

루이비통 가방[53]

52) http://www.luxist.com/2008/09/02/miguel-adrover-for-hessnatur-a-ny-fashion-week-show-for-everyon/
   http://blog.naver.com/citrain64?Redirect=Log&logNo=100154261905
53) http://www.purseblog.com/louis-vuitton/louis-vuitton-neverfull-gm-mm-pm.html

29. 셀린느(Celine)

① 1946년 셀린느라는 이름으로 아동 슈즈를 판매하면서 인기를 얻음

② 1966년 포니백의 대성공

③ 고급스럽고 세련된 실용적인 명품 철학

셀린느 제품54)

30. 알렉산더 맥퀸(Alexander McQueen, 1969~2010, 영국)

① 지방시의 수석 디자이너로 명성을 쌓음

② 이국적이고 오리엔탈 적인 기발한 디자인을 발표

③ 실험적이고 창조적인 디자인

④ 영국 최연소 '올해의 영국 디자이너' 수상

⑤ 우울증으로 자살

알렉산더 맥퀸 패션55)

54) http://instylewithstylebabe.wordpress.com/2012/01/11/handbag-hotness-introducing-the-sassy-celine-luggage-totes/
55) http://fashionindie.com/shop-nyc-alexander-mcqueen-summer-sale-80-off/

한국 디자이너

1. 진태옥(1934~)

① 프랑스와즈 의상실로 유명
② 아동복 '베베 프랑스와즈' 런칭

진태옥 패션[56]

2. 이신우(1941~)

① '오리지날 리' 브랜드 경영
② 유행보다는 전통 문양과 전통 소재를 활용한 한국적 이미지 고수

이신우 패션[57]

56), 57) http://news.inews24.com/php/news_view.php?g_serial=433704&g_menu=024500
http://blog.naver.com/sogna7?Redirect=Log&logNo=100030516100

3. 앙드레 김(1935~2010)

① 우리나라 최초의 남자 디자이너

② 한국인 최초로 1966년 파리 패션쇼에 초대

③ 환상적이고 낭만적인 드레스를 선보임

앙드레김 패션[58]

58) http://blog.joinsmsn.com/media/folderlistslide.asp?uid=a_ship0123&folder=10&list_id=9464642
http://www.ccdailynews.com/section/?knum=166164

Chapter 01 패션의 원리

- 인간의 신체에 대한 사회적인 시각에 영향을 주는 패션
- 인간의 삶에 가장 영향력 있는 요소 중 하나

⚭ 패션의 의미

1. 디자인

① 스타일을 개성적으로 연출하고 변형시키는 것

② 유행하는 스타일에 맞게 스타일이 변형된 디자인 생산

③ 모든 디자인에 확인이 쉽도록 스타일 번호를 부여

④ 하나의 스타일에 여러 가지 요소에 대한 디자인

2. 스타일

① 다른 제품과 구별되는 특징이 있는 제품의 형태

② 소재에서는 데님, 개버딘, 시폰, 시어서커 등의 특색 있는 스타일이 있음

③ 청바지에는 배기, 부츠컷, 일자, 스키니와 같은 다양한 스타일이 있음

④ 예술에는 팝아트, 아르데코, 인상주의 등의 스타일이 있음

⑤ 하나의 제품에서 다양한 종류의 스타일이 존재

3. 유행

① 웹스터(Webster's) 사전의 정의를 따르면 패션은 의복 가운데 현재 유행하고 있거나 수용된 스타일, 또는 특정한 시기나 시즌 동안에 만들어지고 받아들여지는 개별적 장식

② 소비자들에게 수용된 특정 스타일이 패션이 됨

③ 대중의 수용뿐만 아니라 특정 집단의 사람이나 한정된 장소에서의 수용도 유행

④ 기후나 지형적 특색, 문화의 다양성으로 소수의 집단에서 수용되기도 함

4. 트렌드

① 패션의 동적인 특성에서 발견할 수 있는 방향성

② 시즌과 시즌 사이의 변화는 미세한 차이가 있음

③ 일정한 방향성을 갖고 변함

④ 트렌드를 정확하게 예측할 수 있는 능력이 중요함

5. 하이 패션과 매스 패션

① 하이 패션(High Fashion) : 굉장히 비싼 최신 유행 아이템으로 불가피하게 한정적인 소비층에게 수용되는 패션

② 매스 패션(Mass Fashion) : 부담 없는 가격으로 대중들에게 폭넓게 수용되어 입혀지는 스타일

6. 패드와 클래식

① 패드(Fad) : 굉장히 짧은 주기에 유행하는 스타일로 갑작스럽게 나타나 빠른 시간 내에 유행하고 갑작스레 사라짐

② 클래식(Classic) : 오랜 시간 동안 정도의 차이만 있을 뿐 계속적으로 수용되는 스타일로 샤넬의 트위드 재킷이나 옥스퍼드 소재의 버튼다운 셔츠 등이 클래식 패션

패드[1]

클래식 패션[2]

7. 오트쿠튀르와 프레타포르테

① 오트쿠튀르(Haute Couture) : 고급 주문복으로 의상점에서 개인별로 봉제하는 주문 생산 방식

② 프레타포르테(Pret-a-Porter) : Ready To Wear라는 뜻으로 일반적으로 고급 기성복을 지칭

③ 그 외에 젊은층에 의해 생겨난 스트리트 패션(Street Fashion)이 있음

---

1) http://createdbychicks.com/2010/02/fashion-friday-fad-thats-bad/
2) http://blog.daum.net/nomnice/396

오트쿠튀르[3]　　　프레타포르테[4]

⚙ 유행

1. 패션의 변화

(1) 패션의 발생

① 사회적 경쟁
- 자신의 매력 및 사회적 지위, 권력, 부를 표현하기 위한 목적의 수단
- 사회적 계층을 구분 짓는 의복의 외형적인 부분을 상징화

② 개인적 심리
- 준거 집단에 속하기 위한 동조성의 표현
- 남들과는 다른 모습의 퍼스널 아이텐티티를 상징화

(2) 변화의 흐름

① 변화의 심리적 요인
- 현재 소유한 것에 대하여 지루함을 느끼고 새로운 것에 신선함을 갖게 됨
- 지루함과 함께 현대의 호기심이나 새로운 감각에 대한 욕망을 충족

② 변화의 환경적 요인
- 전쟁이나 사회의 경제적 흐름에 따라 유행이 변함
- 캐주얼 데이 혹은 재택근무의 증가, 레저산업의 발달 등으로 조금씩 변화 생성

---

3) http://stylecheckup.com/who-wears-haute-couture/
4) http://news.inews24.com/php/news_view.php?g_serial=493349&g_menu=703110

2. 패션 사이클(유행 주기)

(1) 스타일 도입

    ① 디자이너들이 새로운 패션을 TV나 패션쇼 등 다양한 매체를 통하여 소개함

    ② 패션 리더들이 먼저 수용

    ③ 고가의 가격일지라도 추종자나 혁신자와 같은 구매층이 수용

(2) 스타일 수용

    ① 대중적인 디자인으로 좀 더 변화하고 가격이 낮아짐

    ② 대중들이 쉽게 구매할 수 있는 유통 상점으로 전파

    ③ 패션 사이클의 길이 결정

(3) 스타일 거부와 소멸

    ① 다수의 사람들이 착용함으로 신선함이 떨어지고 반복적으로 노출되어 지루함을 느낌

    ② 상품 재고 소진을 위하여 가격할인과 판매촉진에 중점을 맞춤

    ③ 유행주기 곡선이 급강하하여 사라짐

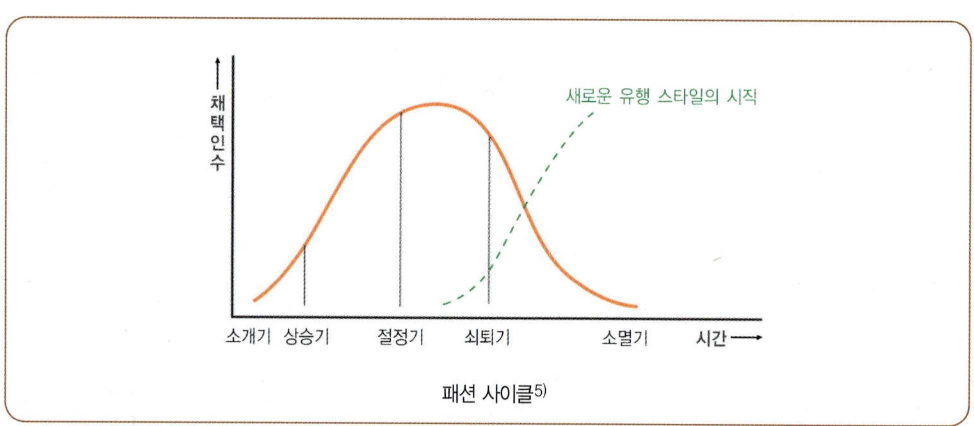

패션 사이클[5]

3. 유행의 발생

(1) 시대상 반영

    ① 역사적 흐름에서 패션은 사회적 표현

    ② 각 시대에 적합한 시대 정신을 반영

    ③ 소비자가 트렌드를 결정

---

5) http://blog.daum.net/qzzp/2

패션의 시대상 반영[6]

연도	역사적 사건	대중매체	유행 스타일
1940년대	제2차 세계대전 종전, 나일론 스타킹 출시, 브로드웨이에서 어느 세일즈맨의 죽음과 욕망이라는 이름의 전차가 대 성공	카사블랑카(Casablanca), 아담과 이브(Adam's Rib), 귀여운 빌리(Born Yesterday), 시민 케인(Citizen Kane), "If I Loved You", "Moonlight Serenade"	헵번 팬츠, 유니폼 스타일 수트, 디올의 뉴룩(New Look)
1960년대	우드스타, 팝아트 유행, 환각제 문제 발생, 비틀즈의 인기, 히피족의 등장	사운드 오브 뮤직(The Sound of Music), 2001스페이스 오디세이(2001: A Space Odyssey), 우리에게 내일은 없다(Bonnie and Clyde), "Let the Sun Shine In", 문리버(Moon River)	고대 머리, 비즈의 유행, 거꾸로 빗어 세운 머리, 미니 스커트, 검게 칠한 눈과 창백한 입술 화장, 다양한 프린트의 활용
1980년대	MTV 등장, 뉴웨이브 음악, 마이클 잭슨의 대인기, 포스트모던 예술/건축 등장, 뮤지컬 캣츠, 마돈나 인기, 헤비 메탈 유행, 오페라의 유령, 레미제라블의 인기	람보(Rambo), "We Are the World", 코스비 가족(Cosby Show), 배트맨(Batman), 머피 브라운(Murphy Brown)	남성복, 스웨터, 프레피 룩, 레깅스, 펑크 스타일, 찢어진 청바지, 운동화 , 바디 수트

(2) 유명 인사

① 스포츠나 예술, 연예, 정치계의 유명 인사들에 의해 유행 발생

② 공식 석상이나 사적인 자리에서의 패션 영향

③ 미디어의 발전과 함께 노출의 빈도가 증가하면서 유명 인사의 유행 발생 영향도 상승

④ 예

- 헤비메탈 음악가의 영향으로 가죽, 금속 스터드 의류 착용
- 1990년대의 그런지풍의 록 그룹 → 플란넬 셔츠, 찢어진 청바지, 닥터 마틴 부츠 등

유명 인사들의 패션[7]

6) 패션 비즈니스의 내면, Kitty G. Dockerson, 시그마프레스(2004)
7) http://blog.naver.com/PostView.nhn?blogId=idbarbi&logNo=60119178126

(3) 사회적 가치

① 복잡한 라이프스타일의 가장 기본적인 표현

② 자아 정체성의 표현

③ 사회에 대한 불만이나 사회적 움직임에 대한 수용

④ 예

- 여성의 바지 착용이나 커리어 스타일 증가
- 베트남 전쟁에 반대하는 반체재(Antiestablishment) 패션

(4) 기술의 발달

① 기능성 섬유, 원단의 증가

② 유선형의 효율적인 디자인

③ 직물이나 소재의 다양한 색상과 표현력 기술 발전

④ 예

- 보온성의 폴라텍 소재
- 그래픽 프린트의 확산
- 가벼운 인조 스웨이드 소재

4. 유행의 예측

① 패션 산업에서 가장 중요한 행동 중의 하나

② 유행의 순서가 분명하고 정확해야 함

③ 경험을 통해 미래를 예측

④ 트렌드의 인지

- 이전 시즌의 상승하는 유행과 하향하는 유행의 분석
- 상승하는 유행을 발전시키고 하향하는 유행은 피함

⑤ 자료 수집

- 회사가 표적으로 하는 고객집단에 관련한 정보 수집
- 소비자의 선호에 따른 디자인 분석

5. 유행 전파

(1) 하향 전파 이론(Trickle Down Theory)

① 사회 계층 맨 위층의 사람에게서 처음 나타난 스타일이 낮은 사회 계층으로 점차적으로 이동

② 역사적으로 왕족 → 귀족 → 중산층으로 전파

③ 현대에는 연예인, 정치인과 같은 유명 인사가 사회적으로 정점

④ 높은 계층의 집단은 하위 계층과 분리되기를 원하기 때문에 패션이 점차적으로 하위 계층으로 전
   파되면 상위 계층은 유행을 버리고 새로운 유행을 도입
⑤ 사교적으로 사회적이며 경쟁적인 성향을 보임
⑥ 과시욕이 강하고 자기중심적인 경향

상위 계층의 패션[8]

(2) 수평 전파 이론(Trickle Across Theory)

① 개인의 역할 모델을 흉내냄
② 회사에서 존경하는 상사의 모습을 따라 수트와 넥타이를 착용하는 등 자신이 갈망하는 모습의 스
   타일 선택

(3) 상향 전파 이론(Bottom Up Theory)

① 최신 이론
② 젊은 사람들의 빠른 유행 발생 수용력에 따라 젊은 사람에게서 나이 든 집단으로 퍼짐
③ 경제적으로 빈곤한 층에서 부유한 층으로 전파되기도 함
④ 청바지, 스니커즈, 사파리 등 거리에서 볼 수 있는 스타일의 대중화

(4) 집합 선택 이론(Collective Selection Theory)

① 패션동기가 어떤 집단이 선도자를 추종하는 것이 아니라 사회환경의 영향에 의하여 집단이 공통
   적인 취향을 갖게 되어 나타나는 것
② 공통된 생활문화를 공유하는 집단의 가치관이나 취향이 새롭게 제시된 유행에 부합되는 경우 동
   시에 그것을 수용하게 됨
③ 디자이너가 어떤 새로운 스타일을 창출하려고 하더라도 소비자의 취향에 맞지 않는다면 수용되
   지 않고 대중들의 보편적 흥미와 취향에 맞는 것만으로도 유행으로 전파가 가능함

---

8) http://blog.naver.com/PostView.nhn?blogId=ecoboom&logNo=130109858988&redirect=Dlog&widgetTypeCall=true

Chapter 02 패션과 비즈니스

⚇ 패션 비즈니스

1. 패션 산업의 이해

(1) 패션 산업의 범위

① 여성의 속옷, 겉옷, 남성복, 아동복, 스카프, 핸드백, 신발, 장갑, 지갑 등

② 패션 완제품을 만들 때까지 섬유와 직물, 가죽이나 모피, 금속과 플라스틱 등 폭넓은 범위의 산업 포함

③ 세계 제조업에서 매우 중요한 고용업

④ 그 밖에 패션 광고 홍보, 유통업자, 생산자, 창조적 예술가, 블루 칼라, 화이트 칼라 산업 등 대부분의 산업 포함

(2) 유통 경로

① 생산에서 최종 소비자까지 전달되기까지의 이동

② 일반적으로 1년 전에 디자인, 소재를 조사하고 기획

③ 컴퓨터 기술의 발달로 의류 제조업 기술이 발달하여 제품이 시장에 출시되기까지의 시간 단축

④ 소재 공급

- 섬유, 직물, 가죽이나 모피 등과 같은 패션의 원료 제공
- 단추나 지퍼, 실과 같은 옷을 만드는데 필요한 부자재 생산

⑤ 완제품 공급

- 옷이나 액세서리 등의 상품을 제조
- 완제품 생산

⑥ 유통 판매

- 제조자부터 최종 소비자까지 연결 시켜주는 모든 매체
- 카탈로그, 홈쇼핑, 매장, 인터넷 쇼핑몰 등

텍스타일 공장9)

의류 제조 공장10)

유통 판매 업체11)

(3) 패션 상품의 소비

① 오늘날 패션 산업은 대중의 실제 필요 이상의 능력 소유

② 단순히 옷과 옷 사이에서 고르는 것뿐만 아니라 다른 재화와 옷을 비교하여 선택

③ 소비자의 수용과 거부에 따른 상품의 방향 제시

④ 패션 산업의 특성상 예측하기 어렵고 요구되는 과정이 복잡하고 많으므로 결과를 보장할 수 없음

⑤ 대중과 관련된 모든 패션 상품은 수요 측면에서 운영되어야 함

(4) 현대 산업 경향

① 인수 · 합병

- 더 크고 강한 기업을 만들기 위해 다른 회사 합병
- 합쳐진 거대 유통업체는 마케팅 시스템이나 제조업체와 소비자간의 관계까지 조정 가능→5대 의류 기업이 전체 의류 시장에서 반 정도를 형성하며 매출의 75% 차지, 두 개의 신발 업체가 전체 신발 제조업체 매출의 11% 차지
- 더욱 효율적이고 생산적인 반면, 혁신이나 창조성의 감소 위험
- 거대 기업은 대부분 대량으로 생산하여 대중 시장에 공급

② 세계화

- 통신과 교통의 발달로 빠르게 세계화가 이루어짐
- 오늘날 대부분의 패션 상품은 제3국에서 만들어짐→값싼 노동 임금으로 경제적인 생산이 가능한 반면, 노동자들에 대한 보호 규제나 설비에 대한 환경 제약 등이 미비하여 사회적 문제 야기
- 제조업 뿐만 아니라 K마트, 월마트 등 대형 유통업체와 리바이스(Levi's), 도나 카란(Donna Karan), 캘빈 클라인(Calvin Klein) 등의 대표적 의류 업체가 다른 국가에서 매장을 열고 경제 활동을 함

9) http://www.boston.com/bigpicture/2009/02/at_work.html
10) http://bjgeruite.en.made-in-china.com/company-Nanjie-Langyou-Beijing-Clothing-Factory.html
11) http://100.naver.com/100.nhn?type=image&media_id=274521&docid=96087

③ 전자정보 이용
- 컴퓨터 기술의 발달로 패션의 생산 간의 관계가 더욱 간단하고 효율적으로 이루어짐
- 판매된 물건의 재주문과 재고관리 등에도 효율적
- 상품을 다양화하고 생산 시간을 단축시키며 제조 공정을 향상
- 일반적인 패션 수작업 사라짐
- 인터넷을 통한 판매와 구입으로 소비자들에게 더욱더 많은 권리 부여

④ 패션 산업 간의 유기적 관계
- 생산업자와 제조업자의 통합적 관계를 통한 효율성 증가
- 판매 매장과 제조업자 관계의 정보 교류를 통하여 상품 재고 관리
- 공동의 목표와 신뢰를 바탕으로 사업적 협력 증진

유통업체의 세계화[12] 전자정보 기술을 이용한 구매[13]

2. 소비자

(1) 소비자 기초 구성

① 현대 소비자들이 시장에서 자신들의 권리 주장

② 회사들은 새롭고 독립적인 소비자를 위한 상품 개발에 매진

③ 소비자 만족을 최우선으로 함

④ 회사의 직원 교육과 보상에 대한 전략 필요

⑤ 전체 공급 경로가 소비자 주변으로 원을 그리며 순환

⑥ 소비자의 실망과 의견에 최대한 신중하고 친절하게 응답해야 함

---

12) http://www.arktimes.com/ArkansasBlog/archives/2011/11/25/how-walmart-is-changing-china
13) http://techcentral.my/news/story.aspx?file=/2010/10/20/it_news/20101020102105

(2) 소비자의 힘

① 전체 패션 공급 경로에서 소비자의 힘은 패션 산업의 성공과 실패를 좌우→불황이나 소비자 니즈의 변화로 인하여 패션 산업이 영향을 받음

② 소비자의 지출이 빠른 속도로 발생하면 전체 패션 경로가 풍성해짐(상품에 대한 소비자의 수요가 리테일러의 매출 창출→리테일러는 의류 생산자로부터 추가적으로 상품 구매→의류 생산자는 원단 공장에 더 많은 원단 주문→원단 공장은 섬유 생산자에게 더 많은 제품을 주문)

(3) 소비자 분석

① **패션 마케팅** : 회사의 모든 부분의 움직임 중심에 고객이 있음
- 고객을 구분하여 어떤 상품을 제공할지, 회사의 수익을 어떻게 낼지 결정→소비자의 니즈와 욕구에 초점
- 경쟁사들보다 더욱 효과적으로 고객 만족을 실현하여 기업의 목적을 달성하는 원리

② **표적 소비자** : 표적으로 하는 소비자 집단을 확실하게 정리
- 크고 다양한 표적 소비자 집단은 마케팅 과정에서 세분 시장에 맞게 조정→소득 수준이나 라이프 스타일, 패션 성향, 직업 등과 같은 다양한 카테고리로 나누어 질 수 있음
- **시장 세분화** : 해당 기업이 만족시킬 수 있는 비슷한 특성을 가진 부류의 시장으로 나누는 것으로 세분화된 시장은 계속하여 변화하기 때문에 지속적으로 재평가되어야 함

인구 통계적	연령, 성별, 소득, 직업, 교육 수준, 종교, 인종, 가족 구성원
심리 분석적	소비자의 라이프스타일, 태도, 활동, 관심사, 개인적 견해 등

- **표적 소비자 집단의 필요성** : 기업의 목표와 역량에 가장 합당한 소비자 특성을 분석하고 이러한 조건을 충족시키기 위한 기업의 정책과 상품 고안의 토대를 마련하여 소비자에게 영향을 미치는 구매 행동 패턴을 분석할 수 있음

③ **마케팅 믹스(Marketing Mix)**

가격(Price)	• 상품을 구매하는 고객이 지불하는 금액 • 지불하는 금액에 대하여 그에 상응하는 가치를 주는 상품을 요구함 • 저렴한 가격에 좋은 품질을 구입하는 능력을 자랑스럽게 생각함 • 섬유의 가격 상승으로 인한 의류 제조 비용의 증가에도 가격 인상은 어려움
상품(Product)	• 표적 시장에 제공하는 상품과 서비스 • 기업의 경험과 연혁에 따른 상품력 변화
판매장소(Place)	• 상품의 판매장소 결정→지역적 환경에 따라서 판매 물품의 변화 가능 • 특정 유통 경로에 맞추어 여러 생산 라인을 유지할 수 있음
촉진(Promotion)	• 브랜드의 정체성 확립 • 판매 증진 목적의 의류 회사의 모든 활동을 포함

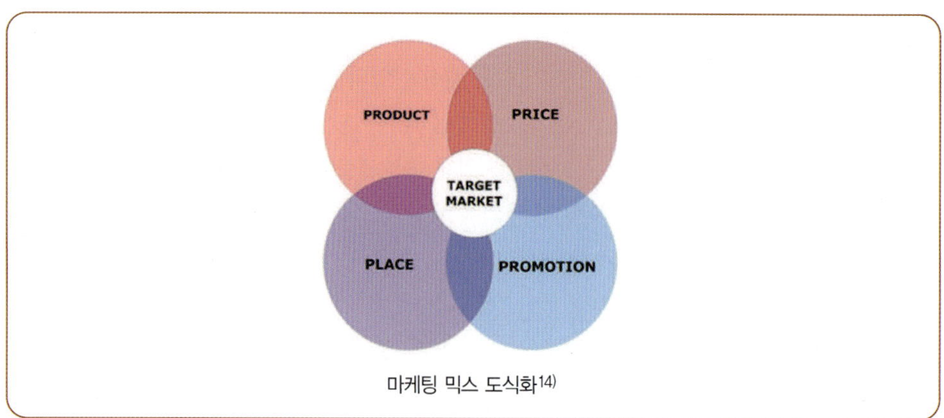

마케팅 믹스 도식화[14]

3. 패션 리테일링

(1) 백화점

① 의류, 가구, 가전제품 등 다양한 상품을 판매하고 50명 이상의 직원을 고용하는 소매점

② 각각의 상품은 개별 매장에서 판매되고 분리된 수익 센터에서 관리

③ 재고관리가 바이어에게 위임되며 소비자에게 서비스 제공

④ 원스톱 쇼핑 장소

⑤ 미용실이나 레스토랑과 같은 특수 서비스를 제공하기도 함

⑥ 일반적으로 중산층 이상의 고객층을 타겟

⑦ 중고가대, 내셔널 브랜드나 디자이너 브랜드 등 많은 브랜드로 확대

⑧ 패션 비즈니스에서 큰 매출 규모 소유

(2) 체인점

① 여러 개의 유사한 상점을 소유하고 운영하는 조직

② 단일 상점에서 시작하여 점차적으로 매장의 수를 늘려 중앙 집중형 바잉 유지

③ 상점의 인테리어나 취급 제품이 모두 획일화

④ 중앙 본부의 바이어가 모든 상품을 구매하여 유통

⑤ 백화점과는 달리 타깃 시장에만 집중할 수 있음

⑥ 백화점보다 빠르게 소비자를 만족, 새로운 유행 생산

(3) 의류 전문점

① 대형점

• 1800년대 후반에 작은 규모의 개인 소유 매장으로 발생

---

14) http://www.learnmarketing.net/marketingmix.htm

- 일부는 백화점으로 발전, 다른 일부는 전문 상품으로 발전
- 브랜치 스토어 운영
- 최고의 패션만을 전문으로 하여 고가의 상품을 다양하게 판매
- 타깃 소비자를 명확히 하여 서비스의 질 향상

② **소형점**
- 한두 명이 소유하여 운영하는 곳
- 브랜치 스토어도 없고 체인의 일부도 아닌 상점
- 점차 감소하는 추세
- 충성도가 강하여 사업적 중요한 위치 차지

(4) 할인점

① 항상 일반적인 가격보다 낮은 가격에서 판매하는 장소

② 주로 내셔널 브랜드 취급

③ 간소한 인테리어, 셀프 서비스 등으로 비용 절감

④ 소비자의 소득지수와는 무관하게 할인점은 점차 증가

⑤ 디스카운터
- 모든 상품을 할인
- 주로 유명 브랜드 상품을 판매하며 자체 브랜드도 소유
- 큰 할인점은 막대한 수량을 공급하여 공급 가격을 낮추고 소비자에게 저렴한 가격으로 판매
- 비즈니스 측면에서 패션 산업의 중요한 위치
- 월마트(Wal-mart), 이마트(E-mart) 등

⑥ **오프프라이스**
- 다른 유통업계보다 훨씬 빠른 속도로 성장
- 고급 의류 브랜드를 큰 할인율로 판매
- 좋은 상품을 저렴한 가격에 구매하기 원하는 중산층을 타깃

(5) 쇼핑센터

① 제2차 세계대전 이후 급증

② 소매 상점을 계획적으로 건축한 장소 → 거대 부동산 사업부에 의해 추진

③ 은행, 레스토랑, 넓은 주차장 등 다양한 부대시설 제공 → 쇼핑뿐만 아니라 레저나 영화 감상도 가능

④ 메가몰(Megamall)이라 불리는 대형 쇼핑센터 등장

⑤ 쇼핑과 엔터테인먼트를 결합한 다목적 쇼핑센터로 발전

오프프라이스 매장[15)

메가몰[16)

(6) 무점포

① 카탈로그 판매

- 전체 의류 판매의 7% 차지
- 쇼핑할 시간이 적은 맞벌이 부부나 직장인, 부유한 싱글의 증가 등으로 발전
- 판매 종류 증가와 수신자 부담 전화번호의 유입으로 더욱 발전
- 카탈로그의 준비과정으로 상품을 판매 시즌보다 1년 전에 구입
- 원단 공급자와 의류 제조업자들의 협력 제품을 개발해야 함

카탈로그 쇼핑[17)

15) http://www.exploreiloilo.com/the-off-price-store-iloilo-dinagyang-sale-up-to-30-off.html

16) http://www.travellerspoint.com/photos/stream/photoID/52013/orderByID/

17) http://fatosoda.seesaa.net/article/142441426.html

② 전자상거래

온라인 쇼핑	• 새로운 형태의 비즈니스 판매 경로로 폭증 • 패션쇼 등을 인터넷에 방송하여 판매율을 증가시키기도 함 • 손쉽고 빠른 비교와 즉각적인 상품 업데이트 등이 장점 • 주문된 제품의 빠른 배송이 중요 • 한 회사에서 다양한 유통 전략 구사 • 온라인상 신용카드 사용으로 판매 증진
TV 홈쇼핑	• 홈쇼핑을 통한 시간당 매출이 계속적으로 증가 • 폭넓은 소비자들에게 노출될 수 있는 장점 • TV 스케줄에 따라야 하고 몇 개의 아이템으로 긴 프로그램을 시청해야 하는 단점 • TV 홈쇼핑에 더욱 활동적인 요소를 도입하여 능동적으로 변함
소셜 쇼핑	• 정해진 시간이나 한정된 물량을 파격적인 할인가로 제공 • 쿠폰이나 다양한 할인 방법으로 소비자 집중 유도 • 트위터나 페이스 북과 같은 SNS를 이용하여 정보 확산 • 소셜커머스(Social Commerce)라 불리기도 함

TV 홈쇼핑[18]

소셜 쇼핑[19]

⚙⚙ 패션 산업 분류

1. 여성복 산업

(1) 디자인 생산

① 라인 계획 및 소비자 연구
- 의류 기업의 마켓에 대한 지식
- 판매 경향과 소비자 욕구 분석

---

18) http://koreajoongangdaily.joinsmsn.com/news/article/html/479/2941479.html
19) http://news.naver.com/main/read.nhn?mode=LSD&mid=sec&sid1=105&oid=001&aid=0005106452

② 컨셉 개발

- CAD 시스템을 이용하여 새로운 실루엣이나 텍스타일 창조
- B2B 사이트를 통하여 전 세계의 원단과 부자재 소싱
- 데이터 베이스를 활용하여 디자인 참고

③ 원가 산정

- 소재와 임금에 대한 대략적인 원가 산정
- 높은 소비자 가격 예상 제품 분별

④ 패턴

- 샘플 패턴을 이용하여 패턴 활용
- 컴퓨터 프로그램을 이용하여 속도와 정확성 증가

⑤ 샘플 제작

- 공급라인의 생산 능력 시험
- 또는 회사 자체 내의 샘플실에서 개발

⑥ 품평회

- 패션 종사업자들이 모두 모여 라인 평가
- 샘플을 피팅하여 평가
- 의복의 원가, 생산, 스타일 모두 평가
- 목표 가격과 이윤 수립

⑦ 원자재와 부자재 주문

(2) 유통과 마케팅

① 물류센터

- 상품이 물류센터로 발송되기 위해 산적
- 박스에 포장되기도 하며 행거 형태로 바로 유통
- 세계화 시장에서 제3의 물류업체를 이용하여 다른 국가에서 완제품 수입

② 마케팅

라인 홍보	• 새로운 아이템을 바이어에게 홍보 • 전문 모델을 고용하여 패션쇼나 컬렉션을 통하여 전달 • 품질 검사와 구입 가능성에 대하여 평가 가능
판매력	• 제품을 노출시키고 관심을 유발 • 효과적인 디스플레이나 매장 인테리어를 통하여 판매율 증진 효과
광고	• 유통업체와 의류 제조업체 간의 협력을 통하여 광고 • 의류 브랜드와 함께 제조업체의 이름 노출 • 인쇄물이나 광고물을 통하여 홍보

(3) 기본 산업

① 아웃 소싱

- 기계와 작업자들이 있는 독립 공장과의 계약을 통해 제조
- 기성복이 출현하면서 디자인, 패턴, 재단, 판매 등 한 가지 작업만 전문적으로 수행
- 많은 라인을 모두 생산하기에는 소유한 공장의 부족으로 인하여 아웃 소싱 활용
- 회사의 기기 구입이나 임금을 절약하기 위한 수단
- 시즌에 따라 변하거나 다양한 아이템을 생산해내기 위해 전문 공장에서 생산
- 노동력이 풍부하고 시설이 갖추어 졌으며 임금이 저렴한 곳 선택

② 규모의 다양성

- 소규모 전문기업이 우세
- 직물 구입비를 제외하고 많은 자본이 불필요
- 혁신적이고 유연한 방법으로 소비자 욕구 충족
- 소규모, 소자본이기 때문에 수용 실패에 대한 위험이 큼

③ 전문화

제품	• 의류 착용 목적과 상황, 환경으로 세분화 • 드레스, 스포츠, 겉옷, 정장, 임부복, 수영복, 블라우스, 스웨터 등
가격	• 제품의 품질과 노동비용, 원가 계산을 기준으로 나누어짐 • 디자이너(Designer), 브릿지(Bridge), 베터(Better), 모더레이트(Moderate), 버짓(Budget) 등으로 나뉨

④ 라이센싱

- 특정 기간 동안 특정한 상품을 타인에게 사용하도록 허락해주는 방법으로 로열티를 받음
- 의류와 액세서리 분야는 라이센싱이 빈번함
- 생산 판매에 대한 이유보다 로열티가 높을 수 있음
- 브랜드 네임의 지위, 업적, 품질을 상징화에 대한 가치 부여

2. 남성복 산업

(1) 디자인 생산

① 테일러드 수트(Tailored Suit)

- 변화가 적고 단순하지만 생산 방법이 길고 복잡하며, 수작업이 많아 다양한 생산 불가능
- 기본 스타일에 관한 결정으로 라인 개발 시작
- 사이즈 시스템이 복잡하며 여러 가지 원단 사용
- 한 사이즈 안에서 여러 체형 유형을 생산해야 하므로 사이즈 체계가 복잡함
- 현대에는 기성 수트가 생겨나면서 사이즈가 단순해졌으나 수용층이 한정적임
- 여성 의류보다 더욱 정확한 맞음새(Fit)를 요구하므로 정교한 수작업 불가피

남성 수트[20]

② 캐주얼웨어

- 금요일 복장(Friday Wear)라고 불리는 캐주얼 데이 확산
- 캐주얼웨어의 자유로움과 편안함을 즐김
- 캐주얼웨어에 대한 모호한 정의로 혼란을 야기하기도 함
- 이에 따라 캐주얼 오피스웨어가 생김

남성 캐주얼웨어[21]

③ 스포츠웨어

- 베이비 붐 세대의 청바지를 시작으로 스포츠웨어 발달
- 캘리포니아에서 젊은 청년들의 활동으로 나이키(Nike), 아디다스(Adidas)와 같은 의류 산업 발생
- 남성 고객들의 패셔너블함에 대한 욕구로 더욱 중요해짐
- 테일러드 수트에 비해 고객 요구에 빠르게 변화하고 대처할 수 있음
- 고객에게 소재보다는 스타일의 다양성을 제공
- 맞음새(Fit)보다는 패션에 관심을 돌려 사이즈를 단순화하고 낮은 재고 유지
- 컬렉션, 시장 세분화, 라이센싱과 같은 비즈니스 활동

21) http://www.loveandchic.com/blog/?paged=2
20) http://www.metro.co.uk/lifestyle/715267-looking-to-the-mods-for-a-dapper-look

남성 스포츠웨어[22]

(2) 유통과 마케팅

① 상표

- 좋은 품질과 동일시되는 상표명이 인기 → 브랜드 정장, 주요 백화점, 유명한 남성 의류 샵, 체인과 통신판매 회사의 브랜드 등
- 마케팅을 통해 상표명에 대한 소비자 인식을 유지하기 위한 노력

② 유통 채널

- 남성들의 패션과 개성 반영을 위한 비즈니스 정장의 대안 필요성 증가
- 남성 쇼핑객을 위한 매장 정비 → 남성 의류점이 1층에 배치되기 시작함
- 인 스토어 샵(In-store Shop), 남성 의류 전문 샵의 증가

③ 마케팅

- 남성패션협회에서 쇼와 자료 제공, 후원 등 남성 패션 활동 촉진
- 라스베가스(Las Vegas)에서 개최하는 매직 쇼(Magic Show)에서 제조업자들의 활발한 홍보와 스포츠웨어에 대한 호감의 증가로 발전
- 그 외에 전 세계의 패션 트레이드 쇼에 참가하여 남성 패션 홍보

라스베가스의 매직 쇼[23]

---

22) http://www.indyweek.com/indyweek/summer-sport/Content?oid=1209031
http://cafe.naver.com/lacostekorea/35683
23) http://www.redpepperusa.com/news/

(3) 기본 산업

① 대기업이 남성 패션 생산의 주류

② 제조업체의 브랜드명이 잘 확립

③ 스포츠웨어의 컨트렉팅 시스템의 이용 증가

④ 산업이 한 지역에 집중되지 않고 전체에 널리 퍼져 있음

3. 아동복 산업

(1) 전문 산업

① 라인 생산이나 운영 방법은 여성복과 비슷함

② 회사의 수가 적고 마케팅 활동이 비교적 덜 활성되어 있음

③ 성인 의복을 대규모로 생산하는 제조업체에서 아동복 라인 전개

④ 나이에 따른 사이즈와 성장 단계 분류

- 유아(Infants) : 3개월~24개월
- 토들러(Toddlers) : 2세~4세
- 이후 : 남녀로 분리하여 나이에 따라 디자인 생산

(2) 마케팅 활동

① 여성 의류 산업과 유사

② 지역 마트의 쇼룸에서 전시되며, 순수하고 현실적으로 표현

③ 소수의 대기업을 제외하고는 광고나 홍보 비용은 적음

④ 라이센싱 산업이 널리 퍼짐

⑤ 10대를 포함한 아동복 시장의 잠재력을 인식하고 최근 성인 의류 업체가 아동복 산업에 진출

⑥ 맞벌이 부부의 증가로 아이들에게 의류 선택에 대한 선택권 증가

아동복 패션24)

24) http://www.pipbabywear.com/2011/10/03/what-to-expect-in-childrens-fashion-fallwinter-2011/
http://www.stylisheve.com/hm-kids-fashion-clothing/

4. 패션 액세서리, 화장품 산업

(1) 액세서리 산업 발전

① 컬렉션이나 디스플레이에서 토털룩을 강조하기 위하여 액세서라이징(Accessorizing)하게 됨

② 의상의 변화에 따라 함께 변함

③ 패션 트렌드에 민감하여 신속하게 대응

④ 유명 의상 디자이너의 이름을 달기 위해 라이센스 계약

다양한 패션 액세서리[25]

(2) 신발

① 과거부터 건강의 이유로 중요

② 액세서리 그룹에서 가장 많은 매출

③ 기능성 운동화의 전문화로 인하여 종류 다양

④ 다양한 굽을 비롯하여 밑창과 안창 부분 등 정교하게 조립

⑤ 임대 신발 매장이나 제조업체 소유의 체인점을 이용하여 유통

⑥ 노동 집약적 산업으로 대부분 저임금 나라로 생산업체 이주

(3) 핸드백과 가죽 아이템

① 의상을 더욱 빛나게 하고 의상과 코디될 수 있는 아이템

② 예전에는 주로 가죽을 이용했으나, 현재에는 비닐과 극세섬유를 이용

③ 클러치, 토트백 등 종류별로 각각 다른 공정과 부속품을 필요로 함

④ 핸드백 외에 지갑, 카드 지갑, 반지갑, 열쇠집 등 가죽 소품 생산 증가

⑤ 비즈니스 세계에서 성공한 여성들의 새로운 니즈 충족

⑥ 비즈니스 효율성과 패션의 욕구 표출을 동시에 해결할 수 있는 아이템들

---

25) http://www.petproducts5.com/2011/10/fashion-accessories-womens-love/

(4) 모자

① 20세기까지 필수 아이템, 모든 백화점과 전문점에서 주요 공간에 매장 위치

② 컨트리 캐주얼 의상으로 인하여 모자가 점차 사라짐

③ 소수의 소기업으로 이루어진 모자 산업

④ 패션 트렌드가 토털룩을 부각할 때 주기적으로 모자에 대한 유행이 생김

⑤ 여성보다는 남성 모자 산업이 비교적 안정적

⑥ 이전보다는 캐주얼해지고 부드러운 소재로 만든 모자가 인기

(5) 주얼리

① 현대 주얼리는 가치와 지위의 상징

② 트레이드 쇼와 쇼룸을 지속적으로 홍보

③ 파인 주얼리와 귀보석을 사용한 다양한 주얼리가 존재

④ 파인 주얼리의 가격 상승으로 인하여 브릿지 주얼리 발달

⑤ 의상에서 패션룩을 완성하기 위한 비교적 싼 가격의 커스텀 주얼리도 유행

다양한 주얼리[26]

(6) 화장품

① 세계적으로 막대하며 거대한 뷰티 매출을 냄

② 매우 경쟁적이어서 틈새시장을 개발하고 차별화 하는데 많은 노력 필요

③ 특히 향수 산업에서 많은 변화가 나타남

④ 다양한 나라의 피부색과 문화적 차이를 극복하기 위해 변화함

⑤ 다양한 유통 채널로 거의 모든 시장에 존재함

---

26) http://secondstringswap.blogspot.com/2010/06/how-to-repair-costume-bead-jewelry.html

세계 10대 화장품 회사[27]

순위	회사	소유브랜드
1	로레알(L'OREAL)	로레알(L'OREAL), 랑콤(Lancome), 가니에(Garnier), 비오템(Biotherm), 랄프 로렌(Ralphlauren), 조르지오 아르마니(Giorgio Armani) 등
2	프록터 앤 갬벨 (Procter and Gamble)	휴고 보스(Hugo Boss), 비달 사순(Vidal Sasson), 맥스 팩터(Max Factor), 팬틴(Pantene) 등
3	유니레버(Unilever)	엘리자베스 아덴(Elizabeth Arden), 캘빈 클라인(Calvin Klein), 폰즈(Pond's), 스와브(Suave) 등
4	시세이도(Shiseido)	시세이도(Shiseido)
5	에스티로더 (The Estee Lauder)	크리니크(Clinique), 아라미스(Aramis), 타미힐피거(Tommy Hilfiger), 오리진스(Origins), 맥(MAC) 등
6	존슨 앤 존슨 (Johnson & Johnson)	뉴트로지나(Neutrogena), 클린 앤 클리어(Clean & Clear), 존슨즈 베이비 스킨 케어 등
7	에이본(Avon Products)	에이본(Avon Products)
8	KAO	미오레 모공 팩(Biore Pore Pack), 저긴스(Jergens), 퀄리테(Qualite) 등
9	바이어스도르프 (Beiersdorf)	니베아(Nivea), 라프레리(La Praire), 아트릭스(Atrix) 등
10	웰라 그룹(Wella Group)	구찌(Gucci), 안나수이(Anna Sui), 던힐(Dunhill) 등

(7) 그 외

① 속옷

- 여성의 자립과 독립성이 강조되고 경제력이 증가하면서 속옷 산업도 발전
- 남성의 속옷은 디자인이나 제품의 종류에서 뒤처짐
- 과거 실용적 아이템에서 현재 패션 아이템으로 거듭남
- 체형 보정이나 위생적인 면 등 기능성을 강조한 속옷이 인기를 얻으면서 전문화
- 패션의 영향으로 속옷 라인은 변하게 됨
- 브랜드명이 중요시 됨

② 기타

- 안경, 선글라스 등 눈이 나쁘지 않더라도 패션 아이템으로 착용
- 가발, 폴스(Falls), 헤어 피스 등 모자의 인기가 하락하며 유행하기 시작함
- 벨트는 허리를 강조하는 디자인이 유행일 때 함께 인기를 얻음
- 그 밖에 스카프나 스톨은 넥 라인이나 패션 아이템으로 사용

---

27) 패션 비즈니스의 내면, Kitty G. Dockerson, 시그마프레스(2004)

다양한 액세서리 아이템의 착용[28]

❀ 패션 보조 기업

1. 패션 정보 서비스

(1) 정보 서비스

① 세계화에 따라 패션 정보 서비스는 점차적으로 개발

② 시간과 타이밍이 점차 중요시되면서 정확하고 시기에 맞는 총체적 정보 제공의 필요성 증가

③ 세계 각국의 소비자에 대한 분석과 경향 정보 필요

④ 원단, 컬러, 패션 흐름 등 각 분야의 협회나 정보 회사에서 정보를 제공

패션 정보 서비스[29]

28) http://adodsons.net/topics/apparel-and-fashion/
29) http://job.incruit.com/jobdb_info/recruiterinfo.asp?mem=MDAwMDl3MDUyNg

(2) 패션 컨설팅

① 생산자나 유통업자가 패션 비즈니스 운영에 있어 도움을 주기 위해 만든 개인이나 회사 형태의 서비스

② 의뢰인에게 최신 유행과 다가올 유행에 대하여 미리 분석하고 삽화나 디자인이 포함된 자료집을 주기적으로 제공

③ 패션 리더들의 입장 예측과 패션 흐름의 형성을 위한 연구

④ 디자인, 소재뿐만 아니라 유통이나 마케팅에서도 많은 컨설팅 회사가 있음

⑤ 액세서리, 섬유, 원단, 아동복 또는 남성복, 여성복에 따라 특정 전문 분야가 다름

패션 컨설팅 서비스[30]

2. 패션 뉴스

(1) 패션 잡지

① 패션 뉴스를 소비자들에게 보도하고 해석해 줌

② 다양한 읽을거리와 연재물로 균형 잡힌 구성이 오랫동안 지속되어옴

③ 오늘날 패션 잡지사의 경쟁은 매우 치열하고 따라서 새로운 형식을 계속 발전

④ 독자층이 받아들일 만한 제품을 만들어내기 위해 의류 제조업자와 동업

⑤ 시장에서 뉴스거리를 찾거나 스타일을 선택하여 연재함

⑥ 디자인을 판매하고 홍보하면서 유통에도 참여

⑦ 패션 잡지의 주요 수입원은 광고

⑧ 광고주의 제품에 대한 비중 있는 기사를 실어 상품의 구매 유도

⑨ 산업을 위한 다양한 서비스 제공

- 원단과 의류 생산자에게 새로운 유행에 대한 정보를 주고 제품 판매에 대한 조언 제공

---

30) http://www.numastudio.com/portfolio/2009/09/fashion-consulting-group/
http://www.examiner.com/fashion-in-baltimore/smart-choices-and-complimenting-voices

- 유통 업자와의 친분을 통해 광고 수주
- 소매점에 패션쇼나 디스플레이, 패션쇼에 관한 키트 제공

다양한 패션 잡지[31]

(2) 출판물

① 원료에서 완제품의 판매까지 한 특정 상품에 대한 글

② 상품의 제조와 유통 전문가를 위한 출판물

③ 비즈니스 문제 등을 심도 있게 분석하여 주기적으로 출판

④ 컬렉션, 컨벤션, 패션 이벤트, 생산의 기술, 회사의 중요 인사이동, 새로운 패션 비즈니스의 설립에 관한 자료 등 비즈니스에 관련 자료 제공

⑤ 시장의 규모를 평가하고, 설문조사를 통한 문제 발견, 해당분야에 대한 조사

⑥ 근로자들은 각각 자신의 분야에 상당한 지식을 소유

텍스타일 전문 출판물[32]

31) http://fashionablyjust.com/2011/04/print-is-dead-long-live-print/
32) http://www.noidbook.com/wizmart.php?query=view&code=000022&no=1139

(3) 매스 미디어

① 패션 산업에 영향력이 굉장히 큼

② 제품을 준비하고 제시할 전문가 그룹을 필요로 함

③ 유통업이나 제조업 모두 공중파 TV를 사용

④ 마돈나, 마이클 잭슨 등 유명 인사를 통하여 대중매체의 유행 파급력에 대한 효과 검증

⑤ TV로 방영되는 패션쇼나 엔터테인먼트 등 젊은 사람들에게 노출 효과 증가

⑥ 패션쇼에서 판매에 관한 비디오를 틀거나 상점에서 비디오테이프 판매

⑦ 무인 단말기(Kiosk)를 통하여 소비자에게 새로운 상품에 대해 소개하고 사용법 제공

3. 에이전시

(1) 광고 에이전시

① 광고주의 소비 시장 조사, 필요한 홍보에 대한 조언, 캠페인 기획, 방송과 인쇄 광고 준비, 판매 도구 개발, 포장 등 상품 판매 증가를 위한 전반적 기능 수행

② 광고 대행사가 광고 공간이나 시간을 구매한 미디어로부터 커미션을 받음

③ 나머지는 광고주를 위한 광고 제작비용을 받게 됨

④ 계약 시 다양한 서비스에 대한 프레젠테이션을 하게 됨

⑤ 계약 후에 패키지 디자인, 시장조사, 판매 교육 자료 개발을 수행하고 광고 준비를 함

⑥ 큰 기업들 위주로 광고 대행사 이용

⑦ 패션을 다루는 대행사에서는 패션 비즈니스 용어에 대한 지식과 경력이 있는 전문가가 필수적

⑧ 최신 패션 경향, 시대와 사회층에 맞게 검토해야 함

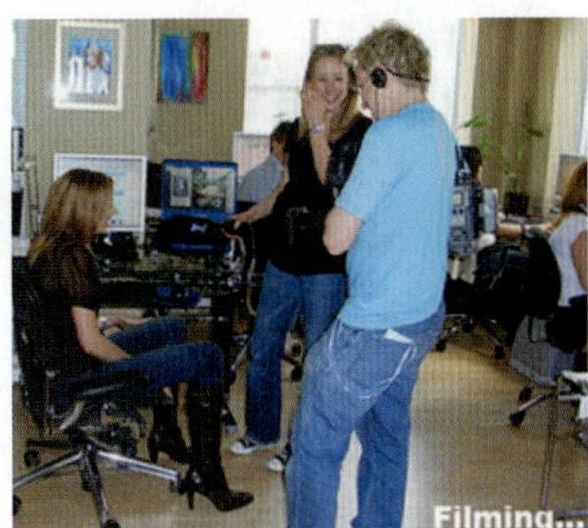

광고 촬영[33]

---

33) http://www.newfaces.com/press-news.php

(2) 홍보 에이전시

① 매체에 내고자 하는 기사에 대하여 관리

② 의뢰인의 상품이나 서비스를 기반으로 새로운 기사거리를 기획하여 제공

③ 일반적으로 잡지, 출판물, 매스 미디어, 협찬, 패션쇼와 기타 행사 진행 등의 활동

④ 뉴스 미디어에 산업에 대한 정보를 공급하여 비즈니스 활성화

4. 그 외

(1) 쇼핑몰 관리 전문가

① 해당 상점 그룹을 관리하고 홍보하는 사람들

② 시설을 청결하고 안전하도록 유지함

③ 쇼핑이 즐거울 수 있도록 좋은 환경을 만드는 역할

④ 테마 위크나 패션쇼 등의 홍보 활동을 함

(2) 트레이드 쇼

① 트레이드 쇼를 조직하여 개최

② 일부 트레이드 쇼는 소매상점들의 라인 확보를 위한 참석의 자리가 됨

③ 텍스타일, 부자재, 제조 장비 등 다양한 쇼 존재

패션 트레이드 쇼[34]

(3) 인터내셔널 그룹

① 생산, 유통, 머천다이징, 광고, 교육 등 전문 여성을 위한 조직

② 패션과 관련된 라이프스타일 산업에서의 전문성을 높이는 것이 목표

③ 비즈니스에 있어 여성의 역할과 개발을 강조

---

34) http://www.wayfaring.info/2008/01/15/the-hugely-successful-biannual-bread-butter-fashion-trade-show/

예상문제

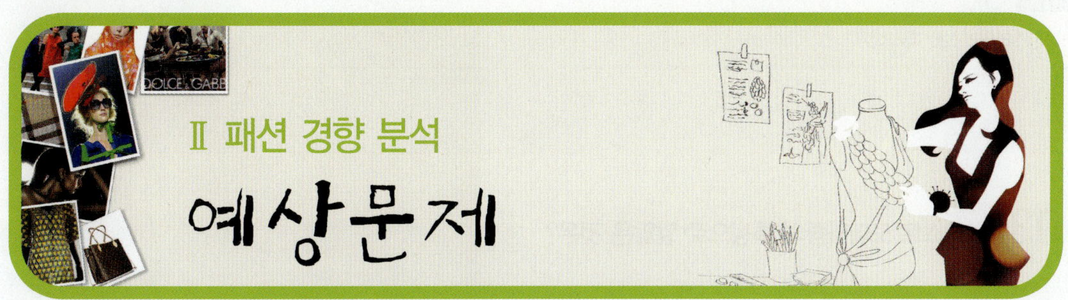

01 현대 미술 양식의 아르데코에 대한 설명이 아닌 것은?

① 입체주의(Cubism), 미래주의(Futurism) 등의 토대가 되었다.
② 직선을 사용하여 기능적이고 단순한 효과를 표현하였다.
③ 현실의 근심에서 해방, 환상적이며 초현실적, 자극적인 디자인을 수용하였다.
④ 대표적으로 가르손느 스타일이 있다.

해설 초현실주의에 대한 설명이다.

02 다음 설명에 알맞은 패션 양식은?

> • 대중 예술을 의미하며 예술의 사회적 표현이다.
> • 일상적이고 통속적인 주제, 평범하고 쉽고 간편한 느낌을 표현하였다.

① 초현실주의　　　　　　　　　② 팝아트
③ 아방가르드　　　　　　　　　④ 야수파

해설 팝아트는 상징성이 강한 예술로 일상적인 주제의 사회적 표현이다.
　　① 꿈과 환상을 이성이나 의식보다 가치있게 여기며 무의식 세계와 상상력을 표현하였다.
　　② 기존의 예술이나 패션 형식을 부정하고, 새로운 혁신적 패션이나 예술을 주장하는 패션이다.
　　③ 회화의 순수성 확립, 개성적인 표현과 자율성을 추구한다.

정답 01 ③ ｜ 02 ②

03 **포스트 모더니즘의 특징으로 알맞은 것은?**

① 다원주의, 복합주의, 절충주의를 표방하는 것이 특징이다.

② 물적이거나 객관적인 대상을 벗어나 주관적인 해석으로 순수 구성을 표현하였다.

③ 인체에 새로운 입체감과 율동적인 분위기를 연출하였다.

④ 입생 로랑의 몬드리안룩이 대표적이다.

해설 ②, ④ 추상미술
③ 옵아트

04 **다음 설명에 맞는 패션 예술 양식은?**

> • 입체주의와 미래주의 등의 토대가 되었고 과한 장식을 삼가고 합리적이고 기능성이 있는 요소를 표현
> • 단정하고 직선의 실루엣을 가지고 있음

① 아르누보　　　　　　　　　② 초현실주의

③ 아르데코　　　　　　　　　④ 옵아트

해설 아르데코는 아르누보의 과한 장식에 반대하여 입체주의 원리로 대상물을 분해하고 심플함과 기능성을 추구한 예술 양식이다.

05 **패션 예술 양식 중 '팝아트'에 대한 설명으로 옳지 않은 것은?**

① 예술의 사회적 표현이다.

② 실용성이 기본이 되어 남녀 구분이 없는 캐주얼한 스타일이다.

③ 일상적이고 통속적인 주제를 사용하였다.

④ 상징성보다 순수한 시각적인 측면을 강조하였다.

해설 옵아트에 대한 설명이다.

06 패션 예술 양식 중 '미니멀리즘'에 대한 설명으로 옳지 않은 것은?

① 실험적 시도를 하였고, 전통을 거부하거나 혼합시켰다.

② 장식성을 배제하고 의복과 인체의 순수성을 추구하였다.

③ 본질적인 요소만 압축하여 표현하였다.

④ 절제되고 단순한 실루엣을 사용하였다.

해설 포스트모더니즘에 대한 설명이다.

07 다음에서 설명하는 예술 경향을 무엇이라고 하는가?

> 예술의 사회적 표현으로 일상적이고 통속적인 주제를 이용하여 평범하며 쉽고 간편한 느낌을 표현하며, 대중적이고 평범하도록 표현하여 단순한 기법으로 반복하여 기법을 강조하기도 하고 값싼 오브제를 사용하거나 인기 만화, 그림, 문자 등을 패션에 사용하는 스타일

① 초현실주의   ② 팝아트

③ 옵아트   ④ 미니멀리즘

해설 ① 제1차 세계대전 종전 후 제2차 세계대전 발발 직후까지 발생한 전위적인 문화 예술 운동으로 사회적 인습과 사고방식에 의해 무시되었던 무의식 세계와 상상력을 표현하거나 현실의 근심에서 해방, 환상적이며 초현실적인 자극적 디자인을 수용한 경향이다.

③ 시각적 또는 광학적 예술(Optical)의 약자로 움직임의 시각적 원리를 이용, 추상적이거나 기하학적인 기계적 형태를 일정한 단계를 가지고 표현하였다.

④ 1960년대 미국 신세대 작가들의 회화와 조각에 나타난 경향, 순수하고 객관적, 단순한 기하학적인 형태를 사용하였고, 부분보다는 전체를 강조하였으며, 패션에서는 장식성을 배제하고 의복과 인체의 순수성과 단순성을 추구하였다.

08 패션 예술 양식과 그 설명이 올바르게 짝지어진 것은?

① 야수파 – 값싼 오브제를 사용하거나 인기 만화, 그림, 문자 등을 패션에 사용하였다.

② 아르누보 – 새롭고 신선한 디자인으로 현대의 기계적인 분위기와 개성을 동시에 표현하였다.

③ 초현실주의 – 꿈과 환상을 이성이나 의식보다 더 가치 있게 여기었다.

④ 옵아트 – 물체를 입체적으로 분석하여 다른 형태의 새로운 작품으로 재구성하였다.

해설 ① 팝아트
　　　② 옵아트
　　　④ 입체주의

09 추상 미술과 관련된 패션 스타일로 알맞은 것은?

① 가르손느룩　　　　　　　　② 몬드리안룩

③ 히피룩　　　　　　　　　　④ 플래퍼룩

해설 몬드리안룩은 선과 형태, 색채로 구성한 모던한 그림 스타일을 패션으로 표현한 작품이다.

10 다음 설명에 맞는 하위 패션으로 적절한 것은?

> 형광염료로 염색한 프린트나 광택이 나는 비닐 소재를 사용하여 자극적인 배색을 하였다.

① 히피　　　　　　　　　　　② 모즈룩

③ 레이버즈　　　　　　　　　④ 사이키델릭

해설 사이키델릭은 현란한 원색과 형광 염료가 섞인 소재를 사용하였다.

11 펑크룩에 대한 설명으로 옳지 않은 것은?

① 뾰족하고 괴이한 액세서리를 사용하였다.
② 해안지방의 클럽을 중심으로 발생하였다.
③ 풋내기, 젊은 악당 등을 칭하는 말이다.
④ 자극적인 옷차림으로 스트리트 패션의 하이 패션을 도입화 하였다.

해설 레이버즈룩에 대한 설명이다.

12 1910년대 제1차 세계대전 전후의 복식에 대한 설명으로 알맞은 것은?

① 물질적으로 풍족해지면서 소비와 쾌락추구적인 사회 현상
② 기성복이 등장하고 세계대전의 발발로 여성이 일을 하면서 테일러드 수트 증가
③ 영화의 급속도 발달로 할리우드 스타의 의상이 패션에 커다란 영향을 미침
④ 남성복에 있어서 재킷, 조끼, 바지가 한 벌인 디토 수트가 평상복으로 등장

해설 ①, ④ 1920년대
③ 1930년대
④ 1920년대

13 유행했던 시대가 다른 하나의 하위 문화는?

① 빈티지룩　　　　　　　② 히피룩
③ 로커즈룩　　　　　　　④ 스킨헤드룩

해설 빈티지룩은 1990년대 나머지는 1960년대의 하위 문화이다.

정답 08 ③ ∣ 09 ② ∣ 10 ④ ∣ 11 ② ∣ 12 ② ∣ 13 ①

14 다음은 무엇을 설명하고 있는가?

- 1980년대 정통 하이 패션과 엘리트주의에 대한 반발로 발생
- 더럽고 지저분한 도시적인 보헤미안 스타일
- 히피룩의 남루한 분위기와 하류층 복식에 영향을 받음

① 레이버스룩
② 키덜트룩

③ 그런지룩
④ 빈티지룩

해설 ① 1985년 해안지방의 클럽을 중심으로 발생한 히피적 취향의 쾌락주의
② 신체는 어른이나 심리적으로 여전히 어렸을 때의 분위기를 표현
④ 바랜 색상과 구겨진 중고 의상으로 이루어진 스타일

15 다음에서 설명하는 하위 패션은?

미국 디트로이트를 중심으로 컴퓨터에 의해 생성된 음악형태에서 비롯된 양식

① 테크노 & 사이버 펑크룩
② 그런지룩

③ 힙합룩
④ 빈티지룩

해설 신디사이저와 리듬머신 등의 디지털 장비로 결합하여 댄스 뮤직으로 완성되었으며 젊은이들의 댄스문화인 레이브(Rave)의 등장과 함께 미술 건축 등 전반적인 예술문화 코드로 성장했고, 미래에 대한 막연한 동경과 불안심리가 끊임없는 호기심과 상상력을 표현하며 인공적인 차가운 소재를 이용하여 사이버 지향적이거나 중성적이고 기계적인 형태로 이미지화 된다.

16 아르데코 패션에 대한 설명으로 옳지 않은 것은?

① 단순하고 기하학적인 면을 강조한 디자인이다.
② 남성의 격식은 약화되어 자연스러운 실루엣으로 변하였다.
③ 직선형 실루엣이 유행하였다.
④ 여성의 짧고 슬림한 의상으로 중성적인 느낌을 표현하였다.

해설 보이시 스타일에 대한 설명이다.

17 아르데코 예술 양식의 영향을 받은 패션 스타일의 특징이 아닌 것은?

① 합리적이고 기능성이 있으며 입체주의 원리로 대상물을 분해하고 본질적인 요소로 표현
② 기계주의 운동에 따라 예술과 기계의 결합 시도, 심플함과 기능성 추구
③ 야수적이며 강력하고 화려한 원색 색조, 뚜렷하고 화려한 색상 대비
④ 흘러내리는 듯한 곡선과 꽃무늬 장식

해설 흘러내리는 듯한 곡선과 꽃무늬 장식은 아르누보 예술 양식의 영향을 받은 스타일이다.

18 다음 패션이 유행했던 시대에 대한 설명으로 옳지 않은 것은?

① 1940년대 유행했던 스타일이다.
② 여성의 아름다움과 우아함을 표현하였다.
③ 재즈의 발전과 영화의 발달이 패션에 영향을 미쳤다.
④ 제2차 세계대전 영향으로 밀리터리룩이 등장하였다.

해설 1920년대에 대한 설명이다.

정답 14 ③ | 15 ① | 16 ④ | 17 ④ | 18 ③

19 보이시 스타일이 유행했던 시대에 대해 옳은 설명은?

① 개방적이고 효율적인 모던한 짧은 헤어스타일을 하였다.

② 하이테크 소재를 사용하였다.

③ 민속적인 요소를 사용하였다.

④ 흰색 셔츠에 회색 플란넬 수트를 착용하였다.

> **해설** ② 1990년대에 대한 설명이다.
> ③ 1980년대 포스트모더니즘에 대한 설명이다.
> ④ 1950년대의 라인 패션에 대한 설명이다.

20 1960년대 패션 경향에 대한 설명으로 알맞지 않은 것은?

① 기성복의 발달과 대량생산이 시작되었다.
② 비틀즈의 모즈룩이 유행하였다.
③ 월남전에 대한 반전운동으로 자연주의, 히피 스타일이 탄생하였다.
④ 환경보호에 대한 관심이 증가하여 자연을 주제로 한 디자인이 유행하였고 자연 소재를 사용하였다.

> **해설** 1980년대에 대한 설명이다.

21 1960년대에 나타난 하위 문화와 관련 없는 것은?

① 스킨헤드   ② 사이키델릭
③ 모즈룩   ④ 글램룩

> **해설** 글램룩, 펑크룩 등은 1970년대 하위 문화를 나타내며 로커즈, 모즈룩, 스킨헤드, 히피, 사이키델릭 등이 1960년대 하위 문화를 나타낸다.

22 1990년대 패션에 대한 설명으로 알맞은 것은?

① 향상된 여성의 권리로 평등해지려는 사상을 표출하였다.

② 여성의 사회진출로 어깨가 넓은 역삼각형 실루엣 정장이 유행하였다.

③ 경기침체와 전쟁의 영향으로 과거에 대한 향수로 복고적 경향이 나타났다.

④ 다원적이고 절충적인 디자인을 도입하였다.

> **해설** ① 1950년대
> ② 1970년대
> ④ 1980년대

23 다음에서 설명하는 패션이 유행했던 시대는?

> 팬츠가 대표적인 아이템이 되었고, 청소년 하위 문화로 펑크 스타일이 유행하였다. 또한 저렴한 옷을 여러 겹 겹쳐 입는 레이어드룩이 유행하였다.

① 1920년대   ② 1940년대

③ 1970년대   ④ 1980년대

> **해설** 펑크룩은 1970년대에 유행했던 스타일이다.

24 시대와 유행했던 스타일이 잘못 짝지어진 것은?

① 1920년대 – 플래퍼룩   ② 1940년대 – 뉴룩

③ 1960년대 – 모즈룩   ④ 1980년대 – 롱 앤 슬림 스타일

> **해설** 롱 앤 슬림 스타일은 1930년대 유행했던 스타일이다.

정답 19 ① I 20 ④ I 21 ④ I 22 ③ I 23 ③ I 24 ④

25 동양풍의 하렘(Harem) 팬츠, 기모노 소매나 발목으로 갈수록 좁아지는 호블(Hobble) 스커트를 디자인 한 디자이너는?

① 폴 푸와레 ② 비오네
③ 샤넬 ④ 입생 로랑

해설 폴 푸와레는 1900년대 대표 디자이너로 코르셋을 배제하고 하렘 팬츠와 호블 스커트를 디자인한 디자이너이다.

26 다음이 설명하는 패션 양식은?

- 1960년대 미국 신세대 작가들의 회화와 조각에 나타난 경향
- 본질적인 요소만 압축된 미술
- 순수하고 객관적인 단순한 기하학적인 형태 사용
- 부분보다는 전체를 강조

① 초현실주의 ② 입체주의
③ 미니멀리즘 ④ 옵아트 패션

해설 미니멀리즘은 절제되고 단순한 실루엣과 평평한 질감의 소재를 사용하여 본질적인 요소만 부각시킨 미술 양식이다.

27 하위 패션 테디보이즈에 대한 설명으로 옳지 않은 것은?

① 1950년대 초반 영국 런던의 빈민가 젊은이들의 화려한 스타일이다.
② 록 그룹 비틀즈(Beatles)에 의해 전 세계로 전파되었다.
③ 에드워드 7세 때 상류층이 입었던 스타일을 모방하였다.
④ 미국과 영국 젊은 청년층을 중심으로 유행하였다.

해설 비틀즈에 의해 유행한 룩은 모즈룩으로 1960년대의 하위 패션이다.

28 키드(Kid)와 어덜트(Adult)의 합성어로 과거에 대한 향수를 패션으로 표현한 룩은?

① 테크노 패션   ② 빈티지 패션

③ 키덜트 패션   ④ 로맨틱 패션

> **해설** 키덜트 패션은 2000년대 패션으로 어른이 되어도 과거에 대한 향수를 표현하는 방식으로 아동복과 비슷한 옷을 입는 것을 말한다.

29 1920년대에 유행한 로우 웨이스트의 직선적인 허리선과 짧은 스커트, 소년 같은 신여성 스타일은?

① 깁슨걸 스타일   ② 가르손느 스타일

③ 밀리터리 스타일   ④ 스포티 스타일

> **해설** 1920년대는 여성의 보이시한 스타일이 유행함으로써 플래퍼룩이나 가르손느 스타일이 유행하였다.

30 유행했던 스트리트 패션과 그 시기가 제대로 연결된 것은?

① 히피 스타일 – 1980년대   ② 펑크 스타일 – 1970년대

③ 힙합 스타일 – 1960년대   ④ 그런지 스타일 – 1990년대

> **해설** 히피 스타일은 1960년대, 힙합과 그런지룩은 1980년대이다.

정답 25 ① | 26 ③ | 27 ② | 28 ③ | 29 ② | 30 ②

31 편안하고 고급스러운 이지 스타일의 남성복을 운영하며, 1980년대 여성복, 스포츠웨어까지
사업을 확장시켜 서구적이며 엘레강스한 스타일을 조화시킨 디자이너는?

① 크리스찬 디올　　　　　　　　　② 캘빈 클라인
③ 랄프 로렌　　　　　　　　　　　④ 알렉산더 맥퀸

해설　랄프 로렌은 편안하고 고급스러운 스타일의 남성복 폴로를 운영하고 있다.

32 다음에서 설명하는 디자이너는?

> 입체 재단과 바이어스 재단을 처음으로 시도하였고 우아하고 드레이퍼리한 드레스를 제작하
> 였다.

① 폴 푸아레　　　　　　　　　　　② 가브리엘 샤넬
③ 찰스 프레드릭 워즈　　　　　　　④ 마들렌느 비오네

해설　마들렌느 비오네는 바이어스 재단을 처음 시도하여 바이어스 재단의 어머니로 불린다.

33 활동했던 시대가 다른 디자이너는?

① 가브리엘 샤넬　　　　　　　　　② 크리스찬 디올
③ 파코라반　　　　　　　　　　　④ 폴 푸아레

해설　파코라반은 1960~1970년대, 나머지 디자이너들은 1920~1930년대에 활동하였다.

34 미우치아 프라다에 대한 설명으로 알맞지 않은 것은?

① 지적이며 순수하고 단순함을 독특하게 표현하였다.
② 일본의 전통문화와 현대예술을 조합한 디자인을 시도하였다.
③ 나일론 핸드백으로 새로운 트렌드를 형성하였다.
④ 브릿지 명품 미우미우를 런칭하였다.

해설 이세이 미야케에 대한 설명이다.

35 다음에서 설명하는 디자이너는?

> 지방시의 수석 디자이너로 명성을 쌓았고 실험적이고 창조적인 디자인을 선보였다. 2010년 우울증으로 자살하였다.

① 셀린느　　　　　　　　　　② 지방시
③ 알렉산더 맥퀸　　　　　　　④ 크리스찬 디올

해설 맥퀸은 이국적이고 오리엔탈적인 기발한 디자인을 발표하였으나 2010년 우울증으로 생애를 마감했다.

36 패션 정의 중 패드(Fad)에 맞는 설명은?

① 굉장히 짧은 주기의 유행하는 스타일이다.
② 오랫동안 계속적으로 수용되는 스타일이다.
③ 고급 주문복으로 개인별 맞춤 형식이다.
④ 일반적인 고급 기성복을 뜻한다.

해설 ② 클래식
　　　③ 오트쿠튀르
　　　④ 프레타포르테

정답 31 ② | 32 ④ | 33 ③ | 34 ② | 35 ③ | 36 ①

37 **패션의 변화에 따른 개인적 심리에 대한 설명으로 옳은 것은?**

① 자신의 매력 및 사회적 지위를 표현하기 위한 목적의 수단이다.

② 사회적 계층을 구분 지으려는 상징적 의미이다.

③ 경제나 국가적 행사로 인한 영향을 받는다.

④ 남들과는 다른 모습의 퍼스널 아이덴티티를 상징화 한다.

해설 ①, ②, ③ 패션의 사회적 심리에 대한 설명이다.

38 **패션 사이클의 단계와 그 설명이 맞지 않은 것은?**

① 도입기 – 패션 리더들이 먼저 수용한다.

② 상승기 – 점차 대중적으로 변화하면서 가격이 낮아진다.

③ 절정기 – 패션 혁신자 같은 구매층이 주로 구매한다.

④ 쇠퇴기 – 구매자들이 더 이상 신선함을 느끼지 못하고 판매가 급강하 한다.

해설 ③ 도입기에 대한 설명이다.

39 **패션 유행의 발생 원인 중 알맞지 않은 것은?**

① 역사적 사건 ② 유명인사

③ 교육 기회 증진 ④ 기술의 발달

해설 패션 유행의 발생 원인으로는 시대적, 사회적, 유명인사와 기술의 발달을 들 수 있다.

40 하향 전파 이론에 맞는 설명은?

① 역사적으로 왕족에서 귀족으로, 귀족에서 중산층으로 전파되었다.
② 개인의 역할 모델을 흉내 낸다.
③ 경제적으로 빈곤한 층에서 부유한 층으로 전파되기도 한다.
④ 청바지, 스니커즈에서 볼 수 있는 스타일의 대중화가 그 예이다.

> 해설 ② 수평 전파 이론
> ③, ④ 상향 전파 이론

41 패션 마케팅에서 표적 소비자에 대한 설명으로 알맞지 않은 것은?

① 소득수준이나 라이프스타일 등 다양한 카테고리로 나눌 수 있다.
② 작은 부분보다는 전체 패션 시장을 충족시키기 위한 목표이다.
③ 기업의 목표와 역량에 가장 합당한 소비자로 특성을 분석할 가치가 있다.
④ 인구 통계적, 심리 분석적으로 시장을 세분화할 수 있다.

> 해설 표적 소비자는 전체 패션 시장보다는 작은 부분을 충족시키기 위한 목표이다.

42 다음에서 설명하는 패션 유통장소는?

> 각각의 상품을 개별 매장에서 판매되고 의류, 가구, 가전제품 등 다양한 상품을 판매하고 분리된 수익을 센터에서 관리한다. 원스톱 쇼핑이 가능한 장소이다.

① 백화점　　　　　　　　② 할인몰
③ 무점포　　　　　　　　④ 체인점

> 해설 백화점은 다양한 상품을 판매하는 동시에 수익을 센터에서 관리하는 형식을 가지고 있다.

43 무점포 판매 형태가 아닌 것은?

① 온라인 쇼핑

② TV 홈쇼핑

③ 카탈로그 쇼핑

④ 오프프라이스 쇼핑

해설 오프프라이스는 할인점의 한 형태이다.

44 대형 쇼핑몰(메가몰)에 대한 설명으로 알맞지 않은 것은?

① 쇼핑뿐만 아니라 레저나 영화 감상도 가능하다.

② 은행, 레스토랑, 넓은 주차장 등 다양한 부대시설을 제공한다.

③ 좋은 상품을 저렴한 가격에 구매하기 원하는 중산층을 타깃으로 한다.

④ 쇼핑과 엔터테인먼트를 결합한 다목적 쇼핑센터이다.

해설 고급 의류 브랜드를 큰 할인율로 판매하여 좋은 상품을 저렴한 가격으로 구매하기 원하는 중산층을 타깃으로 하는 것은 오프프라이스점에 대한 설명이다.

45 다음에서 설명하는 판매방법으로 알맞은 것은?

- 정해진 시간이나 한정된 물량을 파격적인 가격으로 제공한다.
- SNS를 기반으로 정보를 확산한다.
- 쿠폰이나 다양한 할인방법을 사용하여 소비자를 집중시킨다.

① 온라인 쇼핑

② TV 홈쇼핑

③ 카탈로그 쇼핑

④ 소셜커머스 쇼핑

해설 소셜쇼핑은 SNS를 통하여 정보를 확산하고 큰 할인폭으로 소비자를 이끈다.

46 다음 여성복 디자인 생산 기획과정 중 빈칸에 들어갈 알맞은 과정은?

> 라인 계획 및 소비자 연구 ➡ 컨셉 개발 ➡ 원가 산정 ➡ 패턴 ➡ [　　　　] ➡ 품평회

① 대량생산 ② 색채 및 소재 기획
③ 샘플 제작 ④ 원자재와 부자재 주문

해설 ①, ④ 품평회 이후에서 이루어져야 한다.
② 컨셉 개발에서 이루어져야 한다.

47 패션 산업의 라이센싱에 대한 설명으로 알맞지 않은 것은?

① 생산 판매에 대한 이윤보다 로열티가 높을 수 있다.
② 의류와 액세서리 분야에서 빈번하게 일어난다.
③ 브랜드의 지위나 품질의 상징화에 대하여 가치를 부여하는 것이다.
④ 회사의 기기 구입이나 임금을 절약하기 위한 수단이다.

해설 기계와 작업자들이 있는 독립 공장과의 계약을 통해 제조하여 기기 구입, 임금 절약을 꾀하는 것은 아웃소싱에 대한 설명이다.

48 나머지 보기와 패션 산업 분류가 다른 하나는?

① 아동복 ② 패션 잡지
③ 화장품 ④ 남성복

해설 ①, ③, ④ 패션 기본 산업
② 패션 보조 산업

정답 43 ③ ｜ 44 ③ ｜ 45 ④ ｜ 46 ③ ｜ 47 ④ ｜ 48 ②

49 **패션 잡지에 대한 설명으로 알맞은 것은?**

① 다양한 읽을거리와 연재물로 오랫동안 지속되어 왔다.

② 의뢰인에게 최신 유행과 트렌드를 분석하여 주기적으로 제공한다.

③ 제품을 준비하고 제시할 전문가 그룹을 필요로 한다.

④ 패션 비즈니스 문제를 심도 있게 분석하여 주기적으로 출판한다.

해설 ② 패션 컨설팅에 대한 설명이다.
③ 매스 미디어에 대한 설명이다.
④ 출판물에 대한 설명이다.

50 **광고 에이전시에 대한 설명으로 알맞지 않은 것은?**

① 광고 대행사가 공간이나 시간을 구매한 미디어로부터 커미션을 받는다.

② 비즈니스 용어에 대한 지식과 경력이 있는 전문가가 필수적이다.

③ 소매점에 패션쇼나 디스플레이, 패션쇼에 대한 키트를 제공한다.

④ 큰 기업들 위주로 광고 에이전시를 이용한다.

해설 패션 잡지에 대한 설명이다.

51 **초현실주의 예술 양식의 특성이 아닌 것은?**

① 사회적으로 무시되었던 무의식 세계와 상상력을 표현하였다.

② 제1차 세계대전 시 파리에서 발생한 미술혁신 운동이다.

③ 현실의 근심에서 해방되어 자극적인 디자인을 수용하였다.

④ 오늘날 젊은 신세대 디자이너들에게 영향을 준다.

해설 입체주의에 대한 설명이다.

52 옵아트 양식에 대한 설명으로 올바른 것은?

① 인체에 새로운 입체감과 율동적인 분위기를 연출한다.

② 예술의 사회적 표현이다.

③ 대담한 형태를 단순화한 미니 스커트를 발생시켰다.

④ 원색을 사용하여 강한 색상 대비를 효과적으로 적용시켰다.

> **해설** ② 팝아트에 대한 설명이다.
> ③, ④ 야수파에 대한 설명이다.

53 패션의 문화적 분류가 다른 하나는?

① 모즈룩　　　　　　　　　② 펑키룩
③ 글램룩　　　　　　　　　④ 플래퍼룩

> **해설** ①, ②, ③ 하위문화
> ④ 1920년대 주류 패션

54 시대가 다른 하나는?

① 재즈와 영화가 발달했다.

② 여성의 짧고 슬림한 의상으로 중성적인 느낌을 표현했다.

③ 샤넬의 No.5 향수가 발표되었다.

④ 히피 스타일이 탄생하였다.

> **해설** ①, ②, ③ 1920년대
> ④ 1960년대

정답 49 ① | 50 ③ | 51 ② | 52 ① | 53 ④ | 54 ④

55 다음에서 설명하는 디자이너는?

> 크리스찬 디올의 수석 디자이너였으며, 비오네의 바이어스 재단법을 사용하였다. 화려하고 환상적이며, 부피가 크고 형식에서 탈피한 디자인을 주로 한다.

① 파코라반 ② 지방시
③ 존 갈리아노 ④ 입생 로랑

해설 존 갈리아노는 영국의 펑크적인 분위기 등을 오트쿠뛰르에 접목시켜 주로 디자인한다.

56 굉장히 비싼 최신 유행 아이템으로 불가피하게 한정적인 소비층에게 수용되는 패션을 말하는 것은?

① 매스 패션 ② 패드
③ 클래식 패션 ④ 하이 패션

해설 매스 패션은 소품종 대량생산에 의한 싼 상품을 의미하고, 패드는 유행주기가 빠른 상품, 클래식은 오랫동안 지속되어온 상품을 의미한다.

57 패션의 유행 주기에서 도입기에 발생하는 현상이 아닌 것은?

① 유행 혁신층이 입기 시작한다.
② 디자이너들이 TV나 다양한 매체를 통해 광고한다.
③ 대중들이 쉽게 구매할 수 있는 유통 상점으로 전파된다.
④ 비교적 고가이나 패션 리더들이 수용한다.

해설 상승기에 발생하는 현상이다.

58 여러 개의 유사한 상점을 소유하고 운영하는 조직으로 중앙 본부의 바이어가 모든 상품을 구매하여 유통하는 형태의 비즈니스는?

① 의류 전문점 ② 체인점
③ 할인점 ④ 백화점

해설 체인점은 여러 개의 유사한 상점을 소유하고 운영하는 조직으로 중앙 본부의 바이어가 모든 상품을 구매하여 유통시키는 방식을 채택한다.

59 판매 방식이 다른 하나는?

① 홈쇼핑 판매 ② 인터넷 쇼핑 판매
③ 카탈로그 쇼핑 판매 ④ 디스카운터 판매

해설 ①, ②, ③ 무점포 판매방식
④ 할인점 판매방식

60 아동복 산업에 대한 설명으로 옳은 것은?

① 회사의 수가 많고 마케팅이 활성화 되어 있다.
② 라인 생산이나 운영 방식은 남성복과 비슷하다.
③ 라이센싱 방식이 널리 퍼져 있다.
④ 제조업체의 브랜드명이 잘 확립되어 있다.

해설 아동복은 회사의 수가 적고 마케팅이 비교적 덜 활성화 되어 있으며 라인 생산이나 방식은 여성복과 비슷하다.

정답 55 ③ | 56 ④ | 57 ③ | 58 ② | 59 ④ | 60 ③

Ⅲ 컬러 & 소재

PART 01

컬러

Chapter 01   컬러 개요

⚮ 색 속성

색채는 색이 무늬로 형상화되거나 아름답고 곱게 칠해진 것, 색을 무늬화하여 배색해 놓은 것으로 광원에서 나오는 광선이 물체에 비추어 반사 · 분해 · 투과 · 굴절 · 흡수되면서 안구의 망막과 여기에 따르는 시신경에 자극되어 생겨나는 감각이다. 즉, 어떤 사물이 빛을 반사하여 우리의 눈에 도달하고 이를 시신경을 통해 뇌신경으로 전달하여 색채로 지각하며 주관적인 판단에 의해 어떠한 이미지로의 감정적 반응을 일으키는 여러 성질의 결합으로 생겨나는 것이다.[1]

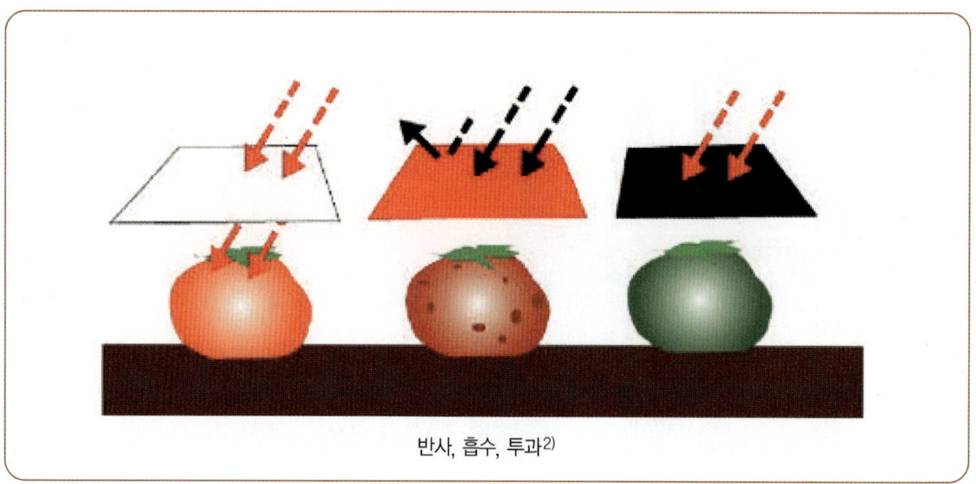

반사, 흡수, 투과[2]

---

1) 뷰티메이크업, 허순득 · 김경태, 형설출판사(2007), 57p.
2) http://blog.naver.com/moon593?Redirect

1. 색의 3속성

색의 3속성은 색이 가진 세 가지 성격으로 색상, 명도, 채도로 구성된다. 모든 색은 이 세 가지 요소를 포함하고 있으며 이를 통해 각각의 색이 지닌 독특한 성격을 보인다.

(1) 색상(Hue)

색에는 색을 갖지 않는 무채색과 색을 갖고 있는 유채색이 있다. 유채색이 어떠한 성질을 갖고 있는가에 따라 빨강 계열, 노랑 계열 등으로 분류하며 이처럼 다른 색과 구별되는 고유의 성질을 바로 색상이라 한다. 이러한 색상은 따뜻함과 차가움의 성질을 갖고 있으며 따뜻한 색에는 빨강, 주황, 노랑, 차가운 색에는 보라, 파랑, 자주색 등이 속한다.

(2) 명도(Value)

색의 밝기 정도를 명도라 한다. 인간에게 가장 민감한 속성으로 무채색과 유채색에 모두 존재한다. 물체 표면이 빛을 반사하는 양에 따라 색의 밝고 어두운 정도는 달라지는데 빛의 대부분을 흡수하여 반사하는 양이 적을수록 어두운 색을 띠고 빛의 흡수가 적고 반사하는 양이 많을수록 밝은 색을 띤다.

(3) 채도(Chrome)

색의 강약으로 설명되는 것을 채도라 한다. 즉 순도의 정도를 말하는 것으로 눈에 들어오는 빛이 단일 파장으로 이루어진 색일수록 채도가 높고 여러 파장이 혼합된 것일수록 채도가 낮다.

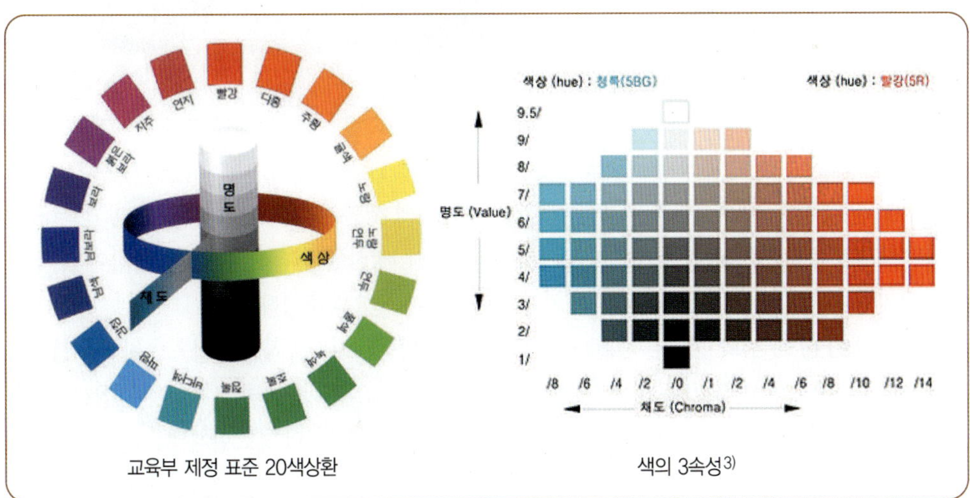

교육부 제정 표준 20색상환   색의 3속성[3]

---

3) http://cafe.naver.com/changakj/599

2. 색체계의 이해

색체계란 색을 기호화하여 표준화하는 것을 말한다. 색을 커뮤니케이션 하는 것은 매우 어려운 일이며, 관용색 명으로 색을 정의하는 것은 혼란을 가중시키게 된다. 어떠한 색을 지정할 경우 지역, 문화, 경험, 심리상태, 기억 등의 환경적 요소에 의해 개인마다 연상하는 색이 달라질 수 있기 때문이다. 따라서 표준화된 색체계에 대한 이해가 필요하다.

(1) 먼셀 색체계(Munsell Color System)[4]

먼셀 색체계는 미국의 화가였던 먼셀(Albert H. Munsell, 1855~1919)에 의해 1905년에 개발되었다. 먼셀 색체계는 색의 3속성을 고려하여 색을 분류·구분하였고, 고유 이름보다 기호화, 수치화한 결과값으로 색을 표기하였다. 먼셀의 색기호는 색상(H : Hue), 명도(V : Value), 채도(C : Chroma)를 나타내어 'H V/C'로 표기한다. 먼셀 색입체는 색의 3속성을 3가지 축으로 설정하여 3차원 공간에 계통적으로 배열한 것이다. 수직 방향은 명도, 명도 축으로부터 방사형 축은 채도, 원주 방향은 색상을 설정하고 등간격을 유지하여 색을 배열하고 있다.

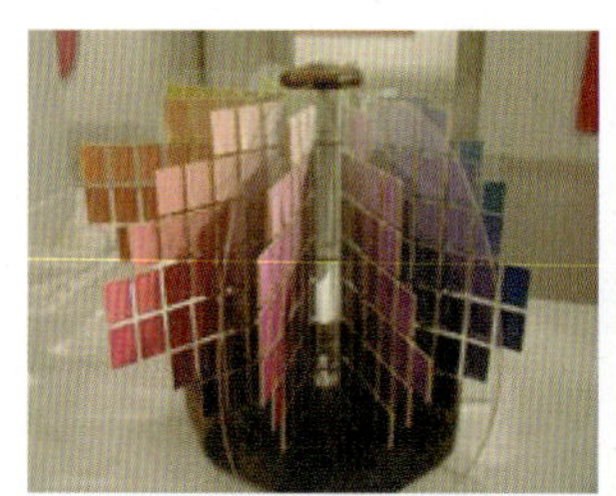

먼셀 색입체 모형[5]

① 색상(Hue) : 색상은 5가지의 원색인 빨강(5R), 노랑(5Y), 녹색(5B), 보라(5P)를 기본색으로 설정하고, 중간에 각각의 물리적 보색에 해당하는 5가지의 색인 주황(5YR), 연두(5GY), 청록(5BG), 남색(5PB), 자주(5RP)를 추가하여 10가지 기본색을 설정하였다. 5가지 색을 추가하여 10색을 만든 것과 같은 방법으로 20색, 40색, 100색에 이르는 색상환을 구성하였다.

② 명도(Value) : 먼셀의 명도는 무채색을 기준으로 하여 빛을 모두 흡수하는 검정을 0, 반대로 전부 반사하는 흰색을 10으로 두고, 등간격(0.5)으로 세분화하여 0~10 이내의 숫자로 표기한다. 실제로 0과 10에 해당하는 검정과 흰색은 만들어내기가 불가능하므로 먼셀 색표집의 명도 단계는 1~9.5로 표기한다.

③ 채도(Chroma) : 채도는 색상·명도가 일정한 배열에서 무채색을 0으로 하고, 선명도가 증가함에 따라 등폭으로 1, 2, 3, 4…등으로 확대하여 최대 14가지의 기호로 나타낸다. 채도는 색상에 따라 다르며, 무채색 축에 가까울수록 채도 번호는 낮아지고, 바깥쪽으로 멀어질수록 채도 번호는 높아진다.

4) 패션 스타일리스트, 이현미 외, 시대고시기획(2012), 200p.~210p.
5) http://blog.naver.com/romurus?Redirect

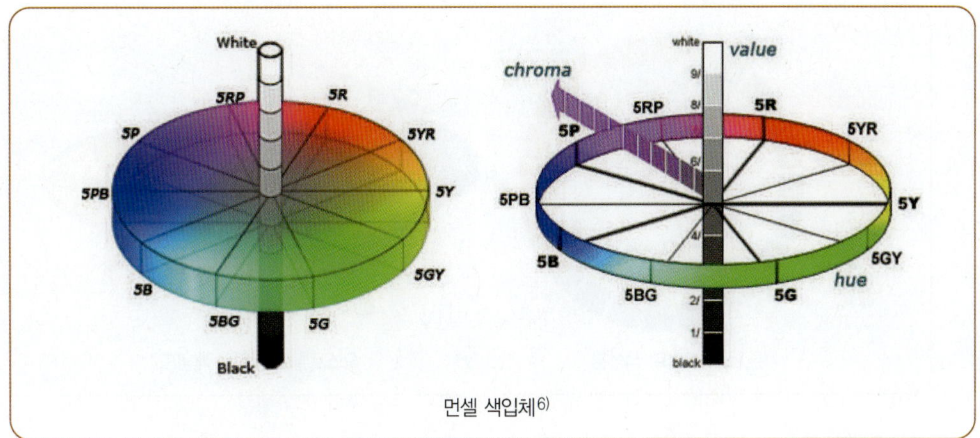

먼셀 색입체6)

(2) 오스트발트 색체계(Ostwald Color System)7)

오스트발트 색체계는 노벨 화학상을 수상한 독일의 화학자 프레드릭 오스트발트(Friedrich Wilhelm Ostwald, 1853~1932)에 의해 발표되었다.

먼셀의 표 색체계처럼 색의 3속성에 따른 체계적인 배열이 아닌, 모든 색은 검정색, 흰색, 순색 3가지의 요소의 혼합량에 의해 나타날 수 있다는 이론으로부터 출발하였다. 오스트발트의 색입체는 명도, 채도가 수직 수평의 축을 이루고 있는 먼셀의 색입체와는 달리 등색상 정삼각형 구도의 사선 배치로 구성되어 전체적으로 쌍원추체의 형태로 이루어져 있다.

① 색상 : 오스트발트의 기본 색상은 노랑(Yellow), 빨강(Red), 남색(Ultramarine Blue), 청록(Sea Green)의 4색을 기준으로 사이에 주황(Orange), 보라(Purple), 파랑(Blue), 연두(Leaf Green)를 배치한 8가지 색이다. 이 8가지의 주요 색상을 3등분하여 총 24색의 색상환을 구성하였다.

② 명도 단계 : 검정과 흰색을 기준으로 6단계의 회색을 삽입시켜 8단계로 구분하였고 a, c, e, g, I, n, p 등의 기호를 붙여 표시하였다.

③ 혼합 비율 : 오스트발트는 검정(B) + 흰색(W) + 순색(C) = 100의 관계라고 보고 B, W, C를 세 꼭짓점으로 하는 등색상 삼각형을 구성하였다. 개별 색의 내부 혼합량에 따라 등백색 계열, 등흑색 계열로 배열하여 이루어진 것을 등색삼각형이라고 한다.

④ 색 표기법 : 오스트발트 색체계에서 색을 표기하는 방법은 색상번호, 흰색 양, 검정색 양의 순이다. 예를 들어 '23NE' 이라고 쓰였다면, 색상번호가 14(2UB), 흰색 5.6%, 검정색 65%이며, 순색은 100 − (5.6 + 65) = 29.4이므로 어두운 회색빛의 파랑을 뜻하는 것이다.

6) http://blog.naver.com/romurus?Redirect
7) 패션 스타일리스트, 이현미 외, 시대고시기획(2012), 211p.~212p.

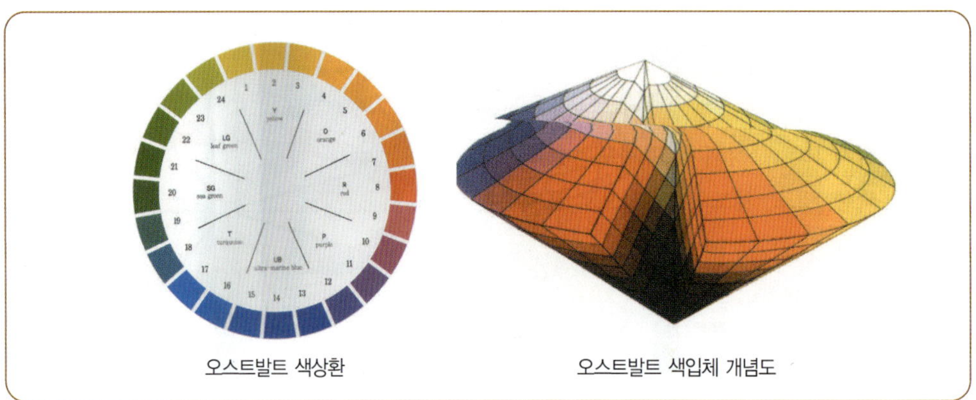

<table>
<tr><td style="text-align:center">오스트발트 색상환</td><td style="text-align:center">오스트발트 색입체 개념도</td></tr>
</table>

3. 톤(Tone)[8]

톤이란 색의 느낌과 관계없이 명도와 채도를 하나의 개념으로 묶어서 표현한 것으로 같은 색상이라도 명도나 채도에 따라 다른 느낌이 드는데 톤은 색의 상태에 따라 분류하는 것이다. 즉, 색상이 달라도 공통된 이미지를 갖고 있는 톤의 범위가 있는데 이 그룹을 같은 이미지의 그룹으로 보는 것이다. 각 색의 중명도와 중채도로 구성된 그룹은 '밝은, 상쾌한' 등의 이미지를 지니고 순색만으로 구성된 그룹은 '선명한, 적극적인, 강한' 등의 이미지를 갖는다. 이처럼 각 색상의 명도와 채도가 같은 그룹을 구성하여 감성적인 이미지를 나타낸다. 결론적으로 톤은 색의 이미지를 보다 쉽게 전달하고자 한 것이다.

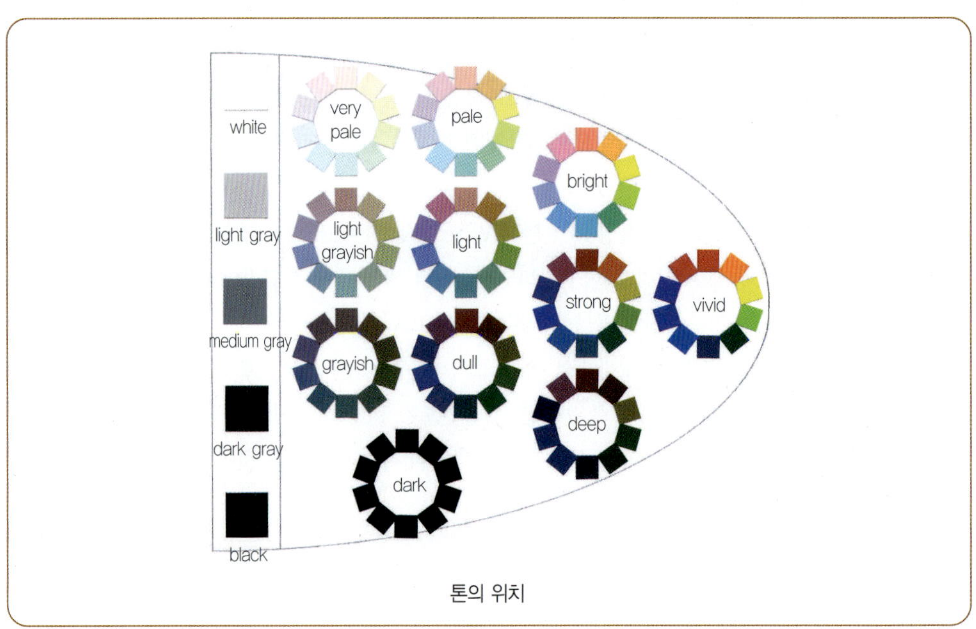

톤의 위치

---

8) 스타일리스트를 위한 이미지메이킹, 김유순, 예림(2004), 106p.~107p.

(1) 비비드톤

① 선명한 색조

② 화려한, 강한, 활동적인, 적극적인 이미지

③ 대담한 표현과 자극적인 메시지를 전달하는데 적합

(2) 브라이트톤

① 밝은 색조

② 건강한, 여성적인 이미지

③ 밝고 화려한 느낌의 포멀웨어나 발랄한 느낌의 캐주얼웨어에 적합

(3) 라이트톤

① 엷은 색조

② 세련된, 로맨틱한, 맑은 이미지

③ 경쾌한 느낌의 의복에 많이 사용

(4) 페일톤

① 아주 엷은 색조

② 담백한, 부드러운, 가벼운 이미지

③ 색 자체가 연하기 때문에 보색을 사용해도 강한 느낌이 들지 않아 고급스런 효과를 낼 수 있음

(5) 딥톤

① 짙은 색조

② 중후한, 전통적인, 고급스러운 클래식한 이미지를 잘 표현할 수 있는 색조

(6) 다크톤

① 어두운 색조

② 남성적인 심플한, 단단한, 무거운 느낌의 이미지

③ 화려함이 없고 청순한 느낌이 강해 다색 배색에 효과적, 비즈니스웨어로 적합

(7) 덜톤

① 탁한 색조

② 차분한, 온화한, 둔탁한, 내추럴한 이미지

③ 가라앉은 톤의 튀지 않는 고상한 이미지에 적합

(8) 라이트 그레이시톤

① 밝은 회색조

② 담백한, 엷은, 부드러운 이미지

③ 우아하고 세련된 이미지를 표현하는데 적합

(9) 그레이시톤

① 회색조

② 수수한, 탁한, 착한, 차분한 이미지

③ 누구에게나 잘 어울리는 톤으로 세련된 도시적 이미지에 적합

Chapter 02   색채 조화 코디네이션

⚬⚬ 색채에 의한 코디네이션

1. 단일 색상 코디네이션

단색의 색 이미지를 사용할 때 인식되는 이미지 그룹이 있다. 따뜻하게 느껴지는 난색계, 차갑게 느껴지는 한색계, 온도감이 느껴지지 않는 중성계가 있다. 부드러운 이미지와 딱딱한 이미지의 색이 있으며 명도에 따른 중량감의 이미지도 있다.

(1) 레드

태양, 와인, 장미 등의 추상적인 이미지로 정열, 건강, 긴장, 생명 등의 감각과 열정을 자극하는 색으로 에너지를 표현할 수 있다. 긍정적인 이미지와 적극적이고 공격적인 이미지를 상징한다. 의상에서 레드는 활동성과 가능성이 강조된 캐주얼웨어에 많이 사용되고 포멀 의상에는 포인트로 강조되어 사용된다.

레드 코디네이션[9]

9) http://blog.naver.com/whdwl1019

(2) 노랑

즐거움과 유쾌함을 표현하는 색상으로 해바라기, 레몬 등 원색의 눈에 띄는 특성이 있다. 명시성을 요구하는 의상에 많이 사용되며 이러한 점을 강조하여 의상의 포인트 강조를 극대화 시킬 수 있다.

노랑 코디네이션[10]

(3) 녹색

자연과 휴식의 이미지를 동시에 주는 색으로 식물, 산 등과 평온, 침착, 조화 등의 추상적 이미지로도 표현된다. 녹색은 사용할 때 명도, 채도에 주의해야 한다. 안정감, 침착한 느낌을 주기 때문에 내추럴한 이지캐주얼 등에 좋다.

녹색 코디네이션[11]

---

10), 11) http://blog.naver.com/whdwl1019

(4) 파랑

지구, 바다, 비 등이 연상되며 지성, 이성, 냉정, 평화 등의 긍정적 이미지와 우울, 고독, 슬픔 등의
부정적 이미지가 함께 있다. 의상에서는 리조트웨어로 많이 사용하는데 젊음과 시원한 느낌 등을 연
출할 수 있다.

파랑 코디네이션[12]

(5) 보라

포도, 보석 등 고귀, 우아함 등의 이미지로 사용된다. 중년층의 우아하고 여성스러운 느낌을 연출하
는데 효과적으로 사용된다.

보라 코디네이션[13]

---

12), 13) http://blog.naver.com/whdwl1019

(6) 갈색

자연, 낙엽, 땅, 클래식, 안정, 보수적인 이미지와 수수함 등의 부정적 이미지가 있다. 전통을 상징하고 의상에서 중후한 분위기를 연출한다.

갈색 코디네이션14)

(7) 흰색

순수, 청결, 청초, 단아한 이미지로 어떠한 색과도 배색이 잘되는 성향이 있다. 의상에서 웨딩드레스 등 예복에 잘 어울리며 세련되고 격조 있는 느낌을 연출한다.

흰색 코디네이션15)

---

14), 15) http://blog.naver.com/whdwl1019

(8) 회색

도시적, 보수적, 기계적, 남성적 이미지와 불안 등 부정적 이미지도 있다. 다른 색과 잘 어울리는 무채색의 특성이 있다.

회색 코디네이션[16]

(9) 검정색

밤, 어두움, 도회적, 럭셔리, 품격 등의 이미지와 어두움, 절망 등의 부정적 이미지가 있다. 의상에서 모던 · 세련된 느낌으로 선명하고 강렬한 이미지로 연출할 수 있다.

검정색 코디네이션[17]

---

16), 17) http://blog.naver.com/whdwl1019

2. 배색에 의한 코디네이션

배색은 두 가지 이상의 색을 서로 조합하여 패션의 이미지와 테마를 효과적으로 연출하기 위해 사용한다. 또한 특정한 이미지를 불러일으키는 색을 감각적으로 조합시킴으로써 배색을 연결시키는 방법도 있다. 색채 배색을 효과적으로 하기 위해서는 색의 3속성과 톤 등 색이 갖고 있는 고유한 특성을 잘 이해하여 활용하는 것이 중요하다.

(1) 동일색 배색

선택 색상에 의하여 배색 이미지가 결정된다. 즉, 한 가지 색의 조화라고 볼 수 있다. 차분한 느낌의 심리적 효과를 가진 것으로 채도의 변화를 통해 풍부한 이미지를 표현할 수 있다.

동일색 배색[18]

(2) 유사색 배색

유사한 색상끼리의 배합으로 색상환에서 근접한 색끼리의 배색으로 편안하고 점잖은 느낌을 준다. 명암이나 농담의 차이를 크게 두지 않는 것이 효과적이다.

유사색 배색[19]

18), 19) 한국 케엠케 색채연구소

(3) 보색 배색

보색이나 보색에 가까운 색끼리의 배색으로 색상환에서 180° 마주보고 있는 두 색의 조화이다. 서로의 색을 선명하게 해주는 특성과 화려하고 생동감있는 개성적 분위기를 연출할 수 있는 장점이 있다.

보색 배색[20]

(4) 세퍼레이션 배색

배색의 중간에 각색의 효과를 강조하기 위해 '분리, 구분' 하는 것으로 다색의 배색에서 관계가 애매모호하거나 대비가 지나치게 강할 경우 근접한 색과 색 사이에 분리색을 삽입하여 조화를 이루는 것이다.

세퍼레이션 배색[21]

---

20), 21) 한국 케엠케 색채연구소

(5) 액센트 배색

액센트는 '강조'의 의미이며 배색 전체의 효과를 상승시키는 데 목적이 있다. 색상, 명도, 채도, 톤 등 각각을 대조적으로 배색함으로써 가능하며 원 포인트 컬러를 소품 등에 활용할 수 있다.

액센트 배색[22)

(6) 그라데이션 배색

인접한 색이 점진적으로 변화해가는 연속리듬의 효과로 배색 전체의 조화를 만들어가는 방법이다. 색상의 변화를 통해 시각적으로 역동적 느낌과 리듬감으로 세련된 이미지를 준다.

그라데이션[23)

22), 23) 한국 케엠케 색채연구소

(7) 톤온톤 배색

톤을 겹쳐 동일색상에서 두 가지의 톤의 명도 차를 비교적 크게 둔 배색으로 부드럽고 은은한 이미지를 표현하는 데 사용된다.

톤온톤 배색[24]

(8) 톤인톤 배색

전체를 유사한 색으로 구성시키는 배색을 의미한다. 즉, 유사한 톤에서 색상의 변화를 살린 배색이다. 톤의 선택에 따라 자유로운 색상으로 다양한 이미지를 연출할 수 있다.

톤인톤 배색[25]

---

24), 25) 한국 케엠케 색채연구소

Chapter 01 컬러 스타일 코디네이션

패션 이미지 언어와 연관된 배색이 많이 사용되고 있다. 색채뿐만 아니라 소재, 형태 등을 종합적인 이미지로 표현한다.

이미지에는 주어진 자극에 과거의 경험이나 기억의 상호작용 및 개인 각자의 생활환경에 의한 요소로 연상이나 감정 등 복합적으로 작용하고 있다. 이미지는 상, 표상, 심상 등 다양한 뜻을 가지고 있는데 이는 가시적 형태나 유동 등의 대상으로부터 느끼는 분위기, 감각, 연상 등 총체적인 개념으로 표현될 수 있으며, 인간의 지각 활동에 의해 형성된다.

우리는 처음 사람을 만날 때 그 사람이 입고 있는 의상에 따라서 판단하는 경우를 볼 수 있다. 현대 사회는 대부분 외모를 통해 그 사람의 능력과 인격을 파악하고자 하는 경향이 있는 것이다.

색의 배색 이미지를 사용할 경우에는 색의 조화, 이미지 스타일 파악, 지배색과 종속색의 사용에 주의를 기울여야 한다.

◌◌ 룩과 컬러 이미지 코디네이션

1. 캐주얼 이미지

① 밝고 선명한 색상으로 명랑하고 즐거우며 유쾌한 웜(Warm) 이미지와 젊고 청순하며 활동적인 쿨(Cool) 이미지가 있다.[1]

② 색상은 화려한 배색을 주로 하고 부드럽고 청명한 색 또는 화려한 톤의 배색도 잘 어울린다.

③ 톤을 통일시키면 안정감을, 다르게 하면 다양한 이미지를 전달할 수 있다.

---

1) 패션코디, 신효정, 시공사(2003), 57p.

캐주얼 이미지[2]

2. 내추럴 이미지

① 자연스럽고 편안한 자연색조나 패턴, 마음의 평화와 행복을 느낄 수 있는 이미지이다.

② 색상은 부드러운 톤을 중심으로 베이지나 황록 계열의 색상이 중심 색상이다.

③ 짙은 색이나 청초한 느낌이 나는 색보다 아이보리 등의 소박하며 수수한 느낌이 나는 색상이 좋다.

내추럴 이미지[3]

2), 3) www.color21c.co.kr

3. 엘레강스 이미지

① 우아하고 섬세하며 품위가 있는 평온한 분위기를 느낄 수 있는 이미지이다.

② 여성적인 아름다움을 부각시켜 화려한 장식이나 꾸밈없이 간결하고 세련된 분위기를 연출할 수 있다.

③ 핑크 계열의 색상이 많이 사용되며 여러 가지 다양한 색과 배색에서도 우아한 이미지를 잘 나타내기도 한다.

엘레강스 이미지[4]

4. 클래식 이미지

① 보수적이고 전통적이며 중후하고 성숙한 안정감이 있는 이미지이다.

② 전통성과 윤리성을 존중하고 풍요로움을 추구하며 격조 있는 분위기를 연출할 수 있다.

③ 클래식의 전통색은 갈색이며 카멜, 버건디, 네이비 등과 같이 깊이감 있는 톤이 주류를 이룬다.

클래식 이미지[5]

---

4), 5) www.color21c.co.kr

5. 댄디 이미지

① 견고하고 묵직한 품위와 안정감을 중요하게 생각하는 남성적이고 엄숙한 분위기의 이미지이다.

② 완벽에 가까운 패션의 이미지로 중후하고 노블한 멋을 낸다.

③ 드레스셔츠, 수트, 베스트, 코트와 세트되어 존엄한 고품격의 이미지를 연출할 수 있다.

댄디 이미지[6]

6. 모던 이미지

① 도회적 감성과 합리적, 이지적인 현대 문명적 이미지를 추구하는 진취적 이미지이다.

② 화이트, 블랙 등의 무채색과 블루계의 다크톤을 중심으로 대담한 색대비와 명도대비로 개성 있는 감각을 연출한다.

③ 냉정하고 문화적인 색으로, 강한 개성과 확고한 신념의 이미지도 포함된다.

모던 이미지[7]

6), 7) www.color21c.co.kr

Chapter 02 　컬러 코디네이션 활용

⚙ 연령별 컬러 스타일링[8]

1. 유아기

고명도, 고채도의 색상을 선호하지만 밝고 엷은 색(베이비핑크, 베이비 블루) → 페일톤, 라이트톤, 브라이트톤

2. 10대

10대의 귀여움과 발랄함을 살리는 것 → 명도와 채도가 높은 원색 계열(빨강, 주황, 노랑, 연두, 파랑)

3. 20대

여성다움과 남성다움을 느낄 수 있는 성숙기 → 밝은 색의 화려함과 어두운 색의 안정감 있는 배색 (중명도, 중채도)

4. 30대

① 성숙한 젊음을 느낄 수 있는 연령대, 안정감 있는 세련미를 느끼게 함
② 주황, 노랑, 연두, 녹색, 보라 → 저명도의 색을 주조색, 고명도나 중명도는 보조색으로 배색

5. 40~50대

① 인생의 중후함과 개성을 느낄 수 있는 연령
② 주황, 녹색, 파랑, 남색, 청회색, 적갈색 → 주조색으로는 명도와 채도가 낮은 색을 선택하고 밝은 색으로 배색

---

8) 스타일리스트를 위한 이미지 메이킹, 김유순, 예림(2004), 119p.

⸙ 계절별 컬러 스타일링

1. 봄

봄 컬러 스타일링[9]

2. 여름

여름 컬러 스타일링[10]

---

9), 10) http://blog.naver.com/fpm

3. 가을

AUTUMN

BRONZE AUTUMN 타입은 노란색보다 짙은 황색을 지니고 있는 그룹으로 깊고 강하면서 고급스럽고 편안한 컬러들이 주를 이룬다. 어른스럽고 차분한 이미지를 가지고 있는 파레트이다.
누르스름한 피부 톤에 혈색이 있으며 매끈매끈하며 탄력이 있는 피부를 가지고 있습니다. 눈동자색은 짙고 깊이감이 있어 차분하고 믿음직스럽고 그윽함이 특징이다.
황갈색 피부, 혹은 짙은 갈색 빛을 지닌 굵고 윤기 없는 볼륨있는 머리카락을 가지고 있다.

가을 컬러 스타일링[11]

4. 겨울

WINTER

CRYSTAL WINTER 타입은 파란색, 흰색, 검정을 내포하고 있는 차갑고 강렬한 컬러그룹이다. 선명하고 강하거나, 혹은 아주 여린 아이시한 컬러들이 이 그룹에 속한다.
모던하고 도회적인 이미지를 느끼게 해준다. 창백한 피부와 투명한 피부를 가지고 있거나, 아주 검거나, 아주 노란 피부를 가진 자기의 경계가 확실한 피부톤을 가지고 있다. 눈동자는 강렬하고 개성있고 카리스마가 있다. 푸른빛이 도는 갈색 머리, 또는 흑색 머리를 가지고 있다.

겨울 컬러 스타일링[12]

---

11), 12) http://blog.naver.com/fpm

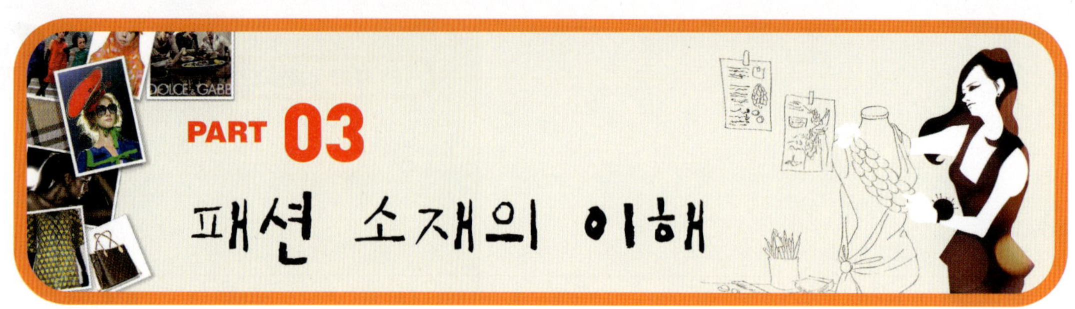

Chapter 01 섬유(Fibers)

⚮ 섬유의 이해

1. 형태

(1) 길이

　① 스테이플 섬유(Staple Fiber)
- 섬유 중에서 면, 양모처럼 한정된 길이를 가진 섬유
- 함기량이 커서 따뜻하고, 촉감이 부드러우며 통기성과 투습성이 우수함

　② 필라멘트 섬유(Filament Fiber)
- 견과 같이 무한히 긴 섬유
- 치밀하고 광택이 좋고 촉감이 참

(2) 단면

섬유의 광택이나 레질리언스, 피복성과 촉감 등 섬유의 성질을 결정

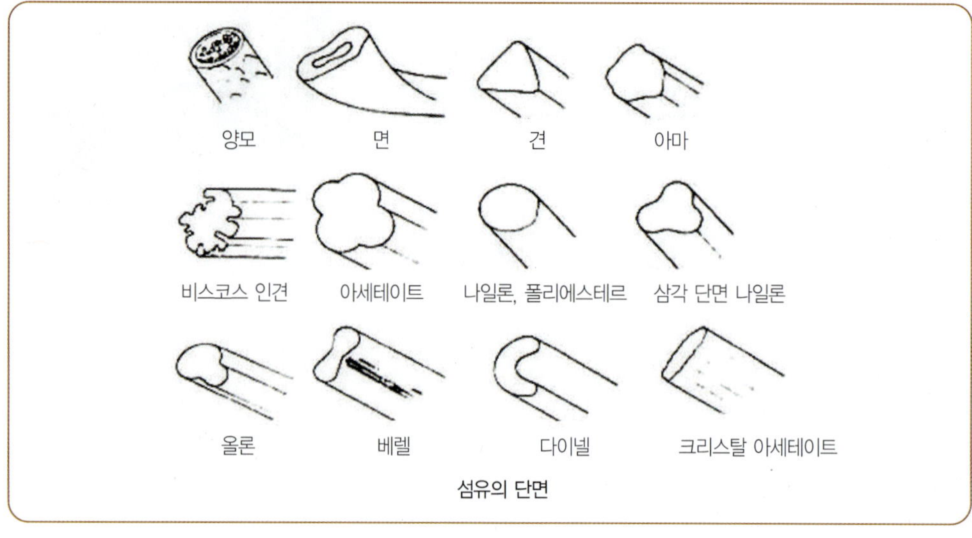

섬유의 단면

2. 성질

(1) 기계적 성질

구분	정의	특징
강도	섬유를 잡아당겨 끊어질 때까지 사용되는 힘	습윤 상태에 따라 강도가 달라짐
신도	섬유가 끊어질 때까지 늘어나는 정도	끊어질 때까지 늘어난 길이의 섬유를 원래의 길이로 나눈 후 100을 곱하여 퍼센트(%) 값으로 표시
비중	섬유의 무게	비중이 너무 작으면 드레이프성이 좋지 못하고, 물보다 가벼운 경우 물세탁이 불편한 단점
탄성	섬유가 외부의 힘에 의해서 늘어났다가 힘이 사라졌을 때 다시 원상태로 돌아오는 성질	탄성이 크면 옷의 변형이 적음
레질리언스	굴곡 또는 압축시켰다가 놓았을 때 원래의 상태로 돌아오는 성질	옷의 주름과 형태를 결정
내구성	반복되는 마찰, 신장, 굴곡 등에 견뎌내는 성질	의류 소재로써의 실용성에 중요한 역할

(2) 화학적 성질

구분	정의	특징
흡수성	섬유가 대기 중에서 수증기 상태의 수분을 흡수하는 성질	흡수성이 큰 섬유는 착용 시 인체에서 분비되는 여러 가지 물질을 흡수하여 피부를 청결하게 유지해 주고, 흡습열을 발생해 따뜻한 느낌을 제공
염색성 (염색견뢰성)	섬유에 염료가 침투된 후에 변하지 않는 성질	섬유의 염색성은 흡습성과 관련이 있어서 대개 흡습성이 좋은 섬유가 일반적으로 염색성도 좋음
내열성	세탁, 건조 등 외부의 열에 견디는 성질	의복용 섬유는 100℃에서 장시간 보존하여도 변화가 없어야 함
내연성	섬유의 연소와 관련, 불에 잘 견디는 성질	화재 방지나 소방 관련 제품에 많이 이용
열가소성	섬유에 압력과 열을 가하여 주름이나 권축을 주면 그 모양을 영구히 유지하는 성질	주름 치마, 나일론 스타킹 등 형태 유지가 필요한 피복에 사용
대전성	섬유가 전기를 띠는 성질	섬유의 대전성이 크면 먼지를 쉽게 흡착하고, 옷을 입거나 벗을 때 방전하여 불편함
내약품성	여러 가지 약품에 견디는 내성	일반적으로 셀룰로오스 섬유는 산에 약하고 알칼리에 강한 반면, 단백질 섬유는 알칼리에 약하고 산에는 비교적 강한 편임

	자연환경에 장시간 노출되면 산소에	
내일광성	의해 산화되어 점차 그 강도가 떨어지	견이나 나일론 등이 내일광성이 가장 나쁘고, 아크릴
	며 이러한 섬유 노화 현상에 대한 내성	의 내일광성이 가장 좋음

(3) 생물학적 성질

구분	정의	특징
내충성	반대좀과 같은 곤충에 의한 손상에 대한 내성	일반적으로 견이나 양모와 같은 단백질 섬유가 영향을 많이 받음
내균성	곰팡이나 세균과 같은 미생물에 의한 손상에 대한 내성	셀룰로오스 섬유가 주로 영향을 받음

3. 분류

(1) 천연 섬유

동·식물체에서 섬유상으로 얻어지며 식물체에서 얻는 섬유

		종모 섬유	면, 케이폭
천연 섬유	식물성 섬유 (셀룰로오스 섬유)	인피 섬유	아마, 저마, 황마, 대마
		엽맥 섬유	마닐라마, 사이잘마
		과실 섬유	야자 섬유
	동물성 섬유 (단백질 섬유)	양모 섬유	양모
		헤어 섬유	염소, 낙타, 기타 동물의 털
		견 섬유	가잠견, 야잠견
	광물성 섬유		석면

(2) 인조 섬유

인공적으로 물리화학적 공정을 거쳐 섬유 상태로 만들어진 섬유

		셀룰로오스 섬유	레이온
인조 섬유	재생 섬유	초산 셀룰로오스 섬유	아세테이트
		재생 단백질 섬유	아즐론
		알긴산 섬유	알지네이트
		고무 섬유	루버

인조 섬유	합성 섬유	축합중합체 섬유	폴리아미드 섬유	나일론
			폴리에스테르 섬유	폴리에스테르
			폴리우레탄 섬유	스판덱스
		부가중합체 섬유	아크릴 섬유	아크릴
			모드 아크릴 섬유	모드 아크릴
			올레핀 섬유	올레핀
			폴리비닐알코올 섬유	바이날
			폴리염화비닐 섬유	비니온
			폴리염화비닐리덴 섬유	사란
			폴리비닐리덴디니트릴 섬유	니트릴
			폴리사불화에틸렌 섬유	플루오르카본
	무기 섬유		유리 섬유	유리
			금속 섬유	메탈
			탄소 섬유	탄소
			암면 섬유	암면

❀ 천연 섬유

1. 식물성 섬유(Cellulose Fiber)

(1) 면 섬유

① 성질

- 건조 시 강도는 중급에 속하나 습윤 시 강도 증가
- 탄성과 레질리언스 나쁨 → 구김이 잘 생김
- **수분율** : 7~8%
- **보온성** : 천연의 꼬임이 있어 함기량이 많아 보온성이 좋음
- **염색성** : 직접 염료, 황화 염료, 배트 염료 등에 의해 염색이 잘 됨
- **내열성** : 150℃ 이상에서 오랜 시간 두면 서서히 분해되어 강도 감소
- **내알칼리성** : 산에 약하고 알칼리에 강함

② 관리와 용도

- 내구성이 좋고 위생적이며 손질이 쉬움 → 실용적인 섬유
- 구김이 잘 생김 → 수지가공으로 구김 방지

면 섬유[1]

---

1) http://blog.naver.comcshrrrRedirect=Log&logNo=100023043095

우량 면제품 코튼마크　　　60% 이상 면 혼방

면의 품질 표시[2]

(2) 마 섬유

① 성질

- 역사상 가장 오래된 섬유
- 아마(Flax), 대마(Hemp), 저마(Ramie), 황마(Jute)가 주로 사용됨
- 강도가 매우 큼
- 탄성과 레질리언스가 나쁨 → 구김이 잘 생김
- 내열성이 좋음
- 흡습성 우수함

② 관리와 용도

- 뻣뻣하고 까슬한 느낌 → 여름철 옷감으로 적당
- 흡수와 건조가 빠름 → 자주 세탁하는 손수건, 식탁보에 적합
- 세탁에 의해 섬유 해리 → 드라이클리닝 권장

아마의 품질 마크[3]

대마 섬유[4]

대마 섬유 제품[5]

2) http://www.cottoninc.com/TrademarkGuidelines/LicensedTrademarksNonwovens/

3) http://blog.daum.net/kbrass/11910434

4) http://blog.naver.com/neoxtar?Redirect=Log&logNo=130082033843

5) http://blog.naver.com/PostView.nhn?blogId=plutobk&logNo=10071910269&parentCategoryNo=13&viewDate=¤tPage=1&listtype=0

2. 동물성 섬유

(1) 양모 섬유

① 성질

울코트[6]

- 면양의 털
- 100% 모 섬유 또는 다른 섬유와 혼방하여 사용 → 혼방에 따라 다른 울마크 사용
- 최대 생산국은 오스트레일리아이며 메리노종이 가장 우수
- 강도는 천연 섬유 중 가장 약하나 신도는 대단히 크며 가벼운 섬유
- 탄성과 레질리언스가 좋음 → 내추성과 주름 보존성 우수
- 보온성이 뛰어남 → 양모 섬유의 권축으로 인한 함기성에 따라 차이 발생
- 흡습성이 크나 표면의 발수성으로 인해 젖은 느낌이 적음
- 단백질 섬유 → 알칼리 제품에 약함

② 관리와 용도

- 세탁 시 수축 가능 → 드라이클리닝 권장
- 중성세제 사용
- 150℃ 이하에서 다림질
- 겨울 외투부터 여름옷까지 사용
- 편성물이나 내복, 스웨터 등 다양한 피복재료로 사용

울 100%　　울 50% 이상　　울 30% 이상

양모 품질 마크[7]

(2) 견 섬유

① 성질

- 천연 섬유 중 유일한 필라멘트 섬유
- 세리신을 제거하는 정련 과정을 거쳐 생산
- 사육한 고치에서 얻은 가잠견이 야생의 누에에서 얻은 야잠견보다 품질이 우수

---

6) http://blog.naver.com/bowing2580?Redirect=Log&logNo=40145402239

7) http://www.logodesignlove.com/woolmark-logo

- 고유의 삼각 단면으로 우아한 광택 소유
- 탄성과 레질리언스 우수
- 얇고 가벼운 섬유
- 뛰어난 피부 접촉감
- 열전도율 높고 함기성이 작음 → 보온성 우수
- 일광 견뢰도 낮음 → 황변과 강도 저하

② 관리와 용도

- 알칼리 세제에 의해 손상 → 드라이클리닝 권장
- 150℃ 이하의 다림질
- 드레스, 블라우스, 란제리 등 고급 의류소재로 사용

견 품질 마크[8]

(3) 헤어 섬유

① 모헤어

- 앙고라 염소에서 얻은 섬유
- 양모보다 섬유가 길고 굵으며 강도가 큼
- 스케일과 권축이 거의 없어 섬유가 강직
- 매끄러운 표면과 광택이 있음
- 주로 여름 양복감과 실내 장식용 직물 등에 이용

모헤어 품질 마크[9]

② 캐시미어

- 캐시미어 염소에서 얻는 털 → 양모와 유사
- 겉털 안의 부드러운 솜털을 사용
- 손으로 빗어서 떨어지는 털을 모아 사용 → 생산량이 적어 고가의 소재
- 부드럽고 우아한 광택 → 최고급 의류 소재로 사용

③ 알파카

- 일 년에 한 번 털을 깎아 얻은 솜털을 사용
- 부드럽고 매끄럽고 좋은 광택을 가짐
- 강도가 크고 보온성이 좋아 코트류, 파카 · 침낭 · 고급 옷의 겉감으로 사용

④ 토끼

- 주로 앙고라 토끼에서 얻음
- 가볍고 부드럽고 매끄러워서 모직물, 수편성물로 제직
- 숙녀용 스웨터나 장갑 등에 많이 사용
- 섬유장이 짧아 다른 모 섬유와 혼방하여 사용

---

8) http://blog.paran.com/blog/detail/postBoard.kth?pmcld=sentiment410&blogDataId=31502788&hrefMark=
9) http://www.ipaustralia.gov.au/get-the-right-ip/trade-marks/types-of-trade-marks/certification-trade-mark/rules-for-registered-certification-trade-marks-filed-before-27-march-2007/

캐시미어 코트[10]　　　토끼털 재킷[11]

⚡ 인조 섬유

1. 재생 섬유

(1) 레이온

① 성질

- 재생 셀룰로오스를 주성분으로 하는 인조 섬유
- 주로 비스코스레이온을 레이온으로 통칭
- 강도가 낮은 편이며 마찰에 약해 보풀이 생김
- 흡습성은 좋아 정전기 발생률이 낮지만 흡습 시 강도 저하
- 탄성과 레질리언스가 좋지 못해 구김이 잘 생김
- 내열성이 높아 고온에 안정적

② 관리와 용도

- 촉감이 좋고 정전기가 없어 안감용 원단으로 우수
- 고습강력 레이온과 폴리노직 레이온 → 드레스에 적합
- 폴리노직 레이온 → 강도 및 습윤강도가 높아 내의류에 사용
- 비교적 높은 온도의 다림질 안전
- 습윤강도가 나빠서 물에 자주 세탁하는 옷감으로는 부적합
- 광택 및 색상이 우수 → 커튼, 테이블보, 실내장식, 레이스, 리본 등에도 사용

---

10) http://blog.naver.com/opneo?Redirect=Log&logNo=140143600672
11) http://blog.naver.com/ksj2018?Redirect=Log&logNo=30097696709

(2) 아세테이트

① 성질

- 아세테이트와 트리아세테이트가 있지만 외견상 분별 어려움
- 외관에 강한 광택이 있으며 유연하고 드레이프성이 좋음
- 면이나 레이온보다 비중이 낮아 가벼움
- 탄성회복률 → 천연 섬유보다 우수
- 면이나 레이온에 비해 레질리언스가 우수하여 구김이 잘 생기지 않는 편
- 열가소성 섬유 → 열고정으로 다림질이 필요 없는 Wash and Wear 제조

② 관리와 용도

- 특이한 광택 → 주로 블라우스, 드레스, 란제리, 안감, 커튼, 실내 장식용 직물 등으로 사용
- 물세탁에 의해 광택이 저하되는 등 섬유가 손상 → 드라이클리닝 권장
- 열고정으로 주름고정이 필요한 플리츠 스커트나 장식 주름 등에 사용

2. 합성 섬유

(1) 나일론

① 성질

- 일반적으로 강인하며, 마모강도와 굴곡강도가 매우 큼
- 신도는 매우 큼
- 낮은 흡수율로 염색이 어렵고 정전기가 발생
- 내일광성 나쁨 → 직사광선을 쬐면 강도가 급속히 감소
- 비중이 매우 가벼워 경량 피복 재료에 적당

② 관리와 용도

- 오염물 쉽게 흡착 → 오염물을 자주 제거해야 함
- 알칼리 세제에 의해 황변 → 중성세제 사용 권장
- 신도가 크고 탄성과 레질리언스가 우수 → 여성용 스타킹이나 란제리에 사용
- 마모강도가 우수 → 양말이나 셔츠를 만드는데 사용

(2) 폴리에스테르

① 성질

- 합성 섬유 생산량의 50% 이상을 차지하고 있는 섬유
- 초기탄성률이 큼 → 형태안정성, 내추성이 좋음
- 강도와 신도가 모두 커서 강인한 섬유
- 합성 섬유 중 의류소재용 직물로 가장 적합
- 열가소성이 매우 우수 → 영구 주름 가능
- 흡습성이 낮아 염색이 어렵고 정전기가 발생

② 관리와 용도

- 세탁 후 다림질 불필요
- 열고정 후 다림질 불필요
- 흡습성이 적어 세탁 후 쉽게 마르고 구김이 안 생김 → Wash and Wear 소재
- 레질리언스가 좋음 → 이불, 방한복의 충전재로 적합
- 우수한 내일광성 → 커튼용으로 좋음
- 천연 섬유와 혼방 → 형체안정성 향상, 흡습성 및 대전성의 결점 보완

(3) 폴리우레탄

① 성질

- 원래 길이의 두 배 이상으로 늘어났다가 힘을 제거하면 즉시 원래 상태로 회복 가능
- 여러 번 반복하여 힘을 가해도 유지되는 섬유
- 신장 시 크게 늘어나고 작용한 장력이 사라지면 신속하게 본래의 길이로 회복
- 마찰 및 굴곡강도는 고무보다 우수한 강한 섬유
- 천연 고무보다 내구성과 오물에 잘 견딤

② 관리와 용도

- 신축성을 필요로 하는 란제리, 수영복, 허리밴드 등 일상복에 다양하게 사용
- 산소계 표백제에 안정하고 드라이클리닝 용제에 잘 견딤

(4) 아크릴

① 성질

- 부드럽고 유연한 외관
- 양모보다 우수한 탄성 → 신장 시 탄성 회복률 감소
- 벌크 가공으로 가벼운 비중
- 내일광성이 가장 우수한 섬유
- 흡습성이 낮아 정전기가 잘 생김

② 관리와 용도

- 약 알칼리성 세제를 사용하여 약한 코스에서 기계세탁이 가능
- 편성물일 경우 필링 발생 → 손세탁 권장
- 벌크 가공하여 스웨터, 내의, 양말 등의 편성물, 플리스 직물, 모포 등에 사용
- 일광에 강해 텐트, 차양, 인조 잔디 등에 사용

(5) 모드아크릴

① 성질

- 강신도는 아크릴 섬유와 비슷하고 탄성회복률은 아크릴 섬유보다 우수
- 열에 의해 수축 → 고온 염색 불가

- 내연성 우수
- 해충 및 좀의 침식을 받지 않음

② 관리와 용도

- 세탁 및 관리가 편하고 필링이 발생하지 않음
- 사람의 머리카락과 비슷하여 가발이나 인형머리로 사용
- 내약품성과 내연성이 우수하여 작업복이나 실험복에 사용

(6) 폴리프로필렌

① 성질

- 외관은 양초, 비닐과 같은 광택
- 양초와 비누처럼 미끈거리는 촉감
- 열과 일광에 약하고 가열 시 천천히 연소
- 물보다 가볍고 흡수성이 거의 없음 → 염색이 힘듦
- 강신도가 아주 우수 → 강직한 섬유

② 관리와 용도

- 드라이클리닝보단 물세탁이 안전 → 약알칼리성 세제 사용 권장
- 좋은 강도와 내약품성 → 산업제품으로 사용
- 좋은 탄성과 작은 비중 → 이불솜, 부직포에 사용

(7) 비닐론

② 성질

- 폴리비닐알코올이라 부르기도 하며 아시아 지역에서 주로 생산
- 마모강도 굴곡강도 → 나일론 다음으로 우수
- 내알칼리성이 좋으며 진한 산에서는 용해
- 내충성이 좋음 → 좀이나 박테리아의 침해를 받지 않음

② 관리와 용도

- 마찰강도가 좋아 실용적인 섬유로 사용
- 염색이 어려워 다양한 색상 구현 힘듦 → 작업복이나 아동복, 양말 등에 사용

섬유의 가공

직물이 가진 고유의 특성을 살리거나 특수한 기능 또는 외관을 부여하고, 기능성을 향상시켜 준다.

(1) 일반가공

① 털 태우기 : 표면에 많은 잔털이 있는 경우 표면을 곱고 매끈하게 하기 위해 실이나 직물 또는 편물을 불꽃이나 뜨거운 열판 위에 고속으로 통과시켜 표면의 잔털을 태우는 가공 → 날염무늬를 선명하게 하고 직물의 조직을 더욱 뚜렷하게 표현

② **캘린더 가공** : 몇 개의 뜨거운 롤러 사이로 통과시키는 캘린더 가공기를 이용한 일종의 표면 가공
→ 표면이 매끄럽고, 압축에 의해 직물 조직을 치밀하게 하고, 광택을 개선하는 효과

③ **엠보싱 가공** : 평평한 롤러 대신 요철을 가진 엠보싱 캘린더로 다려 직물 표면에 요철 무늬가 형성
→ 열가소성 섬유엔 영구적인 엠보싱 무늬가 나타남

④ **기모 가공** : 섬유의 끝을 끌어올려 부드러운 촉감, 잔털이 많고 두꺼운 외관, 광택 효과, 보온성을
증진하는 가공법 → 주로 면직물이나 모직물을 이용

엠보싱 가공 직물[12]　　　기모 가공 직물[13]

⑤ **열고정 가공** : 세탁이나 열에 의한 수축을 방지하고 표면을 유지하여 형태를 안정시키기 위한 가공

(2) 면직물 가공

① **머서화 가공**
- 진한 수산화나트륨 용액으로 처리 → 천연 꼬임이 풀리면서 투명도, 광택, 강도, 흡습성, 염색성이
증가
- 실켓 가공 → 견처럼 부드럽고 투명하게 만듦

② **리플 가공** : 수산화나트륨을 날인하여 수축으로 인한 주름 가공 → 약품이 묻지 않은 부분과 파상
을 이루어 표면이 오톨도톨해짐

③ **샌퍼라이즈 가공** : 제조 공정에 앞서 미리 강제수축 처리 → 직물의 수축률을 1% 이하로 줄임

④ **방추 가공** : 셀룰로오스 섬유 제품에 반응성 수지를 직물에 침투시키고 건조(Curing)하여 섬유의
비결정 영역에 수지가 섬유 분자를 연결하여 방추성 생성 → 대표적으로 P.P(Permanent Press)
와 D.P(Durable Press)가공이 있음

⑤ **가먼트 가공** : 청바지와 같이 의복이 완성된 후에 외관의 변화를 주기 위하여 물리적 · 화학적 방
법으로 오래된 느낌을 주는 가공 → 표백제를 사용하여 블리치(Bleach) 효과를 주거나 부석을 이
용해 낡은 느낌 부여

---

12) http://www.tradekorea.com/e-catalogue/etex75/product-detail/P00105482/__html#
13) http://blog.naver.com/PostView.nhn?blogId=vifchoi&logNo=10123151118&categoryNo=9&viewDate=¤tPage=1&listtype=0

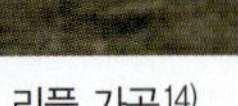
리플 가공[14)]

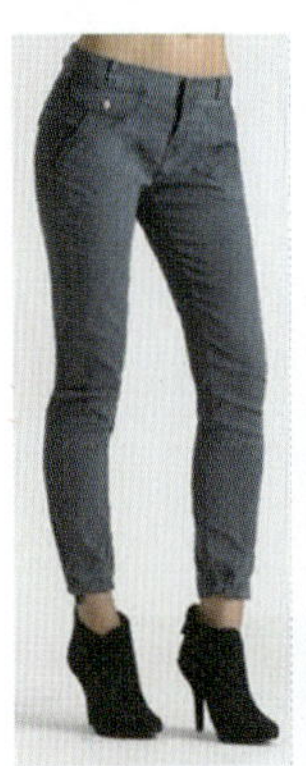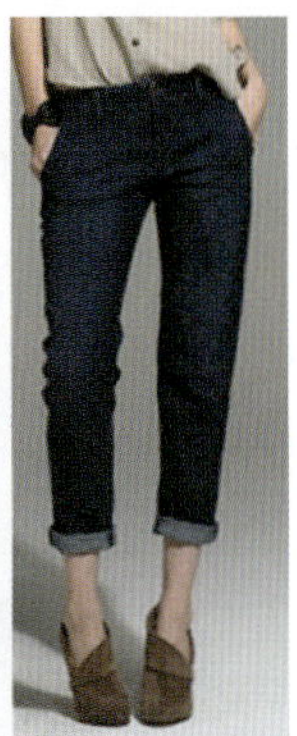
청바지 가먼트 워싱[15)]

(3) 모직물의 가공

① 런던 슈렁크(London Shrunk) 가공 : 양모의 축융에 의한 수축 발생을 방지하는 가공 → 양모 직물을 고온의 물에 적시어 무긴장 상태에서 자연스럽게 건조

② 축융방지 가공(방축 가공) : 양모를 염소로 처리하여 스케일의 일부를 융해시켜 축융을 방지하는 가공 → 염소법(Chlorination)이라 부름

③ 주름고정 가공 : 약제로 처리하여 옷의 주름이나 형체를 잡아주면 영구적인 주름과 안정된 형체를 유지 → 시로셋(Si-Ro Set)이라는 상호로 알려짐

④ 축융 가공 : 기계적으로 마찰시켜 길이와 폭이 줄어들면서 두꺼워지고 조직이 치밀해져 외관과 촉감을 향상시켜주는 가공 → 모포나 멜턴 제조에 사용

(4) 합성 직물의 가공

① 방오 가공 : 섬유의 표면을 친수성 수지로 피복하여 대전을 방지해 오염을 막고 오염물질이 직물 내부로 침투하는 것을 방지하는 가공

② 대전방지 가공 : 계면활성제 또는 섬유의 표면에 친수성 수지를 입히거나 도전성 섬유를 사용하여 정전기 발생 억제

③ 알칼리 감량 가공 : 폴리에스테르를 수산화나트륨으로 처리 → 중량 감소와 표면이 거칠어져 섬유 표면이 패이면서 촉감, 광택 및 흡습성이 향상되어 천연 견에 가까운 특성 부여

④ 소광 가공 : 소광제를 사용하여 합성 섬유의 광택을 저하

14) http://blog.naver.com/PostView.nhn?blogId=manfe95&logNo=150043737180&categoryNo=7&viewDate=¤tPage=1&listtype=0
15) http://pann.news.nate.com/info/252590961

(5) 기타 가공

① **방수 가공** : 합성수지 필름으로 완전히 직물 표면을 입혀 전혀 물이 침투되지 않고 통기성도 없게 만드는 가공

② **발수 가공** : 직물의 통기성은 있지만 직물의 표면장력이 작아져 물이 직물 내부로 침투하지 못하게 하는 가공

② **위생 가공** : 오염물질로 인한 악취를 방지하고 소수성 합성 섬유의 흡습성을 증대시키는 가공

③ **방충 가공** : 단백질 섬유 제품에 대하여 좀과 같은 해충에 대한 상해를 막는 가공

④ **축열보온 가공** : 폴리우레탄 수지 코팅 용액에 열반사성이 우수한 충전제를 첨가 → 복사열을 차단시킴으로서 일반 투습, 방습 가공포에 보온기능 제공

⑤ **자외선 차단 가공** : 자외선 산란제나 자외선 차단제를 이용해 자외선 A나 자외선 B를 차단 → 의류나 일용품, 야외용품 등 광범위한 범위에 사용

Chapter 02 직물의 종류와 특성

삼원조직

직물조직의 종류는 무제한이라 할 정도로 여러 가지가 있을 수 있지만 기본이 되는 조직은 평직, 능직, 수자직의 세 가지이며 이를 삼원조직이라 한다.

경사와 위사의 교차상태를 도식화한 것을 조직도라 하며 세로실은 경사, 가로실은 위사를 나타낸다.

직물의 삼원조직[16]

구분	평직	능직	수자직
직조방법			
옷감			

(1) 평직(Plain Weave)

① 가장 간단하고 보편적인 조직 → 위사와 경사가 교대로 한 올씩 통과해 교차점이 가장 많음

② 튼튼하고 실용적인 직물

③ 교차점이 많아 실의 자유도가 떨어져 구김이 많이 발생

④ 종류

- 광목 : 거친 면직물로 표백하지 않은 상태로서 의복용보다는 실내장식이나 현수막 등에 사용

광목[17]

16) http://blog.naver.com/PostView.nhn?blogId=atlas5645&logNo=140128449807

17) http://www.quiltpackage.co.kr/shop/shopdetail.html?brandcode=007007000006

- 깅엄(Gingham) : 경사에 색사와 표백사를 사용하여 체크, 줄무늬를 나타낸 직물로 주로 아동복, 셔츠, 식탁보 등에 많이 사용

깅엄 [18]

- 포플린(Poplin)과 브로드 클로스(Broad Cloth) : 경사와 위사의 굵기와 밀도를 다르게 해 변화시킨 직물

포플린

브로드 클로스 [19]

- 오건디(Organdy) : 경·위사에 가는 코마사를 사용하여 성글게 제직한 뻣뻣한 면 평직물로 최근에는 면 외의 여러 가지 섬유로 제직되고 있는데 견이나 레이온 등 필라멘트(장섬유)를 사용하여 만들어진 것을 오간자(Organza)라 칭하며 블라우스, 커튼, 드레스에 많이 사용

오건디 [20]

- 옥스퍼드(Oxford) : 조직이 치밀하지 않아 부드럽고 광택이 있으며 바스켓 조직으로 된 셔츠감으로 사용

옥스퍼드 [21]

18) http://global.rakuten.com/ko/store/cottonplaza/item/g53000/
19) http://blog.naver.com/PostView.nhn?blogId=atlas5645&logNo=140128449807
20) http://kr.made-in-china.com/co_mssilk/product_Polyester-Organdy-Fabric-MS8001-1_hhoorsrgg.html
21) http://www.hk-xinmeng.com/files/images/catalog/catalog_d0efda97b418bf432d3663ee9981cd98.jpg

- 캔버스(Canvas) : 원래 대마나 아마로 만들었으나 근래에는 합연 면사를 사용하여 만든 강하고 튼튼한 직물로서 바지, 천막, 포대, 우편낭, 실내장식 등에 사용

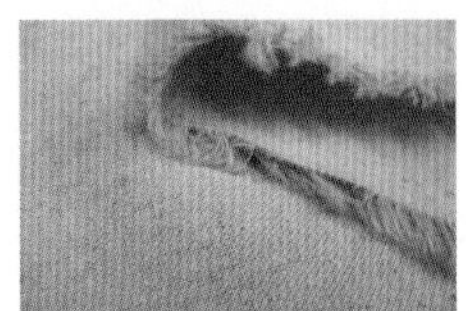

캔버스[22]

- 로온(Lawn) : 가는 코마단사를 사용하여 밀도를 적게 하여 평직으로 제직한 후 표백한 직물로 여름용 셔츠, 유아복, 손수건에 사용

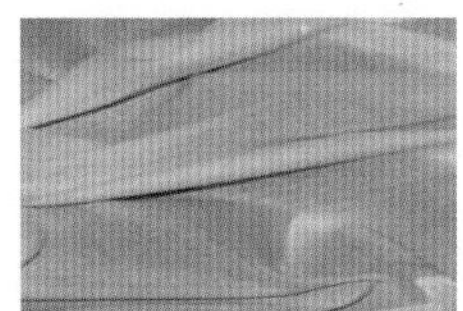

로온[23]

- 시폰(Chiffon) : 강연사를 사용하여 제직한 가볍고 섬세한 직물로 매끈하고 광택이 좋아 드레스, 블라우스, 란제리, 스카프에 사용

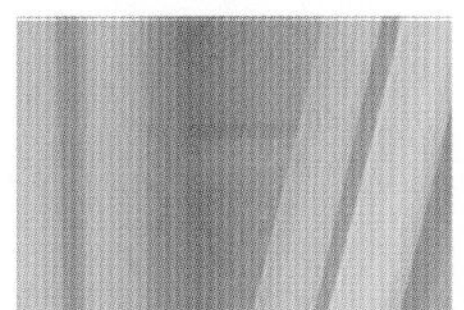

시폰[24]

(2) 능직(Twill Weave)

① 위사가 경사 2올을 건너뛰어 원단 표면에 비스듬한 사선방향의 선이 나타나는 직물

② 능선의 방향에 따라 좌능직과 우능직으로 구분

③ 조직점이 평직보다 적어 유연하며 내구성, 드레이프성, 레질리언스가 좋고 실의 밀도를 크게할 수 있어 두께감이 있는 직물로 제직 가능

22) http://global.rakuten.com/ko/store/kijihinode/item/hdhy09g47-1/
23) http://www.dharmatrading.com/html/eng/845208-AA.shtml
24) http://blog.naver.com/PostView.nhn?blogId=1004yo1&logNo=30054827088&viewDate=¤tPage=1&listtype=0

④ 종류

- 서지(Serge) : 2/2능직으로 경 · 위사의 밀도를 비슷하게 제직하여 능선이 45°를 이루는 소모직물로서 대표적인 양면 능직물(겉과 안이 거의 구분되지 않음)이며 내구성이 뛰어나 수트, 코트, 스커트, 바지 등에 사용

서지[25]

- 개버딘(Gaberdine) : 대표적인 능직물로 사문각(능선의 각)이 60° 이상이 되는 실용적 모직물이며 제직 후 표면의 잔털을 제거하여 능선이 뚜렷하게 나타남

개버딘[26]

- 트위드(Tweed) : 주로 2/2능직으로 제직하며 표면이 거칠고 무거운 방모 직물로 홈스펀과 비슷

트위드[27]

- 헤링본(Herringbone) : 사문선이 일정한 간격을 두면서 반대로 된 파능직으로 주로 재킷이나 코트 등에 많이 쓰이는 변화 능직물

헤링본[28]

25), 26), 28) http://blog.naver.com/PostView.nhn?blogId=atlas5645&logNo=140128449807
27) http://likenoone.egloos.com/1604984

- 데님(Denim) : 경사에 굵은 색사를 사용하고 위사에는 표백사를 사용하여 능직으로 제직한 직물로 주로 청바지의 소재로 사용

데님[29]

- 플란넬(Flannel) : 위사가 주로 기모되어 있어 부드럽고 포근한 느낌을 주는 방모 직물로 유·아동복이나 스포츠 의류, 잠옷 등에 사용

플란넬[30]

⑶ 수자직(Satin Weave)

① 경사와 위사의 조직점이 적어 유연하고 부드러운 직물

② 표면이 매끄럽고 광택이 좋으나 마찰력과 내구력이 떨어짐

③ 실 사이에 공간이 없어 두꺼운 겨울용 소재로 많이 사용

④ 종류

- 공단(Satin) : 무늬 없는 대표적 수자직물로 실의 굴곡이 적어 유연하고 표면이 매끄러우며 광택이 좋아 여성의류, 속옷류, 자수용 직물 외에 리본 등에 많이 사용

공단[31]

---

29) http://blog.naver.com/PostView.nhn?blogId=atlas5645&logNo=140128449807
30) http://terms.naver.com/entry.nhn?docId=289498
31) http://photo-dict.faqs.org/phrase/4169/silk-pattern.html

- 도스킨(Doeskin) : 모직물로 제직 후 흑색으로 염색, 축융기모하여 표면의 털을 짧게 깎은 고급 직물로 예복용으로 사용

도스킨[32]

⁸⁸ 문직물과 기타직물

1. 문직물

여러 가지 조직을 배합하거나 색사를 사용하여 직물에 무늬를 표현한 직물이다.

(1) 도비직

도비 직기를 사용하여 비교적 간단한 무늬를 놓은 직물이다.

① 버즈아이(Bird's Eye) : 중앙에 새눈과 같은 점이 보이는 조그만 다이아몬드형 부상직물

버즈아이[33]

② 와플클로스(Waffle Cloth) : 벌집모양의 요철 무늬가 표면에 부상하여 나타나는 직물로 부드럽고 유연하며 수분 흡수력이 좋아 타월이나 침구에 사용

와플클로스[34]

32) http://blog.naver.com/ycoll/80153693066
33) http://blog.daum.net/ooohkooo/6984617
34) http://global.rakuten.com/ko/store/apron-story/item/mw65755/

241

③ 도비 스퀘어(Dobby Square) : 수자직의 겉을 일정한 간격으로 배열하여 바둑무늬가 나타나게 제직한 직물

도비 스퀘어[35]

(2) 자카드직

펀치카드가 있는 자카드 직기를 사용하여 크거나 복잡한 무늬, 곡선무늬가 나도록 제직된 직물이다.

① 다머스크(Damask) : 경수자와 위수자를 배합하여 무늬를 나타낸 두꺼운 직물로 주로 드레스, 블라우스, 실내장식에 사용

다머스크[36]

② 브로케이드(Brocade) : 삼원조직의 직물 바탕에 수자직이나 변화 조직으로 무늬를 나타낸 직물

브로케이드[37]

③ 양단 : 수자직 바탕천에 색실로 무늬를 놓은 직물로 색상이 화려하고 질감이 뛰어나나 관리가 어려우며 주로 여성의 치마, 저고리, 남성의 조끼 등에 사용

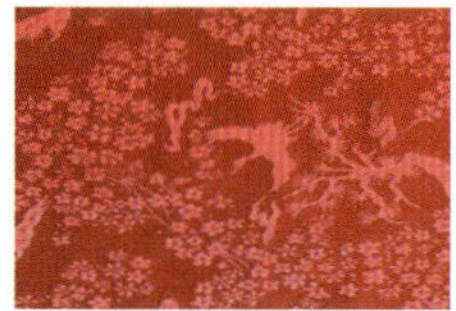

양단[38]

---

35) http://www.1000sesang.com/front/php/product.php?product_no=19417&main_cate_no=189&display_group=1

36), 37) http://blog.daum.net/ooohkooo/6984617

38) http://www.pomnago.com/styledic_view.html?cate=&init=%A4%B7&no=1255

2. 이중직물

① 경위사 어느 한쪽 또는 양쪽이 모두 이중으로 교차되도록 제직한 직물

② 보온성이 뛰어나 양면의 코트 등으로 응용

이중직물39)

3. 파일직물(Pile Weave Fabric)

① 바탕직물에 부드러운 털이나 루프 형태의 짧은 섬유가 심어져 있는 직물

② 보온성 · 단열성 · 흡음성 · 내마모성이 우수하고 촉감이 부드러움

③ 위사가 파일로 되는 위파일 조직과 경사가 파일로 되는 경파일 조직의 두 종류가 있음

파일직물의 종류

구분	경파일직	위파일직
특징	경사 속에 파일사를 넣고 제직하여 직물 표면에 파일 효과를 나타낸 것	섬유조직이 솟아있어 푹신한 느낌을 주며, 기모의 방향에 따라 색이 다르게 보임
종류	• 벨벳 : 바탕에 면사를 사용하고 파일에는 견이나 아세테이트, 폴리에스테르를 사용 벨벳40)	• 우단 : 파일위사를 중앙에서 잘라 표면에 짧은 파일이 고르게 분포되도록 한 위파일직물 • 코듀로이 : 경사방향의 이랑을 나타낸 면직물로 부드럽고 보온성이 뛰어남 우단41)　　　　코듀로이

4. 익직물(Leno)

① 경사가 꼬이면서 공간이 발생

② 실의 밀도가 작고 공간이 있어도 실이 미끄러지지 않고 공간을 유지하는 조직

---

39) http://www.1000house.co.kr/front/php/product.php?product_no=10298&main_cate_no=1&display_group=
40) http://letsgethomeyhomies.wordpress.com/2010/09/12/baking-red-velvet-cupcakes-fellowship-of-the-cake/
41) http://www.tce.co.kr

③ 종류

- 사직(Plain Gauze) : 두 개의 경사가 위사와 교차하면서 얽매이는 형태로 갑사, 숙고사, 생고사 등이 있음
- 여직(Fancy Gauze) : 세 올의 위사 또는 그 이상의 위사를 경사가 얽어매는 형식으로 평직과 사직의 혼합조직이며 고사와 항라 등이 있음

갑사[42]

고사[43]

항라[44]

5. 크레이프직(Crepe Weave)

① 직물의 표면이 평활하지 않고 오톨도톨하여 특별한 감촉을 주는 직물
② 신축성, 드레이프성, 방추성이 우수하여 구김이 덜 발생하는 실용적인 직물
③ 종류

- 조젯(Georgette) : 강연사의 경위사를 사용하여 교대로 배합한 직물

조젯[45]

- 크레이프 드 신(Crepe De Chin) : 무연사의 경사에 강연사의 위사를 사용하여 두올 씩 교대로 배합하여 평직으로 제직한 직물

크레이프 드 신[46]

42) http://www.고은맘한복이야기.kr
43) http://user.chollian.net/~nam1774/2005/och/con3/gejul4.htm
44) http://costumekorea.culturecontent.com/subject/list_color.asp?mode=jik&gotopage=3&keyword=
45) http://kr.made-in-china.com/co_mssilk/product_Georgette-Satin_hgsgugugg.html
46) http://blog.daum.net/ooohkooo/6984617

• 아문젠(Amunzen) : 조직을 변화시켜 표면에 요철 효과를 준 직물

아문젠[47]

• 시어서커(Seersucker) : 제직 시 장력의 변화를 이용해 주름을 형성한 직물로 몸에 붙지 않아 여름
용 의복에 이용

시어서커[48]

47) http://blog.daum.net/ooohkooo/6984617
48) http://www.buyking.com/news/2005/07/news200507270054081

Chapter 03 **편성물과 기타 의류 소재**

◦◦ 편성물

1. 편성물의 특징

(1) 신축성

고리로 구성되어 실의 움직임이 자유롭고 외부의 힘에 의해 다양하게 변형할 수 있으며 일반 직물보다 신도가 커 자유롭고 편안한 의복을 만들 수 있다.

(2) 함기성

실의 꼬임이 적어 굴곡이 자유로우므로 다공성을 지니고 일반 직물보다 함기율이 커 보온성, 통기성, 투습성이 우수하다.

(3) 방추성

구김이 잘 발생하지 않으므로 세탁 후 다림질이 불필요하다.

(4) 내마찰성

실의 마찰저항력이 적고 자유도가 커 마찰에 따른 보풀이 발생한다.

(5) 전선

고리가 하나 풀리면 계속 풀려나가는 현상(위편성물에서 발생)을 말한다.

(6) 컬업

편성물의 가장자리가 말려 올라가는 현상을 말한다.

2. 편성물의 조직

(1) 위편성물

대바늘뜨기의 원리로 하나의 실이 왕복하며 고리를 형성하여 한 층씩 편성하는 것이다.

① 평편(Jersey)
- 편성물의 가장 기본적인 조직
- 표면에는 웨일, 이면에는 코스만이 나타나 표면과 이면의 구분 가능
- 양말, 스웨터, 셔츠 등의 용도로 사용

② 펄편(Purl)

- 평편의 앞뒷면이 한 줄 또는 두 줄씩 교대로 나타나게 편성한 조직
- 앞뒤 구분이 없으며 웨일방향으로 신축성이 큼

③ 고무편(Rib)

- 표면에 웨일이 한 줄 또는 두 줄씩 나타나는 두꺼운 조직
- 코스방향으로 신축성이 큼

④ 양면편(Interlock)

- 안과 겉이 모두 1×1 고무편인 조직
- 표면이 매끄럽고 조직이 치밀하지만 신축성은 작음
- 구김이 적고 취급이 용이함

위편성물의 구조[49]

구분	조직도	옷감
평편		
펄편		
고무편		
양면편		

---

49) http://needlepoint.about.com/od/texturedstitches/ss/StraightKnit.htm

(2) 경편성물

코바늘을 이용하는 원리와 같으며 다수의 경사가 교대로 좌우의 경사와 얽혀져 사선방향으로 지그 재그형의 코를 형성한다.

① 트리코트(Tricot)

- 경편조직 중에서 가장 간단하면서도 기본적인 조직
- 다공성이며, 투습성과 통기성이 크고 부드럽고 전선과 구김이 없음

② 라셀(Raschel)

- 라셀편성기에서 편성
- 다양한 실을 사용하여 다양한 두께와 모양의 편성이 가능

경편성물의 구조[50]

구분	조직도	옷감
트리코트		
라셀		

✿ 펠트와 부직포

1. 펠트

① 양모의 축융성을 이용하여 만든 매트 형태의 피륙

② 탄력성, 보온성, 흡습성이 우수

③ 가장자리에 올 풀림 현상이 없음

④ 충격 흡수, 흡음, 높은 탄성력으로 산업재로도 이용

⑤ 신축성이 없고 뻣뻣함

⑥ 의류용으로는 모자, 장식 등으로 한정적으로 이용

50) http://blog.naver.com/mskim770325?Redirect=Log&logNo=120058447262

펠트 제품[51]

2. 부직포

① 짜여지지 않은(Nonwoven) 옷감을 의미 → 섬유에서 실의 공정을 거치지 않고 시트 형태로 생성

② 다공성으로 방향성이 없으며 탄성 및 레질리언스가 좋아 치수안정성, 형태안정성이 좋음

③ 드레이프성이 부족하고 필(Pill)이 생기기 쉬우며 인장, 인열, 마모강도가 작음

④ 실이 풀리지 않아 재단이 용이하여 의복 심지로 주로 사용

⑤ 수술복이나 작업복과 같은 1회용 의류와 산업재로 이용

부직포 제품[52]

---

51) http://global.rakuten.com/ko/store/onspotz/item/brsh049/ &
   http://blog.naver.com/PostView.nhn?blogId=cherryfelt&logNo=40119187366
52) http://blog.naver.com/PostView.nhn?blogId=sungrains&logNo=30110219056&redirect=Dlog&widgetTypeCall=true

⚙ 기타 의류 소재

1. 레이스

① 실을 엮거나, 꼬거나, 코를 뜨거나 매듭 등으로 무늬를 나타내어 장식용으로 만든 천을 뜻함

② 종류

- 보빈 레이스 : 베개나 틀 위에 문양이 그려진 종이를 놓고 바늘을 그 위에 꽂아 보빈이라 부르는 실패로 무늬를 엮은 레이스
- 니들포인트 레이스 : 문양이 그려진 종이를 천 위에 놓고 문양에 따라 스티치로 작업하고 그 주위를 버튼홀 스티치로 감싼 레이스
- 자수 레이스 : 천에 구멍을 뚫고 그 주변을 자수로 메운 레이스 또는 수용성 천에 자수를 놓은 후 바탕천을 용해하여 자수만 남긴 케미컬 레이스
- 편성 레이스 : 트리코트 편성기로 만든 트리코트 레이스(Tricot Lace)와 라셀 경편기로 만든 라셀 레이스(Raschel Lace) 등

보빈 레이스[53)]   다양한 레이스[54)]

2. 가죽

① 동물, 새 등의 표피에 털을 제거한 시트상의 단백질 부직포

② 통기성과 보온성 우수 → 겨울용 소재로 적합

③ 여러 가지 재료와 가공방법에 따라 다양한 종류가 있음

53) http://blog.naver.com/PostView.nhn?blogId=ummhaha&logNo=70090166113&redirect=Dlog&widgetTypeCall=true
54) http://wedding21.tistory.com/4281

가죽 제품[55]   인공 피혁   합성 피혁

3. 모피

① 동물의 털과 모피 섬유가 붙어있는 가죽 부분

② 밍크, 여우, 면양, 친칠라, 담비 등의 종류가 있음

③ 고가이며 손상이 쉬워 관리에 주의해야 함

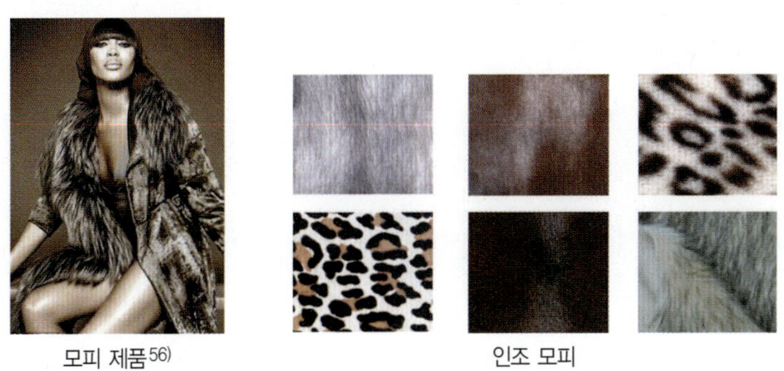

모피 제품[56]   인조 모피

55) http://blog.naver.com/PostView.nhn?blogId=greenbt&logNo=115737951&categoryNo=14&viewDate=¤tPage=1&listtype=0
56) http://kr.blog.yahoo.com/leesangjo/archive/2009/09/08?m=lc

Chapter 04 패션 신소재

⚙ 친환경 소재

제조공정에서 환경에 유해한 물질을 발생시키지 않고, 사용 후에 생분해가 가능한 소재를 말한다.

1. 식물성 친환경 소재

(1) 유기면

  ① 면 재배 시 화학 비료나 약품을 사용하지 않은 면
  ② 방적과 제직 과정에서도 국제 기준을 준수
  ③ 기존 면 농장의 거대한 농약 사용량에 대한 대안

(2) 천연 착색면

  ① 돌연변이 면에 의한 베이지, 그린색의 면화 생산
  ② 일반 면에 비해 해충에 강하고 자외선 차단 효과가 뛰어남

(3) 대나무 섬유

  ① 대나무에서 추출한 셀룰로오스를 비스코스 공법으로 섬유화
  ② 항균력이 뛰어나며 청량감이 우수
  ③ 땀 흡수력과 소취기능이 있어 스포츠 의류에 주로 이용

대나무 섬유 제품[57]

---

57) http://blog.naver.com/PostView.nhn?blogId=oganic77&logNo=20108325242

(4) 콩 섬유

① 대두에서 추출한 구형 단백질의 공간구조를 변화시켜 습식방사 방법으로 섬유화

② 부드러운 광택과 뛰어난 보온성

③ 섬유 안의 아미노산과 우수한 자외선 차단력으로 피부노화 방지에 도움

④ 비중이 작아 착용감이 우수하고 드레이프성이 우수함

콩의 섬유화 과정[58]

(5) 폴리락틱 섬유(Polylactic Acid)

① 옥수수와 감자 같은 천연 물질에서 얻은 유산(Lactic Acid)을 고분자로 합성

② 뛰어난 생분해성

PLA로 만든 카드[59]

58) http://blog.naver.com/PostView.nhn?blogId=wellbees&logNo=80046939207&redirect=Dlog&widgetTypeCall=true

59) http://pann.news.nate.com/info/251459250

(6) 리오셀

① 목질 셀룰로오스를 비스코스 공법에 의해 섬유화

② 공정에서 사용하는 용제 99% 이상을 수거

③ 사용 후 생분해 가능

④ 레이온의 성질과 비슷 → 인공 레이온으로 알려짐

⑤ 블라우스, 셔츠, 스커트 등에 주로 이용

⑥ 현재까지 생산된 신소재 중에 가장 친환경적인 소재로 통함

리오셀 섬유의 상품 마크[60]

(7) 한지 섬유

① 닥나무에서 추출한 섬유

② 흡한 속건력이 뛰어나 양말이나 침구류에 이용

③ 닥나무의 천연 항균력이 우수함

한지 섬유 제품[61]

60) http://cafe.daum.net/DMLCS/Pyc0/59?docid=18XKBPyc05920091014104607

61) http://lemonwowo.tistory.com/208

(8) 바나나 섬유

① 바나나 열매를 먹고 남은 바나나 잎에서 섬유 추출

② 버려진 쓰레기 활용과 섬유를 추출하는 공정이 물리적으로 이루어져 친환경, 일자리 창출이라는 점에서 이점

③ 폴리에스테르 또는 다른 섬유와 혼방하여 사용

④ 흡습성, 염색성, 통기성이 우수

바나나 섬유 혼방 제품[62]

(9) 코코넛 섬유

① 코코넛 열매 껍질에서 섬유 추출

② 강도가 강하고 신도가 높아 산업재, 충전재로 이용

③ 통기성이 뛰어나고 보온성, 내열성이 좋음

④ 자동차, 쿠션의 충전재로 사용하거나 다른 섬유와 혼방하여 다양한 종류의 상품으로 사용

코코넛 섬유 제품[63]

---

62) http://global.rakuten.com/ko/store/bruno/item/edw707rs/

63) http://emija.com/goods_detail.php?goodsldx=4545

2. 동물성 소재

(1) 우유 섬유

① 우유의 카제인 섬유질을 추출하여 아크릴과 중합하여 섬유화

② 항균성이 우수하고 인체 피부에 친화적

③ 건조 시 성질은 견과 비슷하고 수분 상태에서는 견보다 우수

우유 섬유 제품[64]

(2) 키토산 섬유

① 게와 같은 갑각류의 껍질을 처리하여 얻은 섬유

② 항균성이 뛰어나 미생물 증식 억제

③ 흡습성과 보온성이 좋음

3. 광물성 소재

(1) 황토 섬유

① 다양한 광물입자를 포함한 황토 가루를 이용하여 섬유화

② 원적외선을 흡수하여 저장하고 있어 인체 내의 독소를 중화시켜 노화 억제

③ 피부보습, 혈액순환 촉진 및 신진대사 기능 촉진

(2) 숯 섬유

① 숯의 수많은 구멍이 냄새와 유해 물질을 흡수

② 원적외선 방사, 유해균 억제 등 인체 친화적

③ 의료용 의류 및 침장 산업에 다양하게 사용

---

64) http://www.okfashion.co.kr/index.cgi?action=detail&number=9047&thread=81r13

숯 섬유[65]

4. 기타 후가공 소재

① 비타민 소재 : 섬유에 부착된 비타민 C 캡슐이 체내에 흡수되어 산화작용, 미백 등의 효과 발생

② 알로에 소재 : 알로에 엑기스로 코팅하여 보습과 항균력 증가

③ 콜라겐 소재 : 콜라겐을 코팅하여 수분을 일정하게 유지하여 쾌적성 증가

88 기능성 소재

섬유에 기능을 부여하여 인간의 의생활에 더욱 최적화 시키는 소재를 말하며 라이프스타일이 다양해짐에 따라 소재 개발 영역이 확대되고 있다.

(1) 안전 강화 소재

① 자외선 차단 소재

- 직사광선 아래에서도 의복 온도를 상대적으로 4~5℃ 낮춤
- 자외선 흡수제를 이용하여 섬유표면에 흡착시킴
- 블라우스, 골프웨어, 유니폼 및 커튼이나 텐트에도 사용

자외선 차단 수영복[66]

---

65) http://blog.naver.com/PostView.nhn?blogId=lwjpbuw&logNo=95424709

66) http://lady.danawa.com/ladyView.php?nSeq=1414805&nBoardSeq=61&nPage=19&slady_c=4&nPoolList=1

② 전자파 차단 소재
- 은, 니켈, 탄소 섬유를 사용하여 섬유 표면에 부착
- 앞치마, 임부복과 같은 전자파로부터 인체를 보호하는 용도의 차폐제로 사용
- 구리와 같은 금속을 사용하여 보온이나 내열보호 작업복에서도 사용

전자파 차단 앞치마[67]

③ 도전성 섬유
- 도전성이 나쁘면 정전기를 분산시키지 못해 표면에 전하가 남아 대전현상 발생 → 마찰에 의해 발생하는 스파크, 먼지 흡착 등의 위험이 있음
- 섬유 표면에 도전성 물질을 코팅하거나 직물에 혼방이나 교직을 통해 대전 중화
- 카펫, 병원복, 무진복 등에 사용

④ 재귀반사 소재
- 표면에 반사제를 부착하여 빛을 원래대로 반사하는 효과
- 야간 도로 등 교통사고를 방지하기 위한 곳에 사용
- 원단, 테이프, 실, 필름 형태로 사용

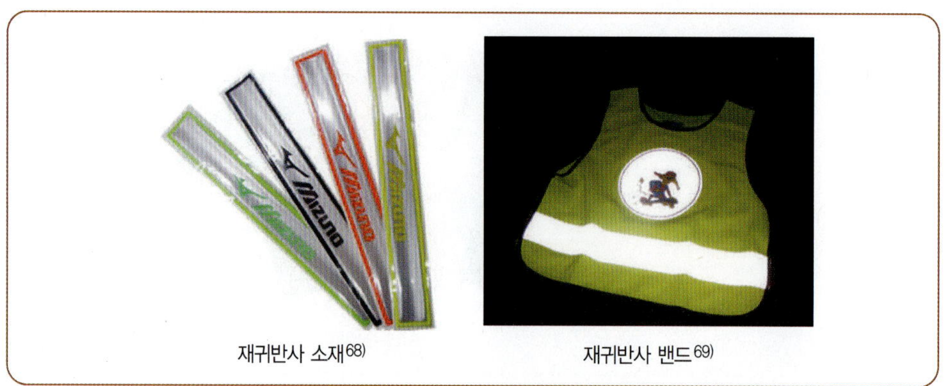

재귀반사 소재[68]   재귀반사 밴드[69]

67) http://cafe.naver.com/joonggonara.cafe?iframe_url=/ArticleRead.nhn%3Farticleid=19259341&
68) http://sciencekit.co.kr/shopuser/goods/productView.html?largeno=&middleno=&smallno=&code=7465b98143
69) http://global.rakuten.com/ko/store/running/item/a67zp_751/

(2) 건강 증진 소재

① 항균 소재

- 땀이나 분비물로 오염된 속옷이나 양말에서 번식하는 미생물과 곰팡이균 억제
- 원사에 항균성 금속 또는 분말을 혼합하거나 항균성 약제로 후처리 가공을 함

실무TIP

SF(Sanitary Finished)마크
위생가공의 품질과 안전성을 보증하는 신뢰 마크

② 건강 보조 소재(Holofiber)

- 혈류 내 산소량을 증가시켜 신체 에너지를 증가, 근육회복을 가속화 시킴
- 당뇨병이나 동맥경화 완화 효과
- 의복이나 침대시트, 베개 등으로 사용

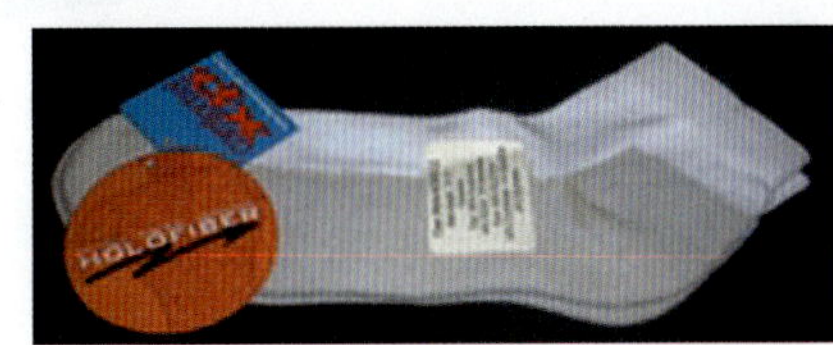

홀로파이버 제품[70]

③ 소취 소재

- 땀과 오염물이 부패함으로 발생하는 냄새를 흡착하여 분해
- 최근에는 담배 냄새와 땀 냄새 소취 목적의 소재 개발
- 소취제를 고분자 용액에 혼합하여 방사하거나 효소를 사용하여 후가공으로 처리

(3) 운동 강화 소재

① 경량 소재

- 의복의 무게를 줄여 착용 시 운동성과 편안함을 증진
- 비중이 낮은 섬유 소재를 사용하거나 효소처리를 통해 경량 소재 개발

② 스트레치 소재

- 활동 시 인체의 움직임에 지장을 주지 않도록 유연하며 탄력 있는 소재
- 폴리우레탄과 같은 신장력이 좋은 섬유를 사용하거나 가연 가공을 통해 신축가공사를 얻음
- 피복사나 합사를 이용하여 스트레치성 부여

---

70) http://www.treadmillsusa.com/catalog2_0.html

(4) 인체 보호 소재

① 고강도 소재

- 섬유가 끊어질 때까지 필요한 외부의 힘이 큰 소재
- 주로 아라미드계 섬유 사용
- 고강도, 고탄성으로 내충격성에 우수
- 주로 작업보호복, 방탄복으로 사용
- 대표적으로 노멕스, 케블라가 있음

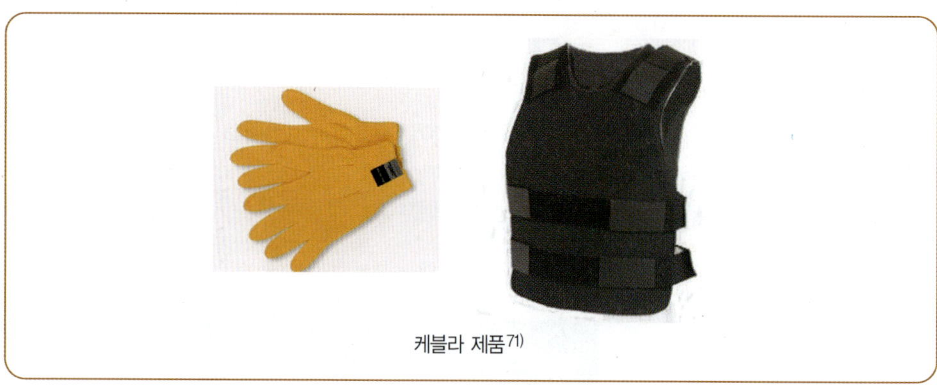

케블라 제품[71]

② 방진 소재

- 먼지의 부착을 방지하고 자체적인 발진방지 기능을 함
- 일반 소재에 비해 직물의 틈새가 없고 섬유 간에 작은 구멍이 있어 투수성이 좋음
- 티백, 마스크, 청소기의 흡입팩, 침대시트 등에 사용

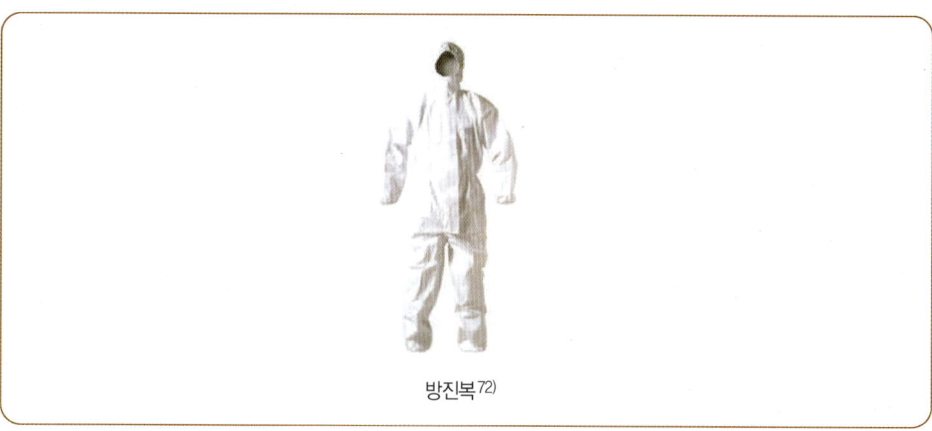

방진복[72]

---

71) http://www.tradekorea.com/product-detail/P00124748/_______.html
   http://www.history-of-armor.com/KevlarArmor.html
72) http://www.myuni.co.kr/src/products/products_detail.php?product_mst_id=0041_00009

(5) 쾌적 소재

① 흡수 속건성 소재

- 표면의 조면화나 이형단면화, 친수성 고분자를 투입시켜 방사하는 형태로 친수성을 가진 소재
- 합성 섬유의 낮은 친수성을 보완
- 단시간에 땀을 흡수하여 증발하는 속건 기능도 함께 부여

② 투습 방수 소재

- 빗방울은 막아주고 인체에서 나오는 땀은 투과시키는 기능
- 기체와 액체 상태의 물분자의 크기를 고려해 액체는 투과하지 못하고 기체는 투과하는 미세기공 형성
- 스포츠 소재 분야에서 많이 이용

③ 보온성 소재

- 정지된 공기층을 이용하여 전도율을 낮추어 보온성 향상
- 인체에서 발산하는 열이나 태양열을 흡수하여 방출하거나 축적하는 방법으로도 보온성 향상
- 경량화, 높은 통기성과 투습성을 가진 소재로 개발
- 내의와 등산복과 같은 야외 스포츠의류에 주로 이용

발열 소재[73]

---

73) http://www.hankyung.com/news/app/newsview.php?aid=2010112109341

고감성 소재

1. 시감 소재

(1) 고발색성 소재

① 섬유와 염료의 결합을 개량하여 발색력 증가

② 옷좀나방의 눈 원리(Moth Eye Principle)를 섬유에 적용시켜 섬유 표면을 조면화

③ 섬유의 빛 굴절률을 낮추어 심색효과 강화

(2) 편광 소재

① 몰포나비의 날개 구조를 모방하여 깊은 홈을 가진 다중편평 섬유를 제조

② 편평 섬유가 꼬이면서 깊고 가는 홈이 생김 → 깊고 선명한 색상을 다양하게 표현

몰포나비와 섬유[74]

2. 방향 소재

① 현대의 정신 건강과 스트레스를 완화시키는 작용의 목적으로 관심 증대

② 마이크로캡슐에 방향제를 넣어 마찰에 의해 캡슐이 터지면서 향기 방출

③ 섬유 방사 시 방사원액에 향료를 넣어 방사

3. 촉감 소재

(1) 피치 스킨 라이크(Peach Skin Like) 소재

① 초극세사 섬유를 이용하여 제직 후 기모가공

② 부드러운 촉감과 풍부한 표면감을 제공

③ 직물 밀도가 증가하여 투습방수 기능 소유

④ 볼륨감과 자연스러운 드레이프성 효과

---

74) http://www.hellodd.com/Kr/DD_News/Article_View.asp?mark=21861

피치 스킨 라이크 소재[75]

(2) 뉴 워스티드(New Worsted) 소재

① 자연스러운 외관과 풍부한 탄력성을 가진 소재

② 폴리에스테르에 모섬유의 외관과 특성을 구현

③ 복합가연으로 권축을 생성시켜 모직물과 같은 느낌 부여

④ 추동용 남녀의류에 사용

(3) 뉴 실키 소재

① 천연견을 모방한 소재

② 삼각단면 섬유개발을 비롯하여 알칼리 감량가공기술을 통하여 표면 개질

③ 인공적인 촉감과 외관을 개량하여 자연스럽고 고급스러운 표면 연출

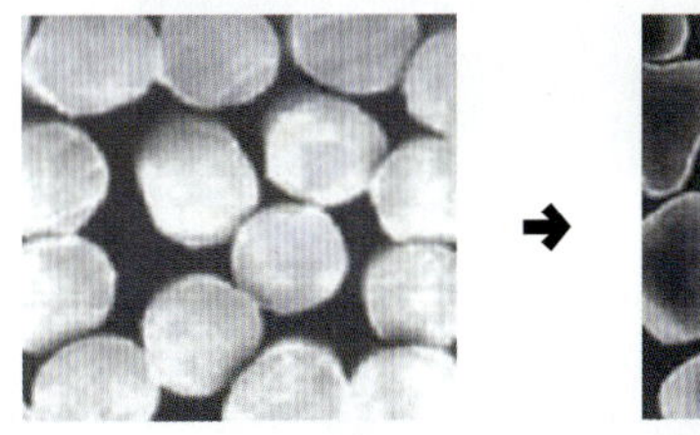

뉴 실키 가공 원리[76]

(4) 레더 라이크(Leather Like)소재

① 천연 피혁의 관리상의 단점을 보완한 소재

② 가볍고 관리가 쉬움

③ 천연 피혁의 고급스러운 외관과 풍부한 감촉을 소유

④ 스웨이드 타입 소재는 천연 제품보다 뛰어남

---

75) http://www.globaltextiles.com/tradeleads/detail/004/331972/Sell-polyester-peach-skin.html
76) http://blog.naver.com/PostView.nhn?blogId=sinil1996&logNo=120053113620&redirect=Dlog&widgetTypeCall=true

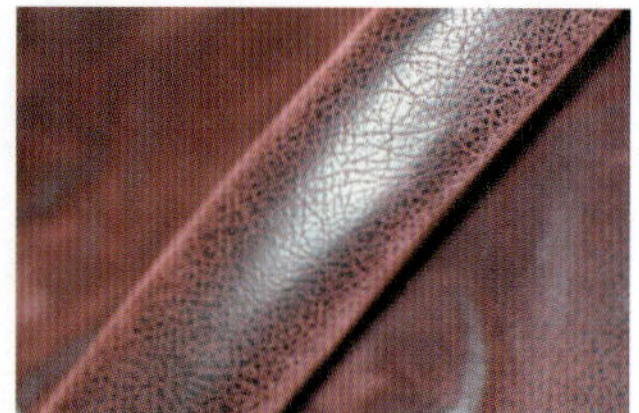

레더 라이크 소재[77]

4. 지능 소재

(1) 카멜레온 소재

① 보는 각도에 따라 달라지는 소재

② 반사 기능이 다른 중합체를 층으로 정밀하게 결합하여 다양한 색 구현

③ 내열성이 있는 비금속 재료 사용

④ 신발, 의류, 인테리어 소재로 이용

카멜레온 소재[78]

(2) 형상기억 섬유

① 형상기억합금의 프로그램을 섬유에 넣은 소재

② 기온에 따라 소재의 물리적 성질 조절

③ 온도에 민감하여 형상회복 능력에 영향을 미침

77) http://www.etsy.com/listing/37872577/leather-like-fabric-wide
78) http://www.wigkorea.co.kr/119WIG/content.jsp?sid=2009100002523794&ctid=2009100000038174&cnid=2009100000039237&code_type=30

PART 04
패션 소재 응용

Chapter 01 소재의 분류

⚙ 소재의 질감별 분류

1. 표면에 따른 분류

(1) 특징

① 소재에서 시각적으로 보이는 특성

② 기본적으로 직물의 섬유, 실이 시각적인 효과를 결정

③ 빛에 대한 반사, 투과, 흡수 정도에 따라 질감이 변함

(2) 구분

① 차가운 소재

- 직물 표면의 빛 반사가 강한 소재
- 우주복과 같은 미래 지향적 느낌과 무대의상과 같은 화려한 연출 효과
- 비닐, 레더, 메탈과 같은 소재

차가운 소재[1]

1) http://www.ifp.co.kr/include/print.asp?theme_contents_idx=2102

　http://blog.naver.com/PostView.nhn?blogId=pshamour&logNo=50047498805

　http://blog.naver.com/PostView.nhn?blogId=blingmedia&logNo=50096878012&redirect=Dlog&widgetTypeCall=true

② 따뜻한 소재

- 부드럽고 우아한 광택이 나는 소재
- 기모나 파일직물처럼 수많은 잔털 섬유가 빛을 반사하여 풍부한 표면 효과 줌
- 니트, 벨벳, 모피 등의 소재

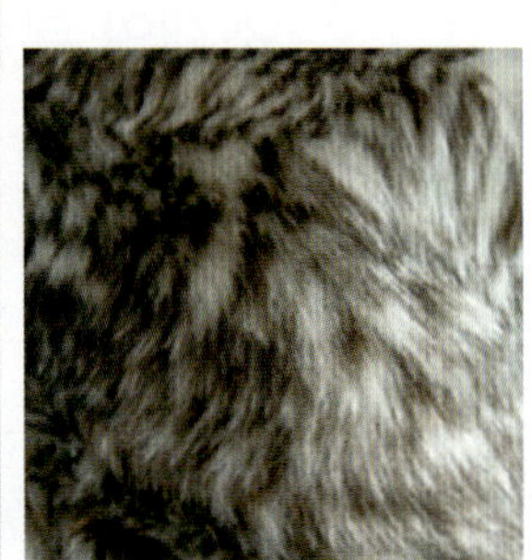

따뜻한 소재[2]

2. 촉감에 따른 분류

(1) 특징

① 표면의 요철감이나 굴곡의 정도에 따른 분류

② 섬유 자체의 표면 값에 많이 따름

③ 섬유나 직물의 가공법, 직조법에 따라 변하게 할 수 있음

(2) 구분

① 거친 소재

- 표면이 거칠고 요철감이 있는 소재
- 홈스펀이나 트위드 등은 따뜻한 느낌을 주는 거친 소재
- 마직물은 시원한 느낌과 까슬거리는 촉감을 동시에 부여

2) http://1004yo.com/contents/know03_view.asp?qnaid=100106568&groupid=1
http://divinadress.com/front/php/product.php?product_no=51&main_cate_no=1&display_group=3
http://www.7735.com/ko/sale/%EA%B0%80%EC%A7%9C-%EB%AA%A8%ED%94%BC-ch091

거친 소재[3]

② 부드러운 소재

- 따뜻한 느낌과 함께 부드러운 촉감을 주는 섬유
- 표면에 기모 가공이나 모 · 헤어 섬유 등을 사용
- 실크나 레이온 직물처럼 냉감이 돌면서 부드러운 소재도 있음

부드러운 소재[4]

3) http://blog.naver.com/PostView.nhn?blogId=urmook&logNo=60118110491&redirect=Dlog&widgetTypeCall=true
http://blog.daum.net/032786/8104742
http://1000gage.tistory.com/tag/%EC%9B%90%EB%8B%A8%EC%9A%A9%EC%96%B4
4) http://1004yo.com/contents/know03_view.asp?qnaid=100106568&groupid=1
http://blog.naver.com/PostView.nhn?blogId=zero1594&logNo=50126525686&categoryNo=249&viewDate=¤tPage=1&listtype=0
http://www.retrogirls.co.kr/src/board/board_view.php?board_id=board_046&board_article_id=12

3. 무게에 따른 분류

(1) 특징

　① 소재의 무게는 인체의 의복압에 관한 것으로 착용성에 영향을 끼침

　② 기본적으로 섬유의 종류에 따라 달라지지만 제직법에 의해서도 변함

　③ 너무 가볍거나 무거운 소재는 인체의 활동을 방해

(2) 구분

　① 무거운 소재

- 활동 시 지장이 없을 정도의 무게를 가져야 함
- 현대에는 점차 경량의 소재를 추구
- 겨울에는 약간의 무게가 있는 소재가 적당
- 일반적으로 무거운 소재는 마찰이나 마모에 동종의 경량 소재보다 상대적으로 잘 견딤
- 비즈나 다른 장식요소에 따라 전체 의복의 무게가 변함

무거운 소재[5]

　② 가벼운 소재

- 피부가 옷감에 비춰보이는 듯한 가벼운 소재
- 밀도를 작게 제직한 소재
- 시스룩처럼 노출이 있는 여성스러운 느낌 표현
- 시폰, 망사, 레이스, 실크 등

5) http://blog.naver.com/PostView.nhn?blogId=bultaewoo&logNo=50082223325
　http://www.bubbleandchic.co.kr/front/php/product.php?product_no=6554&main_cate_no=7&display_group=
　http://www.wefnews.co.kr/vlink/71590

가벼운 느낌의 소재[6]

4. 태에 따른 분류

(1) 특징

① 의복 착용 시 가장 많이 고려되는 요소

② 섬유의 강성도(Stiffness), 강직도(Rigidity)에 따라 변함

(2) 구분

① 빳빳함

- 일반적으로 몸에서 약간의 여유를 두고 떨어진 태를 유지
- 섬유의 탄성과 레질리언스에 따라 구김 발생
- 형태안정성이 좋고, 인체에 밀착하지 않으므로 활동성 있음
- 마직물 계열

---

6) http://www.wefnews.co.kr/vlink/68894
http://theme.azoomma.com/phototalk/index.htm?pageMode=photoView&boardIdx=969&photoThemeIdx=10&page=15
http://www.ikissyou.com/IKY_KissZine/kisszine_board_index.asp?num=2197&board_id=113
http://1004yo.tistory.com/200

빳빳한 느낌의 소재[7]

② 유연함

- 드레이프성이 좋아 드레스, 블라우스, 셔츠로 많이 이용할 수 있는 소재
- 움직임이 많으므로 방추성이 있어 구김이 덜 발생해야 함
- 여성스럽고 우아한 이미지
- 다양한 디자인과 연출 가능
- 실크, 레이온 등

유연한 느낌의 소재[8]

7) http://m.blog.ohmynews.com/jisirang/119118
   http://blog.naver.com/PostView.nhn?blogId=styleonme&logNo=30114543750&parentCategoryNo=34&viewDate=¤tPage=1&listtype=0
   http://www.footluxe.com/2011/08/lanvin-fall-winter-2011-2012-advertising-campaign-by-steven-meisel/
   http://blog.naver.com/PostView.nhn?blogId=scoop17&logNo=146072448
8) http://www.tradekorea.com/e-catalogue/thetex/product-detail/P00106891/___.html
   http://wedding21.tistory.com/4275
   http://www.pinspire.de/pin/show/134391

③ 풍성함

- 부풀린 듯한 풍성한 이미지
- 기모 가공이나 여러 개의 직물을 겹쳐서 볼륨 증가
- 알파카, 벨벳, 모헤어 등

풍성한 느낌의 소재[9]

⚗ 소재 표현 이미지 분류

1. 전통적 이미지

(1) 특징

① 샤머니즘과 지역적 기후, 주위 환경 등을 소재로 표현된 패턴

② 각 국가와 사회 특유의 미적 감각, 사상 등이 반영

③ 로마, 그리스, 비잔틴, 고딕, 르네상스 등의 역사적 패턴 이미지

④ 주로 자연환경을 이용한 화려한 색상을 사용

(2) 동양적 이미지

① 중국

- 붉은색 원단에 금실로 화려하게 수놓음
- 용과 봉황은 왕권을 상징
- 불교문화로 연꽃이나 종과 같은 무늬도 있음
- 주로 원형의 큰 모티브를 규칙적으로 배열한 형태

9) http://noonsquarelife.net/768

http://blog.naver.com/PostView.nhn?blogId=anesnam&logNo=150090210218

중국의 기본 원형 모티브[10]

중국 전통 의상[11]

② 일본

- 여러 가지 색상을 사용하여 정교하면서도 화려한 패턴을 장식
- 일본 고유 꾸밈의 미의식을 표현
- 불교문화에서 발전한 화려한 장식
- 벚꽃이나 새 등 자연환경을 주제로 한 모티브

일본 전통 패턴[12]

일본 전통 의상[13]

10) http://blog.naver.com/ginhair79?Redirect=Log&logNo=50011507638

11) http://lsk0234.egloos.com/8282445

12) http://blog.naver.com/na_lover?Redirect=Log&logNo=120050438670

13) http://www.asian-culture-shop.com/dk.asp?a=%EC%9D%BC%EB%B3%B8%EC%9D%98+%EC%A0%84%ED%86%B5+%EA%B8%
B0%EB%AA%A8%EB%85%B8+%EB%B3%B5%EC%9E%A5+%2D+%EB%A7%A4%ED%99%94&d=4895

③ 한국

- 각각의 모티브에 따른 상징성이 강함
- 행복과 자손의 번성을 기원한 이미지
- 유교 문화의 영향 → 단순하며 상징적인 해학미
- 면 분할과 기하학적인 패턴의 조형미

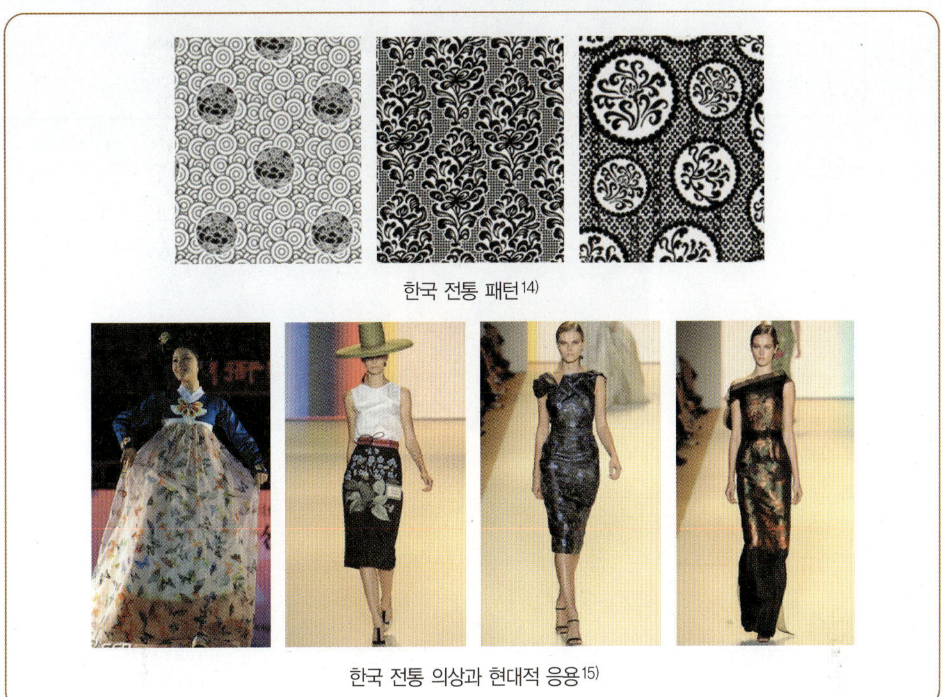

한국 전통 패턴[14]

한국 전통 의상과 현대적 응용[15]

④ 기타 국가

- 태국

태국 전통 패턴[16]

14) http://9glory.tistory.com/32

15) http://blog.joinsmsn.com/media/folderListSlide.asp?uid=taiyoon&folder=49&list_id=12280749
http://blog.naver.com/PostView.nhn?blogId=coco0080&logNo=10094110593

16) http://www.123rf.co.kr/photo_8898093_pattern-of-thailand-native-cloths.html

• 인도네시아

인도네시아 전통 패턴[17]

• 인도

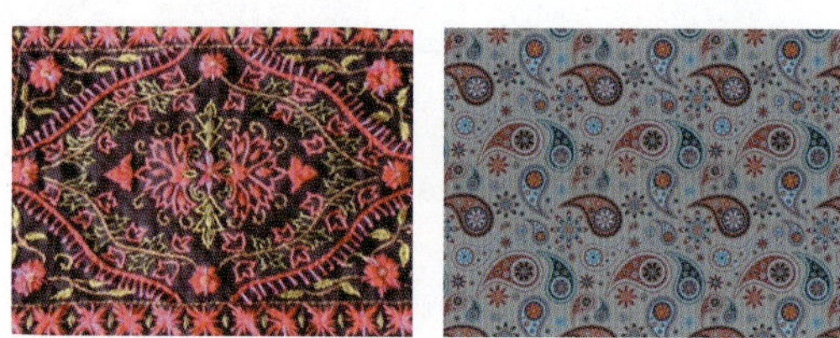

인도 전통 패턴[18]

(3) 서양적 이미지

① 하와이

- 강렬하고 화려한 열대지방 특색
- 열대의 식물, 과일, 파도 등을 모티브로 이미지화

하와이 전통 패턴[19]　　　　하와이 전통 패턴 의상[20]

17) http://discover-indo.tierranet.com/batikpag6.htm

18) http://natashaward11.wordpress.com/category/fashion/

19) http://www.superstock.com/stock-photos-images/1525R-106294
　　http://www.flickr.com/photos/jlt/170642894/

20) http://www.squidoo.com/hawaiian-shirts-papayasun

② 미국

- 도형이나 기하학적인 무늬를 이용한 면 분할

미국 전통 패턴[21]

③ 로마

- 의복의 패턴보다는 창이나 병기에 새긴 심벌 발달
- 한두 가지의 단순한 색상을 사용하여 정교하고 복잡한 무늬 형성

로마의 전통 방패 문양[22]

④ 그리스

- 위치(바깥, 안쪽)에 따라 모티브가 달라짐
- 영원을 상징하는 종, 올리브 나무, 나뭇잎, 장미 등을 사용
- 신화적 요소를 모티브로 사용

21) http://www.flickr.com/photos/fabtalk/3666361531/
22) http://www.fashion-era.com/ancient_costume/roman-battle-dress.htm

그리스 전통 패턴[23)]

⑤ 이집트

- 대칭과 균형이 맞추어진 이미지
- 면 분할을 통해 다채로운 색상 표현
- 나일강과 해를 모티브로 사용하여 영원과 부를 상징

이집트 전통 패턴[24)]

⑥ 기타 국가

- 터키

터키 전통 패턴[25)]

23) http://www.marcels-kid-crafts.com/greek-symbol.html
24) http://free-stainedglasspatterns.com/2egyptian.html
   http://fac-web.spsu.edu/math/tile/grammar/egypt/egypt5a.htm
25) http://www.thegiant.org/wiki/index.php/Turkish_Pattern_Red_HPM_on_Paper

• 러시아

러시아 전통 패턴[26]

2. 현대적 이미지

(1) 옵티컬(Optical Pattern)

① 옵티컬 아트에서 영향을 받은 패턴

② 직선과 곡선에 의한 평면 분할로 착시 효과를 냄

③ 현대의 모던한 이미지

④ 움직이는 이미지를 표현

옵티컬 이미지[27]

26) http://www.marianna-ceramics.com/id15.html
27) http://blog.naver.com/PostView.nhn?blogId=022088&logNo=110080467659
http://blog.naver.com/PostView.nhn?blogId=gpalsl1234&logNo=20119297275&viewDate=¤tPage=1&listtype=0

⑵ 도트(Dot)

① 원이나 점 을 이용하여 패턴화

② 여성스러움, 귀여움, 경쾌함, 시원함, 천진난만함 등의 이미지 표현

③ 유아복에서 성인복까지 다양한 연령층에서 사용

④ 의류, 잡화 외에 벽지나 인테리어 소품에도 사용

⑤ 도트의 크기를 조절하여 이미지 효과의 변화를 줌

⑥ 폴카 도트, 핀 도트, 코인 도트, 팬시 도트 등이 있음

다양한 도트 디자인[28]

도트 활용[29]

28) http://www.kaneva.com/asset/assetDetailsFullScreen.aspx?assetId=6536748
http://stepnumber.my3gb.com/che/myspace-layouts-with-polka-dots.html
http://www.pixelscrapper.com/marisa-lerin/assets/pink-polka-dot-paper-3-dots-image-commercial-use-digital-scrapbooking-free-downl
29) http://solblog.co.kr/161
http://blog.daum.net/dotcocomd

(3) 스트라이프(Stripe)

① 줄무늬의 패턴으로 이미지 효과

② 줄무늬의 넓이나 모양 등으로 효과가 변함

③ 줄무늬의 방향에 따라 착시효과 발생 → 시선효과를 이용하여 체형 결점 보완

④ 줄무늬의 넓이가 넓을수록 남성적 이미지, 가늘수록 여성적 이미지

⑤ 수평무늬는 안정됨, 평안한 느낌을 주며 수직무늬는 긴장과 날카로운 느낌을 줌

⑥ 가로줄은 방향에 의해 넓고 퍼져 보이게 하며 세로줄은 가늘고 길게 보이게 함

⑦ 원단의 신축성에 따라 효과가 반전될 수 있으므로 주의

⑧ 종류

- **핀 스트라이프(Pin Stripe)** : 핀과 같은 작은 점이 연속적으로 나타나 있는 것 같은 가는 줄무늬로 조금 큰 점이 연결되어 있는 줄무늬는 도티드(Dotted) 스트라이프라 함
- **펜슬 스트라이프(Pencil Stripe)** : 가는 선이 0.5~1cm정도의 간격으로 반복되는 패턴으로 모직물에 많이 사용되고 어두운 바탕색에 가는 흰 선의 줄무늬를 쓰는 것이 일반적
- **초크 스트라이프(Chalk Stripe)** : 옷감 위에 분필로 선을 그은 것 같은 느낌의 약간 굵은 줄무늬로 어두운 색의 모직 원단에 밝은 색상의 선을 넣는 것이 일반적
- **더블 스트라이프(Double Stripe), 트리플 스트라이프(Triple Stripe)** : 세로 줄무늬 선이 2줄씩 편성되어 늘어선 줄무늬를 더블 스트라이프, 3줄 늘어서 있는 무늬를 트리플 스트라이프라고 함
- **스티치 스트라이프(Stitched Stripe)** : 굵은 실 혹은 가는 실로 스티치 한 것 같은 느낌을 갖게 하는 형태
- **헤링본 스트라이프(Herringbone Stripe)** : V자 모양이 반복되는 능직의 패턴
- **캔디 스트라이프(Candy Stripe)** : 선명한 컬러로 구성된 줄무늬
- **얼터네이트 스트라이프(Alternate Stripe)** : '교대 줄무늬'라는 뜻으로, 두 종류의 서로 다른 스트라이프가 하나씩 걸러서 교대로 배열된 스트라이프 패턴
- **블록 스트라이프(Block Stripe)** : 동일한 폭의 스트라이프가 같은 간격으로 배열된 문양

핀 스트라이프  펜슬 스트라이프  초크 스트라이프

더블 스트라이프 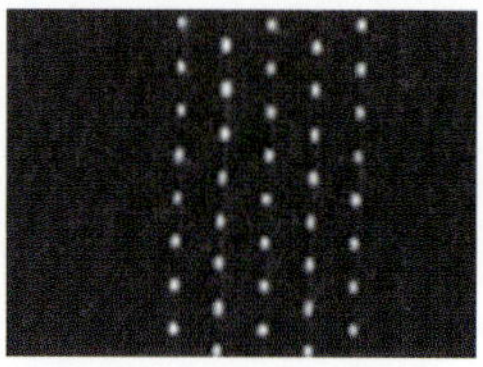 스티치 스트라이프  헤링본 스트라이프

캔디 스트라이프  얼터네이트 스트라이프  블록 스트라이프

스트라이프의 종류[30]

스트라이프 활용[31]

30) http://blog.naver.com/theriviera?Redirect=Log&logNo=40143475341
　　http://050821.tistory.com/18
31) http://www.hipsterchic.com/techno-tiger-striped-dress/
　　http://www.exoticexcess.com/apparel/diane-von-furstenberg-row-stripe-nautical-jersey-dress/
　　http://martafacts.blogspot.com/2011/03/stripes-stripes-stripes.html

(4) 체크(Check)

① 직조를 통하여 경사와 위사가 교차하며 구성되는 패턴

② 고전 문양부터 현대까지 종류가 수 백 가지가 있음

③ 체크패턴 활용이 디자인 요소로 고려

④ 바둑판 체크무늬와 선의 교차로 얻어지는 체크무늬가 있음

⑤ 종류

- 글렌 체크(Glen Check) : 스코틀랜드 지방에서 많이 착용되었으며 경사와 위사에 색상차가 큰 실을 이용하여 체크와 스트라이프가 교차로 나타나는 직물로 신사, 숙녀 수트용으로 많이 사용
- 깅엄 체크(Gingham Check) : 흰색과 색사를 이용하여 동일한 간격의 작은 사각형의 무늬가 나타나는 대표적인 체크 조직물로 여름 테이블 크로스나 커튼, 평상복, 스포츠 셔츠, 여성의 원피스까지 폭 넓게 사용
- 바스켓 체크(basket Check) : 세로 줄무늬와 가로 줄무늬를 조합하여 체커 보드 모양으로 구성된 무늬
- 버버리 체크(Burberry Check) : 버버리에서 의장 등록하여 버버리에서만 볼 수 있는 대표적인 아이템
- 블록 체크(Block Check) : 흰색과 검정색 또는 서로 다른 두 색이 교대로 바둑판처럼 4각의 블록으로 늘어서 있는 격자무늬
- 얼터네이트 체크(Alternate Check) : 서로 다른 두 종류의 격자무늬로 구성된 체크
- 윈도우 페인(Window Pane) : 창유리 같은 격자무늬가 나타나는 직물로 한 줄 또는 두세 줄의 심플한 가로 세로 선이 만나는 체크무늬
- 셰퍼드 체크(Shepherd Check) : 본래는 약 1/4인치(약 6.4mm)폭의 흰색과 마찬가지로 1/4인치의 검정색 또는 갈색의 사선무늬 방적 짠 격자무늬
- 타탄 체크(Tatan Check) : 여러 색의 줄무늬를 직각으로 교차시켜 결합한 격자무늬로 일반적으로 색수가 풍부하고 격자는 크며 세로, 가로의 비는 동일
- 태터솔 체크(Tattersall Check) : 밝은 바탕색에 두 색의 비교적 가느다란 격자가 겹쳐진 이중격자
- 트위드(Tweed) : 비교적 굵은 양모를 사용하여 평직 또는 능직으로 직물을 짠 다음, 축융 또는 기모 등의 가공을 하여 표면에 거친 감촉을 나타낸 모직물 또는 유사한 모직물
- 플레이드 체크(Plaid Check) : 깅엄 체크와 같은 형태로 세 가지색 또는 그 이상을 사용한 것
- 하운드 투스 체크(Hound's Tooth Check) : 개의 치아라는 의미로 무늬가 이와 비슷하기 때문에 붙여진 명칭으로 체크 소재의 대표적인 조직이며 신사 재킷용 소재로 많이 사용

건클럽 체크　　　　태터솔 체크　　　　윈도우 팬 체크

셰퍼드 체크　　　　깅엄 체크　　　　얼터네이트 체크

타탄 체크　　　　핀 체크　　　　하운드 투스 체크

글렌 체크　　　　트위드 체크　　　　버버리 체크

체크의 종류[32]

체크의 활용[33]

32) http://blog.naver.com/hdj7100?Redirect=Log&logNo=60123707012
　　http://blog.naver.com/PostView.nhn?blogId=mirazzan71&logNo=10122523713
　　http://likenoone.egloos.com/1604984
　　http://blog.naver.com/PostView.nhn?blogId=ajussi999&logNo=120102895570&redirect=Dlog&widgetTypeCall=true
33) http://blog.naver.com/PostView.nhn?blogId=nb_lifestyle&logNo=40139123246

(5) 캐릭터(Character)

① 만화의 캐릭터를 이용하여 상품화

② 대표적으로 디즈니와 일본의 키티 등이 있음

캐릭터 패턴[34]

(6) 타이포그래피(Typography)

① 문자나 숫자를 모티브로 하여 이미지화한 패턴

② 메시지를 전달하는 상징적인 개념으로 많이 사용

타이포그래피 패턴[35]

34) http://blog.naver.com/PostView.nhn?blogId=jet0501&logNo=140105321251&categoryNo=23&viewDate=¤tPage=1&listtype=0

35) http://blog.naver.com/PostView.nhn?blogId=magschoice&logNo=20138029794&categoryNo=122&viewDate=¤tPage=1&listtype=0

(7) 카머플라주(Camouflage)

① 자연의 보호색이나 무늬를 표현

② 대표적으로 밀리터리룩

카머플라주 패턴[36]

3. 시대적 · 예술적 이미지

(1) 아르누보(Art Nouveau)

① 1890년대의 미술 양식

② 자연색을 사용한 식물을 모티브로 패턴화

③ 유기적인 곡선으로 자연미 표현

아르누보 패턴[37]

36) http://www.ikissyou.com/IKY_KissZine/kisszine_board_index.asp?num=1896&page=2&ser_gbn=&board_id=99&order=N&ser_text=
37) http://blog.naver.com/PostView.nhn?blogId=1pinkbox1&logNo=120090486147&parentCategoryNo=12&viewDate=¤tPage=1&listtype=0

(2) 아르데코(Art Deco)

① 1920~1930년대 미술양식

② 모던한 패턴의 시작점

③ 강렬한 원색을 사용하여 직선과 곡선의 리드미컬한 조합

④ 기하학적인 추상패턴

아르데코 패턴[38)]　　　　　　아르데코 패턴의 활용[39)]

(3) 기타

① 비잔틴(Byzantine)

비잔틴 패턴[40)]　　　　　　비잔틴 패턴의 활용[41)]

38) http://designbook1991.cafe24.com/shop/item.php?it_id=1193989052

39) http://luxury.design.co.kr/in_magazine/sub.html?at=view&p_no=105&info_id=42090&c_id=00010001

40) http://blog.naver.com/PostView.nhn?blogId=justinceo&logNo=30083000959

41) http://armk.egloos.com/m/1593052

② 로코코(Rococo)

로코코 패턴[42]

③ 바로크(Baroque)

바로크 패턴[43]

42) http://photoshop-kopona.com/15207-pepin-press-rococo-patterns.html
43) http://funky44.com/tag/patterns

Chapter 02 　소재 활용

∞ 소재 코디네이션

1. 질감에 따른 코디네이션

(1) 동일한 소재 코디네이션

　　① 비슷한 느낌의 소재를 사용하여 통일감을 줌

　　② 심플하며 모던한 느낌 부여

동일한 소재 코디네이션44)

⑵ 유사한 소재 코디네이션

　　① 질감이 비슷한 소재를 코디하여 약간의 변화와 균형을 동시에 맞춤

　　② 광택이나, 태의 비슷한 느낌 연출

유사한 소재 코디네이션45)

---

44), 45) http://blog.naver.com/PostView.nhn?blogId=mjkiming&logNo=110096235973&viewDate=¤tPage=1&listtype=0

(3) 다른 소재 코디네이션

① 종류가 다른 소재를 이용

② 각각의 소재의 고유한 이미지가 상반되므로 이질적인 느낌 부여

③ 신선한 반면, 어울리지 않은 소재의 조합은 단점이 될 수 있으므로 주의

④ 응용범위가 넓고 개성적인 패션 연출 가능

다른 소재 코디네이션46)

2. 패턴별 코디네이션

(1) 동일 패턴 코디네이션

① 같은 패턴의 소재를 사용

② 패턴이 지나치게 반복되거나 단순하면 지루함을 줄 수 있음

③ 같은 패턴의 다른 소재나, 패턴의 크기 변화를 통해 보완

동일한 패턴의 코디네이션47)

---

46), 47) http://myvenus.co.kr/45304

(2) 유사한 패턴 · 동일한 감성 코디네이션

① 동일한 감성을 가진 소재를 선택하여 패턴은 다르지만 통일성을 부여

② 동일한 패턴 코디네이션보다 신선하지만 패턴의 크기와 문양을 세심히 선택할 필요가 있음

유사한 패턴 코디네이션[48]

(3) 대조적 패턴 코디네이션

① 시각적으로 유도하기 위한 연출

② 상반되는 패턴이나 이미지를 코디네이션

③ 주로 솔리드에 패턴을 추가

④ 효과를 증대하기 위해서 다른 감성의 패턴 문양을 코디하여 양극적 감성을 모두 표현

대조적 패턴 코디네이션[49]

48) http://solblog.co.kr/128
49) http://www.w-market.co.kr/bbs/board.php?bo_table=fashionstreet&wr_id=1454&sca=%B1%E2%C5%B8&page=7
http://blog.naver.com/PostView.nhn?blogId=bin_87961257&logNo=110120136983&redirect=Dlog&widgetTypeCall=true

3. 스타일별 코디네이션

(1) 엘레강스(Elegance)

① 고상하고 품위 있는 여성스러운 스타일

② 귀부인과 같은 이미지로 양질의 소재와 고급스러운 분위기 연출

③ 오간자, 론, 모피, 인조 가죽, 머슬린, 서지, 새틴, 트위드, 저지, 조젯, 다머스크, 아문젠, 모헤어 등과 같은 소재 사용

④ 따뜻하면서 온화한 소모직물, 기모 가공한 울, 트위드의 고급스러움, 하운즈 투스 문양의 클래식함을 표현

엘레강스 스타일[50]

50) http://nymag.com/daily/fashion/2007/02/andre_leon_talley_sees_america.html
http://fashion-withstyle.com/2010/11/12/shoes-and-bags-work-well-to-add-style-to-your-clothes/

(2) 로맨틱(Romantic)

① 낭만적이고 몽상적인 감성

② 화려하고 장식적이고 밝은 느낌의 이미지

③ 컬러풀한 소재와, 엠브로이더, 플로랄 패턴, 리본이나 비즈를 사용하여 화려하게 장식

④ 새틴, 시폰, 망사, 벨벳, 린넨, 개버딘, 모피, 패턴이나 문양을 활용한 직물 등

로맨틱 스타일[51]

51) http://www.styleguru.com/entry/romantic-fashion-personality/
　　http://www.fabsugar.com/Romantic-Fashion-Elle-Magazine-16500176

(3) 소피스티케이티드(Sophisticated)

① 세련되고 도시적인 감성

② 인공적이고 도회적, 지적이고 교양 있는 여성의 이미지

③ 단순하며 간결한 프린트나 패턴을 사용, 광택이 있는 유사한 소재의 조합, 얇고 유연한 소재로 모
던하고 차분하면서 침착한 느낌을 표현

④ 론, 서지, 새틴, 트위드, 피케, 개버딘, 조젯, 니트 등

소피스티케이티드 스타일[52]

---

52) http://girldir.com/fashion-designers/sophisticated-modern-one-kind-vicente-villarin

(4) 모던(Modern)

① 지적이고 현대적인 감성

② 반문화적이고 합리적이며 하이테크와 옵아트를 사용하거나 기하학적이고 큐비즘의 이미지

③ 신소재나 기하학 문양의 아르데코 스타일 소재 사용

④ 리오셀, 그로스그레인, 피케, 플라스틱, 비닐론, 폴리 소재 등

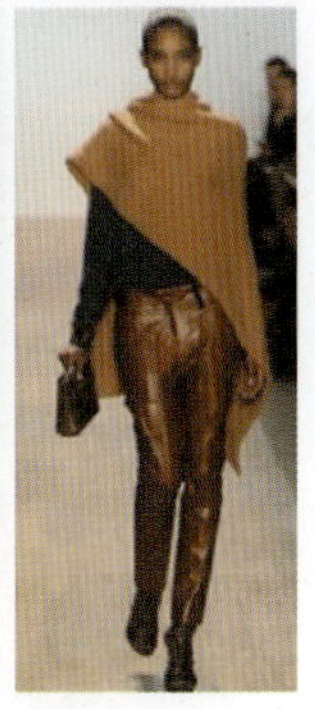

모던 스타일[53]

53) http://www.modernfashionstyle.com/women-clothing-spring/modern-fashion-style-wekk/
http://fashioninyear.com/fashion-trends-spring-2011-with-colorful-jumpsuit-design.html

(5) 스포티(Sporty)

① 밝고 건강한 감성

② 활동적이고, 경쾌하며, 건강하고, 화려한 이미지

③ 운동 시 편안한 가벼운 소재, 치밀하고 견고한 소재, 신축성과 마모강도가 높은 소재

④ 면, 개버딘, 데님, 니트, 폴리에스터, 폴리우레탄 소재, 후가공된 원단

스포티 스타일[54]

54) http://girldir.com/fashion-trends/sporty-glam-look
http://www.instyle.com/instyle/package/springtrends/photos/0,,20460115_20459065_20902358,00.html

(6) 매니시(Mannish)

① 자립심이 강한 남성 취향의 감성

② 독립적이고 기능적이며 합리적, 서구적 이미지

③ 단순하며 간결한 패턴, 거친 소재 혹은 광택이 있는 고급스러운 소재

④ 옥스퍼드, 플란넬, 색소니, 서지, 가죽, 펠트 등

매니시 스타일[55]

55) http://wevegotstyle.iblog.co.za/2007/10/
　　http://cafe.naver.com/mbc1005/591

(7) 에스닉(Ethnic)

① 신비롭고 자유로운 감성

② 과거에 대한 향수와 전통적이고 민속적인 오리엔탈 이미지

③ 자수 원단, 화려한 문양과 패턴, 비즈나 미러 등으로 장식, 이국적 소재

④ 실크, 하부다에, 서지, 벨로아, 양단, 자카드, 브로케이드, 다마스크 등

에스닉 스타일[56]

(8) 안티 소사이어티(Anti Society)

① 거칠면서 반사회적인 감성

② 비현실적이며 현실에 적응하지 못하여 일탈의 히피 이미지

③ 가볍고 하늘거리며, 단순하고 간결, 믹스매치의 소재

④ 옥스퍼드, 개버딘, 데님, 가죽, 모피, 린넨 등

안티 소사이어티 스타일[57]

56) http://fashiontribes.typepad.com/main/2007/06/an-ethnic-chic-.html
http://www.timesofmalta.com/articles/view/20111120/fashion-beauty/French-designer-Guilet-puts-ethnic-Romania-on-catwalk.394856
57) http://styleneighborhood.com/trends-in-hippie-style
http://www.centrefashion.com/learning-your-ways-with-hippie-clothes.html/learning-your-ways-with-hippie-clothes3

소재 기획

1. 소재 기획 정의와 필요성

(1) 소재 기획

의도하는 상품을 만들기 위해 필요한 패션 스타일을 연출 가능한 소재를 다각도에서 검토하고 선별하는 작업이다.

(2) 소재 기획의 필요성

① 포스트모더니즘의 시대에서 디자인만의 개혁은 한계

② 신소재 개발과 함께 다양한 소재 선택의 기회 증가

③ 소재를 통하여 실루엣이나 조형적 요소를 고려

④ 의복 부가가치의 20%를 직물 단계에서 형성

소재 기획 과정[58]

2. 소재 기획의 준비와 과정

(1) 소재 기획의 준비

소재와 관련된 여러 가지 정보를 수집하여 분석한 후, 종합하여 가장 효과적인 방향을 확정한다.

① 섬유에 대한 기본 지식 습득
- 각각의 소재의 특성에 대한 지식
- 직물의 가공이나 직조법에 대한 지식
- 직물의 태에 대한 예측

---

58) http://www.repeatnorepeat.com/blog/textiles/

② 소재의 범위 결정

- 소재의 용도 결정 : 기능성이나 경제성 고려
- 디자인 결정 : 색상과 패턴, 질감과 태 고려
- 생산 과정 결정 : 봉재 후의 태 고려

(2) 소재 기획의 과정

① 소재 정보 수집

- 준비과정을 통하여 결정된 소재의 범위에 적합한 소재에 대한 정보 수집
- 대부분의 원단이 국외에서 생산되므로 패션 트렌드와 더불어 세계 시장에 대한 정보 수집
- 텍스타일 정보지나 박람회를 참여하여 새로 나온 소재에 대한 정보 습득
- 소비자 패턴 예측과 스타일 연출 대상의 라이프스타일 등에 관한 정보 수집

소재 정보 수집 단계[59]

59) http://news-imm.koelnmesse.info/en/category/pure-textile/

② 소재 방향 설정

- 수집한 정보를 기준으로 목표한 감성에 맞추어 소재의 성질 고려
- 물리적, 표면, 이미지, 시각적 감성 고려
- 각각의 통일된 이미지로 나눈 소재를 그룹화하여 이미지맵 제작

소재 방향 설정[60]

60) http://www.123rf.com/photo_6125397_green-and-red-print-interior-decoration-plan.html

③ 소재 결정

- 패스트 패션으로 인한 패션 다양화와 소비자의 개인 중심화를 고려
- 차별적인 스타일과 더불어 브랜드의 이미지에 맞는 소재 결정
- 소재의 감성적인 면과 더불어 생산성과 경제성 등을 고려
- 계절과 디자인 주제와 트렌드에 맞는 소재 선택

소재 결정61)

<hr>

61) http://www.europaregina.eu/trends/printsource_new_york-surface_design-textile_trends_2012_spring-01102010.htm

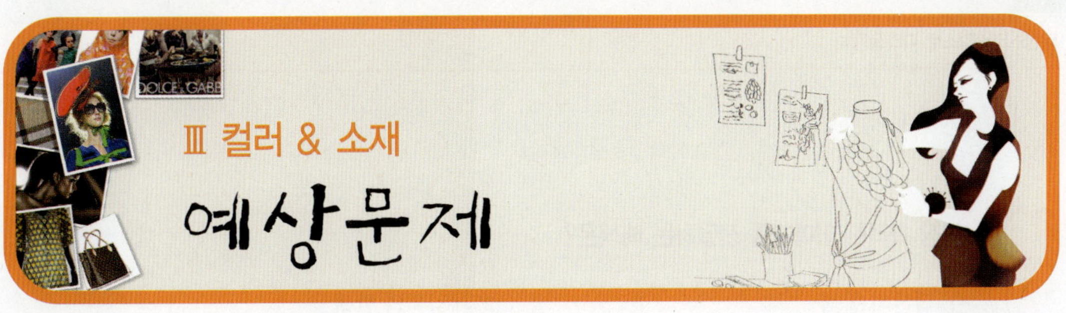

01 사과가 빨강색으로 보이는 이유는 무엇인가?

① 다른 색은 흡수하고 빨강색광만 반사하기 때문이다.

② 사과의 원래색이 빨강색이기 때문이다.

③ 다른 색은 반사하고 빨강색광만 흡수하기 때문이다.

④ 빨강색광만 굴절하기 때문이다.

해설 사물이 빛을 반사하여 눈의 시신경을 통해 색채로 지각한다.

02 먼셀의 5가지 원색과 오스트발트의 기본 8색의 공통색이 아닌 것은?

① 빨강 　　　　　　　　　　② 주황

③ 노랑 　　　　　　　　　　④ 파랑

해설 먼셀의 5가지 원색과 오스트발트의 기본 8색

- **먼셀의 기본 색상** : 5가지의 원색인 빨강(5R), 노랑(5Y), 녹색(5G), 파랑(5B), 보라(5P)를 기본색으로 설정하고, 중간에 각각의 물리적 보색에 해당하는 5가지의 색인 주황(5YR), 연두(5GY), 청록(5BG), 남색(5PB), 자주(5RP)를 추가하여 10가지 기본색을 설정하였다.
- **오스트발트의 기본 색상** : 노랑(Yellow), 빨강(Red), 남색(Ultramarine Blue), 청록(Sea Green)의 4색을 기준으로 사이에 주황(Orange), 보라(Purple), 파랑(Blue), 연두(Leaf Green)를 배치한 8가지 색이다. 이 8가지의 주요 색상을 3등분하여 총 24색의 색상환을 구성하였다.

정답 01 ① ｜ 02 ②

03 가장 화려한 이미지를 전달하는 배색은?

① 딥톤의 한색
② 페일톤의 한색
③ 비비드톤의 난색
④ 다크톤의 난색

해설 비비드톤은 채도가 가장 높아서 선명하고 화려한 색조로 화려한, 강한, 활동적인, 적극적인 이미지를 나타낸다.

04 다음은 어떠한 배색방법에 대해 기술한 것인가?

> 톤을 겹쳐 동일 색상에서 두 가지의 톤의 명도 차를 비교적 크게 둔 배색으로 부드럽고 은은한 이미지를 표현하는 데 사용된다.

① 유사 배색
② 톤온톤 배색
③ 톤인톤 배색
④ 세퍼레이션 배색

해설 톤온톤 배색은 전체를 유사한 색으로 구성시키는 배색을 의미한다.
　① 유사한 색상끼리의 배합으로 색상환에서 근접한 색끼리의 배색
　③ 전체를 유사한 색으로 구성시키는 배색
　④ 다색의 배색에서 관계가 애매모호하거나 대비가 지나치게 강할 경우 근접한 색과 색 사이에 분리색을 삽입하여 조화를 이루는 것

05 인접한 색이 점진적으로 변화해가는 연속리듬의 효과로 배색 전체의 조화를 만들어가는 배색은 무엇인가?

① 톤온톤 배색
② 그라데이션 배색
③ 보색 배색
④ 액센트 배색

해설 액센트는 '강조'의 의미, 보색은 색상환에서 서로 반대색을 의미한다.

06 다음에서 설명하는 단일 색상 컬러 코디네이션은?

> • 포도, 보석 등 고귀, 우아함 등의 이미지로 사용된다.
> • 중년층의 우아하고 여성스러운 느낌을 연출하는데 효과적으로 사용된다.

① 빨강색 코디네이션　　　　　② 노랑색 코디네이션

③ 보라색 코디네이션　　　　　④ 회색 코디네이션

 ① 정열, 혁명, 분노 등이 연상되며 주로 활동성과 기능성이 요구되는 리조트웨어에 많이 사용된다.
② 희망, 명랑, 경박 등이 연상되며 명시성을 요구하는 의상이나 여성스러운 분위기의 의상 등에 많이 사용된다.
④ 품위, 기품, 유능함 등이 연상되며 사회 · 경제적으로 유능함과 신뢰감을 줄 수 있다.

07 다음은 어떠한 룩의 컬러 이미지 코디네이션에 대한 설명인가?

> 선명한 색상으로 명랑하고 즐거우며 유쾌한 웜(Warm) 이미지와 젊고 청순하며 활동적인 쿨(Cool) 이미지가 있으며, 화려한 배색을 주로 하고 부드럽고 청명한 색 또는 화려한 톤의 배색도 잘 어울린다.

① 내추럴 이미지 코디네이션　　　　② 캐주얼 이미지 코디네이션

③ 댄디 이미지 코디네이션　　　　　④ 에스닉 이미지 코디네이션

캐주얼 이미지 코디네이션
• 밝고 선명한 색상으로 명랑하고 즐거우며 유쾌한 웜(Warm) 이미지와 젊고 청순하며 활동적인 쿨(Cool) 이미지가 있다.
• 색상은 화려한 배색을 주로 하고 부드럽고 청명한 색 또는 화려한 톤의 배색도 잘 어울린다.
• 톤을 통일시키면 안정감을, 다르게 하면 다양한 이미지를 전달할 수 있다.

정답 03 ③ | 04 ② | 05 ② | 06 ③ | 07 ②

08 20대의 젊고 활기찬 이미지를 표현하기에 좋은 색상은?

① 고채도의
② 저채도의
③ 저명도의
④ 중명도의

🔶해설 **20대의 컬러 스타일링**
- 여성다움과 남성다움을 느낄 수 있는 성숙기
- 중명도, 중채도의 색상으로 안정감 있음
- 밝은 색의 화려함과 어두운 색의 안정감 있는 배색이 좋음

09 다음 빈칸 안에 들어갈 적합한 내용은?

> 파랑에 흰색을 섞었을 때 ____________________,

① 명도는 낮아지나 채도는 높아진다.
② 명도는 높아지나 채도는 낮아진다.
③ 명도와 채도 모두 낮아진다.
④ 명도와 채도 모두 높아진다.

🔶해설 **명도와 채도**
- **명도** : 색의 밝고 어두운 정도를 뜻하는 것으로, 명도가 높다는 것은 색이 밝다는 것이며, 반대로 명도가 낮다는 것은 색이 어둡다는 것이다. 명도가 가장 높은 색은 흰색, 가장 낮은 색은 검정색이다.
- **채도** : 색의 맑고 탁함을 나타내는데, 흰색, 회색, 검정색 등 무채색을 혼합함에 따라 채도는 낮아진다.

10 색의 3속성 중에서 가볍고 무거움에 가장 큰 영향을 미치는 것은?

① 색상 ② 명도
③ 채도 ④ 톤

🔶해설 가벼워 보이는 색과 무거워 보이는 색은 주로 명도에 관계된다. 고명도의 색은 가볍게, 저명도의 색은 무겁게 보인다. 이것을 소재의 질감을 고려하여 사용하면 무게감을 더욱 효과적으로 사용할 수 있다. 가벼운 느낌의 소재에 고명도의 색을 사용하게 되면, 가벼운 이미지를 더 배가해서 표현할 수 있다.

11 색의 3속성 중 명도에 대한 설명으로 옳은 것은?

① 색을 갖지 않은 무채색과 색을 갖고 있는 유채색이 있다.
② 물체표면이 빛을 반사하는 양에 따라 색의 밝고 어두운 정도를 나타낸다.
③ 색의 강약으로 설명되는 것을 가리키고, 순도의 정도를 말하는 것이다.
④ 명도는 따뜻함과 차가움의 성질을 갖고 있다.

> **해설** 색의 밝기 정도를 명도라 한다.

12 색의 진출과 후퇴에 관한 내용으로 맞지 않는 것은?

① 난색계는 한색계보다 진출성이 크다.
② 밝은 난색계의 색을 벽에 칠하면 방이 넓어 보인다.
③ 배경색과 명도차가 큰 밝은 색은 진출성이 있다.
④ 배경색의 채도가 높은 색에 비해 채도가 낮은 색은 진출성이 있다.

> **해설** 같은 모양과 같은 크기의 색 면을 보면, 같은 거리라 해도 어떤 색은 크고 가깝게, 어떤 색은 작고 멀게 인지된다. 색의 진출과 후퇴는 색상의 명도에 좌우되는데 일반적으로 빨강, 주황, 노랑 등 난색 계열의 색상들은 진출색에 해당되며, 파랑, 남색 등 한색 계열의 색상들은 후퇴색에 해당된다.

13 2가지 색을 시간차를 두고 단계적으로 볼 때 일어나는 현상을 무엇이라 하는가?

① 색상 대비
② 명도 대비
③ 면적 대비
④ 계시 대비

> **해설** 어떤 색을 한동안 계속 바라본 후에 다른 색으로 이동해 바라보게 되면, 먼저 보았던 색의 영향으로 나중에 본 색이 다르게 보인다. 이러한 것을 계시 대비(Successive Contrast)라 한다. 이것은 처음 보았던 색과 잔상으로 나타난 색이 보색 관계에 있어 나타나는 것으로 '보색 잔상'이라 부르기도 한다.

정답 08 ④ ㅣ 09 ② ㅣ 10 ② ㅣ 11 ② ㅣ 12 ④ ㅣ 13 ④

14 **감법 혼색의 3원색이 아닌 것은?**

① 마젠타　　　　　　　　　　　② 시안
③ 노랑　　　　　　　　　　　　④ 녹색

> **해설** 안료나 염료 등과 같은 색료를 혼합할 경우, 여러 색을 섞을수록 점점 어두워져 3원색(마젠타, 시안, 옐로우)을 모두 섞을 경우 검은색이 된다. 색료가 진해짐에 따라 빛이 감산되어 어두워지는 경우를 감법 혼색 (Subtractive Color Mixture)이라 하며 컬러인쇄, 컬러복사 등에 응용되고 있다.

15 **톤(Tone)에 대한 설명으로 옳지 않은 것은?**

① '강/약, 얕다/깊다' 등과 같은 색의 상태 차이를 뜻한다.
② 명도와 채도의 복합개념이다.
③ 동일 톤에 의한 배색의 특징은 명도와 채도의 공통성으로 인해 조화가 어렵다.
④ 유채색에서 보통 12종류의 톤으로 나눌 수 있다.

> **해설** 동일 톤에 의한 배색의 특징은 명도와 채도의 공통성으로 인해 조화가 쉽다는 것이다. 예를 들면 브라이트 톤의 빨강과 동일 톤의 파랑의 조합을 뜻한다. 색상의 차이는 있어도 명도와 채도가 같기 때문에 통일감을 쉽게 얻을 수 있으며, 색상을 많이 사용하는 다색 배색에 사용하면 좋다.

16 **먼셀 색체계의 설명으로 옳지 않은 것은?**

① 속성을 고려하여 색을 분류·구분하였고, 고유 이름보다 기호화·수치화한 결과값으로 색을 표기하였다.
② 색상(H ; Hue), 명도 (V ; Value), 채도(C ; Chroma)를 나타내어 'H V/C'로 표기한다.
③ 색입체는 색의 3속성을 3가지 축으로 설정하여 3차원 공간에 계통적으로 배열한 것이다.
④ 검정(B) + 흰색(W) + 순색(C) = 100의 관계라고 보았다.

> **해설** 검정(B) + 흰색(W) + 순색(C) = 100의 관계라고 보고 B, W, C를 세 꼭짓점으로 하는 등색상 삼각형을 구성한 것은 오스트발트 색체계에 대한 설명이다.

17 먼셀(Munsell)의 기본 색상 기호가 아닌 것은?

① G ② O
③ B ④ P

> **해설** 먼셀(Munsell)의 기본 색상은 5가지의 원색인 빨강(5R), 노랑(5Y), 녹색(5G), 파랑(5B), 보라(5P)를 기본색으로 한다.

18 먼셀의 색채조화론에 대한 설명으로 옳지 않은 것은?

① 채도가 같고 명도가 다른 반대색끼리는 회색 척도에 관하여 정연한 간격으로 했을 때 조화롭다.
② 명도는 같지만 채도가 다른 반대색끼리는 약한 채도는 넓게 하고, 강한 채도는 작은 면적을 준다.
③ 중간 채도의 반대색 배색은 같은 넓이로 배합하면 조화롭다.
④ 2가지 색이 부조화를 이룰 때 검정색, 흰색 등의 무채색을 개입시키면 조화를 이룰 수 있다.

> **해설** 슈브뢸(M. E. Chevereul)의 색채조화론에서 세퍼레이션 컬러(Separation Color) 효과에 대한 설명이다.

19 오스트발트 체계의 기본 구조에 대한 설명으로 옳지 않은 것은?

① 기본색은 노랑, 빨강, 남색, 청록이다.
② 20색상환을 사용한다.
③ 순색, 흰색, 검정을 배치한 3성분의 혼합비로 표기한다.
④ 검정과 흰색을 기준으로 6단계의 회색을 삽입시켜 8단계로 구분한다.

> **해설** 오스트발트의 기본 색상은 노랑(Yellow), 빨강(Red), 남색(Ultramarine Blue), 청록(Sea Green)으로 이 4색을 기준으로 사이에 주황(Orange), 보라(Purple), 파랑(Turquoise), 연두(Leaf Green)를 넣은 8가지 색이다. 다시 이 8가지의 주요 색상을 3등분하여 총 24색의 색상환을 구성한 것이다.

20 오스트발트의 색채조화론에 대한 설명으로 맞지 않은 것은?

① 동일색 계열의 조화　　　　　② 등순색 계열의 조화

③ 유사색 배색 조화　　　　　　④ 이색 배색 조화

> **해설** ② **등순색 계열의 조화** : 어떤 색상의 삼각형 안에서 동일한 순도를 가지는 색들을 일정한 간격을 두고 선택하여 배색하면 조화를 이룬다.
> ③ **유사색 배색 조화** : 오스트발트 24가지 색상환에서 색상차 2~4 이내 범위의 색들은 약한 대비의 배색 조화를 이룬다.
> ④ **이색 배색 조화** : 오스트발트 24가지 색상환에서 색상차 6~8 이내 범위의 색들은 중간대비의 배색 조화를 이룬다.

21 톤과 그 설명이 바르게 연결된 것은?

① 비비드톤 – 세련된, 로맨틱한, 맑은 이미지, 경쾌한 느낌의 의복에 많이 사용

② 딥톤 – 중후한, 전통적인, 고급스러운 클래식한 이미지를 잘 표현할 수 있는 색조

③ 그레이시톤 – 차분한, 온화한, 둔탁한, 내추럴한 이미지, 가라앉은 톤

④ 라이트톤 – 담백한, 엷은, 부드러운 이미지, 우아하고 세련된 이미지

> **해설** ① 라이트톤에 대한 설명이다.
> ③ 덜톤에 대한 설명이다.
> ④ 라이트 그레이시톤에 대한 설명이다.

22 다음 빈칸에 들어갈 단어로 옳은 것은?

> 의상에서 레드는 활동성과 가능성이 강조된 _______ 웨어에 많이 사용된다.

① 정장　　　　　　　　　　　② 드레스

③ 캐주얼　　　　　　　　　　④ 에스닉

> **해설** 레드는 정열, 건강, 긴장, 생명 등의 감각과 열정을 자극하는 색으로 에너지를 표현할 수 있다. 긍정적, 적극적이고 공격적인 이미지를 상징하며 의상에서 레드는 활동성과 가능성이 강조된 캐주얼웨어에 많이 사용되고 포멀 의상에는 포인트로 강조되어 사용된다.

23 다음 이미지에 대한 설명으로 옳은 것은?

① 자연, 낙엽, 땅, 클래식, 안정, 보수적인 이미지

② 중년층의 우아하고 여성스러운 느낌을 연출하는데 효과적으로 사용

③ 자연과 휴식의 이미지를 동시에 주는 색

④ 명시성을 요구하는 의상에 많이 사용되며 이러한 점을 강조하여 의상에 포인트를 줌

> **해설** 제시된 이미지는 갈색 코디네이션으로 전통을 상징하고 의상에서 중후한 분위기를 연출한다.
> ② 보라색에 대한 설명이다.
> ③ 녹색에 대한 설명이다.
> ④ 노랑색에 대한 설명이다.

24 다음에서 설명하는 배색으로 옳은 것은?

- 색상환에서 근접한 색끼리의 배색으로 편안하고 점잖은 느낌을 준다.
- 명암이나 농담의 차이를 크게 두지 않는 것이 효과적이다.

① 동일색 배색　　　　　　　② 유사색 배색

③ 보색 배색　　　　　　　　④ 그라데이션 배색

> **해설** ① 같은 색상으로 명도나 채도를 달리하여 조화를 이루는 방법이다.
> ② 색상환에서 서로 마주보는 가장 대조적인 색상끼리의 배색을 이용한 조화로 강렬하고 화려한 느낌을 준다.
> ④ 색상, 명도, 채도의 단계적 변화를 순서에 의해 배색하는 방법이다.

정답 20 ① ┃ 21 ② ┃ 22 ③ ┃ 23 ① ┃ 24 ②

25 세퍼레이션 배색에 대한 설명으로 옳은 것은?

① 색상환에서 180° 마주보고 있는 두 색의 조화이다.
② 배색의 중간에 각색의 효과를 강조하기 위해 '분리, 구분' 하는 것이다.
③ 색상, 명도, 채도, 톤 등 각각을 대조적으로 배색함으로써 가능하다.
④ 차분한 느낌의 심리적 효과를 가진 것으로 채도의 변화를 통해 풍부한 이미지를 표현한다.

> **해설** 세퍼레이션 배색은 대비가 지나치게 강할 경우 근접한 색과 색 사이에 분리 색을 삽입하여 조화를 이루는 것을 말한다.
> ① 보색 배색
> ③ 액센트 배색
> ④ 동일색 배색

26 다음에서 설명하는 배색으로 옳은 것은?

> 전체를 유사한 색으로 구성시키는 배색을 의미한다. 즉, 유사한 톤에서 색상의 변화를 살린 배색이다.

① 톤인톤 배색　　　　　　　　② 톤온톤 배색
③ 중보색 배색　　　　　　　　④ 동일색 배색

> **해설** 톤인톤 배색은 톤과 명도의 느낌은 거의 일정하게 하면서 색상을 다르게 하는 배색 방법으로 부드럽고 온화한 효과를 연출할 수 있다.

27 컬러 이미지 중 엘레강스 이미지에 대한 설명으로 옳은 것은?

① 도회적 감성과 합리적, 이지적인 현대문명적인 이미지를 추구하는 진취적 이미지이다.
② 견고하고 묵직한 품위와 안정감을 중요하게 생각하는 남성적이고 엄숙한 분위기의 이미지이다.
③ 우아하고 섬세하며 품위가 있는 평온한 분위기로 여성적인 아름다움을 부각시켜 연출한다.
④ 자연스럽고 편안한 자연 색조나 패턴, 마음의 평화와 행복을 느낄 수 있는 이미지이다.

> **해설** ① 모던 이미지
> ② 댄디 이미지
> ④ 내추럴 이미지

28 다음의 색상에 맞는 연령대는?

① 10대 ② 30대

③ 20대 ④ 40대

해설 **40~50대 컬러 코디네이션**
- 인생의 중후함과 개성을 느낄 수 있는 연령
- 주황, 녹색, 파랑, 남색, 청회색, 적갈색
- 주조색으로는 명도와 채도가 낮은 색을 선택하고 밝은 색으로 배색하면 좋음

29 섬유의 분류가 다른 하나는?

① 모헤어 ② 캐시미어

③ 양모 ④ 마

해설 ①, ②, ③ 동물성 섬유
④ 식물성 섬유

30 레이온의 특징에 대한 설명으로 옳지 않은 것은?

① 내열성이 높아 고온에 안정적이다.

② 강도가 높고 마찰에 강하다.

③ 재생 셀룰로오스를 주성분으로 한다.

④ 탄성과 레질리언스가 나빠 구김이 잘 생긴다.

해설 레이온은 강도가 낮고 마찰에 약하여 보풀이 잘 생긴다.

31 직물의 조직 분류가 다른 하나는?

① 헤링본 ② 트위드
③ 시폰 ④ 서지

 ①, ②, ④ 능직물
③ 평직물

32 편물에 대한 특징으로 옳은 것은?

① 신축성이 좋아 착용하기 용이하다.
② 동물이나 새의 표피에 털을 제거한 단백질 시트이다.
③ 양모의 축융성을 이용한 옷감이다.
④ 곧고 뻣뻣해서 안감이나 심지로 주로 이용된다.

② 가죽에 대한 설명이다.
③ 펠트에 대한 설명이다.
④ 부직포에 대한 설명이다.

33 면섬유의 특징으로 옳지 않은 것은?

① 흡수성이 좋다.
② 구김이 잘 생기지 않는다.
③ 염색이 쉽다.
④ 습식강도가 건식강도보다 크다.

면섬유의 단점은 구김이 잘 생긴다는 것이다.

34 유일한 천연 필라멘트 섬유는?

① 마
② 면
③ 견
④ 모

> **해설** 견은 천연 섬유 중 유일한 필라멘트 섬유이다.

35 다림질 온도(내열성)가 낮은 순서부터 차례대로 나열된 것은?

① 모, 면, 합성 섬유, 견
② 합성 섬유, 견, 면, 모
③ 면, 모, 합성 섬유, 견
④ 합성 섬유, 견, 모, 면

> **해설** 다림질 온도
> - 합성 섬유(130℃ 이하)
> - 견(130~140℃)
> - 모(150~160℃)
> - 면(180~200℃)

36 폴리에스테르나 아세테이트로 주름 치마를 만드는 것은 섬유의 어떤 성질을 이용한 것인가?

① 대전성
② 열가소성
③ 방적성
④ 레질리언스

> **해설** 열과 힘의 작용으로 영구적 변형이 생기는 성질이다. 가열하면 연화하여 쉽게 변형(變形)되고 식히면 다시 굳어지는 성질, 트리아세테이트, 나일론, 폴리에스텔, 폴리프로필렌 등의 화학 섬유는 아주 좋은 열가소성을 가졌다.
> ① 섬유가 마찰할 때 정전기가 발생하는 성질이다. 수분 보유량이 많은 천연 섬유 · 재생 섬유는 대전이 잘 되지 않으며, 수분 보유량이 적은 합성 섬유는 대전성이 높다.
> ③ 실을 뽑을 수 있는 성능이다. 섬유는 최소한 길이가 5mm 이상, 강도가 1g/d 이상은 되어야 방적의 기능성이 있다.
> ④ 압축탄성, 물체가 외력을 받았을 때 튀기는 힘이 있는 성질 또는 변화에 적응할 수 있는 성질이다.

정답 31 ③ | 32 ① | 33 ② | 34 ③ | 35 ④ | 36 ②

37 면으로 된 양말이나 속옷에 곰팡이 발생을 방지하기 위해서, 또는 천연 섬유에 벌레나 해충의 침입을 막기 위해 하는 가공법은?

① 방충 가공 ② 머서화 가공
③ 방추 가공 ④ 방염 가공

> **해설** ② 면직물에 알칼리를 처리함으로써 흡습성과 강도, 광택을 촉진시키는 가공으로 실켓 가공이라고도 한다.
> ③ 직물에 주름이 잘 가지 않도록 하는 가공이다.
> ④ 가연성의 섬유를 완전하게 불연화(不燃化)하기는 곤란하며, 착화성이나 불꽃을 일으켜 번져가는 연소성을 저하시키는 것이 주목적인 난연 가공이다.

38 모 섬유의 권축이 있음으로서 향상되는 성질이라고 할 수 없는 것은?

① 보온성 ② 통기성
③ 내추성 ④ 대전성

> **해설** 권축이 있는 섬유일수록 방적성, 레질리언스, 마찰강도, 투습성, 통기성이 우수하며, 굴곡 사이에 함기량을 높여 보온성을 향상시킨다.

39 합성 섬유의 일반적 성질에 해당되지 않는 것은?

① 탄성회복이 우수하여 잘 구겨지지 않는다.
② 내충, 내균성이 우수하다.
③ 보온성이 아주 높은 편이다.
④ 열에 민감하여 낮은 온도에서 다림질 해야 한다.

> **해설** 합성 섬유는 보온성이 보통 정도이며, 흡습성이 낮고, 정전기 발생이 높은 편이다. 다양한 재질과 광택 및 드레이프성의 부여가 가능하고, 형태고정이 가능하며, 잘 구겨지지 않는다. 내세탁성이 우수하여 물세탁이 가능하며, 내약품성, 내수성이 우수하고, 지용성 오염의 제거가 어렵다.

40 직물 중 그 종류가 다른 직물은?

① 시폰, 머슬린
② 오간자, 명주
③ 양단, 데님
④ 샴브레이, 홈스펀

해설 나머지 직물은 평직에 해당되며, 양단은 자카드직, 데님은 편면능직에 해당된다.

41 수자직의 표면에 대한 설명으로 옳지 않은 것은?

① 표면의 조직점이 평직보다 적어 내구력이 떨어진다.
② 표면의 광택이 좋고 아름답다.
③ 표면에 능선이 나타나지 않는다.
④ 표면에 조직점이 뚜렷하게 나타난다.

해설 수자직은 경사와 위사에 조직점을 최소한 적게 하면서 분산시켜 직물의 표면은 경사 또는 위사만 돋보이게 한 직물로서 능선이 나타나지 않으며 조직점이 분산되어 표면이 매끄럽고 광택이 좋으며 실의 굴곡이 가장 적고 유연하나 마찰력과 내구력이 떨어진다.

42 삼원직의 특성 비교가 옳지 않은 것은?

① 강도 : 평직 〉 능직 〉 수자직
② 광택 : 능직 〉 수자직 〉 평직
③ 구김 : 평직 〉 능직 〉 수자직
④ 보온성 : 수자직 〉 능직 〉 평직

해설 광택은 수자직 〉 능직 〉 평직의 순이다.

43 부직포에 대한 설명으로 옳지 않은 것은?

① 제작이나 편성 공정이 간단하고 생산비가 적게 든다.
② 신축성이 많아 잘 늘어나고 표면의 결이 매끄럽다.
③ 세탁 후 수축률이 낮고 쉽게 마르며 다림질이 필요 없다.
④ 함기량이 많아 가볍고 보온성, 통기성, 내습성이 좋다.

해설 부직포는 강직하나 유연성과 드레이프성이 부족하며, 탄성 및 레질리언스가 좋아 치수안정성, 형태안정성이 좋다. 반면 섬유가 불규칙하게 배열되어 방향성이 없고 표면의 결이 거칠고 곱지 못하다.

44 부직포의 용도로 옳지 않은 것은?

① 캐주얼 의류용, 작업복　　　　　② 의류의 심감, 안감
③ 수술복, 마스크　　　　　　　　④ 일회용 타월, 행주

해설 부직포의 용도 : 벨트나 칼라의 심지, 어깨패드, 브래지어컵, 방한복의 충전제, 겨울의류의 패딩재료, 의료용 소재(시트, 모자, 밴드, 패드, 드레싱, 기저귀 등), 방음재, 보온재, 여과재, 내장재, 바닥재, 에어 클리너, 접착테이프, 신발, 솔, 수세미, 방석, 조화, 수예재료, 테이블 보, 인테리어 디자인용 재료 등

45 패션 테마의 이미지와 그에 해당하는 소재 재질이 적당하지 못한 것은?

① 로맨틱 – 얇고 컬러풀한 플로랄 패턴의 소재
② 소피스틱케이티드 – 간결하고 평평하며 반들반들한 느낌의 고품질 소재
③ 컨트리 – 소프트한 느낌의 드레이프성이 강한 소재
④ 액티브 – 가볍고 편안한 기능성 소재

해설 컨트리 : 가공되지 않고 중간 정도의 거친 느낌, 주름이나 구김이 있는 소재

46 다음에 제시된 원단들이 주는 공통된 질감은?

> 라메, 브로케이드, 새틴, 에나멜, 래커 클로스

① 부드러움　　　　　　　　② 무게감
③ 볼륨감　　　　　　　　　④ 광택감

해설 라메, 브로케이드, 새틴은 부드러운 광택감을, 에나멜과 래커 클로스는 금속적 광택감을 주는 직물이다.

47 편성물의 특징으로 옳은 것은?

① 구김이 잘 생긴다.　　　　② 내마모성이 우수하다.
③ 신축성이 뛰어나다.　　　　④ 튼튼하고 실용적이다.

해설 편성물은 구김이 잘 발생하지 않고, 내마모성이 약하다.

48 파일직이 아닌 직물은?

① 벨벳　　　　　　　　　　② 우단
③ 코듀로이　　　　　　　　④ 홈스펀

해설 홈스펀은 평직물이다.

정답　43 ②　|　44 ①　|　45 ③　|　46 ④　|　47 ③　|　48 ④

49 모던 스타일을 표현하기 위한 소재 기획에 해당되지 않는 것은?

① 하이테크와 옵아트 이미지 사용

② 트위드, 피케, 개버딘, 조젯, 니트 등

③ 기하학적, 큐비즘 이미지 사용

④ 신소재나 기하학 문양의 아르데코 스타일 소재

> **해설** 리오셀, 그로스그레인, 피케, 플라스틱, 비닐론, 폴리 소재 등이 모던 이미지에 적합하며, 트위드, 피케, 개버딘, 조젯, 니트 등은 소피스틱케이티드 이미지에 적합하다.

50 문양의 선택에 따라 텍스타일 디자인을 할 경우 고려할 내용이 아닌 것은?

① 선, 색채, 재질 등의 디자인 요소의 조화를 고려해야 한다.

② 동작 시 보다는 멈추어 섰을 때 아름답게 보여야 한다.

③ 문양 선택 시 가까이서 보는 것 보다 멀리서 보는 것이 효과적이다.

④ 착용자의 연령, 성격, 체형을 고려해야 한다.

> **해설** 움직이는 인체에 입혀지므로 동작 시에 더 아름답게 보여야 한다.

51 사용 용도에 따른 섬유 선택이 적절하지 못한 것은?

① 동절기 교복원단으로 모와 폴리에스테르가 혼방된 소재를 선택하였다.

② 야외에서 오랜 작업을 위해 폴리에스테르 혼방 소재의 점퍼를 구입하였다.

③ 여름용 남성 정장을 위해 마 소재를 선택하였다.

④ 부드럽고 우아한 드레스를 만들기 위해 면 소재의 원단을 구입하였다.

> **해설** 부드럽고 우아함을 나타내기 위해서는 드레이프성과 광택성이 좋은 실크 소재의 원단이 적합하다.

52 소피스티케이티드의 감성 단어로 알맞지 않은 것은?

① 이국적인 ② 도회적인
③ 세련된 ④ 지적인

해설 이국적인 감성은 엑조틱(Exotic)이나 에스닉(Ethnic)에 대한 설명이다.

53 유연한 직물을 사용할 때 딱딱한 직물에 비해 얻을 수 있는 장점은?

① 보온성 ② 벌키성
③ 광택 ④ 드레이프성

해설 드레이프성은 옷감이 모양있게 늘어져 내리는 특성 즉, 유연한 정도를 말하며 직물의 탄력성과 경도와 관계된다.

54 직조 방법과 직물의 종류가 잘못 짝지어진 것은?

① 평직물 – 로온 ② 능직물 – 진
③ 문직물 – 벨벳 ④ 익직물 – 고사

해설 벨벳은 파일직물이다.

정답 49 ② | 50 ② | 51 ④ | 52 ① | 53 ④ | 54 ③

55 소재 트렌드 중 엘레강스에 관한 설명으로 옳지 않은 것은?

① 우아하고 지적인 감성을 나타낸다.
② 귀부인 같은 이미지로 양질의 소재를 사용한다.
③ 환상적이고 몽환적인 느낌을 준다.
④ 울이나 트위드를 사용한다.

해설 로맨틱 스타일에 관한 설명이다.

56 드레스 제작 시 필요한 질감이 아닌 것은?

① 부드럽고 유연해야 한다.
② 움직임이 많으므로 방추성이 있어 구김이 덜 발생해야 한다.
③ 형태 안정성이 좋고 인체에 밀착하지 않아야 한다.
④ 여성스럽고 우아한 연출이 가능해야 한다.

해설 드레스 제작 시 필요한 질감은 유연함으로 ③은 빳빳한 질감이므로 필요한 질감이 아니다.

57 다음에서 설명하는 소재 트렌드의 감성어로 적절치 않은 것은?

편안하고 가벼운 소재, 견고한 소재 등이 주로 사용되며 신축성과 마모강도가 높은 소재가
좋다.

① 정열적인   ② 소박한
③ 건강한   ④ 밝은

해설 제시문은 스포티 이미지에 대한 설명이며 '소박한'은 컨트리 이미지에 대한 설명이다.

58 소재 기획 당시 필요하지 않은 사항은?

① 소재의 물성에 대한 기본 지식　　② 유행할 색상

③ 소재의 범위　　④ 디테일의 크기

해설 디테일의 크기나 종류는 의류 디자인 시 고려해야할 사항이다.

59 '타이포그라피' 패턴에 대한 설명으로 알맞은 것은?

① 만화 캐릭터를 이용하여 상품화 한다.

② 자연의 보호색이나 무늬를 표현한다.

③ 문자나 숫자를 모티브로 하여 이미지를 표현한다.

④ 직선과 곡선에 의한 착시효과를 나타낸다.

해설 ① 캐릭터 패턴
② 카머플라주 패턴
④ 옵티컬 패턴

60 소재 기획을 위해 디자이너에게 필요한 정보가 아닌 것은?

① 소재 가공과정　　② 봉제 유통과정

③ 섬유의 종류와 특징　　④ 직물의 종류와 특징

해설 봉제 유통과정은 디자인 이후 나오는 정보이다.

정답 55 ③ ｜ 56 ③ ｜ 57 ② ｜ 58 ④ ｜ 59 ③ ｜ 60 ②

Fashion Stylist
패션스타일리스트 따라잡기

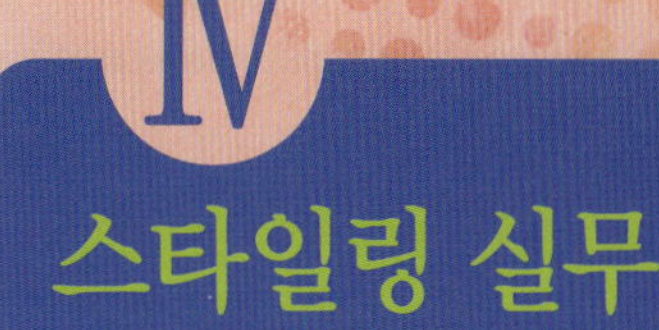

Ⅳ 스타일링 실무

현대 사회는 미디어 문화가 발전하면서 시각적인 효과로 소비자를 자극하는 콘텐츠가 쏟아져 나오고, 이에 소비자들은 점점 보이는 것에 대한 욕구가 강해지고 있다. 휴대성을 강조한 IT기기도 시너지 효과를 불어넣어 원하는 것은 언제, 어디에서든 볼 수 있어 자신의 상황에 맞는 트렌드를 직접 접하는 시대가 온 것이다. 이에 따라 이미지를 만드는 일은 매우 중요한 일이 아닐 수 없다. 대중문화를 이끌어가는 연예인, 국민들 앞에 서는 정치인, 우리나라의 경제를 이끌어가는 기업 등은 이미 전문가의 도움을 받아 상황·장소·시간에 맞는 이미지를 구현하여 대중에게 좀 더 좋은 이미지로 다가가기 위해 노력하고 있다. 이러한 추세는 점점 일반인으로 확산되어 좋은 이미지의 중요성을 깨닫고 T.P.O에 맞는 이미지를 구현하기 위해 전문가의 도움을 받는 사례가 점차 증가하고 있다.

Chapter 01 이미지 메이킹의 개념

이미지는 라틴어 'Imago'에서 유래한 것으로 이것의 동사형은 'Imitari'이다. 이는 '모방하다'라는 뜻을 가지고 있는데 사전적인 의미는 어떤 사람이나 사물에 대하여 가지는 시각상이나 기억, 인상평가 및 태도 등의 총체로서, 사물이나 인물에 대하여 특정한 감정을 가지게 하는 영상을 이미지라고 한다. 현대사회는 타인과 함께 이미지를 공유해가면서 사는 사회이기 때문에 여자뿐만 아니라 남자까지도 외적인 이미지에 대한 관심이 점점 높아지고 있으며 이에 따른 산업도 발전하고 있는 추세이다. 미국의 심리학자 앨포트 (G.W. Allport)는 "어떤 사람이 전혀 모르는 상대를 만나 그의 첫인상을 머릿속에 남기는 데는 불과 30초밖에 걸리지 않는다. 이 짧은 시간동안에 상대의 성별, 나이, 체격 등 겉으로 드러나는 것들뿐만 아니라 성격, 신뢰감, 성실성 등 내면적인 것들도 어느 정도 파악된다."고 말했다. 이것은 이미지가 얼마나 중요한지를 반증해 주는 말이다. 사람들은 누구나 대인관계 형성에 있어서 타인에게 자신의 이미지를 긍정적으로 각인시키고자 하는 욕구가 있는데 이는 스스로의 자긍심은 물론 상황의 유리한 조건을 만들고자 하는 필요가 내포되어 있다. 긍정적인 이미지로 인해 자신에게 돌아오는 효과는 무궁무진하기 때문이다. 과거 방송인이나 유명인, 정치인 등 특별한 사람들에게만 적용된다고 생각되었던 이미지 메이킹(Image Making)은 개성과 직업에 맞는 이미지 개발의 필요성이 중요시되면서, 이제 일반인들에게도 상대방에게 호감을 주고 자신의 능력과 가치를 부각시키는 수단으로 인식되고 있다. 현대는 이미지로 좌우되는 시대라고해도 과언이 아니며, 이미지 메이킹은 '좋은 이미지'를 만들기 위한 최상의 방법으로 선택되고 있다. 성공적인 이미

지 메이킹이란 결국 시대가 요구하는 미의식과 가치관이 외적, 내적 측면의 모습과 조화될 때 이루어지는 것이며 특히, 패션은 이미지 메이킹에 가장 중요한 요소이다. 어떤 장소, 상황에서나 좋은 모습으로 기억되는 것, 그것이 이미지 메이킹의 중요한 핵심이며, 사회적 존재인 인간이 패션을 통해 자신의 역할수행과 관계형성의 이미지 메이킹을 실현하는 것은 현대사회의 중요전략이다.

개인적 요인

이미지 메이킹이란 타인에게 자신의 이미지를 언제 어디서든지 주어진 상황에 맞게 제고시켜 주고, 자신의 능력을 최대한 발휘할 수 있도록 해주며, 나아가 자신의 내적인 잠재력까지도 표출할 수 있도록 만들어 주는 것이라 할 수 있다. 이러한 이미지 메이킹을 통해 타인에게 자신을 활동력 있고 자신감 넘치는 사람, 호감이 가는 사람으로 비치게 할 수 있다.

이미지는 추상적인 개념으로 항상 고정되어있는 것이 아니라 경험이나 정보에 의해 지속적으로 생산되고 변화하며 새로운 사실을 만들어낸다. 타인에 대한 인상은 그 사람의 외모, 행동, 상황 또는 사건의 맥락을 통해 형성되며 초기 접촉 상황에서 외모는 대인지각에 영향을 주는 중요한 요소라고 할 수 있다. 개인적 요인 중 외모는 상대방이 나를 봤을 때 가장 먼저 인식하게 되는 것이고 또 이로 인해 평가가 내려지기도 할 것이다. 신체 이미지는 제3자에 의해 느껴지는 이미지와 자신이 느끼는 이미지가 달라질 수 있으며, 본인의 신체를 평가할 때 이상적인 신체 이미지와 과도하게 비교하고 상대적인 평가를 함으로써 객관적인 판단이 흐려지는 경우가 발생할 수도 있다.

이상적 신체 이미지의 기준은 시대나 문화권에 따라 다르며, 계속 변화하는데 각각의 특징은 다음과 같다.

시대별 신체 이미지[1)]

1900년대		코르셋으로 가슴과 힙을 왜곡하여 신체 곡선을 만들어 내어 여성성을 강조했다.
1920년대		모더니즘으로 이어지며 다양한 실루엣과 이에 따른 H형, 혹은 롱 & 슬림형으로 변형되었다.

---

1) 서양복식문화사, 정흥숙, 교문사(2008)

1950년대		풍만하고 글래머러스한 체형이 주목받으며 다시 여성적인 곡선의 미를 추구하였다.
1960년대		모델 트위기의 등장으로 여성들은 소년과 같이 마르고 생동감 있는 체형을 선호하게 되었다.
1990년대		여성도 남성처럼 근육질의 건강미 넘치는 모습이 이상적 이미지로 각인되기도 하였고, 모델 케이트 모스처럼 마르고 관능적인 체형을 이상적으로 여기게 되었다.
2000년대		글로벌 시대, 다양한 문화의 공존 속에 이상적 신체에 대한 기준은 모호해지고 개성이 중시되고 다양한 이미지가 공존하는 시대가 되었다.

외모를 제외한 말투, 매너, 제스처 및 자세는 개인의 마음가짐, 성격과 밀접하게 관련이 있다. 말투는 단순히 의사전달의 기능만을 하고 있는 것이 아니라 그 사람의 인격, 인간관계, 신념 및 성품을 알 수 있는 수단이다.

말을할 때 사용되는 손놀림, 몸짓, 얼굴 표정 등을 통틀어 제스처라고 할 수 있다. 이는 자신의 의사를 전달할 수 있는 기술로 듣는 사람에게 미치는 영향이 매우 크다. 적절한 제스처 사용으로 말을 하지 않고 동작만으로 언어 표현을 대신하기도 한다.[2]

매너는 예의를 의미하는 것으로 서로를 배려하고 이해하는 행동 기준을 나타낸다. 매너는 상대방에 대한 존중을 기본으로 하며 원활한 인간관계를 유지하기 위한 것이다.

🎱 사회문화적 요인

개인적 요인과 더불어 이미지 메이킹에 영향을 주는 요소는 라이프스타일과 트렌드(Trend)이다. 개인의 라이프스타일은 개개인의 역할과 직업, 사회적 신분과 생활 모습에서 표현되며 각 개인마다 태어나고, 성장하고, 교육받고, 직장을 다니고, 배우자를 만나는 일련의 과정 속에서 개인의 가치가 형

---

2) 이미지 메이킹을 위한 패션스타일링, 박혜신 · 위혜정 · 차수진, 도서출판 청람(2011)

성된다. 사람들은 성공한 사람들의 생활모습에서 이미지의 가치를 평가하며 그런 이미지를 닮고 싶어 하기 때문에 성공적인 이미지 메이킹은 지금 주목받고 있는 유명인을 패션리더로 부각시키기도 한다. 그러나 같은 나이, 사회적 위치, 같은 직업을 가진 사람들이라 하더라도 그들의 관심사, 행동 반경에 따라 추구하는 라이프스타일은 다를 수 있다.

자신만의 개성을 드러내는 것이 이미지 메이킹의 핵심이라면 이러한 이미지 메이킹에 지대한 영향을 미치는 것이 바로 트렌드이다. 긍정적인 이미지 메이킹을 위해서는 자신만의 개성적인 라이프스타일을 구축하고 여기에 사회, 문화적인 트렌드를 적절히 접목하여 나만의 스타일로 표현해야한다.

Chapter 02 이미지 메이킹의 형성 요소

내적 이미지

이미지 메이킹에서 가장 중요한 부분이 바로 내적 이미지이다. 아무리 외형적으로 좋은 이미지를 갖추었다고 해도 그 사람의 내면에서 풍기는 이미지로 그 사람의 진정한 모습을 알 수 있기 때문이다. 상대방이 나를 처음 봤을 때 형성되는 감정을 첫인상이라고 말하며, 사회적 상호작용의 중요한 결정 요인이 된다. 인상을 결정하는 단서는 크게 신체적 특징과 행동으로 구분할 수 있다.

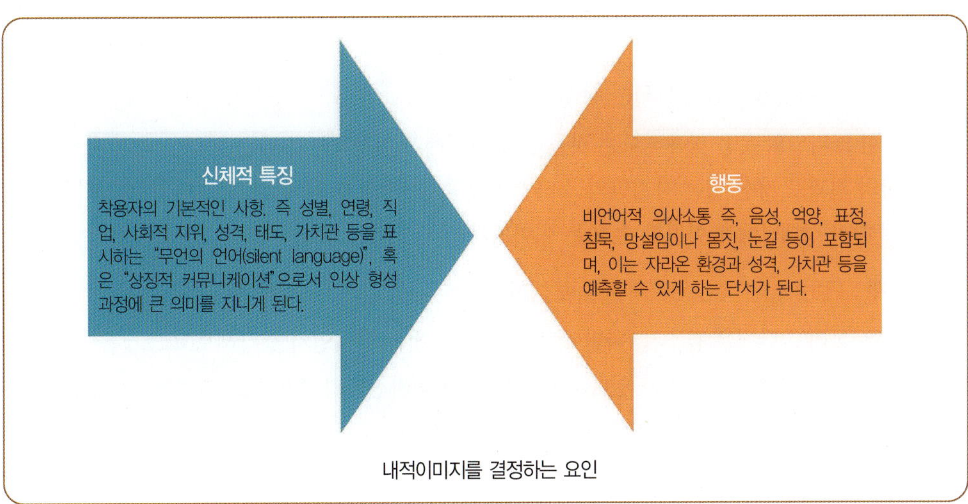

내적이미지를 결정하는 요인

"자신을 어떻게 표현하고 어떻게 상대방에게 전달할 것인가." 로서 자신을 상황에 따라 전혀 다른 사람으로 만드는 것이 아니라 그 사람을 그 사람답게 표현하면서도 더불어 능력이나 호감도를 높일 수 있는 모습으로 만들어야 한다. 그러나 진정한 이미지 메이킹은 외적인 모습 그 자체가 아닌 그 사람 전체에서 배어져 나오는 깊은 내면의 모습을 아름답게 가꾸는 것이며 한 사람의 인생을 알차게 가꾸고 그 내면을 풍요롭게 만들고 그 외모까지도 내면에 걸맞게 다듬어가는 과정이다. 즉 이미지 메이킹이란 누구나 가지고 있는 '자기 모습 즉 자신의 이미지'를 개선하여 좋은 인상을 창출해내는 기법이라 할 수 있다.

외적 이미지

외적인 이미지는 패션을 빼놓고 말할 수 없다. 계절에 따라 신체를 보호하는 기능만으로는 패션의 다양한 역할을 설명하기 힘들다. 패션은 그 자체로는 성립되지 않으며 착용대상인 인간과 결합해야만 진정한 의미의 패션이 탄생되는 것이다. 복식은 인체에 입혀졌을 때 비로소 존재의 가치가 있으며 각각의 옷 자체가 갖고 있는 디자인의 이미지와 사람이 착장했을 때의 이미지가 달라질 수 있기 때문이다. 따라서 우리는 이미지에 맞는 패션을 선택해야 한다.[3]

패션을 통해 자신만의 차별화된 개성적인 이미지를 표출하여 발전된 이미지로 개선함으로써, 자기 만족과 좀 더 자신 있는 삶을 영위할 수 있을 것이다. 이미지 메이킹은 다음과 같은 5단계의 과정이 있다.

(1) 1단계 : Know Yourself(자신을 알라)

전신거울 앞에 서서 자신의 체형을 꼼꼼히 살펴보자. 자신의 장점과 단점을 누구보다도 자신이 잘 파악하여 자신만의 장점을 부각시키는 노력이 필요하다. 좋아하는 것과 할 수 있는 것은 분명히 차이가 있다.

(2) 2단계 : Develop Yourself(자신을 개발하라)

다양한 스타일의 옷을 착용해보는 것을 통해 자신에게 어울리는 스타일을 찾을 수가 있으며, 이러한 경험의 결과로 자신 있는 자기만의 스타일을 연출할 수 있게 된다. 어떤 스타일로 자신을 개발하느냐에 따라 상대방에게 어필할 수 있는 이미지가 달라진다.

(3) 3단계 : Package Yourself(자신을 포장하라)

장점은 살리고 단점은 감추자. 나만이 가지고 있는 것은 무엇인지 생각해보고 그것을 부각시키도록 노력한다. 동시에 콤플렉스가 있다 하더라도 그것을 자신만의 스타일로 살려볼 수 있다. 내 자신에게는 감추고 싶은 부분이 타인이 보기에는 개성적인 요소로 어필될 수도 있기 때문이다.

---

3) 한국 패션스타일리스트의 역할 확대와 Roll Model에 관한 사례분석 : 전문가들의 Roll Model 분석을 중심으로, 김수진, 중앙대학교 예술대학원 (2010)

(4) 4단계 : Market Yourself(자신을 팔아라)

본인의 장점을 과감하게 나타내고 전체적인 옷차림, 액세서리, 헤어스타일, 메이크업까지 조화를 이룰 때 좋은 이미지로 전달되게 된다. 그리고 이미지는 눈에 보이는 것만이 아니므로 언행과 표정 등 미묘한 부분에서도 자신 있고 긍정적인 느낌으로 상대방에게 전달될 수 있다는 것을 기억해야 한다.

(5) 5단계 : Be Yourself(자신에게 진실하라)

각자의 체형이 다르기 때문에 같은 옷을 입어도 다른 느낌이 나는 것이다. 본인 체형의 특성을 분석하고, 피해야할 스타일이나 효과적인 아이템을 파악하고 있으면 세련된 스타일을 연출할 수 있다.

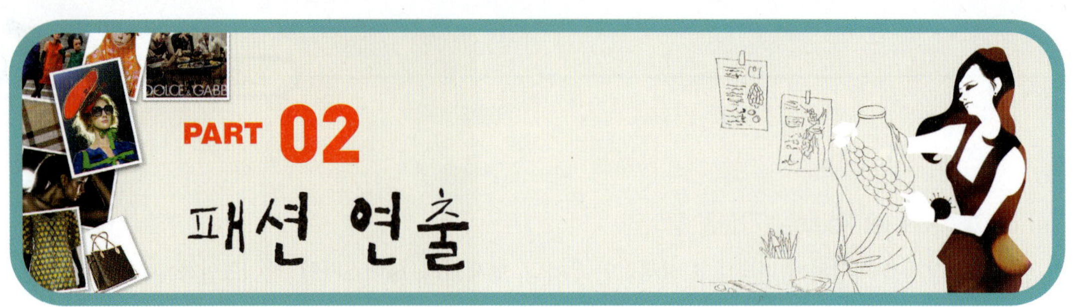

다양한 패션 이미지는 시즌에 따라 또는 트렌드에 따라 나타났다가 사라지기도 하며 새로운 이미지가 더해져 그 시즌만의 감각으로 재탄생하기도 한다. 시대적인 상황과 그에 따른 패션 스타일은 서로 상호 관계가 있으며 이에 따라 개인의 성향도 달라질 수 있다. 미(美)에 대한 기준은 어느 시대를 살고 있는지에 따라 달라지며 동 시대를 살아가고 있더라도 어떤 문화를 가진 사회에 속해 있는지에 따라 다양화 된다. 사회의식이 변화함에 따라 개성이 중요시되고 있는데 개성은 얼굴, 체형 등과 더불어 의복, 헤어메이크업, 소품, 액세서리 등의 조합에 의해 표현될 수 있다.

Chapter 01 패션스타일링

패션스타일링의 개념

사전적 의미에서 스타일링은 '특정한 형에 맞추어 만들다' 라는 의미를 지니고 있는데 패션에서의 스타일링은 머리에서 발끝까지 인체와 피복 전반에 걸쳐 행하여지는 연출상황을 의미한다. 이는 패션 코디네이션과 유사한 말로 표현되어지는데 패션 용어로서 스타일링이 본격적으로 사용되기 시작한 것은 1990년대 후반이며 그 이전까지는 코디네이션이라는 용어가 같은 의미로서 패션스타일링의 자리를 대신하였다.[1]

패션스타일링의 개념은 미적인 측면뿐만 아니라 상징적인 측면도 포한한다. 패션스타일링의 목표를 미적인 측면과 상징적인 측면이 모두 포함된 이미지 창출 혹은 이미지 연출이라고 말할 수 있으며 이것은 사회심리의 의미를 포함하는 것이다. 이미지는 어떤 단서에 의해서 지각되거나 인지되는 모든 내용에 대한 해석이며 그 외에도 대인지각에서 지각되는 단편적인 특성뿐 아니라 인상 형성에 의한 스테레오 타입과 같이 여러 가지 특성이 합하여 이루어지는 복합적인 특성도 포함된다.[2]

패션스타일링이란 상업적이어야 하지만 예술적인 미학으로 대중의 미를 담아내야 하며, 단순히 아이템 조합에 의한 코디네이션이라기보다는 특정 감성과 라이프스타일을 고려한 토털 스타일을 완성하는 것에 목적이 있다. 상업과 예술은 지극히 대조적이지만 이 둘이 서로 조화를 이루어야 하는 공간이 바로 스타일링이다.

---

1) 패션모델 이미지 메이킹에 관한 연구, 윤은주, 경일대학교 대학원(2008)
2) 한국 패션스타일리스트의 역할 확대와 Roll Model에 관한 사례분석 : 전문가들의 Roll Model 분석을 중심으로, 김수진, 중앙대학교 예술대학원 (2010)

⚙ 패션스타일링의 구성요소

1. 아이템(Item)

상의, 하의, 원피스, 아우터에 액세서리까지 다양한 종류의 아이템은 트렌드에 맞춰서 시시각각 새로운 디자인으로 쏟아지고 있다. 하지만 자신의 스타일에 맞는 아이템으로 옷장은 채워져 있을 것이다. 워드로브(의상 계획)의 이미지를 좌우하는 세부적인 요소들에는 컬러, 소재, 패턴이 있다.

(1) 컬러(Color)

의상에서 컬러는 이미지를 이루는 디자인의 기본 요소 중에서 가장 우선적으로 지각되는 요소이다. 개인의 기호, 개성, 심리상태를 표현하며 자신의 이미지를 나타내는 수단이 될 뿐만 아니라 시대적, 문화적 배경을 반영하는 수단이 되기도 한다.

(2) 소재(Texture)

우리나라는 4계절이 있기 때문에 계절별로 다양한 소재를 사용해 의상을 디자인한다. 계절에 맞는 소재는 신체를 보호하는 기능도 하지만 의상의 디자인을 더욱 돋보이게 한다.

(3) 패턴(Pattern)

컬러와 가장 밀접한 관계를 갖고 있으면서 상대방에게 빠르게 인식되는 요소 중 하나이다. 다양한 패턴물들이 제작되면서 사회, 문화적 이념은 물론 디자이너의 아이덴티티까지 담아 이미지를 전달하는 능력을 갖고 있다.

계절별 어울리는 컬러, 소재, 패턴

패턴				

2. 액세서리(Accessory)

액세서리란 부속물, 보조물이라는 뜻으로 넓게는 가방, 구두, 모자, 벨트, 장갑, 선글라스, 귀걸이, 목걸이, 반지, 팔찌, 헤어핀, 넥타이, 시계, 스카프, 브로치 등을 말하며 이 외에도 장식을 위한 모든 재료들을 뜻한다. 스타일링에서 액세서리는 복장을 마무리하고 완성도를 높이는 역할을 한다. 오늘날 패션스타일링이 주목받으면서 액세서리의 중요성도 한층 부각되고 있는데 같은 의상이라 하더라도 어떤 액세서리로 스타일링을 마무리를 하느냐에 따라 결과적으로 보이는 이미지는 천차만별로 달라질 수 있기 때문에 대상과 컨셉에 맞는 액세서리 선택이 중요하다.

여러 가지 액세서리 이미지[3]

3. 모델(Model)

모델이란 전문적인 패션모델을 말하는 것이 아니다. 자신을 비롯한 주위의 모든 사람들을 말하는 것이다. 스타일링은 어떻게 꾸미는지도 중요하지만 누가 입는 지도 아주 중요한 요소이다. 같은 컨셉이라 하더라도 누가 입는지에 따라 선택되는 아이템이 달라질 것이며 어떤 체형인지에 따라서도 큰 차이가 있을 것이다. 우리가 자주 접할 수 있는 패션 잡지와 인터넷 쇼핑몰의 사진들을 비교해 보면 더욱 확실히 알 수 있다.

---

3) www.jedroot.com

4. 메이크업(Make-up)과 헤어스타일(Hair Style)

우리의 신체에서 가장 노출이 많이 되어있는 얼굴은 시선이 집중되는 곳으로서 스타일링에서 매우 중요한 부분이다. 현대에서는 비슷비슷한 옷차림이라 할지라도 메이크업과 헤어스타일의 변화로 다양한 이미지 표현이 가능하며, 그만큼 메이크업과 헤어스타일은 중요한 요소로 인식되고 있다.

(1) 메이크업(Make-up)

메이크업을 하기 위해서는 우선 얼굴 형태의 특징 파악과 피부손질이 기본이다. 이후 각자의 피부 톤에 따라 베이스 메이크업을 하고 눈썹과 아이라인, 아이섀도, 립스틱, 볼터치 등 선과 색채가 조화를 이루어야 한다. 눈썹의 선 하나로도 동안이나 노안으로 보일 수 있으므로 이미지 변화의 요소로 중요하다는 점을 기억해야 한다. 아이섀도는 베이스와 메인, 포인트, 하이라이트로 컬러를 적절히 사용하고, 아이라인과 마스카라를 추가하여 연출할 수 있다. 메이크업의 컬러는 트렌드나 계절의 영향을 많이 받기 때문에 선택 시 주의하여야 한다.

다양한 메이크업 이미지[4]

---

4) www.jedroot.com

(2) 헤어스타일(Hair Style)

사람의 이미지의 반 이상을 차지하는 것이 바로 헤어스타일이다. 헤어스타일은 두상과 얼굴의 형태와 모발의 상태를 고려해야 하며 헤어 길이는 자주 변화를 줄 수 없으므로 헤어 액세서리와 염색을 이용하면 T.P.O에 따라 다양한 스타일을 연출할 수 있다. 헤어스타일은 스트레이트와 웨이브가 있으며, 밴드로 묶거나 핀을 이용해서 다양한 스타일로 변화시켜 연출할 수 있다. 최근에 헤어 액세서리의 형태와 종류가 다양하게 출시되고 있으므로 적절하게 활용하면 스타일링의 포인트가 될 수 있다.

다양한 헤어스타일 연출 사례[5]

⠿ 스타일링 타깃(Styling Target)

스타일링에 있어 '타깃'이란 스타일링의 대상을 지칭하는 것이다. 대상을 어떻게 파악하는가에 따라 이에 따른 결과물에서 차이가 나기 때문에 적합한 스타일링을 위해서는 타깃의 체형과 선호, 니즈, 라이프스타일, T.P.O 등을 잘 분석하고 이에 맞는 스타일을 실행하는 것이 중요하다. 타깃의 하드웨어(Hard Wear) 측면—패션에 영향을 주는 외부적인 요소인 일상생활—과 소프트웨어(Soft Wear) 측면—패션 이미지에 영향을 주는 내적 감성부분—을 나누어 파악해 볼 수 있다.

1. 하드웨어

패션에 있어서 하드웨어적인 측면은 내가 생활하면서 행동하는 모든 분야가 포함되어 있다. 옷차림에 있어 외부의 영향으로 간주되는 것들로서, 다음과 같은 요인이다.

---

5) www.jedroot.com

(1) 라이프스타일(Lifestyle)

라이프스타일은 사람들의 생활양식, 살아가는 모습을 의미하는 말로써 가치관, 인생관에 따른 생활 태도를 의미한다. 성격이나 가치관이 다르면, 생활 방식도 달라진다는 점에 근거를 두고 있는 것이 라이프스타일이다.

(2) 라이프스테이지(Lifestage)

쉽게 말하면 자신의 나이를 의식하며, 직업에 의한 옷차림을 하려고 하는 것이다. 즉, 인간생활을 라이프 사이클에 따라서 구분하는 단계를 일컫는 말로 연령의 변화를 축으로 하면서 학생생활, 결혼, 사회적 지위, 수입, 가족구성원 등을 참작해서 일정한 그룹으로 나누는 방식이다.

(3) 오케이젼(Occasion)

오케이젼은 기회라는 뜻이지만 일반적으로 옷을 입고 가는 장소나 그 상황을 지칭하는 의미로 사용되고 있다. 때와 장소에 맞는 옷차림으로 일종의 제약이라고 볼 수 있으며 가장 뚜렷한 제약은 계절에 의한 제약이 있다. 오케이젼은 장소나 기회에 따라 오피셜(Official), 프라이비트(Private), 소시얼(Social)로 분류되며 패션 업계에서 널리 사용되고 있다.

(4) 시즌 사이클(Season Cycle)

시즌 사이클은 계절의 변화라는 뜻으로 시즌의 변화도 옷차림의 변화에 중대한 영향을 미친다. 특히 우리나라와 같이 계절의 변화에 따라 기온이 크게 달라지는 경우 특히 시즌 사이클의 역할을 무시할 수 없다.

2. 소프트웨어

자신의 취향과 밀접한 관련이 있으며 아름다움과 즐거움, 개성과 취미 등 사람들이 갖고 있는 감성적 측면을 소프트웨어라고 말한다. 다음과 같은 요소들이 포함된다.

(1) 마인드 에이지(Mind Age)

마인드 에이지는 감성적 측면에 사람의 인생관이 플러스된 것이다. 이 분류는 연령을 초월해, 바뀌어서 사람의 심리적인 측면을 중요시하는 기준이다. 연령에 관계없다는 의미의 논 에이지(Non Age) 패션이란 말이 생겼고 마인드적 연령(Mind Age)이라는 정신적인 요소를 마인드 에이지에서는 중요시 한다. 주니어(Junior), 영(Young), 어덜트(Adult), 커리어(Career), 미시(Missy), 시니어(Senior), 실버(Silver) 등으로 분류할 수 있다.

(2) 패션 이미지(Fashion Image)

클래식(Classic), 모던(Modern), 매니시(Mannish), 페미닌(Feminine), 스포티(Sporty) 등 다양한 패션 미의식을 의미한다.

(3) 테이스트 레벨(Taste Level)

테이스트 레벨의 테이스트(Taste)란 좋은 취미라는 의미로써, 센스(Sense)와 비슷한 말이다. 테이스트 레벨은 패션을 수용하는 자세가 적극적인가 또는 소극적인가 하는 패션의 수용도를 의미하고 있다. 테이스트 레벨의 분류는 유행을 어느 정도 받아들이는가에 따라 보통 3단계로 분류하며 좀 더 세분화할 때는 4단계로 나눈다. 3단계로 분류할 때는 아방가르드(Avantgarde), 컨템퍼러리(Contemporary), 컨설버티브(Conservative)로 나누고, 4단계로 나눌 때는 아방가르드와 컨템퍼러리 사이에 또 한 단계로 트렌디(Trendy)를 집어넣는다.

상황별 스타일링

우리는 다양하게 변하는 패션트렌드 속에서 살아간다. 패션트렌드가 그때의 사회, 문화, 정치적인 것에 따라 변화한다면 우리의 패션은 시간과 상황에 따른 패션의 변화 속에서 살아가고 있는 것이다. 흔히 사용하는 'T.P.O'란 시간(Time), 장소(Place), 상황(Occasion) 세 가지 요소를 말하고 이에 적합한 패션을 지향한다. 이 중에서 오케이젼(Occasion)이란 일상생활 속에서의 각 장면들로서 크게 다음 3가지로 나누어 볼 수 있다.

오케이젼에 따른 스타일링

T.P.O(Time, Place, Occasion)에 의한 코디네이션이 부각되는 최근의 '스타일링'은 더 이상 패션 관계자들만을 위한 것이 아니다. 때와 장소, 상황에 맞는 적절한 스타일링으로 자신을 표현하고 개성 있는 연출로 본인을 부각시킬 줄 아는 스타일링이 필요한 시대이다.

패션 코디네이션은 '누가, 언제, 어디서, 왜' 입는지에 대한 4W의 원칙이 적용된다고 할 수 있다. 또한 패션 코디네이션은 단순하게 어떤 사물과 사물간의 조합이나 사람과 사물간의 조합은 물론이고, T.P.O에 적절한 이미지를 통해 시각 이외에 심리적 안정을 주는 질서를 만들어 내는 것을 의미한다. 패션 코디네이션은 개인의 이미지를 연출하여 외모를 통해서 타인에게 개인의 성격이나 취향 등의 평가까지 받게 된다.

토털 코디네이션은 이러한 흐름에 따라 이미지나 패션을 담당하는 전문화된 스타일리스트가 점차 각광받고 있으며, 이미지 토털 크리에이터로서의 감각적인 능력과 더불어 창의성, 시장 분석력 등 통합적인 역량이 요구되고 있다.

1. 여성 스타일

(1) 비즈니스 스타일

활동적이면서도 성실하고 밝은 인상을 줄 수 있는 단정하고 깔끔한 이미지의 심플한 투피스 수트가 적당하지만 상의와 하의를 조합한 앙상블 형태의 원피스 스타일도 무난하다. 차분한 크림컬러, 베이지, 블랙, 프루시안블루, 화이트, 아이보리, 네이비, 핑크, 파스텔옐로 등의 컬러 등이 좋다. 너무 화려하고 유행 스타일의 차림, 짙은 화장과 과도한 액세서리 착용은 피하는 것이 좋다.

(2) 레저 스타일

주말을 이용한 레저 라이프는 정신적으로나 육체적으로도 최상의 릴렉스 타임이라고 볼 수 있다. 단품 코디네이션으로 밝고 깨끗한 색조의 니트 패션 등을 스포티 엘레강스 스타일로 연출하면 좋다. 또한 현대적인 감각의 도시적인 이미지가 믹스된 스타일도 좋다. 본인의 개성과 여성스러움이 손상되지 않는 캐주얼 범위 내에서 선택하는 것이 중요하다.

(3) 파티 및 행사 스타일

신부가 주인공인 식장에 갈 경우에는 화이트, 핑크 계열의 의상은 선택하지 않는 것이 좋으며, 상·하의 중 하나 정도에는 컬러를 사용한 원 포인트 연출을 한다.

캐주얼이나 미니 스커트, 청바지 등 지나치게 캐주얼한 의상과 블랙 정장은 되도록 피하도록 한다. 헤어, 메이크업은 평상시보다 화사한 분위기로 연출하며, 전체적으로 여성적인 아이템과 액세서리를 사용하여 좋은 인상을 줄 수 있는 스타일로 연출한다.

그 밖의 파티 등 행사는 단순한 모임의 성격에서 벗어나 비즈니스의 일환으로 여겨지기도 한다. 따라서 격식에서 벗어나지 않으면서 자신감 있게 연출하는 감각이 필요하다. 드레스 등 화려한 스타일이 좋으며 헤어, 메이크업도 펄감이 있고 화려하면서도 우아한 스타일로 연출한다.

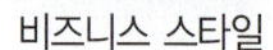
비즈니스 스타일

레저 스타일

파티 스타일

2. 남성 스타일

(1) 비즈니스 스타일

비즈니스 스타일의 경우에는 차분하고 지적인 분위기의 수트와 드레스 셔츠, 여기에 포인트가 되는 타이를 매는 것이 성공의 비결이다.

미팅 시에는 활동적이면서도 성실하고 밝은 인상을 줄 수 있는 단정하고 깔끔한 이미지의 싱글 투버튼이 무난하며 세퍼레이트 배색을 할 경우에는 동색 계열로 연출하는 것이 좋다. 색상은 차분한 네이비, 회색 등의 수트가 적합하며 헤어는 단정하고 깔끔하게 정리하여 본인의 개성을 강조하면서 너무 튀지 않는 깔끔한 인상을 주는 것이 중요하다.

(2) 레저 스타일

최근 라이프스타일이 강조되면서 여가시간을 즐길 수 있는 쾌적한 스타일이 많이 보이고 있다.

활동성이 큰 편안한 옷, 밝고 선명한 쿨 캐주얼 이미지가 적합하다. 여가복을 선택할 때에는 편안한 복장을 선택하면서 상황과 장소에 적합한 아이템을 선택하는 것이 중요하다. 운동 종목, 여행의 계획, 계절에 맞게 자신만의 개성을 연출한다.

비즈니스 스타일

레저 스타일

Chapter 02 패션 이미지와 룩

패션을 표현하는 이미지는 수없이 많다. 시즌별로 다양한 스타일로 트렌드를 만들어가고 있고 우리는 그것을 숙지하고 있어야 그를 모티브로 자신만의 개성적인 패션스타일을 연출할 수 있다. 룩이란 옷을 입은 사람의 겉모습과 내적인 미적 가치가 통합되어 하나의 전체적인 이미지로 구체화되어 형상화된 것을 말한다. 최근 패션의 성역이 거의 없어지고 있기 때문에 기본적으로 어떤 이미지에서 비롯되었는가는 스타일링을 하는 데에 있어서 중요한 요소이다. 또한 패션의 역사는 전통에서 비롯되었기 때문에 시대별, 나라별 스타일이 어떻게 변화되었는가는 창의적인 스타일을 만들어낼 때 많이 참고가 될 것이다.

✛ 여성스러운 이미지

1. 엘레강스룩

여성적인 아름다움을 추구하며 클래식하고 보수적인 패션을 말한다. 품위 있고 균형감 있는 평온한 스타일로 장식적인 것보다는 우아하고 세련된 감각을 보여주는 스타일이다.

디자이너 브랜드를 중심으로 하는 오트쿠튀르의 분위기가 엘레강스 스타일을 대표한다.

둥근 칼라나 칼라가 없는 형태, 자연스러운 어깨 라인, 주로 스커트 정장을 착용한다. 소재는 실크, 새틴 등의 매끄럽고 광택이 있는 것이나 부드러운 것이 주로 사용되며, 단색 또는 작은 무늬들을 사용해 점잖은 분위기를 표현한다. 부드럽고 대비를 이루지 않은 톤이나 그레이시톤의 고급스러운 색조에 소품과 액세서리는 너무 화려하지 않은 것을 사용한다. 진주는 엘레강스를 대표하는 대표적인 액세서리이다.

엘레강스룩의 이미지6)

6) www.jedroot.com
www.agencyteo.com

엘레강스룩은 타깃 연령층이 조금 높게 책정된다. 우아하고, 보수적인 패션은 포멀한 분위기가 많이 연출되기 때문이다. 와인, 퍼플, 블랙, 그레이 같은 컬러를 많이 사용하며 클러치백, 우아한 스타일의 모자를 많이 사용한다.

2. 페미닌룩

최근 다양하게 표현되는 스타일이 바로 페미닌룩이다. 비슷한 스타일로 1950년대에서 1960년대에 유행한 스타일을 레이디 라이크룩이라 한다.

기능성보다는 향수를 불러일으키는 장식적 이미지의 아이템이 많다. 일정한 형식은 없고 그 시대 여성의 우아함을 보여주는 것이 포인트이다. 실키하고 소프트한 소재를 주로 사용하고, 가는 곡선의 패턴, 꽃무늬, 체크, 물방울무늬가 효과적이다. 페일톤, 라이트톤 등 고명도 색조를 주로 사용하며, 코사지와 리본 등을 사용해 로맨틱한 느낌을 주고 반짝이는 보석류 액세서리를 착용하여 룩을 완성한다.

페미닌룩의 이미지[7]

페미닌룩은 여러 가지 이미지를 포괄하고 있는 단어이다. 여성스럽다는 의미 자체가 다양하기 때문이다. 보통의 젊은 20~30대 여성들에게 많이 사용되며 패션이 급변하는 20세기는 여성상이 다르기 때문에 이 시대를 잘 숙지하는 것이 중요하다.

---

7) www.jedroot.com

3. 이노센트룩

이노센트는 맑고 청순한 느낌의 패션으로, 청초한 분위기에 티 없이 맑고 깔끔한 인상을 원하는 20대 전후의 여성들에게 주로 어울리는 패션이다. 스포티한 것보다는 로맨틱하면서 전원적인 스타일을 추구하며 현대적인 이노센트는 신선함에 약간의 발랄함을 추구한다. 1999년에는 발레리나룩이 유행하면서 이노센트룩의 새로운 변화가 시도되었는데 하늘거리는 망사 시폰 벨벳 소재, 허리를 강조한 라인과 시폰, 망사 스커트와 발레 슈즈를 연상시키는 플랫 슈즈가 유행하였으며 이는 현재까지 꾸준히 이어오고 있다.

이노센트룩의 이미지[8]

실무TIP

이노센트룩은 컬러와 소재 선택이 중요하다. 아이보리, 화이트를 기반으로 파스텔 계열을 주로 하용하며 가벼운 느낌의 소재를 많이 사용한다. 장식도 거의 없으며 헤어, 메이크업은 내추럴한 느낌으로 연출해 꾸미지 않은 자연스러움을 연출해야 한다.

---

8) www.jedroot.com
   www.artandcommerce.com

4. 섹시룩

스포티, 유니섹스 스타일이 주류를 이루던 1970년대 이후 여성의 성적 매력을 강조한 패션을 선보이게 되었다. 1970년대 이후, 여성다움을 표현하기 위한 다양한 룩이 모험적으로 발표되었으며 수퍼섹시룩, 시스루룩, 이너웨어룩 등 여성의 섹시한 매력을 강조하는 것들이 대표적이다.

최근 클럽, 파티문화가 젊은 층에게 인기를 얻으면서 다양한 스타일의 섹시룩이 인기를 얻고 있다.

섹시룩의 이미지[9]

 실무TIP

섹시룩은 의상의 선택도 중요하지만 모델의 연출이 더욱 중요하다. 기본적인 의상으로도 모델의 포즈와 시선처리로 섹시한 이미지를 표현할 수 있기 때문이다.

---

9) www.jedroot.com
   www.vott.co.kr

5. 시스루룩

시스루룩은 다양한 룩에 접목되어 사용된다. 룩마다 사용하는 어울리는 소재를 사용해 색다른 분위기를 표현하여 시대에 따라 다른 스타일로 나타낸다. 주로 오건디, 시폰 등 얇고 비치는 옷감을 주로 사용하며, 비치는 정도에 따라 그 느낌이 다르며, 신소재 발달로 새로운 시스루룩 연출도 가능하다.

시스루룩의 이미지[10]

실무TIP

시스루룩은 특정한 스타일을 말하는 것이 아니다. 특정한 소재의 선택으로 룩을 연출할 수 있는 것이다. 섹시, 캐주얼, 페미닌, 엘레강스 등 다양한 룩과 믹스하여 새로운 이미지로 연출한다.

10) www.jedroot.com

6. 뉴룩

'최신 유행의 스타일' 이란 의미로 1947년 디올이 발표한 새로운 룩으로서, 현재까지 이어오는 페미닌룩의 근원이라 할 수 있다.

뉴룩의 이미지[11]

실무TIP

한 시대를 풍미한 룩이지만 특유의 스타일로 자리매김하고 있다. 특별한 아이템을 사용하지 않아도 허리를 강조하면서 플레어 스커트를 매치하면 뉴룩으로 연출할 수 있다.

---

11) www.jedroot.com
www.artandcommerce.com
www.agencyteo.com

7. 란제리룩

속옷의 디테일에서 아이디어를 얻어 겉옷처럼 착용하는 룩이다. 여성의 속옷을 상징하는 슬립, 코르셋, 브래지어 등의 디테일을 응용하여 디자인으로 표현하기도 한다.

란제리룩의 이미지[12]

실무TIP

란제리룩은 과하지 않게 연출하는 것이 중요하다. 자칫 잘못하면 너무 선정적으로 보일 수 있기 때문에 기본적인 아이템과 적절히 믹스매치해 포인트 룩으로 사용해야한다.

12) www.jedroot.com

8. 재키룩

미국의 제35대 대통령인 존 F. 케네디의 부인인 재키 케네디가 평소에 즐겼던 스타일을 말한다. 딱딱한 정장차림을 세련된 패션으로 연출하였으며 단순하고 우아한 원피스와 정장, 무릎길이의 A라인 스커트와 몸에 꼭 맞는 재킷 아이템이 당시 트렌드의 중심으로 떠올랐다.

커다란 선글라스, 부풀린 올림머리 스타일과 스카프를 두건으로 활용하는 것 등이 재키 스타일의 트레이드마크이다.

재키룩의 이미지[13]

실무TIP

재키룩은 1950~1960년대 유행했던 스타일을 되짚어보면 더욱 자세하게 알 수 있다. 그 당시에 유행했던 스타일을 본인의 특징에 맞게 재해석한 것이 다시 대중에게 어필하게 된 것이다. 재키룩은 액세서리만으로도 표현할 수 있는데 심플한 의상을 선글라스나 스카프로 포인트를 주는 것이다.

13) www.jedroot.com
www.artandcommerce.com
www.art-dept.com

9. 롤리타룩

1960년대부터 유행하기 시작한 스타일이다. 1955년 롤리타라는 소설의 여주인공에서 비롯되었으며 수줍음과 유혹, 아름다움과 천박함, 순수함과 추문을 동시에 환기시키는 사회적 아이콘이었다. 롤리타 신드롬은 '유혹적이나 미성숙한 소녀'로 의미가 전환되면서, 미성숙한 소녀에 대한 정서적 동경이나 성적 집착을 가지는 현상을 뜻한다. 이 롤리타 신드롬은 영원한 젊음을 추구하는 인간의 희망과 비밀스러운 인간 욕망의 분출을 뜻한다. 대표적인 모델은 트위기(Twiggy)로서, 가늘고 긴 다리, 튀어나온 이마와 밤비(Bambi) 눈을 가진 인형(Dolly Bird) 같은 모습으로 날씬한 소녀의 이미지를 창출하였으며, 성적 특성이 없는 어린아이 같은 여성의 이미지였다. 트위기는 전 세계 여성 틴에이저들의 우상이었고, 최초로 패션모델로서 전 세계에 명성을 떨쳤다.

롤리타룩의 이미지[14]

롤리타룩은 발랄한 느낌을 표현하는 것이 포인트이다. 소녀다운 이미지를 표현하기 위해 리본, 프릴 등의 장식을 사용하고 퍼프소매나 튀튀스커트를 믹스매치 하기도 한다.

---

14) www.jedroot.com

10. 로맨틱룩

봉제 상의 특수한 테크닉을 그대로 사용한 레이스, 프릴, 리본, 주름, 페플럼 등의 장식적인 디테일,
스윗 하트 네크라인 등을 볼 수 있고, 젊고 가벼우며 청초함을 느끼게 하는 룩이다.
공상 혹은 동화나 꿈과 같은 환상적인 패션인 판타스틱(Fantastic)과 같은 이미지의 아이템을 주로
사용한다.

로맨틱룩의 이미지[15]

실무TIP

로맨틱룩은 여성스러움을 극대화시키는 것이 중요하다. 원피스 종류를 많이 사용하며 코사지, 리본 같은 액세서리를 많
이 사용한다. 웨이브 헤어와 은은한 메이크업도 로맨틱룩의 포인트 요소이다.

15) www.jedroot.com

◌◌ 남성스러운 이미지

1. 모던룩

무채색을 중심으로 차가운 분위기를 연출하고 도회적 감각을 살리는 모던룩은 직선적이며 현대적인 이미지로 많이 활용되고 있다. 직선미를 살린 날카로운 형태의 패턴과 개성 있는 디자인, 미래 지향적 감각의 디자인들이 선호된다.

모던룩의 이미지[16)]

실무TIP

모던룩의 액세서리는 실버 컬러를 중심으로 한 차가운 분위기의 것들로 선택하는 것이 좋다. 디자인도 부드러운 느낌의 디자인은 피하고 대담한 디자인 혹은 과감한 디자인으로 선택한다.

---

16) www.jedroot.com
    www.artandcommerce.com

2. 매니시룩

매니시란 '남성다운' 이란 뜻으로, 남성복 중 수트의 디자인을 여성복에 믹스매치한 스타일을 말한다. 색상은 모노톤을 중심으로 차분한 분위기를 나타내며 디자인이나 패턴은 군더더기 없이 심플한 것이 특징이다. 이것은 여성복을 남성복화한 것으로 꼭 수트만이 아닌 의외의 스타일로 표현이 될 수 있다.

매니시룩의 이미지[17]

실무TIP

매니시룩은 여성스러움을 잃지 않는 것이 중요하다. 팬츠 슈트를 연출한다고 해도 루즈핏을 고르는 것이 아니라 체형에 맞는 아이템을 매치해야 한다.

---

17) www.jedroot.com

3. 댄디룩

19세기의 귀족적인 분위기의 멋쟁이 신사를 가리키던 용어인 댄디는 멋쟁이란 뜻으로 남성복의 디
테일을 도입하여 연출하며, 매니시룩과 같은 의미로 사용되기도 하나 지극히 사치스럽고 세심한 감
각을 요하는 패션이다.

댄디룩의 이미지[18]

실무TIP

댄디룩은 시대가 흐르면서 다양하게 변화하고 있다. 화려한 디테일이 돋보이는 바로크 댄디, 타이트한 남성복을 입음으
로써 여성스러움을 부각시키는 섹시 댄디가 있다. 가장 핵심 아이템인 재킷을 어떤 종류를 택하느냐에 따라 스타일링이
달라진다.

18) www.jedroot.com

4. 모즈룩

1960년대 영국의 하류층 청소년들의 귀족 의상에 대한 교묘한 패러디와 모호한 성의 경계를 표현한 룩으로 기성세대의 관습에 대한 반항심을 의복으로 표현한 것이다. 초기에는 모던한 스타일에서 점차 히피의 영향을 받아 화려한 패턴과 H라인의 실루엣으로 사랑받았다.

모즈룩의 이미지[19]

실무TIP

모즈룩의 포인트는 H라인이다. 허리선을 드러내지 않는 H라인의 원피스와 몬드리안의 그림을 보는듯한 컬러배치를 유의하면 된다.

---

19) www.jedroot.com
    www.artandcommerce.com

5. 유니섹스룩

남녀의 경계 없이 두루 입을 수 있는 아이템으로 이루어진 룩을 말한다. 주로 남성복의 아이템을 사이즈만 다르게 해서 입는 경우가 많으며 청바지가 대표적인 유니섹스 아이템이라 할 수 있다. 여성의 사회활동이 두드러지면서 유행한 스타일로, 현대 패션으로 시대가 흐르면서 점점 영역이 확대되고 있다.

유니섹스룩의 이미지[20]

실무TIP

데님은 남녀노소, 시즌에 상관없이 주목받는 아이템이다. 가장 중성적인 아이템으로 유니섹스룩을 표현하기 좋은 아이템이다.

20) www.jedroot.com
www.artandcommerce.com

6. 앤드로지너스룩

앤드로지너스는 양성(兩性)을 지닌다는 말로서, 여성은 남성적인 옷차림으로, 남성은 여성적인 옷차림으로 서로 다른 성의 스타일을 추구하는 것을 말한다. 기본적으로는 성(性)의 기본개념을 초월한 현대적인 옷차림을 의미하며 점차 남, 여 구분 없이 서로의 아이템을 믹스매치 하는 것이 트렌드로 자리 잡아감에 따라 다양한 스타일링 방법이 제시되고 있다.

앤드로지너스룩의 이미지[21]

실무TIP

남성적인 이미지를 부각시키기 위해 루즈핏의 아이템을 선택한다. 최근 보이프렌드 핏이라고 해서 남자친구의 옷을 입은 듯 한 스타일이 유행인데 이것이 바로 앤드로지너스룩의 한 예이다.

---

21) www.artandcommerce.com

7. 톰보이룩

보이시한 매력을 갖고 있는 여성을 뜻하는 말로 짧은 헤어와 스키니한 바디가 먼저 떠오르는 룩이다. 재킷과 팬츠 위주의 스타일링으로 매니시한 매력을 더하거나 모자나 가방 등으로 보이시한 매력을 연출한다.

톰보이룩의 이미지[22]

실무TIP

톰보이룩은 베이직한 아이템 위주로 스타일링이 된다. 티셔츠, 데님, 팬츠 등으로 연출하고 로퍼, 컨버스화 등으로 마무리를 한다.

22) www.jedroot.com
www.artandcommerce.com

8. 밀리터리룩

제2차 세계대전 중 여성복에서 유행했던 스타일로 당시 군복의 소재와 디테일을 응용한 스타일을
말한다. 현대에 와서는 군복풍의 요소가 패션에 도입된 모든 스타일이 이에 해당되며, 직선적이고
기능적이며 활동적인 면을 강조한 디자인이 특징이다. 카키, 브라운, 블랙, 베이지 등이 가장 많이
사용되는 컬러로 트렌드에 따라 비비드한 색감으로 재탄생하기도 한다. 견장이나 금속 단추, 주머
니, 버클 등의 장식이 대표적이며 몇 년 전까지만 해도 카무플라주(Camouflage) 패턴을 많이 사용
했지만 최근에는 패턴보다는 컬러로 많이 표현하는 추세이다.

밀리터리룩의 이미지[23]

실무TIP

밀리터리룩은 특정 디테일과 컬러가 있기 때문에 연출하기 쉽다. 카키색을 기본으로 베이지, 블랙 등을 주로 사용하고
야상점퍼, 견장이 달린 코트 등으로 포인트를 준다. 액세서리는 체인을 위주로 사용한다.

---

23) www.jedroot.com
　　www.artandcommerce.com
　　www.art-dept.com

9. 빅룩

1970년대 중엽에 새롭게 등장한 스타일로 신체보다 큰 사이즈의 옷을 헐렁하게 연출하는 것을 말한다. 단정한 클래식 스타일에 싫증을 느껴 턱, 개더, 플레어, 카울 등 드레이프 디테일이 많이 사용되며 헐렁한 배기(Baggy) 스타일, 케이프 스타일 등에 많이 이용된다.

빅룩의 이미지[24]

실무TIP

빅룩은 상의와 하의 중 한 가지를 선택하여 연출하는 것이 중요하다. 상의가 빅룩이라면 하의는 타이트하게 하의가 빅룩이면 상의는 슬림하게 연출하는 것이 좋다.

IV
스타일링 실무

24) www.jedroot.com
www.artandcommerce.com

10. 펑크룩

1970년대 후반 런던에서 유행한 패션으로 반항적이고 공격적인 이미지가 강한 룩이다. 광택감 있는 소재, 금속 액세서리, 티셔츠 등이 주요 아이템으로 사용되었으며 핫핑크 컬러로 헤어를 염색하는 것이 트레이드 마크가 되었다. 지금의 런던 패션에 기본이 되는 룩이기도 하다.

펑크룩의 이미지[25]

실무TIP

펑크룩은 소재가 중요하다. 주로 가죽소재를 많이 사용하며 징이나 스터드가 달린 아이템이 많다. 너무 과하지 않게 한 군데만을 포인트로 정하고 연출한다. 최근엔 디테일만 채용하고 심플하게 디자인된 아이템이 많이 출시되고 있다.

25) www.jedroot.com
www.artandcommerce.com
www.art-dept.com

11. 프레피룩

미국 동부의 사립고교에 다니는 학생들이 즐겨 입는 의복을 말한다. 미국의 전통적인 의복으로서 아이비룩(Ivy Look)보다는 좀 더 경쾌한 느낌을 갖는 것이 특징이다. 심플하고 클래식한 아이템인 플리츠 스커트와 블레이저 재킷, V네크 스웨터, 스카프와 더플 코트에 경쾌한 컬러감을 더해 연출된다.

프레피룩의 이미지[26]

실무TIP

깔끔하고 심플한 스타일이 포인트이다. 흐트러지지 않는 단정한 이미지로 헤어와 메이크업도 심플하게 연출한다.

26) www.jedroot.com
www.agencyteo.co.kr
www.art-dept.com

12. 빈티지룩

낡은 듯한 느낌의 아이템을 레이어드 하여 스타일링한 룩이다. 오래된 브랜드의 정품이나 레트로적인 스타일이 주를 이루며 구제, 중고 아이템은 물론 처음 디자인될 때부터 빈티지한 느낌이 가미되어 나오기도 한다. 빈티지룩의 마니아층이 확산되면서 빈티지 아이템을 취급하는 샵도 많이 늘어나고 있는 추세이다.

빈티지룩의 이미지[27]

 실무TIP

빈티지룩은 스타일링이 중요한 요소이다. 자칫 지저분해보일 수 있으므로 심플한 아이템과 믹스매치하고 액세서리로 포인트를 주는 것이 좋다.

27) www.jedroot.com
www.artandcommerce.com
www.art-dept.com

13. 스포티룩

스포츠웨어나 운동선수들의 유니폼의 특징을 일상복에 응용한 패션이다. 1963년 가을 오트쿠튀르의 컬렉션에 방한복 스타일이 등장하면서 이름이 붙여졌으며 셔츠룩, 사파리룩, 테니스룩 등등 여러 종류로 전개된다. 여가생활을 중요시하는 성향이 확산되면서 아웃도어, 스포티즘이 패션에 큰 부분을 차지하고 있으며 패션의 커다란 흐름으로 나타나고 있다.

스포티룩의 이미지[28]

실무TIP

2012년은 런던 올림픽의 영향으로 스포티한 룩이 강세인 해이다. 각종 운동 종목의 유니폼 디테일을 접목하여 새로운 룩이 탄생하고 있다. 원포인트 아이템으로 캐주얼하면서도 엣지있는 연출이 중요하다.

28) www.jedroot.com

⚙ 시간, 지역적 특성을 갖는 이미지

1. 에스닉룩

종교적인 의미가 가미된 토속적이며 소박한 느낌을 주는 패션으로, 유럽 외의 여러 나라의 민족 고유의 복장을 모티브로 한 룩이다. 1960년대 유행한 데 이어 1980년대 들어 크게 붐을 일으켰으며 트렌드에 지속적으로 영향을 미치고 있다. 대체로 동양적인 느낌을 많이 주며 전 세계의 민속풍이 해당되는 만큼 디자인의 요소가 다양하고 여러 디자이너에 의해 재해석되고 있다. 중동, 극동의 의상, 인도네시아의 파틱, 인도의 사리 등의 것들이 영감을 주며 색상이나 장식이 다양하고 신비한 느낌을 준다.

에스닉룩의 이미지[29]

📝 **실무TIP**

에스닉룩은 프린트만으로도 연출이 가능하다. 기하학적인 패턴이 가득한 아이템과 다양한 원석으로 이루어진 액세서리면 포인트를 줄 수 있다.

---

29) www.jedroot.com
www.artandcommerce.com

2. 포클로어룩

포클로어란 '민속학, 민간전승'이라는 뜻으로 유럽의 농민, 인디언 의상 등 대자연 속에서 생활하는 사람들이 갖는 소박하고 전원적인 이미지에서 아이디어를 얻어 표현한 룩을 말한다. 집시룩, 페전트 룩 등 소박한 농어민 등의 민속의상을 도입해 장식을 강조한 야성미가 풍부한 것이 특징이다. 최근 에는 전통 문양을 응용해 컬러와 패턴만으로 포인트를 주는 경우도 많다.

포클로어룩의 이미지[30]

실무TIP

에스닉룩보다는 좀 더 여성스러운 것이 특징이다. 잔잔한 프린트의 시폰 롱원피스, 루즈한 니트 등으로 연출하면 여성 스러운 포클로어룩으로 연출할 수 있다.

---

30) www.artandcommerce.com

3. 히피룩

자연으로의 회귀를 희망하며 자연적인 소재와 컬러 등을 사용하며 루즈한 실루엣이 특징이다. 스카프나 헤어밴드를 머리에 두르거나 구슬이나 나무, 금속성의 액세서리를 주렁주렁 둘러 자유분방한 스타일로 연출된다. 짧게 개조한 집시 스커트나 작은 꽃무늬, 혹은 체크를 자유롭게 배열하고 어떤 규칙에도 얽매이지 않는 독특한 감성을 보여준다.

히피룩의 이미지[31]

실무TIP

다양한 레이어드로 많은 스타일을 연출할 수 있는 룩이기도 하다. 특정한 아이템으로 구속받지 않으며 자유로운 스타일링 스킬이 필요하다.

---

31) www.artandcommerce.com

4. 오리엔탈룩

동양적인 모티브로 전개되는 패션으로 에스닉룩의 한 부분에 속한다. 최근 아시아의 신비한 이미지가 많이 어필되면서 많은 디자이너들이 패턴, 컬러 등을 이용하고 있다. 한국, 중국, 일본 등의 극동풍, 인도풍, 터키, 이집트, 페르시아 등의 중동풍이 포함되며 액세서리와 독특한 디테일이 주로 이용된다.

오리엔탈룩의 이미지[32]

실무TIP

각 국 전통의상의 특징을 잘 살펴보는 것이 중요하다. 가장 특징적인 아이템을 선택해 메인 아이템으로 정하고 그에 어울리는 서브 아이템을 선택한다.

IV 스타일링 실무

[32] www.jedroot.com

5. 웨스턴룩

미국 서부의 카우보이와 개척자들이 착용한 복장을 말한다. 시대에 맞는 활동성과 야생적인 이미지
가 가미되었으며 여성과 남성의 의상 차이가 뚜렷하게 구분되었기 때문에 각각의 느낌을 살린 다양
한 웨스턴룩이 선보이고 있다.

웨스턴룩의 이미지[33]

 실무TIP

웨스턴룩은 그 시대 남자의 패션과 여자의 패션으로 나누어 스타일링을 익히는 것이 중요하다. 도시적인 스타일을 접목
시킨 시티 웨스턴룩, 미국 서부 개척시대의 스타일을 접목시킨 올드 웨스턴룩으로 나뉘게 된다.

33) www.jedroot.com

6. 브리티시룩

영국의 클래식한 룩에서 비롯되었으며 영국의 상징인 패턴을 활용한 것이 특징이다. 영국의 문화가 점점 변화하면서 그에 어울리는 패션 문화도 발전해 최근에는 뉴 브리티시룩이라고 하여 영국의 스트릿 패션과 로큰롤적인 패션이 믹스된 새로운 스타일이 주목받고 있다.

브리티시룩의 이미지[34]

실무TIP

브리티시룩은 체크 패턴이 가장 대표적인 상징이라 할 수 있다. 다양한 스타일에도 체크 패턴의 아이템을 접목시키면 브리티시룩으로 거듭날 수 있다.

---

34) www.jedroot.com
www.artandcommerce.com

7. 보보스룩

보보스족이란 부르주아(Bourgeois)의 물질적 토대와 보헤미안(Bohemian)의 정신적 풍요를 동시에 누리는 미국의 신흥 엘리트를 지칭하는 말이다. 우리나라에서는 2000년경에 청담동과 압구정동 등지에서 트렌드를 일으켰고, IT분야에서는 MS의 빌 게이츠, 애플의 스티브잡스 등의 실용적이고 기능적인 패션스타일을 보보스룩으로 볼 수 있다.

보보스룩의 이미지[35]

실무TIP

스타일링하기 까다로운 룩 중 하나이다. 과하지 않으면서 고급스러움을 표현하기가 쉽지 않기 때문이다. 포멀한 스타일에 기본을 두고 캐주얼한 아이템을 믹스매치하는 것이 중요하다.

---

35) www.jedroot.com
www.artandcommerce.com

8. 에스키모룩

몇 년 전부터 다양한 모피와 인조 모피를 많이 이용하면서 주목받기 시작한 룩이다. 캐나다, 알래스카 등 북극해 연안에 거주하는 민족의 의상을 말하며 독특한 동물의 가죽과 털을 재료로 많이 사용하고 전통적인 문양도 응용하는 경우가 많다.

에스키모룩의 이미지[36]

실무TIP

에스키모룩은 퍼 아이템만 선택하면 끝이 아니다. 에스키모 전통적인 패턴과 컬러감이 살아있는 아이템을 선택하는 것이 중요하다.

IV

스타일링 실무

---

36) www.jedroot.com
www.artandcommerce.com

9. 클래식룩

오랜 세월이 흘러도 스타일이 변하지 않는 것이 특징인 클래식한 이미지는 고전적인, 고상한, 전통적인, 보수적인, 고풍스러운, 중후한 이미지로 유행에 관계없이 오랫동안 지속적으로 입는 특정한 스타일의 의상을 말한다. 어떤 스타일도 클래식한 스타일을 기본으로 삼고 있으며 테일러드 수트, 샤넬 수트, 가디건 등이 대표적이다.

클래식룩의 이미지[37]

실무TIP

일명 샤넬 정장으로 불리는 스타일이 여기에 속한다. 발생 시기부터 지금까지 크게 스타일이 변하지 않고 유지되는 가장 기본적이면서도 세련된 룩을 말한다.

---

37) www.jedroot.com
www.artandcommerce.com

10. 러시안룩

러시아의 전통적인 민족의상을 모티브로 사용한 룩이다. 전체적으로 화려한 느낌이 강하며 모피로 만들어진 코삭 캡이나 부츠, 루바슈카라고 부르는 스목풍의 상의, 여성이 입는 사라판이라고 하는 소매 없는 드레스, 또는 새틴이나 비로드에 금실·은실을 박아 넣은 카프탄이라고 불리는 앞트임의 옷 등이 대표적이다.

러시안룩의 이미지[38]

실무TIP

러시안룩은 화려한 것이 특징이다. 러시아의 전통의상과 현대적인 스타일이 결합되면서 탄생되었으며 화려한 패턴과 액세서리, 퍼 아이템을 많이 사용한다.

38) www.jedroot.com
www.art-dept.com

Chapter 03　테마별 스타일링

❈ 여성 테마별 스타일링

1. 스포티(Sporty)

자유롭고 편한, 젊은 감성의 건강미를 연출하는 것으로 오버된 캐주얼뿐 아니라 박시하고 느슨하며 움직임이 편한 매우 활동적인 스타일 이미지를 나타낸다.

① **직업** : 스포츠맨, 엔지니어, 사진작가, 광고업 종사자 등 친근하고 활동적인 이미지를 추구하는 직종이 해당된다.

② **메이크업 & 헤어** : 메이크업은 자연스러운 내추럴 메이크업으로 오렌지, 그린, 블루 등의 파스텔톤 아이섀도와 오렌지 빛의 치크로 건강함이 돋보이게 한다. 헤어는 자연스럽고 건강미 넘치는 롱 스트레이트, 발랄한 쇼트 형이 좋다.

③ **패션** : 신체의 움직임에 불편함이 없는 상태로 사이즈가 여유 있는 디자인이 좋다. 스커트와 바지는 장식이 없는 스타일로 신축성이 있는 소재와 기능적인 디자인의 캐주얼한 스타일이 바람직하다.

④ **브랜드** : 베네통, 캘빈 클라인, DKNY, 게스 등이 대표적인 브랜드이다.

⑤ **소재** : 데님, 코듀로이, 린넨, 옥스퍼드 등의 소재가 잘 어울린다.

⑥ **컬러** : 레드, 블루 등의 원색과 그린, 핑크, 카키 등의 중간 톤을 사용한다.

스포티 스타일링[39]

---

39) 스타일리스트를 위한 이미지 메이킹, 김유순, 예림(2004), 20p.~31p.

2. 트래디셔널(Traditional)

전문적 비즈니스 우먼의 이미지로, 성공한 여성의 스타일은 고전적이며 남성복의 느낌이 강한 이미지를 나타낸다.

① **직업** : 정치인, 법조인, 교육자 등 권위와 전통을 고수하려는 직업 등이 해당된다.

② **메이크업 & 헤어** : 심플한 원 포인트 메이크업이 좋으며 베이지브라운, 그레이 등 중간 톤의 아이 섀도, 동색 계열의 립, 치크 등으로 절제된 느낌을 강조하고, 헤어는 정돈된 보브 스타일이나 단발스타일이 좋다.

③ **패션** : 시대, 유행을 타지 않는 클래식한 스타일이 좋다. 테일러드 스타일이 메인으로 직선, 장식이 절제된 기능적인 면이 강조된 스타일이 대표적이며 여성적인 면을 강조하기 위해 허리선을 강조하거나 가디건 등으로 연출할 수 있다.

④ **브랜드** : 아르마니, 버버리, 막스마라, 앤클라인 등이 주요 브랜드이다.

⑤ **소재** : 광택 없는 자연소재, 울, 캐시미어 등 섬세한 소재를 주로 사용한다.

⑥ **컬러** : 베이지, 네이비, 그레이, 브라운 등의 중간 톤, 크림색, 화이트, 블루를 주로 사용한다.

트래디셔널 스타일링[40]

---

40) 스타일리스트를 위한 이미지 메이킹, 김유순, 예림(2004), 20p.~31p.

3. 엘레강스(Elegance)

세련되고 고상하며, 가장 포멀하고 전체적으로 하나의 통일된 이미지로 조화롭고 부드러운 느낌을 주는 테일러드 스타일 이미지를 나타낸다.

① **직업** : 전문경영인, 회계사, 전문직 종사자 등 사회적 지위와 명성을 가진 사람들이 해당된다.

② **메이크업＆헤어** : 세련된 느낌의 메이크업으로 옐로, 브라운, 와인 계열 아이섀도와 와인 립 컬러 등으로 차분하면서 우아한 느낌이 들게 한다. 헤어는 부드러운 웨이브 스타일이나 우아한 업 스타일이 잘 어울린다.

③ **패션** : 미니멀한 디테일에 부드럽고 정돈된 우아하고 품위 있는 스타일이 좋다.

④ **브랜드** : 샤넬, 크리스찬 디올, 지방시, 발렌티노 등이 대표적인 브랜드이다.

⑤ **소재** : 부드러운 촉감의 실크, 고급스러운 느낌의 질감을 주로 사용한다.

⑥ **컬러** : 베이지, 크림 등의 중간 컬러를 주로 사용하며 블랙, 네이비, 차콜 등의 딥 컬러도 많이 사용한다.

엘레강스 스타일링[41]

---

41) 스타일리스트를 위한 이미지 메이킹, 김유순, 예림(2004), 20p.~31p.

4. 로맨틱(Romantic)

여성스러움을 강조한 온화, 순수, 섬세한 느낌의 스타일 이미지를 나타낸다.

① 직업 : 유치원교사, 플로리스트, 웨딩플래너 등이 해당된다.

② 메이크업＆헤어 : 여성스러운 느낌의 메이크업으로 파스텔 핑크, 글로시 핑크 등 핑크 계열 치크 로 젊고 여성스러운 느낌이 들게 한다. 헤어는 롱 웨이브 스타일 또는 레이어드 스타일에 웨이브 를 주는 것이 좋다.

③ 패션 : 부드럽고 여성적인 스타일로 레이스, 프릴 등의 장식이 사용된다. 특히 곡선라인을 강조하 여 여성스러운 이미지를 강조한다.

④ 브랜드 : 랄프 로렌, 엠마누엘 웅가로, 마크 제이콥스, 발렌티노 등이 대표적인 브랜드이다.

⑤ 소재 : 하늘거리고 비치는 시폰 소재의 광택이 없는 가벼운 질감의 합성 섬유를 주로 사용한다.

⑥ 컬러 : 핑크, 오렌지, 옐로, 퍼플 등의 컬러를 주로 사용한다.

로맨틱 스타일링[42]

---

42) 스타일리스트를 위한 이미지 메이킹, 김유순, 예림(2004), 20p.~31p.

5. 섹시(Sexy)

여성의 신체적 곡선을 잘 살려서 글래머스한 분위기를 표현하는 스타일 이미지를 나타낸다.

① **직업** : 패션모델, 엔터테이너, 댄서 등이 해당된다.

② **메이크업 & 헤어** : 매혹적인 스모키 메이크업, 그레이, 네이비, 블랙 등의 컬러로 눈매를 깊이 있게 표현하고 펄 메이크업으로 이미지를 더욱 강하게 살릴 수 있다. 롱 레이어드 헤어스타일이나 웨이브 등을 준 후 높이 올린 스타일도 잘 어울린다.

③ **패션** : 여성적이며 섹시한 디자인으로 직선보다 곡선을 많이 사용하고, 몸매를 강조하거나 바디라인을 많이 드러내는 스타일과 몸에 피트되는 스타일이 주를 이룬다.

④ **브랜드** : 돌체 앤 가바나, 크리스찬 디올 등이 대표적인 브랜드이다.

⑤ **소재** : 금속성의 골드, 실버, 스팽글 등을 주로 사용한다.

⑥ **컬러** : 블랙, 화이트, 레드 등 비비드하고 광택 있는 색상을 주로 사용한다.

섹시 스타일링[43]

---

43) 스타일리스트를 위한 이미지 메이킹, 김유순, 예림(2004), 20p.~31p.

6. 크리에이티브(Creative)

특정한 이미지가 아닌 감각적인 이미지를 혼용하여 사용하며 모든 아이템과 스타일을 믹스하여 동시에 사용하는 스타일 이미지를 나타낸다.

① 직업 : 아티스트, 패션디자이너, 엔터테인먼트 종사자 등이 해당된다.

② 메이크업 & 헤어 : 누드 톤의 노메이컵 스타일로 독창적이고 특색 있는 패셔너블 메이크업이 적당하다. 헤어는 남들과 차별되는 독특한 스타일로 기하학적인 스타일, 과도한 레이어드 스타일 등이 잘 어울린다.

③ 패션 : 일반적인 스타일과 혼용된 새로운 스타일 형태가 주를 이룬다. 루즈하거나 피트된 실루엣, 내추럴 하거나 과장된 라인, 곡선과 직선의 믹스 등 다양한 스타일이 사용된다.

④ 브랜드 : 이세이 미야케, 앤 드뮐미스터, 장 폴 고티에, 모스키노 등이 대표적인 브랜드이다.

⑤ 컬러 : 블랙, 딥 그레이, 다크 브라운 등 어두운 계열과 카키, 올리브, 퍼플 등의 중간 톤을 주로 사용한다.

크리에이티브 스타일링[44]

---

44) 스타일리스트를 위한 이미지 메이킹, 김유순, 예림(2004), 20p.~31p.

7. 드라마틱(Dramatic)

당당하고 세련된 패셔너블한 여성상과 극적인 연출로 표현하는 스타일 이미지를 나타낸다.

① **직업** : 연예인, 행위 예술가, 패션종사자, 디자이너 등이 해당된다.

② **메이크업 & 헤어** : 세련되고 당당한 파워메이크업이 좋다. 핑크, 블루, 바이올렛, 화이트, 블랙 등의 강렬한 색상과 누드베이지 립에 핑크 치크로 강조한다. 헤어는 기하학적 형태가 잘 어울린다.

③ **패션** : 클래식한 요소를 제외하고 심플하고 미니멀한 라인을 강조한다. 구조적인 디자인으로 극단적인 효과를 연출한다.

④ **브랜드** : 도나카렌, 입생 로랑, 에스까다, 베르사체 등이 대표적이다.

⑤ **소재** : 형태감을 보일 수 있는 소재, 대조적인 질감의 소재 즉, 공단, 벨벳, 비단 등의 소재를 주로 활용한다.

⑥ **컬러** : 화이트와 블랙, 레드, 마젠타, 퍼플, 에메랄드그린 등의 화려한 색상을 주로 사용하며 중간톤의 색상은 제외하여 선명한 컬러를 강조한다.

드라마틱 스타일링[45]

---

45) 스타일리스트를 위한 이미지 메이킹, 김유순, 예림(2004), 20p.~31p.

✿✿ 남성 테마별 스타일링

1. 스포티(Sporty)

세계적인 트렌드인 편안하고 자유스러운 캐주얼로 잔잔하고 평온하며, 보기에도 편안하고 입기에 부담이 없는 스타일 이미지를 나타낸다.

① **직업** : 건축가, 포토그래퍼, 엔지니어 등이 해당된다.

② **패션** : 자연스러움과 캐주얼한 느낌에 품위와 전통을 살리는 스타일이 주를 이룬다.

③ **브랜드** : 캘빈 클라인, 갭, 폴로 등이 대표적이다.

④ **소재** : 코튼, 데님, 니트 등의 자연 소재, 폴리에스터 혼방 소재, 빈티지한 느낌의 소재를 활용한다.

⑤ **컬러** : 네이비, 그레이, 차콜, 화이트 등의 뉴트럴 컬러와 카키, 올리브, 라이트 파스텔 컬러를 주로 사용한다.

스포티 스타일링[46]

---

46) 스타일리스트를 위한 이미지 메이킹, 김유순, 예림(2004), 36p.~46p.

2. 트래디셔널(Traditional)

품위와 복식규정에 따른 전형적인 비즈니스맨의 대표 스타일 이미지를 나타낸다.

① **직업** : 회계사, 법률가, 공무원 등이 해당된다.

② **패션** : 클래식하고 전통적인 정장 수트 스타일이 기본이다.

③ **브랜드** : 랄프 로렌, 보스, 아르마니 등이 대표적이다.

④ **소재** : 광택 없는 자연소재, 면, 울 등을 주로 활용한다.

⑤ **컬러** : 네이비, 그레이, 브라운 등의 중간 톤을 주로 사용한다.

트래디셔널 스타일링 [47]

---

47) 스타일리스트를 위한 이미지 메이킹, 김유순, 예림(2004), 36p.~46p.

3. 섹시(Sexy)

섹시 이미지를 연출하려면 기본적으로 체격 조건이 받쳐주어야 하며 남성미를 강조하는 매력적인 스타일 이미지를 나타낸다.

① **직업** : 록 가수, 전문 댄서, 보디빌더, 엔터테이너 등이 해당된다.

② **패션** : 바디라인을 강조하는 피트되는 라인으로 실루엣을 강조한다.

③ **브랜드** : 베르사체, 구찌, 장 폴 고티에 등이 대표적이다.

④ **소재** : 가죽, 데님, 타이트한 스판 소재, 광택성의 소재를 주로 활용한다.

⑤ **컬러** : 블랙, 블랙과 화이트 등의 콘트라스트 강조 색상

섹시 스타일링[48]

---

48) 스타일리스트를 위한 이미지 메이킹, 김유순, 예림(2004), 36p.~46p.

4. 크리에이티브(Creative)

남들과 다른 감각의 독특한 이미지이다. 패션 상식이나 법칙에 좌우되지 않고 독특함을 추구하는 스타일 이미지를 나타낸다.

① **직업** : 아티스트, 디자이너, 스타일리스트 등이 해당된다.

② **패션** : 과거와 현재가 공존하는 스타일, 클래식과 현대적인 디자인 모두 가능하다.

③ **브랜드** : 겐조, 랑방, 이세이 미야케 등이 대표적인 브랜드이다.

④ **컬러** : 퍼플, 크롬옐로, 머스터드, 다크그린 등의 독특한 컬러가 주로 사용된다.

크리에이티브 스타일링[49]

---

49) 스타일리스트를 위한 이미지 메이킹, 김유순, 예림(2004), 36p.~46p.

5. 드라마틱(Dramatic)

위엄 있는 당당함과 세련된 품격, 평범하지 않은 카리스마를 표현하는 스타일 이미지를 나타낸다.

① **직업** : 패션디자이너, 아티스트, 마케팅 종사자 등이 해당된다.

② **패션** : 전통적인 디자인은 배제하고 기하학적인 라인이나 직선 라인의 스타일을 사용한다.

③ **브랜드** : 아르마니, 발렌티노, 디스퀘어드 등이 대표적인 브랜드이다.

④ **컬러** : 강한 콘트라스트를 주는 다크 컬러, 블랙, 그레이, 네이비, 화이트 등의 뉴트럴 컬러, 로얄
블루, 퍼플 등의 컬러를 주로 사용한다.

드라마틱 스타일링[50]

Chapter 04 체형과 스타일링

현대 사회에서 개인에 대한 평가는 겉으로 드러난 이미지에 따라 다르게 판단된다. 이때 패션은 자기 표현의 중요한 수단이 되는 시각적 이미지로서 옷을 입은 사람의 감정이나 가치관 및 라이프스타일을 전달한다. 자신이 원하는 이미지 메이킹을 위해서는 자신의 체형, 옷의 스타일 그리고 옷을 입는 상황 등의 조화가 중요하다.

체형별 코디네이션의 기본 원리

자신에 대한 올바른 이해 없이는 효과적인 스타일링을 할 수 없다. 이상적 이미지와 실제 이미지의 차이를 파악하고 보완 혹은 대체 방법을 찾아내는 것이 필요하다.

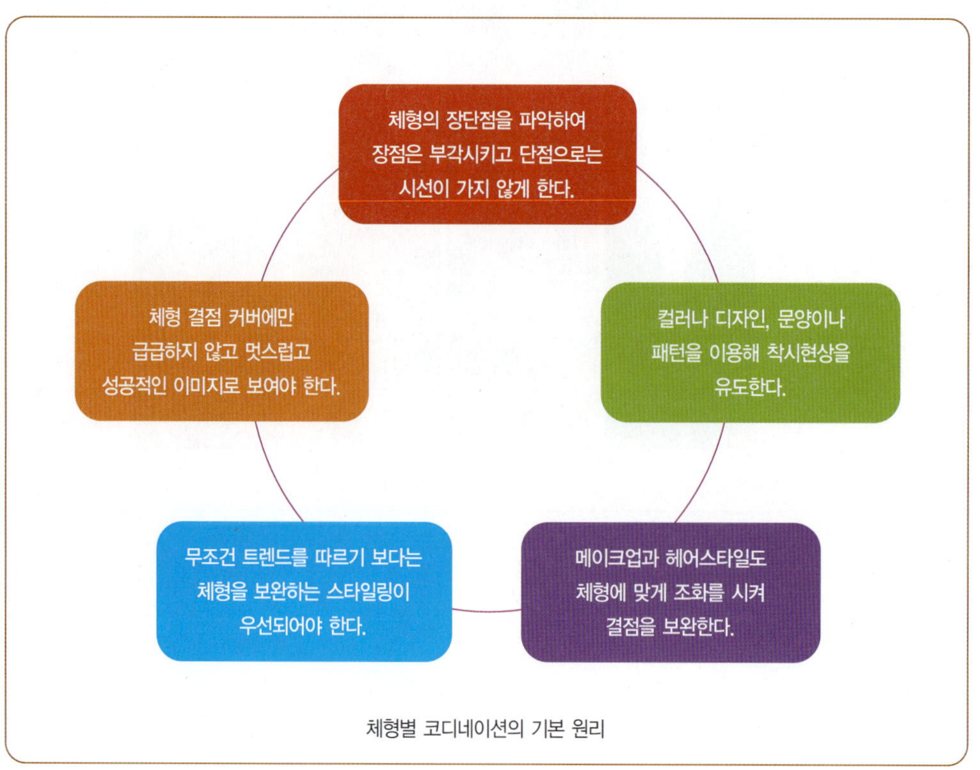

체형별 코디네이션의 기본 원리

1. 여성 체형과 패션스타일링

(1) 여성 체형 분류

모든 사람들은 자기 나름대로의 독특한 신체적 특징을 갖고 있다. 체형 분류법 중, 의류 학회의 보편적 분류법인 Rasband(1994)에 따르면, 주로 어깨, 허리, 엉덩이의 크기에 따라 상반신 형태를 7가지로 분류하고 있다. 이에 따른 적절한 스타일링이 중요하며 특히 단점을 감추는 것보다는 장점을 최대한 부각시켜 나만의 스타일링을 만들어야 한다.

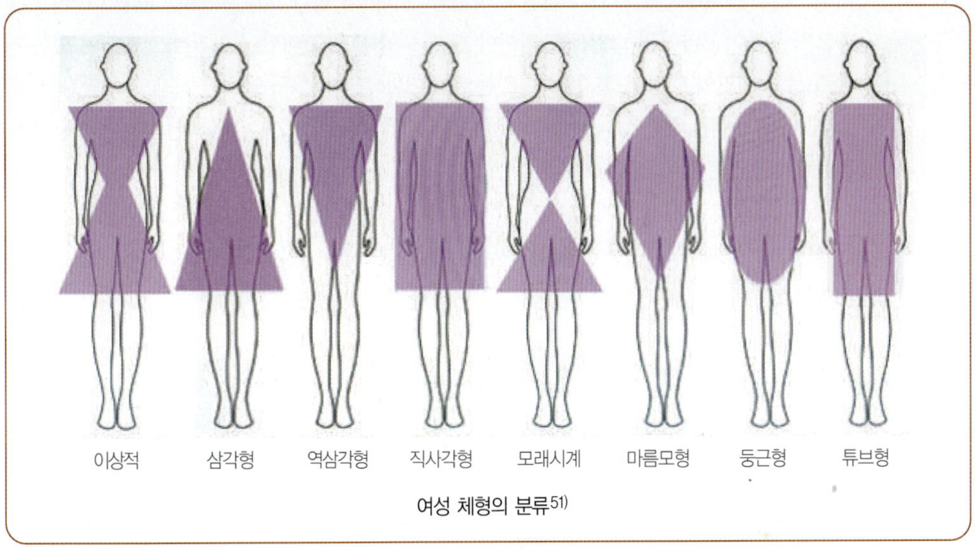

여성 체형의 분류[51]

① 이상적인 체형

- **체형 특징** : 시대별로 선호하는 이미지가 다른 만큼 이상적인 체형은 계속 변하고 있다. 현대에는 키가 크고 마른 체형을 이상적인 체형으로 간주하고 있으며, 점점 슬림한 체형을 선호하는 경향을 보이고 있다. 키가 크고 마른 체형이 주를 이루며 전체적으로 비율이 잘 잡힌 체형이다. 어깨와 힙의 균형이 잡혀있고 허리라인도 확실히 잡혀있다.
- **보완 스타일링 방법** : 특별히 어울리지 않는 스타일은 없다. 몸매의 곡선을 강조하는 디자인이 잘 어울리며 폭이 넓은 벨트, 허리선과 엉덩이 부분을 감싸주는 디자인이 잘 어울린다.

② 삼각형 체형

- **체형 특징** : 전통적인 한국인에게 많이 보이는 체형이다. 상체에 비해 하체가 크거나 넓어 보이는 체형으로 허리 아래의 골격이 크고 살이 많아서 상대적으로 상체의 비율이 작아 보인다. 엉덩이가 넓고 허벅지는 굵은 편이고, 어깨는 좁고 경사진 경우가 많다.

---

51) 스타일리스트를 위한 이미지 메이킹, 김유순, 예림(2004)

- 보완 스타일링 방법
  - 상의 : 하체에 대한 콤플렉스가 많으므로 하체로 모이는 시선을 상체로 유도하는 스타일링이 이루어져야 한다. 하의보다 화려하거나 밝은 칼라, 독특한 디테일이 디자인된 상의를 매치하는 것이 좋으며 넓은 하체로 인해 좁아 보이는 어깨는 어깨라인을 인위적으로 강조하거나 소매산에 주름을 잡은 퍼프소매의 의상으로 결점을 최소화 하는 게 좋은 연출 방법이다. 또 좁은 어깨로 인해 얼굴이 커 보이는 경우는 원 버튼 같이 재킷의 V존이 넓고 깊거나 네크라인 부분이 넓게 파진 아이템을 택해야 한다.
  - 하의 : 하의는 어두운 칼라의 심플한 디자인을 선택해야 한다. 넓은 하체는 A라인 스커트가 가장 좋으며 부득이 H라인의 스커트를 입어야 할 경우엔 세로로 패턴이 있거나 절개선이 있는 디자인을 고르고 여기에 엉덩이를 가릴 수 있는 재킷이나 블라우스를 입으면 하체의 부담감을 줄일 수 있다. 팬츠 중에는 부츠컷 패턴이 가장 좋으며 스키니한 디자인은 피한다. 뒷주머니의 크기가 큰 것을 택하면 엉덩이가 작아 보인다.
  - 액세서리 : 상의로 시선을 가게 하기 위해 시선을 끄는 독특한 디자인의 브로치나 귀걸이, 목걸이 등 액세서리를 매치하는 것이 좋다. 구두는 어느 정도 굽이 있는 것을 택해야 하체가 길고 날씬해 보인다.

③ 역삼각형 체형

- 체형 특징 : 어깨가 넓고 가슴이 발달한 체형으로 허리 위의 골격이 크거나 살이 많아서 상대적으로 엉덩이가 좁고 다리는 슬림한 스타일이 많다. 어깨는 넓으며 이에 비해 골반은 작고 엉덩이 곡선은 굴곡이 심한 편이다.

- 보완 스타일링 방법
  - 상의 : 디테일이 없는 심플한 디자인에 어두운 칼라의 상의로 상체를 작게 보이게 하는 게 스타일링에 가장 중요한 포인트다. 래글런 소매처럼 어깨선보다 소매 절개가 안으로 들어오는 디자인의 상의로 넓어 보이는 어깨를 커버하고 네크라인을 넓고 깊게 하거나 숄 칼라나 세일러 칼라 등 넓은 칼라로 시원해 보이게 한다. 터틀넥 등 목을 감싸는 디자인은 피하는 게 좋으나 계절상 필요한 경우엔 겉옷과 이너웨어의 컬러가 대비되게 해야 한다.
  - 하의 : 상의에 비해 밝은 컬러나 화려한 문양의 하의를 입으면 상체로 향하는 시선을 하체로 끌 수 있다. 이때는 하의 허리선에 주름이나 디테일로 볼륨을 주거나 얇고 촘촘한 플리츠 스커트 등을 입으면 엉덩이를 강조해주어 골반을 넓어 보이게 하므로 상체와 하체의 밸런스를 맞출 수 있다. 허리와 비슷한 골반크기 때문에 자칫 허리가 긴 체형으로 보일 수 있는데 이때는 허리선이 확실히 살아있는 짧은 재킷에 허리부분에 주름을 잡은 하의를 매치하면 볼륨 있는 엉덩이와 허리선으로 인해 균형 잡힌 체형으로 보인다.
  - 액세서리 : 여러 겹의 목걸이나 어깨끈이 긴 가방 등을 사용해 몸 가운데로 두면 몸통을 나누는 선이 생겨 넓은 어깨를 효과적으로 가려 줄 수 있으며 허리선을 강조하는 벨트 등의 연출도 좋다.

④ 직사각형 체형
- **체형 특징** : 어깨와 엉덩이 허리가 거의 같은 폭으로 이루어져 있으며 전체적으로 직선적인 이미지가 강해 여성스러움이 덜 해 보인다. 상체와 하체는 균형 잡혀 보이지만 허리와 비슷한 사이즈이기 때문에 볼륨이 없어 보인다.
- **보완 스타일링 방법**
  - 상의 : 허리선이 원래 허리선보다 올라가 있고 라인이 잡혀있는 재킷을 입으면 밋밋해 보이는 허리를 보완해 주고 여기에 어깨선을 곡선으로 처리한 의상을 매치하면 각진 어깨를 훨씬 부드럽게 보이게 하여 여성스런 이미지를 풍기게 해준다. 몸을 날씬해 보이게 하려면 좁은 H라인 실루엣의 의상을 입는 것이 좋고, 너무 박시한 의상은 남성적이고 부해 보일 수 있다.
  - 하의 : 살짝 루즈한 블라우스 형태의 상의에 슬림한 하의를 매치하거나 짧은 하의를 매치해 시원한 느낌을 주는 것이 좋다. 앞을 열어 입는 밝은 컬러의 상의에 이너웨어와 하의를 같은 톤으로 어둡게 입으면 실제보다 훨씬 날씬해 보인다. 하이 웨이스트 팬츠나 플레어 스커트, 플리츠 스커트가 체형 커버에 도움이 된다.
  - 액세서리 : 두꺼운 허리선으로 인해 몸통이 넓어 보이므로 액세서리나 의상의 디테일 또는 절개선 등을 몸 중앙에 두어 몸을 나누는 선을 많이 만들면 몸통의 폭이 좁아 보이는 효과를 낼 수 있다. 긴 목걸이나 롱 머플러는 세로로 여러 번 몸을 분할하는 효과를 주는 좋은 아이템이다. 머플러는 얇은 것을 선택할수록 효과가 좋으며 허리선을 강조하는 벨트를 매치해주는 것도 좋은 방법이다.

⑤ 모래시계형 체형
- **체형 특징** : 일명 글래머러스한 체형으로 가슴과 엉덩이는 넓고 볼륨이 있는 반면 허리는 매우 가는 체형이다. 전체적으로는 균형이 잡혀 이상적인 체형으로 보이지만 허리가 상대적으로 너무 얇아 보여 가슴과 엉덩이가 더욱 커 보일 수 있다. 자칫 잘못하면 실제보다 뚱뚱해 보이므로 스타일링에 각별한 주의가 필요하다.
- **보완 스타일링 방법**
  - 상의 : 연령이나 직업에 따라 체형의 특징 때문에 노출이나 몸매를 드러내는 스타일링을 하기 힘든 체형이다. 너무 타이트 하거나 파인 의상은 체형을 더욱 부각시키므로 특별한 경우가 아니고서는 피해야 한다. 두꺼운 소재거나 디테일 등으로 옷의 부피가 크면 실제 체형보다 부해 보이므로 소재 선택에 신중을 기해야 하며 드레이프성이 좋은 가벼운 소재의 의상이 체형을 커버하기에 좋다. 가슴부분에 여유가 있어 자연스럽게 주름이 지는 의상으로 큰 가슴을 보완하고 디테일이 없는 심플한 디자인과 어두운 칼라의 의상으로 몸을 슬림해 보이도록 연출한다.
  - 하의 : 주로 원피스 형태가 잘 어울리지만 가는 허리를 돋보이게 할 수 있는 하이 웨이스트 스커트나 팬츠를 선택하는 것이 좋다. 너무 루즈하거나 불규칙한 형태의 스커트, 배기핏 팬츠 등은 피하는 것이 좋다.
  - 액세서리 : 벨트는 모래시계형 체형에 꼭 필요한 액세서리이다. 폭이 넓은 벨트, 스카프 등으로 포인트를 주며 볼드한 액세서리가 잘 어울린다. 지적인 분위기를 연출해야할 때는 어두운 컬러의 심플한 수트에 안경 등을 착용하면 효과적인 스타일링을 완성할 수 있다.

⑥ 마름모형 체형

- **체형 특징** : 몸의 가운데 부분 즉, 복부와 허리 또는 엉덩이 부분이 발달한 체형으로 좁은 어깨와 엉덩이에 비해서 허리 부분이 두껍고 짧은 경우가 많아 실제보다 허리가 더 두꺼워 보인다. 상대적으로 다리가 가는 편이라 상체보다 하체가 더욱 슬림해 보인다.

- **보완 스타일링 방법**
  - 상의 : 스타일링의 포인트는 허리를 날씬하게 보이게 하는 것이다. 사선으로 절개나 라인이 들어간 상의로 체형을 커버하고 트라페즈나 A라인으로 허리부분을 커버한다. 하지만 가슴 밑부분에 주름이 들어간 디자인은 결점이 더 부각된다. 허리에 라인이 들어간 재킷의 버튼을 오픈하여 입는 것도 좋은 스타일링 방법인데 이때 재킷은 이너웨어보다 밝은 것을 선택해야 한다. 슬림한 H 라인의 롱 재킷은 결점을 보완하는 좋은 아이템이다. 대부분 허리에 살이 많으므로 타이트한 것보다는 루즈한 라인을 선택하는 것이 효과적이다. 허리 부분에 셔링이나 주름 등의 디테일은 옷의 부피가 커져 단점을 더욱 부각시키는 셈이 된다.
  - 하의 : 전제적으로 다리가 날씬한 편이므로 타이트한 하의를 매치하는 것이 효과적이다. 길고 느슨한 스타일도 잘 어울린다.
  - 액세서리 : 골반에 걸치는 스타일의 벨트를 매치해 주면 허리를 커버하면서 의상에도 포인트를 줄 수 있다. 얇은 스카프나 머플러로 세로선을 만들어주면 시선이 가운데로 모여 슬림해 보이는 효과가 있다.

⑦ 튜브형 체형

- **체형 특징** : 모델들에게서 많이 보이는 체형이며 체중이 대부분 평균 이하로 아주 날씬하고 마른 체형이다. 얼핏 보면 직사각형 체형과 비슷해 보이지만 볼륨이 거의 없어 가슴, 엉덩이와 어깨가 좁고 허리와 팔 다리가 가늘다. 모델과 연예인이 이상형으로 여겨지면서 이 체형이 선호되어 튜브형 체형이 이상적인 체형으로 오인되고 있다.

- **보완 스타일링 방법**
  - 상의 : 어떤 스타일도 잘 어울리지만 체형 커버를 위해서는 부드럽게 감싸는 여유 있는 디자인의 의상이 적합하다. 특히 마른 부분에 셔링이나 주름 러플 같은 디테일을 이용해 볼륨을 주는 게 좋다. 이 체형은 가슴이 작은 경우가 많은데 최근에는 이를 보완하는 속옷이 많아 특별히 신경을 쓰지 않는 경우가 있다. 만일 가슴 부분을 돋보이게 하려면 셔링이나 러플 같은 장식을 하거나 엠파이어 스타일의 의상 등으로 볼륨감 있어 보이게 한다. 레이어드는 마른 체형을 보완하는 스타일링 중 가장 좋은 연출법이다. 하지만 숙달되지 않았다면 아이템들을 유사한 컬러로 선택하면 쉽게 매치할 수 있다. 비비드한 컬러, 파스텔톤 등 밝은 컬러가 잘 어울리며 광택이 있는 오간자, 새틴 같은 소재가 적절히 매치된 아이템이 좋다. 트위드처럼 두께감이 있는 소재는 볼륨감이 더해져 체형커버에 유리하다.
  - 하의 : 슬림한 스타일이라 어떤 스타일도 잘 어울리지만 디테일이 있어 볼륨을 줄 수 있는 하의를 선택하는 것이 좋다. 주머니가 포인트인 카고 팬츠, 볼륨감을 살려주는 배기 팬츠, 러플이 포인트인 티어드 스커트, 플레어 스커트를 매치해 주는 것이 좋다.

- 액세서리 : 스카프나 머플러는 마른 체형을 커버해주는 좋은 액세서리이다. 가방도 볼륨감이 있는 사이즈를 매치하는 것이 좋은 반면 주얼리는 심플한 것을 매치하는 것이 좋다.

⑧ 둥근형 체형

- **체형 특징** : 서구인에게서 많이 보이는 체형이었지만 최근 비만 인구가 늘어나면서 우리나라에서도 쉽게 볼 수 있는 체형이 되었다. 전체적으로 살이 많아 둥근 모양을 하고 있다. 체중은 평균 이상이며 스타일링에 가장 신경을 많이 써야 하는 체형이다.

- **보완 스타일링 방법**

  - 상의 : 전체적으로 어느 한 부분이 돋보이게 하는 것보다 유연하게 흐르듯 세로로 가늘게 보이도록 하는 것이 바람직하다. 직선적인 요소를 이용하고 각을 이용해 볼륨이 많은 둥근 체형을 보완해 주어야 한다. 세로선이나 사선이 들어간 문양이나 디테일, 세로로 길게 달린 단추나 프린세스 라인이 들어간 원피스, 세로로 길게 여러 겹 주름을 잡은 블라우스 등으로 슬림해 보이도록 만들어야 한다. 패턴의 선택도 중요한데 잔잔한 패턴이 반복되어 있거나 사선, 세로선으로 이어져 있는 것이 좋다. 전체적인 실루엣을 H라인으로 만들어 주면 날씬한 효과를 준다. A라인도 체형 커버에는 좋지만 자칫 잘못하면 더욱 체형을 부각시킬 수도 있어 많이 퍼지는 의상은 피하는 것이 좋다.

  - 하의 : 엉덩이를 덮는 상의에 스키니한 하의를 매치하는 것은 가장 많이 활용하는 방법이다. 스커트는 A라인이 잘 어울리며 과하지 않은 배기 팬츠는 세련돼 보이게 한다.

  - 액세서리 : 긴 길이의 목걸이나 얇은 스카프 등으로 세로선의 느낌을 더하는 것이 좋다. 어두운 컬러 의상에 비비드한 컬러의 액세서리를 포인트로 쓰면 체형으로 몰리는 시선을 분산시킬 수 있다. 너무 얇은 굽의 힐은 체형의 볼륨을 더욱 부각시킬 수 있으니 적당히 두께감 있는 힐을 선택하는 것이 좋다. 하지만 너무 두꺼운 통굽이나 웨지힐은 더욱 둔해 보일 수 있으므로 주의해야 한다.

(2) 체형 특성별 패션스타일링

① **키가 작고 마른 체형** : 일자로 보이는 체형을 어떻게 커버할지가 가장 큰 관건이다. 왜소하고 빈약해 보이는 결점을 보완하는 데는 파스텔톤이나 아이보리로 밝고 환한 느낌이 들도록 하는 것이 좋으며 상·하의를 동일한 색상으로 입어 시선을 위로 끌어올려 키가 커 보이게 한다. 어깨 라인이 꼭 맞는 것보다는 조금 여유 있는 스타일로 약간 루즈하게 연출하는 것이 좋다. 부피감이 느껴지는 패딩 점퍼나 니트, 어깨가 강조된 재킷, 코트 등으로 포인트를 주는 것이 좋으며 너무 길이가 긴 재킷이나 롱 코트는 체형을 더욱 부각시킬 수 있으니 피하는 것이 좋다.

② **키가 작고 뚱뚱한 체형** : 전체적으로 둥근 이미지를 갖고 있어 슬림해 보이게 하는 것이 중요하다. 바디라인을 너무 커버하려고 하면 더욱 뚱뚱해보이므로 바디라인이 살짝 드러나는 원피스를 선택하는 것이 날씬해 보이면서 키도 커 보인다. 가벼운 소재와 잔잔한 무늬를 선택해 부드러운 이미지를 강조하는 것이 좋다. 목선을 드러내 주며 아우터는 힙만 살짝 가리는 정도가 좋다.

③ **키가 크고 마른 체형** : 최근 트렌드로 인해 이상적으로 여겨지는 체형으로 이 체형은 직사각형의 몸매를 그대로 연장한 듯한 느낌이 강하다. 날카로운 인상이 지배적이기 때문에 부드러운 이미지

를 주기 위해서는 하의보다 상의를 밝게 입어 시선을 상체로 끌어올리는 것이 좋다. 부드러운 라운드 또는 터틀넥의 옷이 잘 어울리며 V네크라인은 인상이 더욱 날카로워 보일 수 있다. 이 체형은 여성스러움이 두드러지는 레이스나 러플 장식 등은 잘 어울리지만 시스루 소재는 비치는 성질 때문에 체형을 그대로 노출시켜 오히려 단점을 부각시킬 수 있다. 하지만 비침이 많지 않은 루즈한 시폰 소재는 잘 어울리는 아이템이다. H라인의 매니시한 스타일은 키가 큰 스타일에 잘 어울리는 스타일이다. 이런 체형의 경우 대부분 목이 길기 때문에 스카프로 포인트를 주거나 빅 사이즈의 긴 가방으로 연출하는 것도 좋은 방법이다.

④ **키가 크고 뚱뚱한 체형** : 키가 크고 뚱뚱한 체형은 남성스러운 이미지가 강해지기 쉽다. 이를 커버하기 위해서는 여성적인 몸매를 살려줄 수 있도록 허리선을 강조한 스타일의 옷을 선택하는 것이 좋다. 체형을 커버한다고 큰 프린트가 있거나 박시한 스타일의 의상을 선택하는 것은 체형을 더욱 부각시키기만 한다. 코트나 재킷은 길이감이 있는 스타일이 어울리며 직선적인 셔츠, 흐르는 듯 한 실루엣의 원피스 등이 잘 어울린다.

⑤ **하체 비만형** : 이 체형은 상체에 포인트를 주어 시선을 위로 올리는 것이 좋다. 상의는 가슴이 빈약해 보이지 않도록 볼륨감 있는 속옷을 입어 커버해 주고 여성스러운 디테일이 있는 여유가 있는 옷을 선택하는 것이 좋다. 하의는 무게감이 있는 소재를 선택해 하체 라인을 드러내지 않는 것이 좋다. 하의를 너무 타이트하거나 헐렁하게 입어주면 더욱 결점이 드러날 수 있으므로 적당하게 맞는 옷으로 선택해야 한다. 하지만 상의가 헐렁하거나 길이가 긴 스타일을 입을 때는 타이트한 하의를 매치하는 것이 더욱 날씬해 보인다. 귀걸이, 목걸이, 모자, 스카프 등의 액세서리를 활용하여 시선을 상체로 집중시키는 것도 좋은 방법이다.

⑥ **상체 비만형** : 상체 비만형은 하체가 날씬하더라도 원래 체형보다 살이 쪄 보일 수 있는 여지가 많다. 이럴 땐 상의와 하의의 색상과 소재를 다르게 입어 시선을 분산시키는 것이 좋으며 상체가 축소되어 보이는 깊은 라운드넥이나 V네크라인 상의를 입는 것이 좋다. 검정이나 짙은 톤으로 상의를 연출하고 하의는 조금 더 밝게 연출한다. 어깨패드, 프릴 장식 등 얼굴과 어깨 주위를 장식하는 것은 더욱 부해 보일 수 있으므로 피하는 것이 좋다. 좀 더 여유 있는 핏의 하의를 입어 상하 균형을 맞춰주는 것이 바람직하다.

⑦ **어깨가 올라간 체형** : 어깨가 올라간 체형은 어깨넓이가 보통 체형보다도 넓다는 특징도 같이 갖고 있다. 어깨가 위로 올라가 목이 짧아 보이므로 네크라인의 선택을 잘 해야 한다. 터틀넥이나 좁은 라운드 형태는 목이 더 짧아 보일 수 있으며 깊게 파인 V네크라인, 보트넥 등이 잘 어울린다. 칼라가 긴 재킷, 트렌치코트 등이 잘 어울리며 어깨선이 내려가거나 돌면, 래글런 슬리브는 체형을 커버하기 좋은 아이템이다.

⑧ **어깨가 처진 체형** : 어깨가 처진 체형은 상대적으로 어깨 폭이 좁고 경사진 체형이다. 여성들에게서 많이 보이는 체형이며 동양인에게서 많이 보인다. 이 체형은 파워 숄더 재킷이나 어깨에 견장 등 장식이 있는 스타일을 선택하는 것이 좋다. 어깨선에 요크가 있거나 각이 진 스타일이 결점을 커버할 수 있으며 칼라가 큰 윙 칼라, 세일러 칼라 등이 잘 어울린다.

(3) 부분적 체형 보완 스타일링

① **목이 짧고 굵은 체형** : 주로 상체 비만형에 많이 나타나는 체형으로 목이 짧고 두꺼우며 목 뒤 부분에 살이 많은 것이 특징이다. 여성스러움이 덜하고 부드러운 인상보다는 딱딱한 이미지로 보여질 수 있어 시폰이나 저지같이 부드러운 느낌의 소재를 선택하는 것이 좋다. 옆으로 넓은 U네크라인이나 V네크라인, 테일러드 칼라가 체형을 커버해줄 수 있으며 차이나 칼라나 터틀넥처럼 목까지 올라오는 디자인이나 목에 가까운 라운드넥은 목을 더욱 짧아보이게 한다. 상의는 앞을 오픈하고 안에 받쳐 입는 이너웨어는 네크라인이 파인 디자인이어야 슬림한 인상을 준다. 목 부분에 장식이 있거나 시선을 끄는 독특한 디자인은 단점이 더 부각되어 보이므로 피하도록 한다. 어깨에 장식이 있거나 두꺼운 패드는 어깨가 올라가 상대적으로 목이 더 짧아 보이며 초커 스타일의 목걸이 역시 두께가 두꺼울수록 체형이 부각되어 역효과를 가져오므로 반드시 피해야 한다.

② **허리가 긴 체형** : 동양인에게 주로 보이는 체형으로 상대적으로 다리가 짧아 보이는 경우가 많으므로 이를 보완하는 게 중요하다. 바지보다는 스커트를 선택하는 것이 좋으며 원피스는 엠파이어 스타일 등 하이 웨이스트 디자인이 다리를 길어 보이게 한다. 짧은 길이의 재킷보다는 바디라인을 감출 수 있는 H라인의 롱재킷은 허리선을 감출 수 있어 좋은 아이템이다. 높은 굽을 신으면 다리가 길어 보이는 효과를 주지만 높은 굽이 부담인 경우 웨지힐이나 플랫폼 슈즈류를 선택하면 된다. 스커트를 입을 경우엔 너무 타이트한 스타일보다는 플리츠나 플레어 라인의 스타일이 더욱 잘 어울리며 스타킹, 구두를 하의 컬러와 통일시키면 다리가 훨씬 길어 보인다. 액세서리를 상체 쪽에만 착용하여 시선을 상체 쪽으로 쏠리게 하는 것이 다리를 길어 보이게 한다. 이때 액세서리는 눈에 띄는 디자인을 선택하는 게 효과적이다.

③ **팔이 굵은 체형** : 팔이 굵은 체형은 다른 부분이 날씬하다고 해도 둔해 보일 수 있다. 너무 타이트한 소매는 피해야 하며 팔이 짧지 않다면 7부 소매를 선택하는 것이 가장 좋다. 7부 소매는 팔의 가장 얇은 부분인 손목만 보이므로 팔 전체가 얇을 것 같은 착각을 불러일으키기 때문이다. 이때 소매통은 반드시 넉넉한 것을 택하고 컬러는 어둡게 선택하는 것이 좋다. 튤립 모양의 슬리브 역시 체형을 커버하기 적당하다. 소매가 약간 짧더라도 튤립 모양으로 볼륨감을 주며 소매 아래로 드러나는 팔은 슬림해 보이는 효과를 준다.

④ **다리가 휜 체형** : 다리가 휜 체형은 짧아 보이지 않도록 스타일링 하는 것이 가장 중요하다. 팬츠의 경우 특히 부드럽게 떨어지는 소재를 선택해야 결점을 최소화 할 수 있으며 부츠컷 팬츠가 가장 좋은 아이템이다. 스키니 스타일의 타이트한 바지는 결점을 극대화 시키므로 피하는 것이 좋다. 스커트 중에서는 롱 스커트가 체형을 가장 잘 커버할 수 있는 아이템이며 짧은 길이의 스커트를 선택할 때는 타이트한 라인보다 A라인을 선택하는 것이 좋다. 또한 신발의 굽이 안정적이지 못하면 자세가 불안정해져 다리가 더욱 휘어 보이므로 본인에게 가장 편안한 굽을 선택하는 것이 좋다.

3. 남성 체형과 패션스타일링

얼마 전까지만 해도 여자들에게만 국한된 것으로 인식되어져 왔던 패션스타일링 및 이미지 메이킹이 현대에 들어오면서 성역할 구분의 감소 등에 따라 남성들에게도 중요시되고 있다. 현대 사회가 자신의 이미지에 맞는 연출을 통한 개성의 표현이 중요시되는 이미지 시대가 되면서 남성들의 외모에 대한 관심도 점차 증가하고 있으며 이로 인해 의복뿐만 아니라 남성용 액세서리와 화장품 등의 아이템도 다양화되고 있다.[52]

(1) 남성 체형 분류

최근에는 여성 못지않게 남성도 외형에 관심을 많이 갖고 가꾸는 추세이기 때문에 남성의 체형에 따른 스타일링이 점점 부각되고 있는데 이는 남성의 패션이 발전하고 있다는 증거이기도 하다. 남성의 체형은 키, 골격, 근육, 살찐 정도에 따라 형태가 구분되며 부분적인 체형의 특징을 보완하면 더욱 좋은 스타일링이 가능하다.

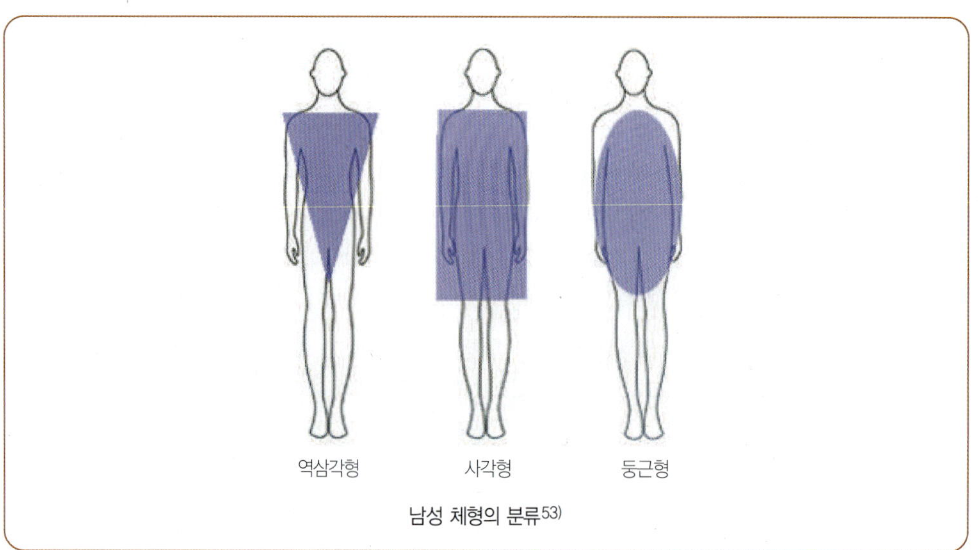

남성 체형의 분류[53]

① 이상적인 체형

- **체형 특징** : 여성의 경우와 마찬가지로 남성의 이상적인 체형도 시대에 따라 변하여 왔다. 20세기 후반에는 호남형의 이미지가 부각되면서 키가 크고 어깨가 넓은 역삼각형 체형이 이상적인 체형으로 여겨졌고, 21세기 이후에는 여성적 성향의 부드러운 남성미가 부각되면서 가늘고 긴 체형이 선호되었다. 최근에는 개성화 시대로 각자의 체형을 잘 관리하여 개성 있게 연출하는 현상이 나타나고 있다.

---

52) 이미지 메이킹을 위한 패션 스타일링, 박혜신 · 위혜정 · 차수정, 도서출판 청람(2011)
53) 스타일리스트를 위한 이미지 메이킹, 김유순, 예림(2004)

- 보완 스타일링 방법 : 남성복의 아이템은 여성복보다 다양하지 않기 때문에 몸에 잘 맞는 아이템을 선택하는 것이 무엇보다 중요하다. 보통 편하게 입으려고 체형보다 큰 사이즈를 입는 경우가 많은데 이는 아무리 좋은 체형을 갖고 있어도 가려지게 되어 좋지 않다. 잘 맞는 옷이야 말로 체형을 가장 돋보이게 하는 아이템인 것이다.

② 역삼각형 체형

- 체형 특징 : 남성적인 매력과 건강미가 돋보이는 체형으로 어깨가 넓고 근육이 발달한 체형이다. 가장 이상적인 체형으로 여겨져 왔으며 선천적인 경우에는 살이 찌거나 빠진다 해도 체형의 변화가 많이 없지만 꾸준한 운동을 통해 어깨 근육을 발달시켜 역삼각형 체형으로 만들었을 경우에는 몸매 관리에 더욱 신경을 써야 한다.

- 보완 스타일링 방법

  - 상의 : 상의의 패턴이 너무 화려하거나 체크 혹은 스트라이프 같이 선명하고 너무 큰 패턴은 위압적으로 보이기 쉬우므로 피하는 것이 좋다. 살이 많이 쪘거나 어깨 근육이 과도하게 발달한 경우에는 몸에 너무 피트되는 수트, 라인이 들어가지 않은 상의는 체격을 더욱 커보이게 하므로 피해야 한다. 캐주얼한 재킷이나 점퍼, 스웨터 등으로 부드러운 이미지를 부각시키는 스타일로 연출하는 것도 좋은 방법이다. 키가 작은 경우 V존을 좁게 스타일링 하고 사선 스트라이프 넥타이를 사용하여 키를 커 보이게 할 수 있다.

  - 하의 : 키가 작지 않으면 대부분의 스타일을 무난하게 소화할 수 있다. 밑단이 좁아지는 형태의 바지보다는 일자형 바지가 좋고, 루즈한 핏이나 배기 팬츠는 뚱뚱해 보일 수 있으므로 주의한다.

  - 액세서리 : 어깨가 넓기 때문에 두꺼운 머플러는 둔해 보일 수 있다. 날렵한 이미지를 주기 위해 안경을 착용하거나 좁은 넥타이를 선택하는 것이 좋다.

③ 사각형 체형(H형)

- 체형 특징 : 어깨부터 허리까지 넓이가 거의 비슷한 스타일로 허리가 밋밋하고 어깨와 하체가 일직선상에 놓인 형태이다. 전체적으로 살이 있는 편이라면 하체가 다소 넓어 보여 답답하게 보일 수 있으며 마른 체형이라면 날카로운 인상을 줄 수 있다. 보통의 체격이라면 지적이고 현대적인 인상을 주며, 키가 큰 경우 이상적인 체형에 가깝다고 할 수 있다. 운동 등으로 꾸준히 관리하면 허리와 하체의 비중을 낮추어 더욱 슬림하게 보일 수 있다.

- 보완 스타일링 방법

  - 상의 : 너무 직선적인 옷보다는 유럽형의 부드러운 재킷이나 캐주얼한 카디건 등으로 부드러운 이미지로 연출하는 것이 좋다. 마른 H형일 경우 더블버튼 재킷이 잘 어울리며 작은 패턴이 있거나 다소 광택이 있는 셔츠가 잘 어울린다. 날씬한 경우라면 투톤으로 볼륨이 있어 보이는 소재도 잘 어울리며 기모가 있는 헤링본이나 부피감이 있는 굵은 니트웨어도 잘 어울린다. 색감은 너무 어두운색 보다 진하지 않은 회색이나 베이지, 브라운 등 뉴트럴톤을 선택하면 세련되어 보인다.

  - 하의 : 일자 형태로 떨어지는 바지가 잘 어울리며 요즘 트렌드인 슬림한 핏도 잘 맞는 아이템이다. 키가 큰 경우라면 직선형의 바지보다 밑단이 다소 좁아지는 형태를 선택하면 다리가 굵어 보이는 것을 보완할 수 있다.

  - 액세서리 : 스트라이프나 사선무늬의 넥타이는 전체적으로 길어 보이는 효과가 있으며, 날씬한 스타일이라면 머플러나 스카프 등으로 포인트를 주어도 좋다.

④ 둥근형 체형(O형)

- **체형 특징** : 전체적으로 라인 없이 살이 많은 체형으로 비만 인구가 늘어나면서 점차 증가하고 있는 추세이다. 어깨라인이 둥글고 사선으로 처지며 목과 어깨로 이어지는 라인에 살이 쪄서 목이 짧아 보이고, 허리와 배 부분이 힙보다 커서 실제보다 나이 들어 보이는 체형이다. 키가 큰 체형은 비만 형으로 거구로 보일 수 있으며, 키가 작은 체형도 라인이 거의 없어 자칫 둔해 보이기 쉽다.

- **보완 스타일링 방법**

  - 상의 : 이러한 체형은 인상을 강하고 활력 넘치게 보일 필요가 있다. V존을 깊게 하여 목이 길고 상체가 날씬하게 보이도록 하고, 각진 어깨의 상의로 당당하게 표현한다. 짙은 네이비나 블랙 수 트는 활력 있어 보이며 수트가 아닐 경우 상의보다 하의를 다소 짙은 색으로 선택하면 안정감 있 는 연출을 할 수 있다. 셔츠는 샤프한 이미지를 주는 것을 선택하는 것이 좋고 니트를 레이어드 할 경우 얇은 것을 선택해야 한다. 셔츠의 소재는 광택이 있으면 체형을 더욱 부각시키므로 피하 도록 하고, 레이온이나 실크처럼 부드러운 질감보다는 면혼방 직물같이 조금은 형태가 있는 소재 를 선택하여 둥근 체형이 드러나지 않도록 한다.

  - 하의 : 둥근 체형은 바지의 선택이 무엇보다 중요하다. 너무 헐렁한 바지를 선택하면 그에 맞춰 체격 이 더욱 커 보이기 때문에 자신의 체형에 딱 맞는 바지를 선택하는 것이 좋다. 물론 너무 타이트한 스타일도 기피해야 한다. 바지가 짧으면 하체가 현저하게 짧아 보이고 너무 길어서 발등에 주름이 많이 잡히면 키가 작아 보이니 되도록이면 자신의 다리길이에 맞게 수선하여 입어야 한다. 무릎까지 오는 반바지는 괜찮지만 애매한 길이의 7부나 9부 바지는 피하는 것이 좋다.

  - 액세서리 : 넥타이는 강한 컬러에 넓은 폭으로 선택하고 매듭도 조금은 두껍게 매서 비율적으로 상체를 커버하는 것이 좋지만, 목을 조여 짧은 목을 더욱 짧아 보이게 넥타이를 매는 것보다는 자 연스럽게 스카프를 하거나 버튼 두 개 정도를 여유 있게 오픈하여 목을 보이도록 하는 것도 좋다. 넥타이를 하지 않을 경우 가슴 주머니에 행거치프를 스타일링 하여 가슴을 넓게 보이도록 유도하 는 것도 효과적이다.

(2) 체형 특성별 패션 스타일링

① **키가 크고 체격이 큰 체형** : 몸집이 크다고 해서 큰 옷을 입으면 더욱 단점만 부각시키게 된다. 바디라 인을 어느 정도 살려줄 수 있는 아이템을 선택하는 것이 좋으며 색상은 밝거나 튀는 것 보다는 어둡거 나 단색의 톤이 좋다. V존을 넓고 깊게 해서 시원한 인상을 만들고 셔츠는 일반적인 흰색이나 푸른색 이 가장 잘 어울린다. 단, 블랙컬러의 셔츠는 더워 보이고 답답해 보일 수 있으니 피하는 것이 좋다.

② **키가 크고 마른 체형** : 마른 체형을 커버하기 위해 너무 헐렁하게 입으면 자연스럽지 않고 오히려 더 말라보일 수 있으니 주의한다. 베스트가 포함된 쓰리피스 수트 또는 일본풍의 스타일이 잘 어 울리며, 어두운 컬러의 셔츠나 커다란 패턴의 넥타이는 피하고, 지나치게 화려하지 않도록 스타 일링 한다. 캐주얼의 의상은 레이어드를 해 볼륨감을 더하는 것이 좋고 따뜻한 계열의 컬러를 선 택해 밝은 느낌을 준다.

③ **키가 작고 살찐 체형** : 스트라이프 패턴과 수직선으로 착시 효과를 주는 것이 좋다. 상의와 V존을 짧게 하고, 전체적으로 넥타이 등의 포인트를 위쪽으로 두어 키가 커 보이도록 하는 효과를 준다. 상의의 디테일이 없어서 너무 넓어 보이는 것은 피하도록 하며 아랫단 쪽이 약간 여유 있는 스타일이 좋다. 상의와 하의의 색상이 대비되는 스타일링은 키가 더 작아 보일 수 있으므로 거의 동일한 명도를 사용하는 것이 좋다.

④ **키가 작고 마른 체형** : 지나치게 마른 스타일은 피하고 부피감을 주기 위해 어깨를 강조하는 것이 좋다. 상의를 짧게 입고 바지는 직선 또는 약간 넓은 것이 좋으며 포켓의 위치는 약간 올라가 있는 것이 키가 커보이게 한다. 색상은 아주 짙은 색을 피하고 대체로 밝고 화려한 컬러로 상, 하의를 유사하게 사용하여 체형이 분산되어 보이지 않도록 한다. 셔츠와 타이는 산뜻한 컬러로 코디하고, V존을 화려하게 하면 왜소해 보이는 체형을 어느 정도 보완할 수 있다.

(3) 부분적 체형 보완 스타일링

① **목이 짧은 체형** : 목이 짧고 굵으면 체형이 시원해 보이지 않고 답답해 보이므로 주로 상의의 네크라인을 깊게 파거나 재킷 등을 오픈하여 V존을 길게 해야 한다. 원버튼 재킷이 잘 어울리며 마른 체격에 목만 짧다면 깊은 네크라인의 베스트도 잘 어울린다.

② **목이 길고 가는 체형** : 목이 길고 가늘다면 여자에게 유리한 체형이지만 남자는 연약해 보이는 단점이 있다. 이를 커버하기 위해서는 꼭 칼라가 있는 상의를 선택하는 것이 좋고 목 주변에 스카프나 스탠드형 칼라, 터틀넥을 이용하면 효과적이다. 넥타이 매듭을 볼륨감 있게 매고 비비드한 컬러를 이용한 액세서리를 이용하는 것도 좋다.

③ **어깨가 처진 체형** : 처진 어깨를 커버한다고 오버사이즈를 활용하는 것은 단점을 더욱 강조하는 결과가 된다. 이때는 어깨에 패드를 이용하거나 애플릿 장식이 있는 상의를 선택하거나 어깨로부터 시선을 멀리하여 벨트, 구두, 가방 등에 포인트를 주는 것도 좋은 방법이다.

④ **팔이 굵은 체형** : 이 체형은 자칫 둔해 보일 수 있으므로 지나치게 헐렁한 스타일은 피하는 것이 좋다. 팔이 너무 굵으면 팔이 짧아 보일 수 있으므로 너무 끼는 셔츠를 입지 않도록 주의하고, 소매는 7부 정도의 길이나 딱 맞는 긴팔의 소매를 선택한다.

⑤ **허리가 긴 경우** : 허리가 긴 경우 상의의 길이를 어떻게 선택하느냐에 따라 체형이 달라 보인다. 너무 짧은 길이의 재킷은 피하고 적당한 길이 또는 하프 길이를 선택하여 힙라인을 커버하고 다리길이를 가리는 것이 좋다. V존이나 가슴 부위에 포인트를 두고, 사파리 재킷처럼 포켓이나 벨트 등 디테일이 많은 상의를 입으면 시선을 분산시켜 어느 정도 체형보완이 가능하다.

⑥ **힙이 큰 경우** : 우선은 상의를 길게 하여 힙을 살짝 가리는 것이 효과적이다. 너무 타이트한 바지는 피하고 주름이 있거나 힙 부분의 포켓이 약간 위로 올라와 있는 바지를 선택하여 볼륨감을 커버할 수 있도록 한다. 볼륨감을 상반신에 주어 상하의 균형을 맞추거나, 짙은 색 하의를 선택하여 힙을 축소되어 보이게 하는 것이 좋다. 밝고 화려한 넥타이나 셔츠로 시선을 위로 가도록 한다.

Chapter 05 유형에 따른 패션 코디네이션 기법

전체적으로 조화를 이룬 옷차림은 자신의 이미지를 결정짓는 중요한 요소가 되는데 패션 아이템이 다양해지면서 새로운 조화가 생겨나고 있다. 패션이 토털이미지화를 지향하고, 캐주얼화의 경향으로 단품 활용이 증가되고 있다. 이에 각자의 개성이 살아있는 정형화되지 않은 자유로운 연출이 선호되고, 각각의 스타일에 따라 달라지는 패션 소품과 액세서리의 중요성도 더욱 강조되고 있다.

색채 코디네이션(Color Coordination)

패션에 있어서 색채는 가장 먼저 눈에 띄는 것이기 때문에 전체적인 스타일에서 차지하는 비중이 가장 크다. 특히 시각에 호소하는 힘이 강하므로 상품의 성격이나 트렌드 등을 표현하는 효과가 크다.

1. 동일색상 코디네이션(Monochromatic Coordination)

① Tone on Tone Coordination
② 가장 쉬운 방법으로 많이 활용되는 방법이다. 동일색상 코디네이션은 한 가지 색상의 톤을 변화시켜 매치하는 것을 말한다. 부드러우면서 차분한 느낌을 주며 안정적이지만 자칫 지루할 수 있다. 명도대비를 주거나 채도대비를 활용하면 또렷한 이미지를 줄 수 있다.

2. 유사색상 코디네이션(Similarity Coordination)

① Tone in Tone Coordination
② 색상환에서 약 30° 정도 떨어진 인접한 색상을 매치하는 방법이다. 이는 서로 비슷한 컬러군을 포함하고 있기 때문에 활용도도 높고 동일색상에 비해서 덜 단조로운 이미지를 갖는다.

3. 대조색상 코디네이션(Contrasting Color Coordination)

① 보색(Complementary) or 분보색(Split Complementary Coordination)
② 대조색상 코디네이션이란 색상환에서 반대편 위치에 있거나 거리가 먼 색을 매치하는 방법이다. 이는 각각의 색상이 뚜렷하게 강조되는 반면 자칫 잘못하면 어색하고 조화롭게 보이지 않는 경우도 있다. 액티브 하면서 화려한 느낌을 주고 트렌디한 이미지로 표현이 된다.

4. 액센트 배색 코디네이션(Accent Color Coordination)

① Point Coordination.
② 동일배색 코디네이션에 대조적인 색을 더함으로써 강조하고 싶은 부분에 포인트를 두어 전체적

으로 조화롭게 보이도록 하는 방법이다. 모든 이미지에는 포인트가 되는 부분이 있어야 상대방에게 강한 인상을 남길 수 있다.

색채 코디네이션의 예[54]

실무TIP

컬러 매치는 스타일링에 있어서 가장 기본적인 방법이다. 컬러 매치가 잘못된다면 촌스럽고 체형을 보완해주지 못한다. 동일색상 → 유사색상 → 액센트 배색 → 대조색상 순으로 꾸준한 연습이 필요하며 더 나아가서는 자신만의 새로운 색상의 조합을 만드는 것도 필요하다.

소재 코디네이션(Texture Coordination)

현재 패션은 '소재의 시대'라고 불릴 만큼 소재의 특성, 기능성, 표면변화, 촉감 등의 요소 외에도 관리, 보관, 취급 측면에서의 편리함, 간편함 등의 성질이 중시되고 있다. 가장 고도의 감각을 요하는 방법으로 먼저 각각의 소재 특성을 제대로 파악해야 어울리는 코디네이션을 할 수 있다. 소재 각각의 조합에 의해 조화와 대비의 코디네이션을 연출할 수 있으며 소재의 종류와 질감에 따라 확연히 다른 이미지를 연출할 수 있다.

1. 동일한 소재끼리의 코디네이션

유니폼이나 수트에서 많이 이용되는 매칭법으로 동일한 소재로 이루어진 상·하의를 매치하는 방법이다. 단정하고 정돈되어 보이며 통일감, 일치감, 안정감을 준다.

---

54) www.jedroot.com

2. 유사한 소재끼리의 코디네이션

소재의 원료가 비슷한 것들끼리의 조합을 말하는 것으로 질감이 비슷한 소재끼리의 조합을 말한다. 천연 섬유와 인조 섬유의 차이가 있지만 가공 방법이 발달하면서 다양한 질감으로 생산되기 때문에 많은 조합으로 활용할 수 있다. 질감이 유사할 때는 컬러를 다르게 매치해야 지루하지 않은 연출이 가능하다.

3. 이질적인 소재끼리의 코디네이션

창의적인 아이디어가 가장 많이 필요한 경우이다. 서로 어울리지 않을 것 같은 소재끼리 매치하여 새로운 이미지를 창출할 수 있으며 고정관념을 탈피하여 같은 아이템이라도 다른 이미지로 연출할 수 있다.

소재 코디네이션의 예[55]

실무TIP

현대 패션에서 가장 많이 회자되는 것이 바로 소재이다. 디자인의 다양성은 한계가 있지만 소재는 가공 기술이 발달하면서 항상 새로운 제품이 생산되기 때문이다. 다양한 아이템 속에서 체형을 커버해 주고 실루엣을 만들어주는 것은 바로 소재이다.

55) www.jedroot.com

패턴 코디네이션(Pattern on Pattern Coordination)

소재와 컬러에 대한 이해가 선행하지 않으면 코디네이션 결과가 촌스러워 보이거나 산만해 보일 수 있다. 무늬와 무늬를 조합한다는 의미에서 패턴 온 패턴(Pattern on Pattern)이라 하는데 이는 시각적으로 가장 큰 자극을 줄 수 있으며 색다른 느낌을 전달할 수 있다.

1. 모양은 동일하나 색상이 다른 무늬의 코디네이션

무늬는 같으면서 무늬 자체의 색상이나 바탕색이 다른 경우의 배합이며 안정적이며 통일감을 줄 수 있다.

2. 모양은 동일하나 크기가 다른 무늬의 코디네이션

같은 형태의 무늬에 크기를 달리하여 조화시키는 방법이다. 좀 더 액티브한 이미지를 줄 수 있으며 기하학적인 문양을 많이 사용하는 방법이다.

3. 감각이 전혀 다른 무늬의 코디네이션

현재 가장 많이 시도되고 컬렉션에서도 많이 활용되고 있는 방법으로 남성다운 것과 여성다움, 전통적인 것과 현대적인 것, 드레시한 것과 캐주얼한 것 등 대조적인 감각끼리 매치하여 그 결과에서 오는 부조화와 의외성을 부각시키는 것이다.

4. 감각이 동일한 무늬의 코디네이션

형태는 다르지만 비슷한 느낌의 패턴들을 조합함으로써 그 느낌을 극대화하는 효과를 노리는 방법으로 여성적인 감각의 꽃무늬와 물방울무늬의 조합이나, 현대적인 감각의 줄무늬와 체크무늬의 조합, 각각 형태가 다른 기하학적인 패턴의 조합 등을 말한다.

실무TIP

> 패턴을 이용한 코디네이션은 자칫 지나치게 복잡하거나 산만해 보일 수 있으므로 균형 감각이 중요하게 작용한다. 컬러와의 조화도 염두에 두어야 하며 이미지에 맞는 패턴의 선택도 중요하다. 처음에는 소품과 원 포인트 아이템으로 활용하다가 점차 토털 코디네이션으로 넓혀나가는 훈련을 하는 것이 좋다.

패턴 코디네이션의 예[56]

🎱 스타일 코디네이션(Style Coordination)

패션은 한 가지 아이템으로는 절대 완성될 수 없다. 하지만 많은 아이템을 모았다고 해서 좋은 패션도 아니다. 유행, 사회적 동향, 패션의식, 디자이너의 차별성, 착용자의 개성 등에 따라 다양한 코디네이션으로 활용해야 한다. 앞으로 설명할 다섯 가지 방법은 우리가 일상생활에서 사용하는 방법을 이론화한 것으로 이는 상호 연관이 있으므로 어느 한 부분만 신경 써서는 안 된다.

1. 시즈너블 코디네이션(Seasonable Coordination)

4계절이 있는 우리나라에서 계절에 맞게 스타일링 하는 것이야말로 스타일링에 가장 기본적인 역할이라고 할 수 있다. 시즈너블은 '계절의, 시기에 맞는' 의 의미로 원래는 계절에 맞게 옷을 입는 것이지만 최근 믹스 앤 매치 코디네이션이 발달하면서 봄, 가을용 수트를 겨울에도 코트 안에 입거나, 얇은 드레스와 털 코트를 매치시키는 등 한 계절에 한하지 않고 계절감, 소재감에 제한 없이 어울리는소재의 아이템끼리 매치하는 것이다.

2. 피스 코디네이션(Piece Coordination)

현재 우리가 옷을 입을 때 무심코 매치하여 입는 방법이다. 아이템과 아이템의 조합에 의한 패션 코디네이션 기법으로 가장 기본적이며 많이 사용하는 방법이다. 입는 사람에 따라 다른 생각을 갖고 있기 때문에 변화의 폭이 다양하고 풍부하여 개성에 따라 독특한 멋을 연출할 수 있다.

---

56) www.jedroot.com

3. 플러스 원 코디네이션(Plus one Coordination)

기존 스타일에 무엇인가 하나를 더함으로써 새로운 감각을 연출하는 패션 코디네이션 기법이다. 새로운 스타일을 위해 많이 시도되고 있는 방법으로 예를 들어 스카프나 벨트 등을 첨가하거나, 의외성을 노려 재킷 위에 재킷을 덧입거나, 바지 위에 치마를 입거나, 겉옷 위에 속옷을 겹쳐 입는 등의 코디네이션이다. 더해지는 아이템은 이미지 연출의 근본적인 목적에 해를 끼치지 않아야 한다. 실생활에 가장 많이 사용되지만 쉽지 않은 방법이기 때문에 감각을 많이 익혀야 좋은 결과를 얻을 수 있다.

4. 믹스 앤 매치 코디네이션(Mix and Match Coordination)

믹스 앤 매치 코디네이션은 크게 두 가지로 나눌 수 있다. 가장 많이 하는 방법인 룩과 룩의 믹스매치가 있고 본래의 용도를 무시하거나 우스꽝스러운 것과의 조합 등으로 의외성을 즐기는 믹스매치가 있다. 전자는 룩을 대표하는 아이템을 다른 룩에 사용해 새로운 룩을 만들어내는 것이고 후자는 각 패션 아이템들을 전혀 이질적인 무늬나 소재로 믹스 앤 매치하는 소재의 믹스 앤 매치, 다른 디자인을 믹스 앤 매치하는 디자인의 믹스 앤 매치로 나타난다. 이는 둘 다 기존의 상식과 틀에서 벗어나 색다른 멋을 제시하며 현대인들에게 의외성과 신선함을 느끼게 해주는 방법이다.

5. 크로스 오버 코디네이션(Crossover Coordination)

일반적인 특징에 길들여진 스타일에 전혀 어울릴 것 같지 않은 아이템들이 주는 충격을 아름다움으로 승화시키며 새로움을 추구하는 것이다. 예를 들어 고전적인 전통의상과 현대적인 의상의 조합이라든지 남성복 스타일의 재킷과 풍성한 스커트의 조합이라든지 캐주얼과 클래식한 스타일의 조합 등을 의미한다. 현대 패션이 발전하고 있는 방향 중 하나로 서로 다른 것을 교차시킨다든지 짝 맞추는 코디네이션 기법으로 형태, 색채, 소재, 감각에 있어서 전혀 다른 개체를 조화시킴으로써 오는 기묘함과 의외성을 추구하는 코디네이션 방법이다.

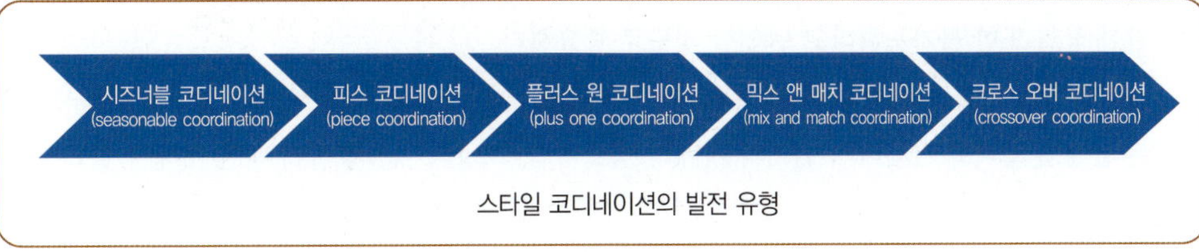

스타일 코디네이션의 발전 유형

Chapter 01 스타일링 실무

⚙ 스타일링의 실무에 대한 이해

1. 미디어 기술적 측면 이해

최근 우리나라에서 출간되는 잡지, 각종 CF, TV 드라마는 감각적인 스타일 정보를 제공하고 있다. 그 가운데 신문, 잡지, 라디오에 비해 놀라운 속도로 발전하는 미디어 기술로 인해 매체환경이 달라지면서 시공간의 제약이 사라져가고 있다. 케이블TV, 위성TV, 인터넷, DMB 등 포터블 미디어기기의 빠른 확산으로 방송 프로그램을 시간과 공간에 구애 받지 않고 언제 어디서든 자유롭게 볼 수 있게 됨에 따라 대중에게 가장 영향력 있고 친밀한 매체로 자리 잡고 있다.

앞으로 매스미디어를 통해 전달되는 드라마 패션이 대중에게 미치는 영향은 더욱 커질 것이며 드라마에 나타난 패션을 통해 트렌드를 예측하는 것도 가능할 것이다.[1]

2. 기술적 장비와 구조에 대한 이해

텔레비전과 다른 여러 영상매체를 이루는 다양한 분야 중 비주얼과 연계되는 카메라, 조명, 세트 배경과 기타의 여러 가지 기술적인 장비와 구조에 대한 이해가 되어야 하며 지식적인 배경 없이는 원활한 작업 또한 불가능하다고 단언할 정도로 중요하다.

완벽한 영상과 원하는 연출 스타일링이 성공적으로 이루어지기 위해서는 우선 화면의 구도와 올바른 촬영법 그리고 카메라의 위치와 카메라 앵글기법, 조명의 이용방법에 대한 이해가 필요하다.

⑴ 샷

장면을 컷으로 나눌 때의 최하 단위를 의미한다. 카메라 시작 버튼을 눌러 종료 때까지 한 화면의 지속 시간을 의미하며 일반적으로 말하는 컷(Cut)이라고 하는 것은 틀린 표현이며 샷(Shot)이라고 하는 것이 바른 표현이다. 샷과 샷이 모이면 씬(Scene)이 되고 씬과 씬이 모이면 시퀀스(Sequence)가

---

1) TV 트렌디 드라마에 나타난 남성패션의 성 이미지 유형분석, 윤지영, 학위논문 국회전자도서관

된다. 샷의 선택은 영상을 구성하는 데 있어 가장 기본적인 요소가 되면 작품의 주제를 전달하는 효율적인 수단이 될 수 있다. 샷은 촬영하는 대상에 따라 크게 두 가지로 나누어지며, 일반적인 풍경물 등에 대한 촬영샷은 업 샷(근경), 미디움 샷(중경), 롱 샷(원경)으로 분류할 수 있으며 인물의 경우는 다음과 같이 분류할 수 있다.

① 빅 클로즈업 샷(Big Close Up Shot) : 얼굴의 부분을 크게 표현할 때 사용한다.

② 클로즈업 샷(Close Up Shot) : 얼굴만 크게 촬영한 샷으로 표정을 명료하게 나타낼 때 사용하며, 인물의 턱에서 이마까지의 사이즈를 가리킨다.

③ 바스트 샷(Bust Shot) : 인물의 가슴 위를 촬영하는 인물의 기본 샷, 주로 인터뷰나 기자회견, 대담 프로그램 등에 많이 사용하며 보도 영상의 가장 중요한 샷으로 분류한다.

④ 웨스트 샷(Waist Shot) : 미디움 샷이라 하며 인물의 허리부터 머리까지의 사이즈로 뉴스에서 취재기자의 오프닝 샷으로 많이 사용한다.

⑤ 니 샷(Knee Shot) : 인물의 무릎에서 머리까지를 촬영하는 샷이다. 불안정한 느낌을 주기도 한다.

⑥ 풀 샷(Full Shot) : 인물의 발끝에서 머리까지를 촬영하는 샷으로 연관된 건물이나 배경과 함께 찍는 샷을 말하며, 인물과 배경의 상호관계를 설명할 때 주로 사용한다.

클로즈업 샷

바스트 샷

웨이스트 샷

풀 샷

기타 구분

- 인물의 수에 따라 원 샷(One Shot), 투 샷(Two Shot)
- 인물이 다섯 이상일 경우 그룹 샷(Group Shot)
- 오버 더 숄더 샷(Over the Shoulder Shot), 익스트림 롱 샷(Extreme Long Shot) 등

(2) 앵글(Angle)

카메라의 앵글은 문학으로 말하면 형용사에 해당되는 화면 구성 요소라고 할 수 있으며 카메라 앵글 (Camera Angle) 위치 변화에 따라 다르게 느끼는 감성의 차이가 있다.[2] 즉, 앵글이란 카메라의 높이이며 뉴스의 영상은 시공간의 제약을 많이 받아 다양한 앵글을 얻을 수 없지만 영화, 드라마, 쇼 오락 프로그램 등은 크레인과 여러 다양한 장비를 통하여 다양하고 세밀한 영상을 만들 수 있다.

① 수평 앵글(Horizon Angle) : 뉴스 영상에서 가장 많이 사용하는 앵글이며, 화면의 장면들이 시청자 카메라 렌즈의 시각과 수평선상에 놓여 있는 것을 말한다. 현장에 서서 움직이는 경우가 많아 수평 앵글이 대부분이다. 드라마나 영화에서도 가장 흔히 볼 수 있는 상황이나 장면에 주로 평이하게 사용되는 앵글이다.

② 하이 앵글(High Angle) : 전체의 배경이나 규모를 보여주고자 할 때 사용된다. 드라마의 새로운 회의 전개 시 주로 사용되며 뉴스나 쇼 오락프로그램의 세트를 과장되고 현장감 있게 보이고자 사용되기도 한다. 하이 앵글은 대부분 공간의 제약이 따르지 않는 일정 크기 이상의 촬영 장소에서 가능하며 크레인 장비가 사용된다.

③ 로우 앵글(Low Angle) : 밑에서 위로 찍는 샷으로, 피사체나 상황을 강조할 때 사용되며 실제보다 확대되어 보이므로 압도하는 느낌이 든다.

④ 경사 앵글(Canted Angle) : 카메라를 옆으로 기울여 찍는다. 역동성이나 움직임을 강조할 때 사용되며 영화에서 많이 쓰는 앵글이다. 불안감이나 위기, 긴장된 상황을 암시하는 데 사용된다.

하이 앵글

로우 앵글

---

2) 카메라 앵글의 위치 변화에 따른 감성 선호도 변화, 김종무, 인포디자인이슈 20호, 13p.~24p.

(3) 조명

방송 조명은 매체와 프로그램에 따라 그 접근법이 달라야 한다. 이를 위해 조명의 기초 이론과 실무 원칙의 습득은 필수적이며 빛의 속성과 원리, 색의 종류와 기능을 아는 것이 그 첫걸음이다. [3]

텔레비전이나 다른 여러 영상매체에서 보는 것은 우리가 눈으로 보는 것과 달리 사실적이기 어려운 경우가 대부분이다. 예를 들어, 드라마에서 주로 보이는 창밖의 풍경이나 햇살과 시간을 암시하는 빛과 밝기의 정도는 실제 상황을 여러 장비로 재현한 것이다. 그 대표적인 장비가 바로 조명이라 할 수 있다.

드라마의 조명은 시간을 주로 암시하는 데 쓰이며 공간의 배경색과 연기자의 자연스러운 분위기를 연출하는 데 주력한다. 작품의 영상미는 여러 요소가 어우러져 작용하는 것이 대부분이지만 가장 큰 역할을 하는 것은 조명이라고 할 수 있다. 뉴스에서 조명은 남녀 앵커의 피부톤에 맞추어 정해놓은 각각의 정면광과 두 배경과 앵커의 입체감을 표현하기 위한 백 라이트, 전체적으로 인물을 부드럽게 살려주기 위해 베이스 라이트를 사용한다. 뉴스는 대부분 프롬프터를 사용하기 때문에 다른 프로그램에 비해서 높은 조도를 필요로 한다.

영상물의 제작이 시간 제약을 받지 않고 원하는 시간과 적합한 공간을 만들기 위해 여러 각도와 컬러의 적절한 조합으로 자연스러운 빛에서부터 극대화시킬 수 있는 빛에 이르기까지 작품의 완성도를 위해 조명은 중요한 역할을 한다. 조명의 기본적인 종류는 비추는 위치에 따라서 나눌 수 있다.

무대 조명[4]

① 센터 라이트(Center Light) : 피사체 정면에서 비치는 조명이다. 카메라가 사물의 정면에서 촬영하는 경우 카메라의 뒤와 옆에 붙어 비춘다. 정면광은 순광 효과를 내며 사실적으로 보이기 때문에 기자의 오프닝이나 평범한 인터뷰에 사용된다.

---

3) TV, CATV, IPTV 그리고 DMB를 위한 방송 조명 연출, 김용규, 커뮤니케이션북스(2007)
4) http://blog.naver.com/97378040

② 플라이 라이트(Fly Light) : 피사체의 앞으로 45° 각도로 비춘다. 카메라와 피사체는 정면으로 180°의 각도가 생긴다.

③ 사이드 라이트(Side Light) : 카메라와 피사체로부터 각각 90° 떨어진 곳에서 쓴다. 카메라와 피사체의 정 가운데 옆쪽이다.

(4) 카메라

방송 카메라는 앵글이라는 사각의 화면을 통하여 시청자들에게 광학적인 상을 전기신호로 변환시키고 브라운관을 통해 화면상의 영상으로 시청자들의 눈 속으로 전달된다.

이 밖에도 영화, 기타 모든 영상매체는 카메라를 통해서 우리에게 전달되고 감동과 다양한 지식, 현 사회의 상황과 미래에 대한 우리의 역할까지도 제시해 준다. 카메라는 다양한 보조 장비와 세분화 그리고 장비의 발달이 끊임없이 계속되고 있지만 가장 기본이 되는 종류에 대해 이해하고 역할에 따른 세밀한 의상연출에 대한 준비도 이루어져야 할 것이다. 카메라의 종류는 다음과 같다.

① 스튜디오 카메라 : 일반적으로 TV방송국에서 쉽게 볼 수 있는 카메라의 종류이며 무겁고 큰 장비이므로 받침대를 이용하여 이동한다. 스튜디오 녹화 시에 지정된 카메라에 표시등을 통해 자동으로 녹화되고 콘티에 맞는 카메라 앵글 구성을 하게 된다. 주로 쇼, 오락, 교양 프로그램, 일일 드라마 등 단시간에 빠른 녹화를 필요로 하는 프로그램에 사용된다.

② ENG 또는 EFP카메라 : 장비가 가볍고 영상을 뛰어나게 연출할 수 있다. 작품성과 연출력을 돋보이게 하려는 프로그램에 사용된다. 미니 드라마나 영화에서 사용되며 장시간에 여러 각도에서 반복적으로 촬영해야 한다는 단점이 있다.

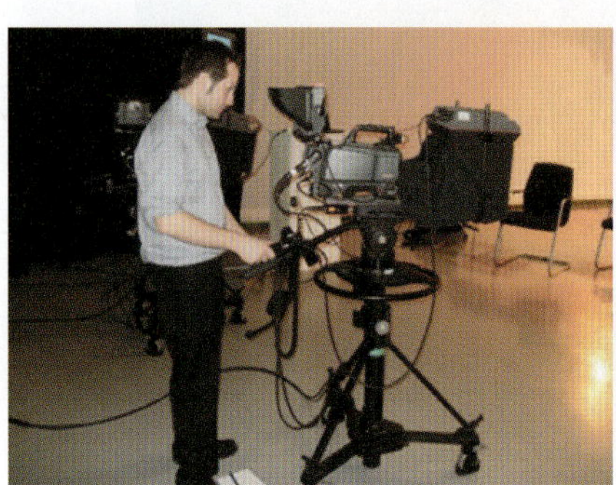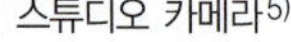

| 스튜디오 카메라[5] | ENG카메라[6] |

5), 6) http://blog.naver.com/yys717?Redirect=Log&logNo=150124352075&from=postView

(5) 세트와 배경

액션이 벌어지는 전경 뒤의 공간을 말한다. 스튜디오 촬영에서는 배경이 세트 등의 구조물로 만들어지며 로케이션 촬영에서는 촬영 장소가 그대로 배경이 된다. 실사를 촬영한 스틸 사진을 확대하여 배경으로 이용할 때도 있다. 배경은 분위기 설정, 화면 구도 등을 가늠하는 중요한 요소로 간주된다.[7]

드라마, 영화, 연극 등의 다양한 영상매체는 사람과 배경과의 조화를 기본으로 한 예술 작업이라고 해도 과언이 아닐 정도로 세트는 큰 비중을 차지하고 있다. 야외 촬영 시에는 자연공간이 세트가 되고, 스튜디오 촬영에는 인공구조물로 디자인된 세트가 공간 역할을 할 것이다. 그러므로 세트에 대한 철저한 분석과 이해가 매우 중요하다.

방송 프로그램 무대 세트

실무TIP

세트촬영 시 주의점
- 출연자의 의상색과 세트 배경색의 명도차를 확인하고 조절한다.
- 출연자의 연기 동선을 체크하고 의상의 착장과 디자인을 고려한다.
- 세트와 출연자가 조화를 이룰 수 있도록 컬러 선정에 유의한다.
- 특수한 세트의 상황을 고려한다. 크로마키 등을 유의하여 크로마키 색과 동일하거나 유사한 색의 사용을 금한다.

---

7) 영화사전, propaganda

매거진 스타일링

1. 패션 잡지 스타일링

(1) 개요

패션스타일링은 화보 속에서 독자들에게 새로운 트렌드와 정보를 쉽게 이해할 수 있는 시각적 장치이다. 새로운 트렌드에 맞춰 의상이 보다 나은 가치를 가지도록 한다.

매거진 스타일리스트는 패션잡지의 테마나 컨셉에 맞춰 패션화보 내의 모델에게 의상을 스타일링한다. 그 밖에 아트디렉터의 역할을 직접 담당하기도 하고 촬영 시 포토그래퍼와 아트디렉터 사이의 중재자 역할을 하기도 한다. 그 밖에 광고주의 메시지를 소비자에게 전달해야 하고 화보의 테마를 정해 사용목적에 맞는 작품이 나오도록 모델, 장소, 의상 등의 모든 것을 조달하고 조정한다. 하지만 무엇보다 유행경향을 독자들과 공감하여 패션 어드바이저로 역할을 해내는 것이 중요하다.

시각적인 내용을 다루는 패션화보가 독자들에게 구체적이고 감각적이게 전달되기 위해서는 패션스타일링이 중요한데 스타일리스트의 역할을 잘 수행하기 위해서는 다음 시즌의 패션을 미리 예측할 수 있어야 하고, 패션에 대한 예리한 통찰력과 감각이 필요하며, 패션 감각과 창조성, 기획력, 연출력, 분석력 등을 총동원하여 새로운 스타일을 제시할 수 있어야 한다.

(2) 패션 잡지 스타일링의 특성

토털 코디네이션의 개념으로 헤어와 메이크업을 다루기 때문에 스타일링의 완성도를 높이기 위해서는 화보 안에서의 헤어와 메이크업이 의상과 조화되는 것이 우선이다.

늘 새로운 것이 제시되어야 하는 패션화보에선 일반적인 스타일링보다는 패션을 리드하는 스타일링이 필요하며 주제와 상황에 맞는 스타일링으로 제시한다. 목적이 주제가 될 경우 사람들의 라이프스타일이 연출의 주가 되어 새로운 라이프스타일을 제시하고 이에 맞는 스타일링을 제안한다. 또한 상반되는 요소와 이미지 등을 매치하는 것이 주요 특징이며 이는 곧 믹스매치를 의미한다. 예를 들면 엘레강스한 아이템과 스포티한 아이템을 섞거나 여성적인 것과 남성적인 것을 믹스하거나 하는 것과 같은 방법들을 말한다.

2. 패션 잡지 스타일링 과정

(1) 기획과 구상

에디터와 함께 아이디어를 구상하여 테마를 기획한다. 스타일리스트는 평상시에 다양한 패션정보를 수집해야 하며 수시로 여러 매체를 통해 새로운 트렌드나 패션경향을 미리 조사하고 이렇게 파악된 정보를 바탕으로 정해진 테마나 컨셉의 스타일을 기획한다.

(2) 모델 선정

드레스나 액세서리를 조합하여 패션테마에 맞는 스타일을 만들어 내는 것만큼 중요한 것이 바로 모델 선정이다. 주제에 맞는 모델을 선정하고 의상을 착용시켜 스타일링을 완성한다. 모델의 외모도 중요하지만 테마에 맞는 이미지를 잘 표현할 수 있는 모델을 선정하는 것이 주요 포인트이다.

(3) 촬영준비

촬영에 필요한 의상과 소품을 준비한다. 이때 의상은 촬영장소에 따른 변수를 염두에 두고 준비한다. 소품 등을 사전에 꼼꼼히 준비하는 것이 중요하다. 일반적으로 의상이나 액세서리, 주얼리 등은 협찬을 받아 진행되나 간혹 개인이 소장한 특이한 소품 등을 사용하기도 한다.

매거진 촬영준비 과정8)

패션 잡지 표지9)

매거진 촬영 현장

---

8) http://blog.naver.com/wizcoz
9) http://www.marieclairekorea.com/user/main/index.asp

⠿ 미디어 스타일링

1. 드라마 및 영화 스타일링

(1) 개요

오늘날 개개인 사이에서 의사소통을 가능하게 해주는 것은 대중매체이다. 20세기에 들어오면서 대중문화가 발달하고 정보전달이 빨라지면서 주요 대중문화 중의 하나인 드라마와 영화는 영상과 움직임을 특성으로 하는 시간 표현적인 면과 공간 표현적인 면을 함께 갖추고 있는 예술이라고 일컬어진다.

현대 대중에게 가장 친숙하게 근접해 있는 매체 중 하나인 드라마, 영화는 스타일링의 가장 대표적인 작업이라고 할 수 있다. [10]

드라마나 영화제작에 의상과 연기자의 시각적인 요소를 조화롭게 표현하고 이미지를 구체화하는 작업이다. 배우의 캐릭터에 맞는 의상, 메이크업, 헤어, 액세서리 등의 시각적 요소를 창조하는 표현이며 유행의 새로운 재창조라고 할 수 있다.

(2) 스타일링 특성

영상과 스토리전개를 하는 드라마는 인물의 성격, 배경, 라이프스타일, 심리 등 여러 가지 요소들을 대중이 공감할 수 있는 이미지로 전달하는 것이 중요하다.

스타일리스트는 이미지 전달과 극의 이해, 연출자와의 기획 협의 등 종합적인 이미지를 토털로 정의하는 작업을 필요로 한다.

드라마, 영화의상 [11]

---

10) 현대 사회의 생활양식과 텔레비전, 이재현, 커뮤니케이션북스(1999)
11) 중앙일보

(3) 스타일링 과정

① **시놉시스, 시나리오 분석** : 작품에 대한 분석 및 연출팀의 제작방향을 확인하는 스타일링의 가장 중요한 부분이다.

② **등장 인물 캐릭터 분석** : 인물의 캐릭터 확인 및 극중 역할에 맞는 스타일을 구성하는 단계이다.

③ **캐릭터 컨셉 설정** : 작품의 전체 컨셉을 확인하고 캐릭터별 테마를 구성한다.

④ **스타일 기획** : 컨셉 설정 후에 스타일리스트는 세밀한 이미지 구성과 스타일을 제시한다.

⑤ **스타일링 포인트**

- 캐릭터별 개성 있는 이미지 스타일을 기획한다.
- 의상 디자인 및 협찬사 선정과 의상 리스팅 작업
- 대본의 씬에 맞는 의상 체크리스트 작업

2. 뉴스 및 보도 프로그램 스타일링

(1) 개요

뉴스 프로그램의 다양화 추세에 맞춰 많은 정보를 전달하고 세분화된 프로그램이 만들어지고 있으며 이에 따른 뉴스 진행자들의 캐릭터도 다양해지고 있다. 다양한 계층과 연령대 등으로 인해 차별화된 뉴스 진행자의 이미지는 당연히 갖추어야 하는 프로그램의 제작 업무이다.

(2) 스타일링 특성

뉴스 진행자는 시청자에게 신뢰감을 주어야 한다. 따라서 의상도 이에 맞게 심플하고 간결한 디자인의 정장 등이 선호되며 재킷 또는 심플한 블라우스 등을 같이 연출하는 것이 좋다. 여성 진행자의 경우 차별성을 두기 위해 블라우스형의 재킷, 원피스류의 단품이 좋고 남성 진행자는 재킷, 셔츠, 넥타이 등에 포인트를 두어 뉴스의 신뢰성을 주는 것이 좋다.

언론인으로서 신뢰감 형성을 위한 디자인과 아이템, 액세서리의 간결성은 매우 기본적인 요소이자 특징이라 할 수 있다.

KBS 9시 뉴스[12]

3. 연극 및 무대 의상 스타일링

(1) 개요

연극이나 공연을 목적으로 희곡과 대본을 형상화시키기 위해, 작품의 예술적 표현 및 연출자의 작품 의도와 인물의 성격에 맞는 의상을 디자인·제작하여 배우를 살아있는 극중 인물로 재창조해 내는 시각적 작업을 말한다.

이것은 관객에게 예술적 감동과 작품의 이해를 위한 종합예술의 한 부분으로 무대 디자인, 조명, 소품 디자인과 마찬가지로 독특한 전문 분야로 인식되고 있다.

(2) 스타일링 특성

① **예술적 감각** : 창조적이고 예술적인 감각이 우선시 된다. 직·간접적인 경험을 통해 소재, 디자인, 기타 다른 분야와의 상호작용을 통해 기술적 능력을 겸비한다.

② **작품 배경 연구** : 연극은 다양한 역사, 문화적 배경의 이해와 폭넓은 지식을 바탕으로 작품을 해석해야 한다. 중요시 할 것은 작품의 시대적 배경에 따른 의상 고증이다.

③ **프로 마인드** : 무대 공연의 예술성과 창조성을 중요시하고 존중하는 전문가 정신을 바탕으로 시작되는 업무라고 해도 과언이 아닐 정도로 극예술에 대한 이해와 열정을 필요로 한다.

연극 무대 의상

뮤지컬 무대 의상

(3) 스타일링 과정

① **희곡 분석** : 연극의 대본을 읽고 분석하여 작품의 제작 방법과 접목시켜 재해석해 가는 과정이다.

② **씬 분석표 작성** : 희곡의 씬에 맞춰 의상, 인물, 장소 등을 정리한 후 각 캐릭터별로 분석표를 만든다.

③ **스타일 기획** : 각 등장 인물 성격에 맞는 컬러, 스타일, 헤어, 메이크업, 소품 등 전체적으로 통일된 기획이 매우 중요하다.

④ **의상 디자인** : 씬 또는 인물별 의상제작 수량을 정리 후 기본 스케치 작업 후에 디자인 작업을 시작한다.

⑤ 의상 및 소품 코디네이션 : 완성된 의상 디자인에 맞추어 연출하고 코디네이션 한다.

⑥ 제작 및 가봉 : 기본 제작된 의상을 가봉 후 완성한다.

⑦ 리허설 : 원활한 공연이 될 수 있도록 처음부터 끝까지 확인한다.

⑧ 공연 및 의상정리 : 공연이 시작된 후 무대 막을 내리면서 의상과 소품은 분류하고 보관, 폐기처분 등을 구분하여 관리한다.

가수 스타일링

1. 개요

가수 스타일링은 캐릭터에 의한 스타일 작업보다는 음악 이미지에 따른 스타일링 작업이다. 가수만이 가지고 있는 실험정신과 개성이 돋보이도록 연출해주는 것이 중요하다. 가수의 스타일은 외관상의 이미지뿐만 아니라 다양한 방송활동에 어울리는 이미지 메이킹도 수반되어야 한다.

2. 스타일링 특성

가수는 앨범 출시에 맞춰 활동을 시작한다. 이때 스타일리스트는 가수의 활동기간 중 필요한 의상을 스타일링 한다. 각각의 곡에 따라 노래 분위기에 맞는 독특한 패션 이미지를 연출하고, 일관된 스타일을 만들어주는 것이 포인트이다.

3. 스타일링 분류

① 댄스 : 빠른 리듬감으로 신체를 움직이며 주목받는 아이돌 그룹이 많다.

② 발라드 : 서정적이며 부드러운 이미지를 전달한다. 대부분 솔로로 활동한다.

③ 트로트 : 대중적이며 독특한 가사전달과 리듬을 포인트로 한다.

발라드 음반 자켓 스타일[13]

댄스 가수 의상스타일[14]

13) 한경닷컴 bntnews
14) http://cafe.naver.com/2future

트로트 가수 스타일[15]

4. 가수 스타일링 과정

① 앨범

- 기획회의 : 스텝들이 모여 발표할 노래의 테마에 관하여 기획한다.
- 의상 컨셉 기획 : 노래에 맞는 패션 이미지, 스타일맵을 기획한다.
- 의상 준비, 제작 : 정해진 테마에 맞는 의상 디자인 기획과 제작, 소품 등을 기획한다.
- 착용 및 수정 : 완성된 의상과 소품을 착용하고 리허설 후 수정한다.

② 뮤직비디오

- 뮤직 비디오 기획 회의 : 뮤직비디오의 타입에 맞는 구성, 드라마 구성 또는 이미지 구성을 진행한다.
- 스타일 회의 : 뮤직비디오 구성에 맞는 의상 컨셉과 디자인을 구성한다.
- 사전 의상 미팅 : 가수 및 출연자 의상 미팅 후 의상 협찬 및 제작 작업을 시작한다.
- 촬영 : 컨셉에 맞는 의상과 소품 등으로 비디오 촬영을 제작한다.

뮤직비디오 스타일[16]

---

15) 한경닷컴 w스타뉴스
16) http://blog.naver.com/aszxasd

③ 방송
- **음악 프로그램** : 노래에 맞는 의상으로 스타일링, 가수의 동작에 무리가 없는 스타일링이 좋다.
- **예능 프로그램** : 가수의 이미지에 맞는 캐주얼 또는 정장 의상으로 스타일링 한다.

④ 콘서트
- **콘서트 기획 회의** : 콘서트 구성에 맞는 이미지 스타일 기획 회의를 한다.
- **시안작업** : 콘서트 주제에 맞는 의상 디자인과 스타일맵 작업을 한다.
- **사전점검** : 의상 제작 및 스타일링 피팅 후 수정한다.
- **공연** : 완성된 의상으로 스타일링 하여 공연 준비(공연이 반복될 시에는 여분의 의상 준비해야 함)를 한다.

⿻ 패션쇼 스타일링

1. 개요

패션쇼의 스타일링을 맡는 중요한 역할을 하는 스텝이다. 쇼에 필요한 의상이 가지고 있는 특성을 파악 후 의상을 이미지화하는 작업이다. 연출자의 의도에 따른 모델, 의상 매치와 코디네이션을 담당한다. 전체 주제에 따른 의상 기획과, 그에 맞는 모델 설정, 소품연출까지 무대에 오르는 마지막 순간까지 정확한 판단으로 준비하고 움직이는 것이 중요하다.

패션쇼는 새로운 시즌에 앞서 패션 경향을 전달해야 하기 때문에 소비자인 관객들이 패션상품을 친밀하고 구매동기를 느낄 수 있게 해야 하고, 유행경향 등을 보여줄 수 있도록 스타일링 되어야 한다.

2. 스타일링 과정

(1) 주제 기획

쇼의 목적과 특성, 디자이너의 의상을 분석하고 부각시켜야 할 특성과 추가적으로 부여할 이미지 컨셉을 고려하여 스타일링 주제를 결정한다.

(2) 무대 연출 기획

패션쇼 장소의 특성과 쇼 특성을 분석하고 모델이 지나가는 무대의 치수, 동선, 입장과 퇴장 계획이 정해진다. 전체 무대의 위치와 관객 등을 고려하여 연출기획자와 충분한 협의를 거친 후 최대의 효과를 낼 수 있도록 하는 것이 중요하다.

(3) 의상 연출 기획

핵심이 되는 의상과 정해진 스토리에 근거하여 의상 배치순서를 정한다. 등장순서와 스테이지의 특성을 고려하여 일관성 있는 스타일링으로 산만하지 않은 기획을 한다.

(4) 액세서리 기획 선정

의상의 특성에 맞게 코디네이션을 점검하고, 여러 가지 요소를 고려하여 액세서리를 선정한다. 액세서리는 주제와 일관되게 선정하고, 각 의상과의 매치, 스테이지의 구분을 고려하고, 주얼리, 코사지, 모자, 신발, 가방 등과 컨셉에 맞는 소도구 등을 이용한다.

(5) 모델 선정

모델들의 이미지와 쇼 전체적인 이미지와 맞는 모델을 선정한다. 신체조건, 인상, 연출력, 관객과의 호응도, 의상과의 조화 등이 중요한 요소이다.

(6) 현장 연출

행사 당일 의상 점검과 모델 준비, 스텝, 헬퍼 등 패션쇼의 정확한 진행을 위해 점검하고 준비한다. 전체 진행순서가 틀리지 않도록 표를 만들어 숙지한다.

패션쇼 스타일링 과정17)

17) http://cafe.naver.com/modalab

Chapter **02**

Chapter 02　패션 커뮤니케이션

⚙ 스타일링 커뮤니케이션

1. 패션스타일링 확장

패션스타일리스트의 사전적 의미는 패션 분야의 전문 직종으로 '옷을 입거나 실내를 꾸미는 일에 대해 조언하거나 지도하는 사람'을 말한다. 그러나 넓은 의미의 스타일링은 각 부서와 업무 간의 협업 및 조정을 하는 역할을 의미한다.

패션스타일리스트는 업무에 필요한 크리에이티브 작업과 협업 프로세스를 경험함으로써 실무능력을 향상시키는 발판이 되도록 하는 것이 중요하며 실제 스타일리스트 업무에 가장 부합한 작업을 수행하는 것이 최우선 과제이다.

2. 패션스타일링 역할

패션스타일리스트란 패션 이미지 크리에이터로서 생산자와 소비자의 중간에 서서 사회요구에 정확히 부합해 가며 패션의 사회적 연출에 중요한 역할을 담당하는 전문가로 분야에 따라 다음과 같이 해석된다.

(1) 어패럴 메이커 스타일리스트

어패럴 메이커에서는 컬러리스트, 패션코디네이터 등과 함께 머천다이징의 중요 구성원으로 패션 잡지, 광고, 사진, 연극, 영화, 텔레비전, 패션쇼의 연출 등에서 의상의 스타일링을 담당하는 역할로 과거의 패션 코디네이터 역할과 유행형의 설정, 상품의 이미지 조성 등 브랜드 이미지를 조정하는 업무를 담당한다.

어패럴 커뮤니케이션

(2) 백화점, 전문점 스타일리스트

백화점, 패션 전문 소매업에서는 스타일링에 관한 전문지식을 살리고 판매촉진의 일익을 담당한다. 최근에는 샵 마스터에 의해 TV, 잡지 등에서 보이는 이미지를 연출하기 위해 혹은 특정 인물의 개성을 더욱 돋보이게 하기 위해 보다 전문적인 패션 스타일링 기술이 필요하게 되었다.

vmd 커뮤니케이션

▒ 어패럴 스타일링

1. 어패럴 스타일링 이해

어패럴 스타일리스트는 패션잡지, 광고, 사진 분야, 연극·영화·텔레비전, 패션쇼의 연출 등에서 의상의 스타일링을 담당하는 역할을 담당하며 컬러리스트, 패션코디네이터 등과 함께 머천다이징의 중요한 요소이다.

우선 패션업체에서 일하는 스타일리스트는 한 브랜드의 블라우스, 치마, 바지 등 다양한 상품을 만들 때, 하나의 패션 이미지의 조성을 염두에 두고 유행형을 설정하여 머천다이저나 디자이너가 참석한 기획회의에서 조정역할을 한다. 다음으로 패션잡지의 사진이나 광고제작, 패션 카탈로그 제작에서 스타일의 창조자로서 기획에서 모델, 헤어·메이크업 아티스트 등을 지휘하면서 순조로운 진행까지 담당한다.

기획, 생산, 판매 및 판매촉진 등의 각 부문별 활동을 원만하게 조정하여 효과적으로 마케팅을 촉진시키는 역할을 한다.[18] 구성원으로는 유통업 부문 스타일리스트, 어패럴 메이커 스타일리스트가 있다.

---

18) 현대패션에서의 아트디렉터의 역할에 관한 연구, 김명희, 동덕여대 패션전문대학원(2002)

2. 어패럴 스타일링 과정

① **브랜드 주제 기획** : 시즌 기획에 맞는 트렌드 제안, 마켓 리서치 등을 준비·기획한다.

② **의상 연출 기획** : 브랜드에 맞는 테마 스타일과 아이템 구성 및 매장 구성 등을 기획한다.

③ **촬영 연출 기획** : 디자인이 완성된 아이템으로 시즌 광고 구성과 홍보용 스타일북을 기획한다.

실무TIP

가장 성공적으로 패션을 스타일링 하기 위해서는 우선 정확한 목적을 세우고 주변의 정보를 수집, 분석해야 한다. 그리고 최종적으로는 그 목적이 프레젠테이션으로 구체화되어야 한다.

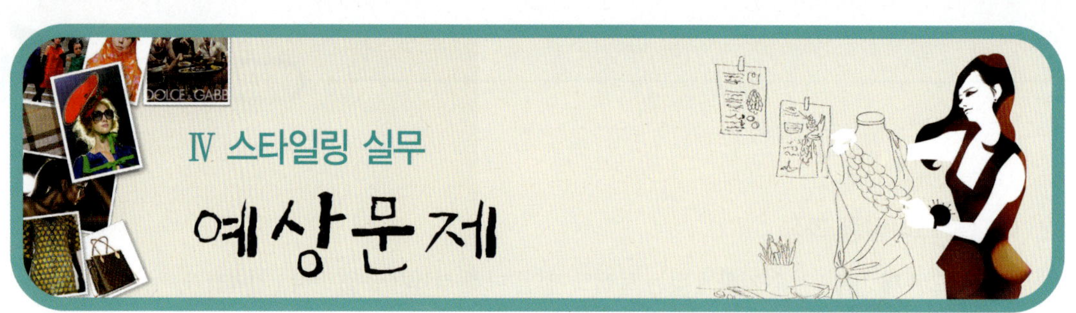

IV 스타일링 실무
예상문제

01 이미지 메이킹의 형성요소에 대한 설명으로 옳지 않은 것은?

① 라이프스타일은 개개인의 역할과 직업, 사회적 신분과 생활 모습에서 표현된다.

② 이상적 신체 이미지의 기준은 시대나 문화권에 따라 계속 변화하고 있다.

③ 말투는 단순히 의사전달의 기능만을 하고 있는 것이 아니라 그 사람의 인격, 인간관계, 신념을 알 수 있다.

④ 개인적 요인 중 내적 이미지는 상대방이 나를 봤을 때 가장 먼저 인식하게 되는 것이다.

> **해설** 내적 이미지는 신체적 특징과 행동이 어우러졌을 때 형성되며, 상대방이 가장 먼저 인식하는 첫인상은 내적 이미지와 다를 수 있다.

02 이미지 메이킹의 개념으로 옳지 않은 것은?

① 방송인이나 유명인, 정치인 등 특별한 사람들에게만 적용되는 것이다.

② 이미지의 뜻은 라틴어 'Imago'에서 유래했으며 이것의 동사형은 'Imitari'로 '모방하다'라는 뜻을 가지고 있다.

③ 패션은 이미지 메이킹에 가장 중요한 요소이다.

④ 사물이나 인물에 대하여 특정한 감정을 가지게 하는 영상을 이미지라고 할 수 있다.

> **해설** 방송인이나 유명인, 정치인 등 특별한 사람들에게만 적용된다고 생각되었던 이미지 메이킹은 개성과 직업에 맞는 이미지 개발의 필요성이 증대되면서 이제 일반인들에게도 확대되고 있다.

03 다음은 이미지 메이킹의 과정에 대한 내용이다. 어느 단계인가?

> 장점은 살리고 단점은 감추자. 나만이 가지고 있는 것은 무엇인지 생각해보고 그것을 부각시키도록 노력한다. 큰 키, 작은 얼굴, 하얀 피부, 예쁜 미소, 위트 있는 말솜씨 등 나만의 것을 부각시킨다. 또는 콤플렉스를 가지고 있다면 그것을 자신만의 스타일로 살려보아도 좋다. 내 자신은 부정하고 감추고 싶은 부분도 자신이 생각하는 것보다 다른 사람이 보기에는 인상 깊은 특징적 요소가 될 수 있다.

① Know Yourself(자신을 알라)
② Develop Yourself(자신을 개발하라)
③ Package Yourself(자신을 포장하라)
④ Market Yourself(자신을 팔아라)

해설 이미지 메이킹의 5단계의 과정
- 1단계 Know Yourself(자신을 알라) : 자신의 장점과 단점을 누구보다도 자신이 잘 파악하여 자신만의 장점을 부각시키는 노력이 필요하다.
- 2단계 Develop Yourself(자신을 개발하라) : 다양한 스타일의 옷을 착용해보는 것을 통해 자신에게 어울리는 스타일을 찾아라.
- 3단계 Package Yourself(자신을 포장하라) : 나만이 가지고 있는 것은 무엇인지 생각해보고 그것을 부각시키도록 노력한다. 즉, 장점은 살리고 단점은 감추자.
- 4단계 Market Yourself(자신을 팔아라) : 본인의 장점을 과감하게 나타내고 전체적인 옷차림, 액세서리, 헤어스타일, 메이크업까지 조화를 이룰 때 좋은 이미지로 전달되게 된다.
- 5단계 Be Yourself(자신에게 진실하라) : 본인 체형의 특성을 분석하고, 피해야 할 스타일이나 효과적인 아이템을 파악하고 있으면 세련된 스타일을 연출할 수 있다.

04 이미지 메이킹의 개념 중 개인적 요인에 관련된 것은?

① 자신만의 개성을 드러내는 것이 핵심이다.
② 라이프스타일과 트렌드(Trend)를 말한다.
③ 그 사람의 외모, 행동, 상황 또는 사건의 맥락을 통해 형성된다.
④ 개개인의 역할과 직업, 사회적 신분과 생활 모습에서 표현된다.

해설 타인에 대한 인상은 그 사람의 외모, 행동, 상황 또는 사건의 맥락을 통해 형성되며 초기 접촉 상황에서 외모는 대인지각에 영향을 주는 중요한 요소라고 할 수 있다.

정답 01 ④ | 02 ① | 03 ③ | 04 ③

05 모더니즘으로 이어지며 다양한 실루엣과 이에 따른 H형, 혹은 롱 & 슬림형의 체형이 트렌드였던 시대는 언제인가?

① 1920년대   ② 1950년대
③ 1960년대   ④ 1990년대

해설 1920년대는 가슴과 허리라인을 직선으로 연결되어 여성미를 최대한 절제한 라인이 유행이었다.

06 패션스타일링의 개념과 관련 없는 것은?

① 사전적 의미에서 스타일링은 '특정한 형에 맞추어 만들다' 라는 의미를 지니고 있다.
② 미적인 측면뿐만 아니라 상징적인 측면도 포함한다.
③ 시대적인 상황과 그에 따른 패션 스타일은 서로 상호 관계가 없다.
④ 미적인 측면과 상징적인 측면이 모두 포함된 이미지를 창출한다.

해설 정치, 경제, 사회적인 분위기는 트렌드와 밀접한 관계가 있다. 시대의 분위기에 따라 원하는 이성상도 달라지고 트렌드도 변하게 된다.

07 패션스타일링의 구성요소와 관련 없는 것은?

① 컬러   ② 사진
③ 모델   ④ 액세서리

해설 사진은 패션스타일링이 다 된 후 그것을 표현하는 수단이다.

08 다음은 어느 계절을 나타내는 컬러인가?

① 봄　　　　② 여름

③ 가을　　　④ 겨울

해설　여름을 나타내는 컬러는 시원한 컬러 위주로 선정된다. 전체적으로 옐로우 톤이 많이 빠지고 화이트가 많이 섞인 컬러군이다.

09 다음은 어느 계절을 나타내는 패턴인가?

① 봄　　　　② 여름

③ 가을　　　④ 겨울

해설　겨울을 나타내는 패턴은 중후하면서도 클래식한 느낌을 주는 것이 많다. 컬러톤도 차분하고 어두운 톤이 많으며 컬러감도 많이 배제된 스타일이 많다.

10 스타일링 타깃 중 소프트웨어적인 측면과 관련이 없는 것은?

① 라이프스타일 ② 마인드 에이지

③ 패션 이미지 ④ 테이스트 레벨

해설 아름다움과 즐거움, 개성과 취미 등 사람들이 갖고 있는 감성적 측면을 소프트웨어라고 말하며 소프트웨어적인 측면은 자신의 취향과 밀접한 관련이 있다.

11 다음은 스타일링 타깃 중 하드웨어적인 부분을 설명한 것이다. 어느 부분을 말하는 것인가?

> 때와 장소에 맞는 옷차림으로 일종의 제약이라고 볼 수 있으며 가장 뚜렷한 제약은 계절에 의한 제약이 있다. 장소나 기회에 따라 오피셜, 프라이비트, 소시얼로 분류되며 패션 업계에서 널리 사용되고 있다.

① 라이프스타일 ② 라이프스테이지

③ 오케이전 ④ 시즌 사이클

해설 오케이전은 일반적으로 옷을 입고 가는 장소나 그 상황을 지칭하는 의미로 사용되고 있다.

12 T.P.O에 대한 설명으로 옳지 않은 것은?

① 때와 장소, 상황에 맞는 적절한 스타일링으로 자신을 표현하고 개성 있는 연출로 본인을 부각시킬 줄 아는 스타일링이 필요하다.

② 누가, 언제, 어디서, 왜 입는지에 대한 4W의 원칙이 적용된다.

③ T.P.O에 적절한 이미지를 통해 시각 이외에 심리적 안정을 주는 질서를 만들어 내는 것이다.

④ T.P.O란 시간(Time), 상품(Product), 상황(Occasion) 세 가지 요소를 말하고 이에 적합한 패션을 지향한다.

해설 T.P.O란 시간(Time), 장소(Place), 상황(Occasion) 세 가지 요소를 말한다.

13 여성의 파티 스타일에 대해 잘못 설명한 것은?

① 신부가 주인공인 식장에 갈 경우에는 화이트, 핑크 계열의 의상으로 선택한다.

② 캐주얼이나 미니 스커트, 청바지 등 지나치게 캐주얼한 의상과 블랙 정장은 되도록 피하도록 한다.

③ 격식에서 벗어나지 않으면서 자신감 있게 연출하는 감각이 필요하다.

④ 드레스 등 화려한 스타일이 좋으며 헤어, 메이크업도 펄감이 있고 화려하면서 우아한 스타일로 연출한다.

해설 신부가 주인공인 식장에 갈 경우에는 화이트, 핑크 계열의 의상은 선택하지 않는 것이 좋으며, 상·하의 중 하나 정도에는 컬러를 사용한 원 포인트 연출을 한다.

14 다음이 설명하는 패션이미지는 어떤 것인가?

> 실키하고 소프트한 소재를 주로 사용하고, 가는 곡선의 패턴, 꽃무늬, 체크, 물방울무늬가 효과적이다. 페일톤, 라이트톤 등 고명도 색조를 주로 사용하며, 코사지와 리본 등을 사용해 로맨틱의 느낌을 주고 반짝이는 보석류 액세서리를 착용한다.

① 이노센트룩   ② 페미닌룩
③ 재키룩   ④ 뉴룩

해설 기능성보다는 향수를 불러일으키는 장식적 이미지의 아이템이 많다. 일정한 형식은 없고 그 시대 여성의 우아함을 보여주는 것이 포인트이다.

15 다음이 나타내는 패션이미지는?

① 재키룩   ② 페미닌룩
③ 엘레강스룩   ④ 뉴룩

해설 엘레강스룩은 여성적인 아름다움을 추구하며 클래식하고 보수적인 패션을 말한다. 둥근 칼라나 칼라가 없는 형태, 자연스러운 어깨 라인, 주로 스커트 정장을 착용한다. 소재는 실크, 새틴 등의 매끄럽고 광택이 있는 것이나 부드러운 것이 주로 사용되며, 단색 또는 작은 무늬들을 사용해 점잖은 분위기를 표현한다.

16 다음이 나타내는 패션이미지는?

① 모즈룩   ② 댄디룩
③ 매니시룩   ④ 모던룩

해설 모던룩은 무채색을 중심으로 차가운 분위기를 연출하고 도회적 감각을 살리는 모던룩은 직선적이며 현대적인 이미지로 많이 활용되고 있다.

17 다음에서 설명하는 패션이미지는 어떤 것인가?

> 1970년대 후반 런던에서 유행한 패션으로 반항적이고 공격적인 이미지가 강한 룩이다. 광택감 있는 소재, 금속 액세서리, 티셔츠 등이 주요 아이템으로 사용되었으며 핫핑크 컬러로 헤어를 염색하는 것이 트레이드 마크가 되었다.

① 프레피룩　　　　　　　　　② 댄디룩
③ 펑크룩　　　　　　　　　　④ 빈티지룩

> **해설** 펑크룩은 화려하면서 강한 이미지로 부각되며 스터드 장식이 강한 라이더 재킷, 가죽 소재 등이 많이 사용되어 남성적인 이미지를 풍긴다.

18 지역적 특성을 갖는 패션이미지가 아닌 것은?

① 오리엔탈룩　　　　　　　　② 웨스턴룩
③ 에스키모룩　　　　　　　　④ 히피룩

> **해설** 히피룩은 자연으로의 회귀를 희망하며 자연적인 소재와 컬러 등을 사용하며 루즈한 실루엣으로 표현하는 이미지이다. 지역적인 특성보다는 사상적인 면이 강하게 작용한다.

19 다음이 나타내는 패션이미지는?

① 오리엔탈룩　　② 포클로어룩
③ 히피룩　　　　④ 에스닉룩

> **해설** 오리엔탈룩은 동양적인 모티브로 전개되는 패션으로 아시아의 신비한 이미지가 많이 어필되면서 많은 디자이너들이 패턴, 컬러 등을 이용하고 있다.

정답 15 ③ ｜ 16 ④ ｜ 17 ③ ｜ 18 ④ ｜ 19 ①

20 포클로어룩에 대한 설명으로 맞지 않는 것은?

① 주로 비기독교권의 민속의상이나 토속의상을 표현한 것이다.
② 그 지방의 특색을 갖는 소박하고 전원적인 이미지를 나타낸다.
③ 최근엔 전통 문양을 응용해 컬러와 패턴만으로 포인트를 주는 경우도 많다.
④ 페전트풍이 대표적인 스타일이다.

해설 비기독교권의 민속의상이나 토속의상을 표현한 것은 에스닉룩이다.

21 룩과 그 설명이 바르게 짝지어지지 않은 것은?

① 유니섹스룩 – 남녀의 경계 없이 두루 입을 수 있는 아이템으로 이루어진 룩을 말한다.
② 앤드로지너스룩 – 여성은 남성적인 옷차림으로, 남성은 여성적인 옷차림으로 서로 다른 성의 스타일을 추구하는 것을 말한다.
③ 톰보이룩 – 1960년대 영국의 하류층 청소년들의 귀족 의상에 대한 교묘한 패러디와 모호한 성의 경계를 표현한 룩을 말한다.
④ 댄디룩 – 19세기의 귀족적인 분위기의 멋쟁이 신사를 가리키던 용어인 댄디는 멋쟁이란 뜻으로 남성복의 디테일을 도입한 룩을 말한다.

해설 1960년대 영국의 하류층 청소년들의 귀족 의상에 대한 교묘한 패러디와 모호한 성의 경계를 표현한 룩은 모즈룩이다.

22 앤드로지너스룩에 대한 설명이 아닌 것은?

① 양성(兩性)을 지닌다는 말로서, 여성은 남성적인 옷차림으로, 남성은 여성적인 옷차림으로 서로 다른 성의 스타일을 추구하는 것을 말한다.
② 남녀의 경계 없이 두루 입을 수 있는 아이템으로 이루어진 룩을 말한다.
③ 박시한 스타일의 재킷이나 루즈핏 팬츠를 주로 이용한다.
④ 남자 친구의 옷을 빌려 입은 듯이 연출한 보이프렌드 핏이 한 예이다.

해설 남녀의 경계 없이 두루 입을 수 있는 아이템으로 이루어진 룩은 유니섹스룩이다.

23 자유롭고 편한, 젊은 감성의 건강미를 연출하는 것으로 오버된 캐주얼뿐 아니라 박시하고 느슨한, 움직임이 편한 매우 활동적인 스타일 이미지는?

① 페미닌 이미지   ② 스포티 이미지
③ 아방가르드 이미지   ④ 시크 이미지

해설 신체의 움직임에 불편함이 없는 상태로 사이즈가 여유 있는 디자인이 좋다.

24 엘레강스에 대한 이미지 설명으로 옳지 않은 것은?

① 세련되고 우아하고, 가장 포멀하고 전체적으로 부드러운 느낌을 주는 테일러드 스타일 이미지이다.
② 전문 경영인, 회계사, 전문직 종사자 등 사회적 지위와 명성을 가진 사람들이 해당된다.
③ 미니멀 디테일에 부드럽고 정돈된 우아하고 품위 있는 스타일이 좋다.
④ 전문적 비즈니스 우먼 이미지로, 성공한 여성의 스타일을 나타낸다.

해설 트래디셔널 이미지에 대한 설명이다.

25 다음의 스타일링과 어울리는 이미지는?

> 여성스러운 느낌의 메이크업으로 파스텔 핑크, 글로시 핑크 등의 핑크 계열 치크로 젊고 여성스러운 느낌이 들게 한다.

① 로맨틱 이미지   ② 고저스 이미지
③ 모던 이미지   ④ 페미닌 이미지

해설 여성스러움을 강조한 온화, 순수, 섬세한 느낌의 로맨틱 이미지에 대한 설명이다.

정답 20 ① │ 21 ③ │ 22 ② │ 23 ② │ 24 ④ │ 25 ①

26 다음 이미지에 알맞은 테마는?

① 모던 이미지   ② 시크 이미지

③ 엘레강스 이미지   ④ 드라마틱 이미지

해설 제시된 이미지는 엘레강스 이미지로 세련되고 고상하며, 가장 포멀하고 전체적으로 하나의 통일된 이미지를 나타낸다.

27 각 패션 테마에 사용된 소재의 특징으로 맞는 것은?

① 스포티 이미지 – 공단, 벨벳, 비단 등의 소재

② 트래디셔널 이미지 – 광택 없는 자연 소재, 울, 캐시미어 등 섬세한 소재

③ 엘레강스 이미지 – 금속성의 골드, 실버, 스팽글

④ 섹시 이미지 – 부드러운 촉감의 실크, 고급스러운 느낌의 질감

해설 트래디셔널 이미지는 품위와 복식규정에 따른 전형적인 비즈니스맨의 대표 스타일 이미지를 나타낸다.

28 형태감을 보일 수 있는 소재, 대조적인 질감의 소재, 공단, 벨벳, 비단을 사용하는 여성 이미지는?

① 크리에이티브 이미지　　　　② 모던 이미지
③ 드라마틱 이미지　　　　　　④ 클래식 이미지

해설　드라마틱 이미지는 당당하고 세련된 패셔너블한 여성상과 극적인 연출로 표현하는 스타일 이미지를 나타낸다.

29 다음이 나타내는 이미지는?

① 편안하고 자유스러운 캐주얼로 편안하며 입기에 부담이 없는 스타일 이미지
② 남성미를 강조하는 매력적인 스타일 이미지
③ 품위와 복식규정에 따른 전형적인 비즈니스맨의 대표 스타일 이미지
④ 패션상식이나 법칙에 좌우되지 않고 독특함을 추구하는 스타일

해설　트래디셔널(Traditional)
- **직업** : 회계사, 법률가, 공무원 등이 해당
- **패션** : 클래식하고 전통적인 정장 수트 스타일이 기본
- **브랜드** : 랄프 로렌, 보스, 아르마니 등이 대표적
- **소재** : 광택 없는 자연소재, 면, 울 등을 주로 활용
- **컬러** : 네이비, 그레이, 브라운 등의 중간 톤을 주로 사용

정답　26 ③ ｜ 27 ② ｜ 28 ③ ｜ 29 ③

30 남성 테마 이미지 중 아티스트, 디자이너, 스타일리스트 등의 직업이 잘 어울리는 것은?

① 섹시 이미지　　　　　　　　　　② 스포티 이미지

③ 드라마틱 이미지　　　　　　　　④ 크리에이티브 이미지

> **해설** 남들과 다른 감각의 독특한 이미지로 패션상식이나 법칙에 좌우되지 않고 독특함을 추구하는 스타일 이미
> 지를 나타낸다.
> ① 록 가수, 전문 댄서, 보디빌더, 엔터테이너 등이 잘 어울린다.
> ② 건축가, 포토그래퍼, 엔지니어 등이 잘 어울린다.
> ③ 패션 디자이너, 아티스트, 마케팅 종사자 등이 잘 어울린다.

31 베르사체, 구찌, 장 폴 고티에 브랜드와 가죽, 데님, 타이트한 스판, 광택성의 소재 블랙, 블랙과 화이트 등의 콘트라스트 강조 색상이 특징에 맞는 이미지는?

① 에스닉 이미지　　　　　　　　　② 엘레강스 이미지

③ 섹시 이미지　　　　　　　　　　④ 모던 이미지

> **해설** 바디라인을 강조하는 피트되는 라인으로 실루엣을 강조한다.

32 남성 테마 이미지와 스타일 특징으로 옳지 않은 것은?

① 스포티 이미지 – 자연스러움과 캐주얼한 느낌에 품위와 전통을 살리는 스타일

② 트래디셔널 이미지 – 클래식하고 전통적인 정장 수트 스타일이 기본

③ 드라마틱 이미지 – 기하학적인 라인이나 직선 라인의 스타일을 사용

④ 에스닉 이미지 – 과거와 현재가 공존하는 스타일, 클래식과 현대적인 디자인

> **해설** 패션상식이나 법칙에 좌우되지 않고 독특함을 추구하며 과거와 현재가 공존하는 스타일은 크리에이티브
> 이미지이다.

33 여성의 체형에 대한 설명으로 옳지 않은 것은?

① 이상적인 체형은 키가 크고 마른 체형이 주를 이루며 전체적으로 비율이 잘 잡힌 체형을 말한다.

② 전통적인 한국인에게 많이 보이는 체형은 삼각형 체형이다.

③ 역삼각형 체형은 상대적으로 엉덩이가 좁고 다리는 슬림한 스타일이 많다.

④ 직사각형 체형은 모델들에게서 많이 보이는 체형이며 체중이 대부분 평균 이하로 아주 날씬하고 마른 체형이다.

> **해설** 모델들에게서 많이 보이는 체형으로 체중이 대부분 평균 이하로 아주 날씬하고 마른 체형은 튜브형 체형이다.

34 다음 설명의 스타일이 잘 어울리는 체형은 어떤 체형인가?

> 드레이프성이 좋은 가벼운 소재의 의상이 체형을 커버하기에 좋다. 가슴 부분에 여유가 있어 자연스럽게 주름이 지는 의상으로 큰 가슴을 보완하고 디테일이 없는 심플한 디자인이 좋으며 무늬가 없는 어두운 칼라의 의상이 몸을 슬림해 보이게 한다.

① 모래시계형 체형　　　　　　　② 마름모형 체형
③ 직사각형 체형　　　　　　　　④ 역삼각형 체형

> **해설** 모래시계형 체형은 너무 타이트 하거나 파인 의상은 체형을 더욱 부각시키므로 특별한 경우가 아니고서는 피해야 한다. 두꺼운 소재거나 디테일 등으로 옷의 부피가 크면 실 체형보다 부해 보이므로 소재 선택에 신중을 기해야 한다.

35 둥근형 체형에 대한 설명으로 옳지 않은 것은?

① 서구인에게서 많이 보이는 체형이었지만 최근 비만인구가 늘어나면서 우리나라에서도 쉽게 볼 수 있는 체형이다.

② 직선적인 요소를 이용하고 각을 이용해 볼륨이 많은 둥근 체형을 보완해 주어야 한다.

③ 엉덩이를 덮는 상의에 스키니한 하의를 매치하는 것은 가장 많이 활용하는 방법이다.

④ 팔을 조이거나 반대로 부풀린 디자인을 사용한다.

해설 팔을 조이거나 부풀린 디자인은 체형을 더욱 부각시키는 디자인이다.

36 삼각형 체형이 피해야할 아이템은?

① 하의보다 밝은 칼라의 상의

② 어두운 칼라의 심플한 디자인의 하의

③ A라인 스커트

④ 타이트한 하의

해설 삼각형 체형은 하체가 발달한 체형이므로 이를 커버하기 위해서는 와이드한 실루엣의 하의와 슬림한 실루엣의 상의의 조합이 좋다.

37 키가 작고 마른 체형에 대한 설명 중 틀린 것은?

① 가벼운 소재와 잔잔한 무늬로 선택해 부드러운 이미지를 강조하는 것이 좋다.

② 왜소하고 빈약해 보이는 결점을 보완하는 데는 파스텔톤이나 아이보리로 밝고 환한 느낌이 들도록 하는 것이 좋다.

③ 상·하의를 동일한 색상으로 입어 시선을 위로 끌어올려 키가 커 보이게 한다.

④ 어깨 라인이 꼭 맞는 것보다는 조금 여유 있는 스타일로 약간 루즈하게 연출하는 것이 좋다.

해설 가벼운 소재와 잔잔한 무늬로 선택해 부드러운 이미지를 강조하는 것은 키가 작고 뚱뚱한 체형에게 잘 맞는 스타일링법이다.

38 부분적 체형 보완 스타일링 중 다음은 어떤 체형에게 적합한 설명인가?

> 바지보다는 스커트를 선택하는 것이 좋으며 원피스는 엠파이어 스타일등 하이 웨이스트 디자인이 다리를 길어 보이게 한다. 짧은 길이의 재킷보다는 바디라인을 감출 수 있는 H라인의 롱재킷이 더욱 잘 어울린다.

① 목이 짧고 굵은 체형　　　　　② 허리가 긴 체형
③ 팔이 굵은 체형　　　　　　　④ 다리가 휜 체형

해설 허리가 긴 체형은 동양인에게 주로 보이는 체형으로 상대적으로 다리가 짧아 보이는 경우가 많으므로 허리선을 위로 끌어올려 이를 보완하는 게 중요하다.

39 남성 체형별 스타일링법에 대한 설명으로 옳지 않은 것은?

① 사각형 체형은 유럽형의 부드러운 재킷이나 캐주얼한 카디건 등으로 연출하는 것이 좋다.
② 21세기 이후에는 여성적 성향의 부드러운 남성미가 부각되면서 가늘고 긴 체형이 이상적인 체형으로 여겨지고 있다.
③ 역삼각형 체형은 상의의 패턴이 체크 혹은 스트라이프 같이 너무 선명하거나 큰 패턴은 피하는 것이 좋다.
④ 둥근형의 체형은 레이온이나 실크처럼 부드러운 질감의 셔츠를 선택한다.

해설 둥근형 체형은 셔츠를 선택할 때 광택이 있으면 체형을 더욱 부각시키니 피하도록 하고, 레이온이나 실크처럼 부드러운 질감보다는 면혼방 직물같이 조금은 형태가 있는 소재를 선택하여 둥근 체형이 드러나지 않도록 한다.

정답　35 ④ ｜ 36 ④ ｜ 37 ① ｜ 38 ② ｜ 39 ④

40 다음 설명은 어떤 체형을 위한 스타일링법인가?

> 스트라이프 패턴과 수직선에 의한 착시 효과를 주는 것이 좋다. 재킷의 길이는 다소 짧게 해야 다리가 길어 보일 수 있다. V존을 짧게 하고, 전체적으로 넥타이 등으로 포인트를 위쪽으로 둔다.

① 키가 작고 마른 체형　　　　　② 키가 작고 살찐 체형
③ 키가 크고 마른 체형　　　　　④ 키가 크고 체격이 큰 체형

해설 키가 작고 살찐 체형은 키가 커 보이고 슬림해 보이도록 하는 것이 중요하다. 상대적으로 상체보다 하체의 비율을 더 높이고 수직, 수평에 의한 착시효과를 주어야 한다.

41 셔츠의 칼라 중 와이드 스프레드 칼라를 선택해야 하는 얼굴형은?

① 둥근형 얼굴　　　　　② 긴 형 얼굴
③ 목이 긴 형　　　　　④ 목이 짧은 형

해설 긴 형 얼굴은 와이드 스프레드 칼라 같이 칼라 길이가 짧은 것을 선택해 긴 얼굴을 부각시키지 않도록 한다.

42 이질적인 소재의 코디네이션에서 얻을 수 있는 효과가 아닌 것은?

① 의외성　　　　　② 역동성
③ 안정성　　　　　④ 차별성

해설 창의적인 아이디어가 가장 많이 필요한 경우이다. 서로 어울리지 않을 것 같은 소재끼리 매치해 새로운 이미지를 창출할 수 있으며 고정관념을 탈피해 같은 아이템이라도 다른 이미지를 연출할 수 있다.

43

장면을 컷으로 나눌 때의 최하 단위를 의미하는 샷의 종류와 설명이 옳지 않은 것은?

① 빅 클로즈업 샷 – 얼굴만 크게 촬영한 샷으로 표정을 명료하게 표현할 때 사용
② 웨스트 샷 – 미디움 샷이라 하며 인물의 허리부터 머리까지의 사이즈
③ 니 샷 – 인물의 가슴 위를 촬영하는 인물의 기본 샷
④ 풀 샷 – 인물의 발끝에서 머리까지를 촬영하는 샷

해설 니 샷은 인물의 무릎에서 머리까지를 촬영하는 샷이다.

44

다음에서 설명하는 카메라로 옳은 것은?

> 장비가 가볍고 영상을 뛰어나게 연출할 수 있다. 미니 드라마나 영화에서 사용되며 장시간에 여러 각도에서 반복적으로 촬영하는 단점이 있다.

① 스튜디오 카메라　　　　　② 캠코더 카메라
③ ENG 카메라　　　　　　④ 스마트 카메라

해설 작품성과 연출력을 돋보이고자 하는 프로그램에 사용된다.

45

세트 배경에 대한 설명으로 옳지 않은 것은?

① 출연자의 연기동선을 체크하고 의상의 착장과 디자인을 고려한다.
② 세트에 대한 철저한 분석과 이해보다는 상황에 맞추는 것이 좋다.
③ 크로마키 색과 동일하거나 유사한 색의 사용을 금지한다.
④ 배경은 분위기 설정, 화면 구도 등을 가늠하는 중요한 요소로 간주된다.

해설 세트에 대한 철저한 분석과 이해가 매우 중요하다.

정답 40 ② ｜ 41 ② ｜ 42 ③ ｜ 43 ③ ｜ 44 ③ ｜ 45 ②

46 드라마, 영화 스타일링 특성에 대해 맞게 표현된 것은?

① 에디터와 함께 아이디어를 구상하여 테마를 기획한다.
② 스타일리스트는 이미지 전달과 극의 이해 등을 위해 토털로 정의하는 작업을 필요로 한다.
③ 주제에 맞는 모델을 선정하여 의상을 착용시킨다.
④ 포토그래퍼와 아트디렉터 사이의 중재자 역할을 하기도 한다.

해설 ①, ③, ④ 매거진 스타일링 과정

47 뉴스, 보도 스타일링 특성으로 옳지 않은 것은?

① 뉴스진행자는 시청자에게 신뢰감을 주어야 한다.
② 인물의 성격, 배경, 라이프스타일, 심리 등을 대중이 공감할 수 있게 전달한다.
③ 의상도 정장 등이 선호되며 재킷, 또는 심플한 블라우스 등을 같이 연출하는 것이 좋다.
④ 언론인으로서의 신뢰감 형성을 위한 디자인, 액세서리의 간결성은 매우 중요하다.

해설 인물에 대한 대중의 공감은 드라마, 영화 스타일링 과정에 대한 설명이다.

48 다음 드라마에 맞는 스타일 기획으로 틀린 것은?

① 드라마 시놉시스, 시나리오 분석
② 배경, 시대 및 캐릭터 컨셉 설정
③ 리허설과 공연
④ 대본의 씬에 맞는 의상 체크리스트 작업

해설 리허설과 공연 등은 연극무대 스타일링 과정에 해당한다.

49 다음은 무엇에 관한 설명인가?

> 패션 크리에이티브 작업과 협업 프로세스를 경험함으로써 실무능력을 향상시키는 발판이 되도록 하는 것이 최우선 과제이다.

① 패션 VMD의 역할
② 샵 마스터의 활동업무 내용
③ 패션 스타일리스트의 확장 분야
④ 메이크업 아티스트의 역할

해설 넓은 의미의 스타일링은 각 부서와 업무 간의 협업 및 조정을 담당하는 역할을 의미한다.

50 어패럴 메이커에서의 역할로 옳은 것은?

① 컬러리스트, 패션코디네이터 등과 함께 머천다이징의 구성원에서 제외된다.
② 패션 코디네이터의 역할과 브랜드 이미지를 조정하는 업무를 담당한다.
③ 매장 연출에 많은 일을 한다.
④ 스타일링에 관한 전문지식을 살리고 판매촉진의 일익을 담당한다.

해설 유행형의 설정, 상품의 이미지 조성 등 브랜드 이미지를 조정하는 업무를 담당한다.

51 어패럴 스타일링 과정에 대한 설명이 옳은 것은?

① 브랜드 주제 기획 – 브랜드에 맞는 테마 스타일과 아이템구성 및 매장 구성 등을 기획
② 의상 연출 기획 – 시즌 기획에 맞는 트렌드 제안 마켓 리서치 등을 준비 기획
③ 촬영 연출 기획 – 디자인 완성된 아이템으로 시즌 광고구성과 홍보용 스타일북 기획
④ 현장 연출 – 의상 점검과 모델 준비, 스텝, 헬퍼 등 정확한 진행을 위한 점검 및 준비

해설 패션쇼 기획 과정에 대한 설명이다.

정답 46 ② | 47 ② | 48 ③ | 49 ③ | 50 ② | 51 ④

52 성공적으로 패션을 스타일링 하기 위해 가장 중요한 것은?

① 패션분야에만 국한되는 전문가로 활동한다.
② 과거의 자료를 중요시 한다.
③ 정확한 목적을 세우고 주변의 정보를 수집, 분석해야 한다.
④ 목적이 프레젠테이션으로 추상화되어야 한다.

해설 패션 스타일리스트 실무의 가장 중요한 역할이다.

53 다음 빈칸에 들어갈 적절한 용어가 바르게 연결된 것은?

> 완벽한 영상과 원하는 연출 스타일링이 성공적으로 이루어지기 위해서는 화면의 구도와 올바른 촬영법 그리고 카메라의 위치와 카메라 ______ 기법과 ______ 의 이용방법 및 카메라와 세트에 대한 이해가 필요하다.

① 세트 – 조명   ② 조작 – 배경
③ 앵글 – 조명   ④ 종류 – 앵글

해설 완벽한 영상을 위해서는 카메라 앵글, 배경, 조명 등이 조화롭게 되어야 한다.

54 패션 매거진 스타일링의 개념을 바르게 설명한 것은?

① 시간과 공간에 구애받지 않고 언제 어디서든 자유롭게 볼 수 있는 매체 스타일링이다.
② 트렌드와 정보를 쉽게 이해할 수 있는 시각적 장치이며, 새로운 트렌드에 맞춰 의상이 보다 나은 가치를 가지도록 한다.
③ 액션이 벌어지는 전경 뒤의 공간을 말한다.
④ 촬영에 필요한 의상과 소품을 준비한다.

해설 패션잡지의 테마나 컨셉에 맞춰 패션화보의상을 스타일링 한다.

55 패션잡지 스타일링 과정에 해당하지 않는 것은?

① 촬영 준비
② 모델 선정
③ 기획과 구상
④ 의상 제작

해설 패션잡지 스타일링 과정
기획과 구상 → 모델 선정 → 촬영 준비

56 드라마, 영화 스타일링 특성으로 틀린 것은?

① 인물의 성격, 배경, 라이프스타일 등의 요소를 이미지로 전달하는 것이 중요하다.
② 대중에게 신뢰감을 주도록 의상을 기획한다.
③ 스타일리스트는 극의 이해, 연출자와의 기획 협의 등 종합적인 이미지를 토털로 정의하는 작업을 필요로 한다.
④ 다양한 요소들을 대중이 공감할 수 있는 이미지로 전달하는 것이 중요하다.

해설 대중에게 신뢰감을 주는 의상은 아나운서 스타일링에 대한 설명이다.

57 무대 · 연극의상 스타일링 과정을 올바르게 구성한 것은?

① 의상디자인, 제작 및 가봉, 희곡 분석, 씬 분석표 작성, 리허설 공연 및 의상 정리
② 희곡 분석, 씬 분석표 작성, 의상디자인, 제작 및 가봉, 리허설 공연 및 의상 정리
③ 씬 분석표 작성, 의상디자인, 제작 및 가봉, 희곡 분석, 리허설 공연 및 의상 정리
④ 희곡 분석, 씬 분석표 작성, 의상디자인, 리허설 공연 및 의상 정리, 제작 및 가봉

해설 무대 · 연극의상 스타일링 과정
희곡 분석 – 씬 분석표 작성 – 의상디자인 제작 및 가봉 – 리허설 공연 – 의상 정리

정답 52 ③ | 53 ③ | 54 ② | 55 ④ | 56 ② | 57 ④

58 뉴스를 보도하는 여자 아나운서의 의상 스타일로 올바른 것은?

① 

② 

③ 

④ 

해설 아나운서의 의상은 신뢰감과 형성을 위한 디자인과 아이템, 액세서리의 간결성을 특징으로 한다.

59 빠르고 경쾌한 음악의 10대 아이돌 댄스 가수의 의상 스타일링으로 바른 것은?

① 

② 

③ 

④ 

해설 댄스 가수의 의상은 빠른 리듬감으로 신체를 움직이는데 포인트를 둔다.

60 어패럴 메이커 스타일리스트의 역할이 바른 것은?

① 컬러리스트, 패션코디네이터 등과 달리 머천다이징의 중요 구성원이 아니다.

② 패션 정보를 수집, 정리 및 분석하는 전문가이다.

③ 과거의 패션 코디네이터(Fashion Coordinator) 역할과 유행형의 설정, 상품의 이미지 조성 등 브랜드 이미지를 조정하는 업무를 담당한다.

④ 브랜드 매장관리 및 판매책임자로서 현장에서 원활한 판매촉진 활동을 수행한다.

해설 ① 컬러리스트, 패션코디네이터 등과 함께 머천다이징의 중요한 요소이다.
② 패션 애널리스트의 역할이다.
④ 샵 마스터의 역할이다.

참고문헌

국내문헌

- 기초피복위생학, 전촌소자, 김은애 · 박순자 역, 경춘사, 1996
- 남자의 옷 이야기 1 · 2, 타이콘 패션연구소, 시공사, 1997
- 뉴섬유: 입는 섬유 · 먹는 섬유 · 생물 섬유, 김준, 수학사, 1994
- 레이디스 패션, 라사라 교육개발원, 라사라, 2005
- 매스 커스터마이제이션 혁명, 조셉 파인, 윤순봉 역, 21세기 북스, 1994,
- 바디랭귀지, 앨런 피스, 정현숙 역, 사랑의 전화 출판부, 1991
- 복식문화, 유송옥 · 이은영 · 황선진, 교문사, 2000
- 복식사전, 라사라 교육개발원, 라사라, 1992
- 새로운 피복재료학, 조길수 외, 동서문화원, 2002
- 생활 속의 패션, 이영숙 외, 형설출판사, 2001
- 섬유가공학, 조환, 형설출판사, 1994
- 섬유상품소비과학, 김석근 · 김태훈, 형설출판사, 1997
- 섬유제품 소비과학, 성수광 · 권오경, 교문사, 2000
- 섬유제품의 성능유지와 관리, 이전숙 외, 형설출판사, 2000
- 섬유학, 안영무, 학문사, 1994
- 세계 유명 패션디자이너 시리즈 I · II, 박기완 역, 도서출판 노라노, 2002
- 세계 패션사 2, J, 앤더슨 블랙 · 매쥐 가랜드, 윤길순 역, 자작아카데미, 1997
- 세계의 패션디자이너 I · II, 라사라패션정보 편집부, 라사라패션정보, 2000
- 세제와 세탁의 과학, 김성련, 교문사, 2001
- 소비자를 위한 피복재료, 남윤자 · 박영희 · 한승희 역, 경춘사, 2000
- 스타일리스트를 위한 이미지메이킹, 김유순 외, 예림, 2004
- 신섬유재료입문, 송화순 역, 경춘사, 1996
- 심리학개론, 장병림, 박영사, 1993
- 아시아 전통복식, 홍나영 · 신혜성 · 최지희, 교문사, 2004
- 양모강좌, 공석봉, 교문사, 1989
- 어패럴 소재, 류덕환 · 이욱자 · 송민규, 교학연구사, 2000
- 우리 옷 이천년, 류희경 외, 미술문화, 2001
- 의류과학과 패션, 한넬로레에베를레, 금기숙 · 유효선 · 최혜선 역, 교문사, 2000
- 의류상품학, 이호정, 교학연구사, 2000
- 의류소재의 이론과 실제, 이혜자 외, 형설출판사, 1998
- 의류제품 전 과정 관계자의 환경의식과 환경보전행동, 김용숙, 중앙대학교 대학원 박사학위논문, 1995
- 의류패션의 이해, 이연순 · 김혜원 · 정지년, 영남대학교 출판부, 2004
- 의류학 개론, 성수광, 교문사, 1999,
- 의류학 개론, 안명숙 · 오현정 · 박우미, 교문사, 1997
- 의류학 개론, 이선재, 수학사, 1985

- 의복과 인체의 환경 적응, 권수애 · 이종민 · 최종명, 교학연구사, 2003
- 의복과 환경, 수전 M. 와트킨스, 최혜선 역, 이화여자대학교 출판부, 1998
- 의복과 환경, 심부자, 교문사, 1999
- 의복구성원리, 이순원 · 임원자, 한국방송대학, 2003
- 의복의 언어, Alison Lurie, 유태순 역, 경춘사, 1986
- 의상디자인, 오희선 · 박화순, 경춘사, 1994
- 의상사회심리학, 강혜원, 교문사, 1996
- 의생활과 코디네이션, 이경손 · 김희섭, 교문사, 1998
- 인물화로 보는 조선시대 우리 옷, 권오창, 현암사, 2000
- 재미있는 패션의 세계, 박길순, 충남대학교 출판부, 2001
- 재미있는 패션이야기, 오희선, 교학연구사, 1997
- 조선복식미술, 금기숙, 열화당, 1998
- 직물디자인, 이연순, 형설출판사, 2000
- 토탈 패션 뷰티코디네이션, 장성은 · 이종숙, 경춘사, 2008
- 토탈 패션 코디네이션, 김월순 외, 예림, 2004
- 토탈 패션 코디네이션, 김영신, 형설출판사, 2001
- 패션 비즈니스의 내면, Kitty G. Dickerson, 시그마프레스, 2004
- 패션 일러스트레이션 가이드 2, 라사라 교육개발연구원, 라사라, 1990
- 패션과 이미지 메이킹, 권혜숙 외, 수학사, 2004
- 패션 Self 스타일링, 정삼호 · 이은진 · 문선정, 교문사, 2000
- 패션: 개념에서 소비자까지, Gini Stephens Frings, 조길수 역, 시그마프레스, 2003
- 패션과 감성과학, 권오경, 김희은, 나영주, 교문사, 2000
- 패션과 생활, 박옥련, 형설출판사, 1999
- 패션과 의생활, 이정옥 외, 형설출판사, 1997
- 패션디자인, 김영자, 경춘사, 1992
- 패션디자인발상, 이경희, 교문사, 2001
- 패션디자인은 논리다, 조진숙, 패션인사이트, 2000
- 패션마케팅 & 코디네이션, 이인자, 시공사, 2000
- 패션마케팅, 이은영, 교문사, 2003
- 패션상품과 소비자 행동, 홍병숙, 수학사, 2001
- 패션상품의 소비자 행동, 고선영 외, 경춘사, 2000
- 패션섬유학, 최종명 · 이정주, 신광출판사, 2002
- 패션스타일리스트, 이현미 외, 시대고시기획, 2008
- 패션스페셜리스트를 위한 창의력 개발, 김종복, 도서출판 시대, 2000
- 패션의 이해, 유효순 외, 신광출판사, 2001
- 패션코디네이션에 관한 연구, 박성숙, 홍익대학교 석사학위논문, 2002
- 패션키워드, 김종복, 도서출판시대, 2002
- 피복관리학, 서영숙, 형설출판사 · 1998
- 피복위생과 착장, 심부자, 태화출판사, 1998,
- 피복위생학, 남윤자, 수학사, 2000
- 피복위생학, 최석철 · 조경래 · 장정대, 형설출판사, 2001

- 피복을 위한 인간공학, 안옥희 · 이정옥, 경춘사, 1996
- 피복인간공학 실험설계 방법론, 김혜경 외, 교문사, 1998
- 피복인간공학, 심부자, 교문사, 2000
- 피복재료학, 김성련, 교문사, 2003
- 피복재료학, Norma Hollen 외, 신정숙 역, 경춘사, 1998
- 피복정리, 김노수 · 김성련, 한국방송통신대학교 출판부, 1999
- 피복환경학, 이순원 · 조성교 · 최정화, 한국방송대학, 2002
- 한국복식문화사, 유희경 · 김문자, 교문사, 2000
- 한국복식풍속사연구, 조효순, 일지사, 1992
- 한국의 복식문화, 백영자 · 최해율, 경춘사, 2000
- 한복 만들기, 홍나영 외, 교문사, 2004
- 현대 마케팅원론, 임종원, 법문사, 1988
- 현대사회와 의복, 권수애 외, 교학연구사, 2005
- 현대사회와 패션, 이인자 외, 건국대학교 출판부, 2002
- 현대생활과 패션, 박현 · 김영숙 · 나미향, 교학연구사, 1998
- 현대생활속의 패션, 김은경 · 김옥경 · 한자영, 학문사, 2000
- 현대인과 의상, 정흥숙 · 정삼호 · 홍병숙, 교문사, 1998
- 현대인과 패션, 이연순, 영남대학교출판부, 2005
- 현대인의 패션, 이전숙 외, 교문사, 2003
- 현대패션 100년, 금기숙 외, 교문사, 2002
- 현대패션과 의생활, 신상옥 외, 교문사, 1999
- 현대패션과 이미지 메이킹, 안명숙 · 장애란, 예학사, 2002
- 현대패션모드, 정삼호, 교문사, 1998
- 환경친화적 가전제품 디자인을 위한 실천방안과 프로세스의 제안, 홍사윤, 고려대학교 대학원 석사 학위논문, 1996
- 흥미로운 섬유의 세계, 일본섬유학회, 이혜자 · 유혜자 역, 경춘사, 1995
- 20세기 패션, 밸러리 멘데스 · 에이미 드 라 헤이, 김정은 역, 시공사, 2003
- 20세기의 모드, 이경희, 교학연구사, 2001
- 21세기 환경친화형 섬유기술 개발, 임승순, 한국생활환경학회지, 제8권 1호, 2001.
- 21세기를 위한 의류소재의 이론과 실제, 이혜자, 형설출판사, 1998
- CHANEL, 프랑소와 보도, 박기완 역, 도서출판 노라노, 2002
- Pro 이미지 컨설팅, 김보배, 교문사, 2000
- Recycling Fashion Design에 관한 연구, 장경희, 홍익대학교 대학원 석사학위논문, 1993

국외문헌

- Century of Fashion, Francois Baudot, Thames & Hudson, 2000
- Historie Du Costume, Francois Boucher, Flammarion, 1965
- Surface Characteristics of Fibers and Textiles, M.J. SCHICK, Marcel Dekker Inc, 1975
- Textiles in Perspective, Smith & Block, Prentice Hall, 1985
- Understanding Textiles, Tortora, P.G., McMillan Pub. Co, 1992

- Textile Processing and Properties, Vigo T.L., Elsevier Science, 1997
- Fiber Science, Warner. S.B., Prentice Hall, 1995
- Textile Fabric and Their Selection, Wingate. I.B., Prentice Hall, 1976

웹사이트

- http://djnara.net/recruit/interview
- http://img.airspider.com
- http://kr.blog.yahoo.com
- http://kr.ks.yahpp.com
- http://meedoo.co.kr
- http://pro-web.suwon-c.ac.kr
- http://www.hanil-lyocell.com
- http://www.hankyuo.co.kr/wr/dong/
- http://www.jobook.com/gosinet/
- http://www.mallet.co.kr/image
- http://blog.naver.com/titini
- http://blog.naver.com/tieland
- http://blog.naver.com/louice74?Redirect=Log&logNo=50099290998
- http://blog.naver.com/rndrmagofl
- http://blog.naver.com/serph666
- http://www.galaxy.co.kr
- http://cafe.daum.net/kmkpcscolor
- http://blog.naver.com/whdwl1019
- http://blog.naver.com/romurus
- http://blog.naver.com/hellominvely
- http://blog.naver.com/moon593
- http://blog.naver.com/hadongsoo?Redirect=Log&logNo=150118340250
- http://blog.naver.com/yys717?Redirect=Log&logNo=150124352075
- http://www.color21c.co.kr/200810/main/main_title.asp
- http://www.jedroot.com
- http://www.artandcommerce.com
- http://www.vott.com
- http://www.fashionising.com

기타

- 1992-93 FASHION SHOW, GAP JAPAN, 1991
- 2001 S/S, 2004-05 F/W Paris & Milano Collection북, 동아TV

- 2004 S/S FABRIC TREND, 한국섬유개발연구원(KTDI), 한국패션컬러센터(KOFCC)
- 대구 애뉴얼 2001, 대구광역시 · 대구경북섬유산업회 · KBS대구방송총국, 2001
- 대구 애뉴얼 2002, 대구광역시 · 대구경북섬유산업회 · KBS대구방송총국, 2002
- 동아일보, 2004.2.19, B17
- 로라애슐리(Laura Ashley) S/S, 2003
- 바람의 옷, 이영희, 2001
- 박태복 한국의상전, 박태복 한복연구원, 2003
- 섬유저널: 에콜로지 패브릭 텐셀, 섬유저널사, 1994년 9월호
- 섬유저널: Fashion Brands & Stores, 섬유저널사, 2003년 9월호 별책부록,
- 섬유제품 품질표시 가이드, 한국원사직물시험검사소, 1990
- 섬유폐수처리의 난점 해결하는 국내 환경오염 방지시설의 실체, 월간섬유, No, 244, 1993
- 앙드레 김 Fashion Fantasia, 2002
- 울 저온 염색의 새로운 개념, No, 21, 의류산업 1996,
- 인명구조 종합 카탈로그, (주)경진인터내쇼날
- 지체장애인의 의복설계를 위한 치수연구, 최혜선, 김선희, 대한인간공학회지, 15(1), 1996,
- 천연염색공예전, 한국천연염색보존연구협회, 1998
- 토프론 섬유, 주식회사 효성, 2004년 5/6호,
- 한국전통복식 2천년, 국립대구박물관, 2002
- 행복이 가득한 집, 2003년 9월호
- BAZZAR, 2003년 2월호
- COLLECTION 93-94 AUTUMN/WINTER, GAP JAPAN, 1993
- COLLECTION 94 S/S Paris · London, GAP JAPAN, 1993
- COLLECTION 94 S/S Milan · Madrid, GAP JAPAN, 1993
- COLLECTION S/S PARIS Milan, 동아TV, 2001
- COLLEZIONI Haute Couture: FASHION TODAY 1993년 9월호 부록
- COLLEZIONI PRET-A-PORTER SPRING/SUMMER Paris · Milano, N,79, 2001
- Fashion Insight, 2004년 218호 별책부록
- Fashion News, 제34호, 2003
- GQ, 2004년 4월호
- VOGUE ITALIA, 1996년 1월호
- VOGUE KOREA, 2002년 9월호
- VOGUE KOREA, 2003년 11월호
- VOGUE KOREA, 2003년 6월호
- VOGUE KOREA, 2004년 11월호
- VOGUE KOREA, 2004년 1월호
- VOGUE KOREA, 2004년 3월호
- VOGUE KOREA: IMAGES FROM 01-99 ISSUE OF VOGUE, 2004년 11월호 부록